国家科学思想库

科学人生 百年

科学文化系列

科学与人生

中国科学院院士传记

唐敖庆传

鲍盛华／著

科学出版社

北 京

内 容 简 介

唐敖庆是我国现代理论化学的开拓者和奠基人，被誉为“中国量子化学之父”。本书描写了唐敖庆求学、科研、报国的一生。他的眼睛高度近视，达2000度，摘下眼镜，世界模糊一片，即便戴上眼镜，两米以外也看不清楚。但他的头脑向远却能“看到”浩渺星空，向小却能“看到”原子、分子，这个世界在他的世界里清晰璀璨。本书通过对唐敖庆作为学生、教授、院士、校长、大师五重身份的描写，全面展现了他在极度艰辛之时却能登高远望、学贯中西更显士人风骨的精彩人生。

本书适合有志于化学专业学习与研究的青年学子、科技工作者，以及对科学家的成长感兴趣的读者阅读，还可作为中国理论化学发展史研究的借鉴性读本。

图书在版编目（CIP）数据

唐敖庆传 / 鲍盛华著. —北京：科学出版社，2022.10
（科学与人生：中国科学院院士传记）
ISBN 978-7-03-072643-8

Ⅰ. ①唐…　Ⅱ. ①鲍…　Ⅲ. ①唐敖庆（1915—2008）–传记
Ⅳ. ①K826.13

中国版本图书馆 CIP 数据核字（2022）第 110323 号

丛书策划：侯俊琳
责任编辑：张　莉　赵　洁 / 责任校对：杨　然
责任印制：李　彤 / 封面设计：有道文化

科 学 出 版 社 出版
北京东黄城根北街 16 号
邮政编码：100717
http://www.sciencep.com
北京建宏印刷有限公司 印刷
科学出版社发行　各地新华书店经销
*
2022 年 10 月第　一　版　开本：720×1000　1/16
2023 年 7 月第三次印刷　印张：20　插页：6
字数：307 000

定价：98.00 元

（如有印装质量问题，我社负责调换）

唐敖庆（1915—2008）

唐敖庆，江苏宜兴人。1955 年当选为中国科学院学部委员（后改称院士），1981 年当选为国际量子分子科学院院士。1940 年毕业于国立西南联合大学化学系，后留校任教。1946 年赴美国留学，1949 年获哥伦比亚大学博士学位。1950—1952 年任北京大学化学系副教授、教授。1952 年起任东北人民大学（今吉林大学）化学系教授。1956—1986 年任东北人民大学副校长，吉林大学副校长、校长。1986—1991 年任国家自然科学基金委员会首届主任。

唐敖庆获国家自然科学奖一等奖 2 项、二等奖 2 项、三等奖 1 项，获 1993 年度陈嘉庚化学科学奖、1995 年何梁何利基金科学与技术成就奖。唐敖庆培养出十几位院士和大量理论化学人才，是中国现代理论化学的开拓者和奠基人，被称为“中国量子化学之父”。唐敖庆还为我国自然科学基金事业和高校教学、科研“两个中心”建设做出了开创性的贡献。

唐敖庆曾当选中国共产党第十次、第十一次、第十二次全国代表大会代表，第二届、第三届全国人民代表大会代表，第六届全国政协委员，第七届、第八届全国政协常务委员。

唐敖庆（后排右二）在江苏宜兴县官林镇凌霞小学任教时与教师、学生们的合影
（摄于 20 世纪 30 年代中期）

国立西南联合大学时期的唐敖庆（摄于 20 世纪 40 年代初期）

在哥伦比亚大学留学时期的唐敖庆（摄于 20 世纪 40 年代后期）

在北京大学教书时期的唐敖庆（摄于 1950 年）

唐敖庆在吉林大学讲课（摄于 20 世纪 50 年代）

唐敖庆在从事科学研究（摄于 20 世纪 50 年代）

吉林大学副校长唐敖庆（左）与匡亚明校长（中）、金景芳教授（右）合影

（摄于 20 世纪 50 年代末）

唐敖庆与吉林大学主办的物质结构学术讨论班正式学员合影（摄于 1965 年）

左起：古正、张乾二、邓从豪、江元生、唐敖庆、戴树珊、刘若庄、孙家钟、鄢国森

唐敖庆率中国科学院化学家代表团赴美国考察期间访问美国化学会总部（摄于 1977 年 5 月）。前排左五为唐敖庆，左六为时任美国化学会会长亨利·希尔（Henry Hill），后排位于唐敖庆和亨利·希尔之间者为诺贝尔化学奖获得者、美国化学会前会长、美国原子能委员会前主席格伦·西博格（Glenn Seaborg），前排右三为中国科学院长春应用化学研究所原所长汪尔康院士，左二为中国科学院长春分院原院长吴越教授

唐敖庆（左一）与访问吉林大学的国际量子分子科学院院长、
瑞典著名量子化学家皮尔·洛夫丁（Per-Olov Löwdin，左二）交谈（摄于 1979 年春）

唐敖庆与他的科研团队成员讨论工作进展（摄于 20 世纪 70 年代后期）
左起：李前树、孙家钟、李伯符、唐敖庆

诺贝尔化学奖获得者、美国康奈尔大学教授罗尔德·霍夫曼（Roald Hoffmann）
访问吉林大学（摄于 1982 年夏）
前排左一为唐敖庆，左二为罗尔德·霍夫曼，后排位于唐敖庆和
罗尔德·霍夫曼之间者为江元生

唐敖庆校长在吉林大学研究生院成立大会上讲话（摄于 1984 年 10 月）

唐敖庆老校长（左）和伍卓群校长在讨论吉林大学新校区规划
（摄于 20 世纪 80 年代后期）

唐敖庆（站立者）主持国家自然科学基金委员会第一次全体委员会议（摄于 1986 年 5 月）

唐敖庆与“高分子反应统计理论”的研究集体主要成员交谈（摄于 20 世纪 80 年代后期）
左起：唐敖庆、沈家骢、汤心颐

唐敖庆出席在北京召开的第一次中日双边理论化学学术讨论会（摄于 1990 年 7 月）
左二为中方大会主席唐敖庆，左三为日方大会主席福井谦一（Fukui Kenichi，
诺贝尔化学奖获得者）

唐敖庆在吉林大学主办的全国分子光谱学讲习班上讲课（摄于 1994 年 7 月）

左起：徐光宪、卢嘉锡、唐敖庆、王大珩（摄于 1990 年 6 月）

全家福——唐敖庆夫妇与子女的合影（摄于 1962 年）
左起：唐宪、唐梅、唐群、唐敏、史光夏、唐昆、唐敖庆、唐东

唐敖庆与史光夏在唐敖庆八十华诞参加纪念活动时合影（摄于 1995 年 11 月）

总　序

中国科学院学部科普和出版工作委员会决定组织出版“科学与人生：中国科学院院士传记”丛书，这是一件很有意义的文化工程。首批入传的22位院士都是由各学部常委会认真遴选推荐的。他们中有学科领域的奠基者和开拓者，有做出过重大科学成就的著名科学家，也有毕生在专门学科领域默默耕耘的一流学者。每一部传记，既是中国科学家探索科学真理、勇攀科学高峰的真实情景再现，又是他们追求科学强国、科教兴国的一部生动的爱国主义教材。丛书注重思想性、科学性与可读性相统一，以翔实、准确的史料为依据，多侧面、多角度、客观真实地再现院士的科学人生。相信广大读者一定能够从这套丛书中汲取宝贵的精神营养，获得有益的感悟、借鉴和启迪。

中国科学院学部成立于1955年，经过50多年的发展，共选举院士千余人，荟萃了几代科学精英。他们中有中国近代科学的奠基人，新中国的主要学科领域的开拓者，也有今天我国科技领域的领军人物，他们在中国的各个历史时期为科学技术的发展做出了历史性的贡献。“五四”新文化运动以来，一批中国知识精英走上了科学救国的道路，他们在政治动荡、战乱连绵的艰难岁月里，在中国播下了科学的火种，推动中国科技开始了建制化发展的历程。新中国成立后，大批优秀科学家毅然选择留在大陆，一批海外学子纷纷回到祖国，在中国共产党的领导下，开创了中国科学技术发展的新篇章。广大院士团结我国科技工作者，发扬爱国奉献、顽强拼搏、团结合作、开拓创新的精神，勇攀世界科技高峰，创造了举世瞩目的科技成就，为增强我国综合国力、提升自主创新能力做出了重要贡献，为国家赢得了荣誉。他们的奋斗历程，是中国科学技术发展的历史缩影；他们的科学人生，是中华民族追求现代化的集中写照。

当今世界，科学技术已成为支撑、引领经济社会发展的主要动力和人类文明进步的主要基石。广大院士不仅是科学技术发展的开拓者，同时也是先进文化的传播者，在承担科技研究工作重任的同时，还承担着向全社会传播科学知识、科学方法、科学思想、科学精神的社会责任。希望这套丛书的出版能够使我国公众走近科学、了解科学、支持科学，为全民族科学素养的提高和良好社会风尚的形成做出应有的贡献。

科学技术本质是创新，科技事业需要后继有人。广大院士作为优秀的科技工作者，建设并领导了一个个优秀的科技创新团队；作为教育工作者，诲人不倦，桃李满天下。他们甘当人梯、提携后学的精神已成为我国科技界的光荣传统。希望这套丛书能够为广大青年提供有益的人生教材，帮助他们吸取院士们追求真理、严谨治学的科学精神与方法，领悟爱国奉献、造福人民的科技价值观和人生观，激励更多的有志青年献身科学。

记述院士投身我国科学技术事业的历程和做出的贡献，不仅可为研究我国近现代科学发展史提供生动翔实的新史料，而且对发掘几代献身科学的中国知识分子的精神文化财富具有重要意义。希望“科学与人生：中国科学院院士传记”丛书能够成为广大读者喜爱的高品位文化读物，并以此为我国先进文化的发展做出一份特有的贡献。

是为序。

2010 年 3 月

序

唐敖庆老师是我敬仰的先辈，能为他的传记作序是我莫大的荣幸。我承唐老师教导远不及许多师长，实非本书的最佳作序者。也许因为我经常以唐老师为典范勉励学生和年轻教师，留下了不少公开记录，所以得到本书作者认可。实际上，每一次与唐老师的接触，都给我留下了深刻的记忆，甚至是成长的烙印。

在我读中学时，化学老师朱可就曾对我说，吉林大学是我国化学教育和科研的一个重要中心，吉林大学的唐敖庆老师是理论化学大家，去那儿求学可以打牢理论基础。1982 年我考入吉林大学，恰逢吉林大学化学学科成立三十周年，开学典礼在鸣放宫举行，主席台上坐着化学系的四位创系元勋——蔡镏生、唐敖庆、陶慰孙、关实之老师。主持人向大家一一介绍了四位老师学贯中西的经历以及在吉林大学的成就和贡献。那是我第一次见到唐老师，虽然典礼的很多细节早已记不清了，但台上四位老师的学养风度却仍历历在目，这就是我们常说的师道尊严吧！

唐老师一生热爱教书育人，桃李满天下。虽然经历过多次职务和工作中心的转变，但唐老师始终无法割舍三尺讲台。他曾为学生开设过十多门各类课程、十多次不同主题的讲习班和研讨班。1989 年暑期，还是博士研究生的我有幸参加了由唐老师主讲的全国高分子标度理论讲习班，这是一门需要花一番功夫才能学懂弄通的课程。遇到物理难点，唐老师帮我们补物理；碰到数学难点，唐老师帮我们补数学。他的课逻辑性很强，同学们一刻也不敢懈怠，非常珍惜。我记得，我的同学安立佳（2015 年当选为中国科学院院士）曾负责协助唐老师擦黑板。这可是个技术活，必须知道应该什么时候擦，以及哪些内容能擦、哪些内容不能擦，必须要与唐老师配合默契。一场讲习班下来，同学们都会叹服唐老师的数理功底和记忆力，他可以连续几个小时脱稿推导。后来知道，唐老师花了一年半的时间精读高分子标度理论专著，从头到尾推演一遍。他自己也是遇到数学难点学数学，遇到物理难点学物理。得益于此，他拓展了高分子固化理论的标度研究。可见，唐老师炉火纯青的教学背后是以一番做学问的“笨”功夫为基础的。

第一次向唐老师汇报工作，是我留校工作之后。1994 年，我代表分子光谱与分子结构教育部开放研究实验室做工作汇报。向一众前辈汇报工作，我紧张地出了很多汗。会后，老师们谈笑风生，回忆起许多有趣的往事，让我倍感和蔼亲切，一天的紧张心情消弭在对大师们的敬仰之中。唐老师一直倡导理论与实验相结合，这个开放研究实验室就是唐老师亲自创建的。当时实验室的学术委员会主任是物理化学家吴征铠老师，他对唐老师的团队建设赞赏有加。能让众多性格迥异、专长不同的专家们聚拢在一起长期协作和合作，足见唐老师的处事公平和个人魅力。

唐老师的研究工作总是与时俱进，并且喜欢与青年后辈们平等交流。1994 年，唐敖庆老师和沈家骢老师在北京香山饭店主持召开了第一次超分子体系香山科学会议。我是年轻的参会代表兼学术秘书，负责会议记录、梳理纪要。当时，唐老师的研究重点转到了碳纳米管（又称巴基管）和巴基葱等碳材料的理论与计算研究，致力于从理论上预测由碳原子形成的多层同心球状结构。唐老师发言时问大家：巴基管和巴基葱的层间存在非共价键，是否也应该算作超分子体系？我斗胆回应道，巴基管和巴基葱的形成是以共价键为主、非共价键为辅，不具有动态响应性，称作超分子体系不合适。唐老师欣然接受了我的建议。唐老师这种与年轻人平等沟通的品格至今仍深深影响着我，乃至我的学生们。

1994 年，唐老师荣获 1993 年度陈嘉庚化学科学奖。虽然这是给个人的奖励，但唐老师却把成绩都归功于集体。我记得在获奖座谈会上，唐老师首先感谢党和国家对他的关怀，再感谢学校对他工作的支持，并一一点名感谢了与他一起工作的同事和学生们。之后，唐老师捐出部分奖金，设立了奖学金，致力于培养对化学有志趣的人。2009 年 7 月，在唐老师的亲朋好友的支持下，成立了吉林大学唐敖庆教育基金会，每年都奖励一些来自国内不同高校和科研院所的优秀研究生。我自己的学生已有 6 位获得过唐敖庆化学奖学金，其中 5 位现已分别任教于清华大学、天津大学、华南理工大学、北京化工大学和香港中文大学（深圳）。可谓薪火相传，赓续初心。

本书的作者鲍盛华之前出版过《先生向北》一书，讲述了 20 世纪 50 年代一批专家学者满怀情怀、驰援东北教育和科技发展的故事，其中就高度浓缩了唐老师的事迹。此次为了撰写唐老师的传记，作者曾约我详谈。除了分享一些大家知晓的唐老师的故事外，我们一致认为应当尽量真实地还原唐老师的形象，用真实的故事打动人。我建议作者用做学问的方式查阅原始资料，访谈唐老师昔日的同事和学生，通过对比不同人对同一故事的回忆，确保故事的真实性。在阅读本书时，我不时能够注意到引文注释，可见作者确实是以严谨的态度在为科学家撰写传记。

唐老师是吉林大学的传奇，也是中国教育和科技史上的传奇，他给我们树立了难以超越的丰碑。既然难以超越，该如何向唐老师学习呢？该学习什么呢？我相信读者们阅读本书后会有自己的答案。我的答案是：爱国奉献的情怀、做学问的“笨”功夫、认真严谨的态度、平等待人的品格、协作合作的精神……

似为序，是为序。

中国科学院院士

吉林大学校长

2021 年 9 月

目录

CONTENTS

序章　三千里地山河

“巧笑倩兮，美目盼兮”，《诗经·卫风·硕人》中的这两句，把一个年轻女子的神韵与风姿描绘得淋漓尽致。“曲眉丰颊，清声而便体，秀外而慧中”，唐朝大诗人韩愈更把外表秀丽、内心聪颖的女子形象，用一支妙笔活灵活现地展现在人们的面前。

1943 年初，在中国江苏的太湖边上，正有这样一个“巧笑倩兮”“秀外而慧中”的女子，依书香而居。然而，不幸的是，祖国的大地正被狂妄的日本侵略者蹂躏，破碎的河山弄伤了她的心事。

白天跑进山里躲避日本侵略者以及汉奸特务的侵扰，晚上才能回到村里睡上一觉，成为她的生活常态。而自从日本侵略者占领了这里，内陆交通就彻底断绝，除了只知道去了位于云南昆明的国立西南联合大学（简称西南联大）外，那个本来与她通信的男人，再无任何消息。

2 月 5 日就是阴历的春节了。随着这个日子临近，一个大胆的念头在生得秀美端庄的女子心上萌生：她要去寻找那个在书信中与她私订终身的人，寻找生活的温暖和未来的光明！

有如此大胆念头的不止她一个，几个也要外出寻找丈夫的女子与她约定同行。与其他女子不同的是，她要找的人还没有正式成为她的丈夫，她要担更大的风险，万一那个已经 6 年没有见面的男子在西南联大稍有移情，她徒步三四千里的行为将没有任何意义。但她了解那个男子，她愿意把那个男子当作自己此生的信念。

她们把启程的日子放在春节之后，这是新的一年的开始，也是她们新的生命的开始。家人对她的决定认同且尊重，但离别仍然让彼此内心疼痛，大家不知道，在兵荒马乱的年代，此生还有没有机会再见。

出发的地点是太湖边上的宜兴，要到达的地方是滇池边上的昆明。她对昆明没有太明晰的空间概念，只知道很远很远，但心中的希望让这种“远”有了深刻的意义，也许人只有在这样的时刻才能体会什么叫“死心塌地”和“天荒地老”。

没有日历，她用日出与日落计算时间；没有交通工具，她用双脚丈量此时虽破碎但仍然在国人心中充满希望的每一寸土地。

是在江苏境内还是在江西的路上遇到的无耻的地痞流氓，她并不十分清楚，只记得几个姐妹拼了命地想办法最终摆脱纠缠；是在江西还是在湖南境内日本人的封锁线最多，她并不十分清楚，只记得姐妹们提心吊胆但决不退缩的摸索，以及彼此相依为命的鼓励和支撑；是在湖南还是在贵州境内她们一天走了 100 多里路，她并不十分清楚，只记得满脚都是血泡，已经疼痛到麻木，以及彼此最终的骨瘦如柴……

行路的艰辛并没有破坏她内心的美好，支持她一路行走为爱长征的，是她有如花季的少女时代，是与他某一天的不期而遇，以及后来在书信中互诉衷肠的真心与真挚。

那一年她 17 岁。

在很长一段时间，她的弟弟放学回来都会和家人聊起官林镇凌霞小学的一位新教员，说他很有学问和见识。说得多了，喜欢结交有识之士的父亲就让弟弟在一个周末把这位老师请到家里做客。听着父亲和这位年轻老师的对话，才思敏捷的她十分欣赏他对时局的看法以及对人生的态度。待到父母去厨房为客人准备午餐，他们两人便十分自然地聊了起来。年轻老师对这位少女的谈吐和抱负也刮目相看。

自这次见面之后，两人便开始通信，并且数年没有间断。在他的鼓励和指导下，她考入吴江师范学校，后来成为一名小学教员。随着岁月变迁，两人的相互欣赏慢慢变成友谊，友谊又升华为爱情。1936 年夏，她 18 岁，他 21 岁，两人在书信中订下了终身。

路继续在脚下延展，从万物复苏的春，到暑热初来的夏，她已经走了三个多月了。

终于有一天，她一路打听着，来到了西南联大化学系办公室。办公室的门开着，里面坐着几个正在低头工作的人。

她轻轻叩了叩门，问："您好，请问唐敖庆老师在吗？"

一位年轻的工作人员抬起头，说道："唐老师去资料室了，您是？"

"我叫史光夏，是唐老师的亲属。"她回答道。

一屋子的人都站了起来，大家纷纷说："快请进，快请进。"

那位年轻的工作人员一溜烟儿地跑出去找唐敖庆。史光夏被大家请到办公室里，有些腼腆地坐下。

"您从哪里来？"有人问。

"江苏宜兴。"她回答。

"那是日本占领区啊，怎么过来的呀？"

"走过来的。"

"走了多久？"

"三个多月吧。"

"老天爷，那不得三四千里地……"屋里的人唏嘘着，赞叹着。

就在这时，一阵脚步声响起，一位穿着朴素的教师伴着急促的呼吸声出现在门口。高度近视镜有些下滑了，他用右手推上去，眼光投向身体消瘦、面容憔悴的年轻女子。

他一下子真的没有认出来眼前的这个人就是他日思夜念的史光夏。六年未见，少女时的娇羞与憨态已不复见，唯有满身征尘和面颊上特殊年代带给这位青春女性的沧桑。

但眼角眉梢的坚定和美丽是唐敖庆所熟悉的。他欣喜地给大家介绍，这就是他的未婚妻史光夏。

六年没有见到的目光触碰到一起所激起的巨大的兴奋感和幸福感，不仅令两位当事人陶醉，也让身边所有人赞叹。这是在刀光剑影、硝烟弥漫的战争年代开出的爱情的花朵，其鲜艳和醉人的程度超过姹紫嫣红的春天。

史光夏"千里寻夫"的佳话迅速传遍了西南联大的每一个角落，人生的温度温暖着战争中一颗又一颗冰冷的心灵。

几个朋友撺掇着 28 岁的唐敖庆抓紧时间与史光夏完婚。然而，战时的环境下，很多条件都不具备，结婚手续根本无从办起。朋友们便为唐敖庆和史光夏写了一张结婚的“字据”。让爱情拥有见证和仪式，这也是一个男人对一个女人的终生承诺。然后，在朋友们的帮助下，他们在昆明附近呈贡县一所中学的土屋里举办了简单的婚礼。除了朋友和同事，教授物理学的周孝谦和教授数学的汪志华作为婚礼嘉宾专程从昆明赶了几十里路来参加。

此时的唐敖庆只是西南联大的一个助教，工资不高，一人生活尚可，负担两个人的生活费用则难以维持。西南联大化学系系主任杨石先教授主动找上门来，给唐敖庆介绍了一个家庭教师的兼职，为这对新婚夫妇解决了吃饭的问题。没有多余的钱租房子，他们就同几个单身教师住在一所公寓里，夫妻两人住其中一个窄小的套间。直到勤快的唐敖庆又在呈贡县的一所中学找到另一份兼职，他们才搬到那所中学提供的不足 10 平方米的小屋。

贤惠的史光夏让这个不足 10 平方米的小屋充满了幸福的气息。她觉得，千里徒步奔走换来一个温馨的小屋，是值得的。生命中洋溢的不断向上生长的气息，让人时时刻刻都在扩张着心中幸福的领地。艰苦的岁月中，唐敖庆只有一身衣服，无法换洗，她总会在晚上第一时间把衣服洗得干干净净，让她的先生第二天整洁地出现在学生们面前。买不起大块的布，她就用针线把大大小小的布缝补在一起，做成被褥。天气凉了，她还会拿出长长的织针，为她的先生织一件毛衣。

有妻子替自己料理这些琐碎的家务，唐敖庆把全部的精力都放到了教授学生和科学研究上，并很快成为西南联大年轻教师中的出类拔萃者。爱情带给唐敖庆的幸福、幸福所产生的催动事业的力量，以及自己的勤奋好学，让他在不久的将来获得了一个巨大的机会：去美国考察原子能，并尽量把这种技术带回中国！

在去美国后的一段时间里，唐敖庆要重回学生的身份，用他独特的方式，滋养属于他自己的“学田”。这块“学田”让他成长为 20 世纪中叶以来中国乃至世界科学家中的佼佼者，成为中国理论化学学科的奠基人。他和他领导的团队在 20 世纪 50 年代首次获得国家级科学奖——中国科学院颁发的自然科学奖三等奖，1982—2002 年又获得国家自然科学奖一等奖两次、二等奖两次。他硬是通过不懈努力，开创了中国理论化学学派，桃李芬芳遍天下。众多学子报考一所远在东北的大学，甚至只是为了毕业证能盖上带有他名字的印章。

尽管此时的史光夏完全不能预料到这些，但她相信她的爱给出的方向，因为爱是人生至关重要的引领。

对于这个她千里追寻的男子来说，那会是怎样的一个未来呢？

第一章　学生的学田

一、勤为肥料

“帆影浮天际，波光碧水濛。霞飞彤色染，浪涌夕阳红。”这是古诗词中对中国五大淡水湖之一的太湖的描写。就在如今水域面积超过2000平方千米的太湖之滨，有一个随潺潺流水从历史中涌出来的古镇，虽逾千年，但仍妩媚秀丽，静有柳绿花红，动有扁舟点点。古人云：“千叶小舟云集，八方商贾过往。”

传说，公元前473年，智慧的范蠡辅助越王勾践战胜夫差，把吴国从春秋战国的地图中“抹掉”之后，急流勇退，辞别政治，拥抱江湖。一日，他带着自己心爱的西施，打扮成渔夫模样，乘小船从这里经过。见此地山清水秀，风光秀美，遂驾船靠岸，赶下船上的鹅鸭在滩上喂养。后世因了这等雅事，便将此处称为“鹅洲”。

又说，宋朝时期，镇上住着邵氏兄弟，他们因种种原因不和，后经乡邻规劝，抛弃前嫌，重归于好。为了纪念这件家族史上的大事，兄弟共建了一座桥，取名和桥。从此，这里便被称为和桥镇。

宋代大文豪苏轼似乎觉得镇上的妖娆还欠火候，游历江南期间，他在此处手植了一株西府海棠。1982年，当地政府以海棠树为中心，围建“海棠园”。到了今天，这株已经900多岁的海棠树仍然枝繁叶茂，生机盎然。

和桥西府海棠（北宋文豪苏东坡手植）

1915 年 11 月 24 日（阴历十月十八），唐敖庆就在这样一个历史与自然共同装扮的环境里，出生于江苏省宜兴县（今宜兴市）和桥镇。由于此前父母养育的一个儿子、两个女儿都在不到两岁时就夭折了，母亲认为是接生婆不讲卫生造成的，所以在唐敖庆降生时，她坚持不找接生婆，而是自己咬断脐带把这个小生命带到了人间。父亲唐林根为纪念妻子的勇敢，以及那个令自己既紧张又兴奋的时刻，给孩子取名“敖红”。在江苏宜兴方言中，“敖”与“咬”谐音，“红”是因为咬断脐带的时候出了血见了红。

汩汩的运河日夜不息地流淌，将古镇一分为二，西为上塘，东为下塘。唐敖庆的家在下塘，是一栋二层的阁楼。父亲除了种几亩薄田之外，还在镇上经营着一间以售卖胭脂、蜡烛、豆饼等日用品及农产品为主的不算太大的杂货铺。敖红的降生让这个家庭看到了生活的希望，父母把自己的呵护和爱毫无保留地给了孩子，同时也感受着孩子的成长给他们带来的生机与活力，他的健康和快乐抵达了生活的每一个角落。

对于当时中国大地上的沧桑巨变，例如清朝的崩塌，中华民国的成立，以及袁世凯称帝、讨袁战争，乃至五四运动等，生活在安静的乡村的人们，并没有过多在意。引起大人们注意的，是被废除的科举制度、兴起的学堂。他们关心子女的未来，那些学堂里藏着孩子们的明天。

1921 年初秋的一天早上，母亲把常常被小学校园中传出的琅琅读书声吸引的敖红叫到身边，让他换上一套自己亲手缝制的新衣裳，背上崭新的书包，告诉他可以上学了。欣喜的敖红看到父亲也像过节了似的换上一件长衫，高兴地跳了起来。父亲告诉敖红，你要上学了，就要有个正式的名字，按祖上确定的排字，这一辈儿的名字尾字为“庆”，所以从今天起，你叫唐敖庆。

在镇上的两所小学之间，父亲没有给儿子选择公立的鹅山小学，而是选择了私立的养初小学。养初小学是当时宜兴县城开明的爱国商人吴养初先生投资兴办的，声誉很好，老百姓都很信赖。学校设在一个不大的四合院内，环境清幽。

对诸多事情的理解还处于懵懂状态的少年，并没有立即在同学中间显得出类拔萃，甚至做起事来还有些笨拙。但天性却让他把“三把肥料”施到了人生的第一块“学田”里：“一把肥料”是对“知识的渴求”，未知的领域召唤着每一个人，而他最服从召唤；“一把肥料”是“认真的态度”，并不是每一个人对待学习都能做到精益求精，而他从来都是一丝不苟；最后“一把肥料”是“勤奋的精神”，没有勤奋，纵然对知识有渴求，纵然做起事来很认真，也不能到达巅峰，而他的勤奋足以令人刮目相看。

很快，班上最初靠着聪明而拿到好成绩的同学，被唐敖庆一个又一个地超越。最后，他冲到了最前面。

不幸的是，为自己敦厚老实却常被表扬的儿子高兴自豪的母亲却在此时患了重病，因为当时的医疗条件有限，无法挽救她的生命，她不久就离世了。

一年多以后，父亲续弦，继母名叫褚咏梅，是一位出身书香门第的大家闺秀。随继母“嫁”到唐家的，还有大量的古诗文集和四大名著等书籍。令唐家感到庆幸的是，继母人很好，对唐敖庆十分疼爱。懂事的唐敖庆对继母也十分尊重。两人的和谐相处，父亲看在眼里，喜在心上。继母带来的书籍成为她与唐敖庆交流的重要渠道。在获得继母的充分赞同后，识字越来越多的唐敖庆不满足于只学习学校的课程，开始大量阅读家中的藏书。每天夜里，和桥镇下塘的二层阁楼，总会有一个房间的煤油灯迟迟不熄。阅读，成了唐敖庆认知世界的一个重要窗口，不同的社会样态，不同的人生命运，在他的眼前展开，也在他的心里种下美好的种子，生根发芽。

门一开，坐在教室里面的唐敖庆和其他同学心里一动，他们喜爱的校长兼地理课教师史本直先生，穿着一身中式长袍走了进来。站在讲台上的史本直和往常一样，微笑着看了看大家，然后滔滔不绝地讲述起来。唐敖庆很奇怪，为什么那么多陌生的地名到了史先生的口中好像突然变成了盛开的鲜花，有了可感的形状，还有了诱人的味道，然后很容易地就记住了。更令唐敖庆感兴趣的是，史先生还把那些不容易记住的地理常识，比如一些陌生、复杂的大山大河，以及他们从未听说过的国家名称，编成了顺口溜。有时候，那些顺口溜不仅押韵，还十分有趣。全班的同学，个个都挺直了身子，在史本直始终挂在嘴角的笑容和慈祥的目光里，享受先生和知识带给他们的温暖与快乐。在唐敖庆的记忆里，史本直先生虽然是校长，日常事务繁忙，但从没有耽误过他们一堂课。

唐敖庆和同学们也同样期待下一节课，那是才 20 岁左右的潘汉年先生给大家讲授的语文课。与史本直先生有一点区别的是，潘先生总是戴着一顶礼帽，进教室后，先把礼帽摘下来再开讲。令唐敖庆印象最深刻的，则是潘汉年的才华与激情。他讲课时纵横古今，声情并茂，每到关键之处，总是神情亢奋，壮怀激烈，声音高扬，像打响的一个又一个春雷。

令同学们遗憾的是，潘先生因为工作关系，离开了养初小学。面对恋恋不舍前来码头送行的学生们，潘汉年告诉大家，他接到一位朋友的邀请，要到上海一家刊物做编辑。他还特意说，等刊物编出来后寄给大家看。儿时的唐敖庆无法预知，中华人民共和国成立后，潘先生出任了上海市常务副市长。

遇到好的先生是唐敖庆的“学田”里吹过的最美好的春风，它给人的童年与少年带来的润物细无声的滋养价值连城。

对于学习，唐敖庆有一种本能的喜爱，而每次解出难题之后的畅快，尤其令他感到欢喜。对各类书籍的阅读，已经成为唐敖庆每天的一种习惯，没有读书，他就觉得好像缺点什么。晚上，父亲或继母总是一遍遍地催他，早点儿睡吧，早点儿睡吧。而他，总想再多学一点，多看一点，多想一点。那盏陪伴他的煤油灯，和他一起在深夜中眨眼。

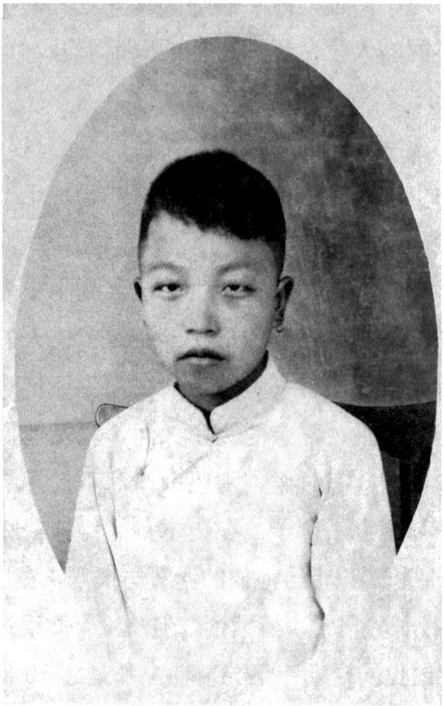

童年时期的唐敖庆（摄于20世纪20年代初期）

小学五年级结束的时候，养初小学由于经费不足，不再招高小①的学生，唐敖庆转入鹅山小学续读。但这并不是一次简单的转学，鹅山小学规定，转学要经过一次考试，考试通过，则正常升入高年级学习；未能通过，则要留在原来的年级再读一年。试题很难，只有唐敖庆和几个同学通过了考试，直接读六年级，其他的同学又回到了五年级。

面对陌生的环境以及更多的优秀同学，唐敖庆感觉自己掌握的知识并不十分扎实。他点灯熬夜，埋头学习，甚至把晚上读课外读物的时间也腾了一些出来。没过多久，他又成为这里的出类拔萃者。

也正是在鹅山小学，给六年级同学上课的校长杨逸群先生让唐敖庆深切感受到了数学的魅力。

年轻但教学经验丰富的杨逸群让每一个从他口中吐出来的抽象数

① 高小一般指小学的五六年级，即小学高年级。也有的地区指四年级、五年级、六年级。

字，都显得那么跳跃和可爱，他用实践告诉同学们，一个又一个的数字其实就是一把又一把钥匙，可以打开脑袋中一扇又一扇关闭的大门，大门后面则是知识的汪洋大海。

一个风和日丽的日子里，杨逸群在讲完了规定的教学内容后，在黑板上写了五道数学题。他告诉同学们，这五道题看似简单，但不可轻视，用刚才讲的方法是可以计算出来的，但解每一道题都要转一个“弯儿”。看着大家跃跃欲试的样子，他接着说，谁要是都能计算出来，得100分，就奖励谁六角钱。

在当时，六角钱不算多，但也不少，可以买到不少的文具和书籍。然而，时间到了，几十个同学，只有十几个交了卷。同学们紧张地看着现场批卷的杨逸群。最后，他宣布，全班只有一个人得到了100分。“唐敖庆！”杨先生大声喊道。在同学们的掌声当中，涨红了脸的唐敖庆走到讲台前领奖。

让杨逸群没有想到的是，没过多久，这个性格看起来有点儿内向却格外认真的小同学竟然出现在校长室里。原来，唐敖庆爱上了数学题的这个“弯儿”，但课堂上的习题已经无法满足他的解题欲望，他希望杨校长再给他多出一些这样的题，他想带回家里做。杨逸群觉得眼前的这个孩子很不一样，干脆把自己的一本较有深度的习题集借给了唐敖庆。从此，在昏暗的煤油灯之下，数学为唐敖庆打开了另一个丰富的世界。

1928年，在“学田”里耕耘的唐敖庆已经长成了13岁的少年，世界向他敞开的风景越来越多了，他也对多彩的世界越来越兴趣盎然。但这一年，多少让他有些不舍，按照学校的教学规划，唐敖庆的小学生涯马上就要结束了。同学们议论着，作为一届毕业生，要给学校留点什么。但像送锦旗、送镜子等，往届同学都做过了。唐敖庆的同学也是他的好朋友周可澄认为，留给学校的纪念品应该有点儿新意。最后决定，由学习成绩最好的唐敖庆写几个字，由两个父亲是木匠的同学负责做一块牌匾。

微风徐来，沿着稻田间的小路走向学校的唐敖庆，仿佛能听见大自然在和他说话。他的心“怦怦”地跳，连日来在家中所藏的古籍中寻找的长短句子在他的眼前跳跃着。尽管他觉得没有特别合用的诗词，但千百年来流传下来的诗句润泽着他，让他进入了某种诗境和情境当中，虽然他并不能把那种感觉说得太清楚。

忽然，他的眼睛一亮。

同学们把唐敖庆围在教室中间，几十双眼睛看着研墨的唐敖庆。唐敖庆拿起毛笔，认认真真、端端正正写下了四个大字：春风惠我。

同学们拍手叫好，唐敖庆则腼腆地笑了。

无论是史本直、潘汉年还是杨逸群，先生们在唐敖庆的心里，就是一阵又一阵的春风，令学生们萌芽、成长。刷着棕色油漆的牌匾，显得古香古色，“春风惠我”四个字包裹在古韵当中，闪烁在这一代人的记忆深处。

小学即将毕业了，按唐敖庆的学习成绩，进中学读书是一点问题没有的。然而他此时的学习生活却发生了一个比较大的变化。父亲得了结核病，加之长年操劳，身体状况越来越差，稍微干一些重活，便心跳加快，连带着气短，虚汗直流，接连不断地咳嗽。在杂货店里站一天柜台后，甚至会累得直不起腰身。

一天，父亲把唐敖庆叫到身边说：“孩子，有一件事要和你商量一下。爸爸年岁虽不太大，身体却越来越不行了……所以我想，你就不要升学了，留在家里做我的帮手吧！”① 父亲觉得，唐敖庆已经有了一定的知识积累，而自己身体又不好，回到家里来做几年自己的帮手后，就把杂货店交给他经营，将来也能有不错的生活。

在知识的海洋中遨游的唐敖庆听了父亲的话，顿时陷入了痛苦之中。他当然知道父亲的身体不大好，也知道自己要挑起家里的重担，理应遵从父亲对自己未来生活的安排。可是，那美妙的加减乘除，那丰富的华夏历史，那迷人的大千世界，又深深地吸引着他。

认真地思考之后他与父亲商量：“爸爸，我知道你很难，你看这样行不行，我每天放学回来先帮你看店铺，晚上再温习功课？”

“好吧，那爸爸就再坚持 3 年，等你念完中学。”想不到儿子对学习有如此执念，在唐敖庆强烈的求学意愿之下，父亲咬咬牙同意了。

就这样，1928 年秋，唐敖庆进入本镇私立彭城中学读书。为了兼顾家里，一放学，唐敖庆就飞快地跑到店里，帮助父亲招呼顾客，打理生意。远近的乡邻不久就传开来：唐家的店里有一个非常仁义的孩子，待

---

① 韩光莉. 化学王国的巨擘——记著名学者唐敖庆[J]. 北京工人，1994（11）：11-13.

少年时期的唐敖庆（摄于 20 世纪 20 年代后期）

人热情，彬彬有礼。让大家感到吃惊的是，这个孩子算账从不用打算盘，只用心算，不仅速度快，而且分毫不差。一批货售卖完了，唐敖庆就替父亲去提新货。用稚嫩的肩膀挑起担子，尽管力气有些不足，但唐敖庆从来都是咬牙前行，无论路上因为体力不支要歇多少次，他都会坚持把担子担回来，肩膀的疼痛也从来不和家人讲。

每天闭店之后的夜晚是属于唐敖庆自己的时间，闪烁的煤油灯把夜色切开一个口子，他就在那个窄小的口子里，复习当天所学的知识。做完作业，再去预习第二天的课程。最后，还要看几页他朝思暮想的课外读物。煤油灯照亮了他的倦容，也把他乐此不疲的背影一重又一重地印在墙上。

然而，为唐敖庆照亮无数个夜晚的煤油灯却在悄悄夺走他的视力。直到有一天，父亲发现，唐敖庆看书的时候，眼睛几乎要挨到书上了。父亲请来镇上专门配眼镜的老师傅，一测，发现唐敖庆的一只眼睛近视 700 度，另一只眼睛近视 800 度。这是个惊人的数字。老师傅嘱咐他：屋里光线弱，不能长时间看书，特别是晚上，煤油灯灯光昏暗，长时间读书学习，视力还会下降。

戴上了眼镜的唐敖庆虽然有所注意，但他每天读书学习的时间依然太长了。那些数学题在牵引着他，当他从兴趣当中走出来，时间往往已经过了很久很久。老师教授的几何学还没有讲到1/3，他已经把整本书的习题都做完了。那些课外读物中的人物、故事同样在牵引着他，在那个丰富的世界里，他深度徜徉，恋恋不舍，不愿抽身出来。

尽管眼睛的近视有些让人困扰，但这段时间，有一件令唐敖庆兴奋的事：在他的本名之外，他又有了一个字。

在中国古代，男子20岁时要行冠礼，就是把头发束起来后，戴上帽子，代表成年；女子则在15岁时行笄礼，就是把头发盘起来后，在上面插一根簪子，代表成年。在举行冠礼和笄礼时，由有一定社会地位或名望的人为其在本名之外另取一个表字。

经过千百年的发展，人们并不是一定要遵守到20岁的礼数，唐敖庆就没有到20岁，但身边已经有同龄人有了表字。而且他听说，几个同学都是找数学老师徐槐青取的表字。在日常的学习生活中，他也感觉到，徐老师不仅数学教得好，文学功底也很深厚。于是，趁着一次和徐老师聊天的机会，唐敖庆正式提出了请求。徐槐青早就非常欣赏和喜欢这个品学兼优的学生，他略作思考，便拍着他的肩膀说，你的本名是敖庆，就表字“冠三”吧，意思是你勇冠三军，出类拔萃！

有时候，名字对一个人一生的发展也是有魔力的，特别是对像唐敖庆这样自律的人更是如此。从此，唐敖庆在自己的“学田”里更加精耕细作，打磨每个“沙粒”“土粒”，又让它们挂满浇灌的汗水。任何一块土地的肥沃，都不是没有理由的。

转眼，三年时间过去。1931年，唐敖庆从彭城中学毕业了。他在这一届学生中，无疑是最优秀的。但是，三年前的两难选择再一次摆在唐敖庆的面前。一种选择是继续读高中，如果那样，就要离开镇上到县城去，他将无法成为父亲的帮手，不能尽孝，而此时的父亲身体更不如前；另一种选择是从此告别学校生活，按照家人的想法，回去子承父业，当个掌柜，大富没有，温饱无忧。可是，离开对知识的探求，就好像一把重锤击打到胸口，对唐敖庆的打击是致命的。

令唐敖庆没有想到的是，当他的这种犹豫和无奈以及即将辍学的现状被徐槐青老师得知后，徐老师约上与自己有同感、教授唐敖庆语文的储老师，一起来到了唐敖庆的家中。他们希望能和唐敖庆的家人聊一聊，告诉他们，唐敖庆是多么优秀，如果不继续学习，就太令人痛惜了。

在攀谈的过程中，两位热情的老师也发现，唐敖庆父亲的身体确实不好，接连剧烈咳嗽。如果他倒下了，谁来支撑这个家庭？谁又能提供唐敖庆继续学习所需要的各种费用呢？

在那个时代的中国，有多少个这样的家庭，在为生存而奋斗的日子里，不得不放弃那些美好的理想！

突然，储老师想到了什么。他告诉唐敖庆的父亲，不如让唐敖庆报考师范学校，在那里，学费和伙食费都是免除的，这样家里就不用有什么负担了。等到三年毕业之后，即可找到工作，可以为家庭出力。

热情的两位先生让唐林根十分感动，如果不是因为自己的孩子学习突出、品德突出，两位先生何必费尽心力来劝自己？唐林根说道："就依两位先生！"

这是一个晴朗的日子，运河上的一艘小火轮船载着唐敖庆和他的梦想驶向无锡。好朋友周可澄与他同行，他们要去参加江苏省立无锡中学高中师范科的招生考试。担心无人照顾，周可澄的父亲陪在两个少年身边。

没有任何意外，经过语文、数学、物理、化学和英语五门考试，唐敖庆和周可澄从近 300 名考生中脱颖而出，金榜题名。这近 300 名考生中，最终只有 45 人被录取。

江苏省立无锡中学的历史相当悠久，成立于 1911 年，最初的名字叫官立第三师范学堂，后改为省立第三师范学校。1927 年改为江苏省立无锡中学，设初中和高中师范科，另外还有高中普通科。1932 年 10 月正式定名为江苏省立无锡师范学校。学校以"弘毅"为校训。经过多位校长的严谨治校，该校在教育界颇有声望。不少社会名流都到此做过演讲，国内如胡适、陶行知、章太炎等，国外如罗素（Russell，英国）、杜威（Dewey，美国）等。学校也培养了一批专业人才和著名学者，荣毅仁、吴冠中、徐中玉、钱保功等都曾在此学习。

带着亲人的牵挂，唐敖庆人生中第一次出远门，离开和桥，到无锡读书。这一年他 16 岁，恰是风华正茂的年龄。虽然眼睛的近视度数日益增加，但他把自己的目光放得更远。入学后，他一头扎进书本里，让知识带他遨游天下。

很快，化学课便引起了唐敖庆的注意。他发现，化学老师张汝训与别的老师不同，上课时不按照学校发下来的课本讲，而是用他自己编写的教材。相比课本，张老师所讲的内容更深入、更具体，也更前卫，把很多世界上最新的研究成果搬上了课堂。而且，他不仅讲那些生硬、抽象的基本化学理论，还绘声绘色地讲述化学家的故事。

化学令唐敖庆感到妙趣横生。一种物质有可能通过温度的改变一下子变成两种，两种物质又可能相互作用变成一种。在日常生活中，这种物质是什么，不是什么，一目了然。可是在化学的世界里，却完全可能“无中生有”，在一种或几种物质之上，再变出某种物质来。其中的奥妙以及没有穷尽的探求，让唐敖庆着了魔。

张汝训先生上课的时候还告诉大家，化学正在深刻地改变着人类的生活。中国是农业大国，而化肥制作需要化学，农药生产需要化学。中国的经济结构也在发生变化，民族工业正在各地崛起，而染料的研制需要化学，纺织品的制作需要化学，各类药物的制造更需要化学。在国外，化学所创造的财富和价值更是源源不断地显露出来。

随着“九一八”事变爆发，中国东北的土地被大肆侵占，日本侵略者投掷在中国大地上的炸弹轰隆隆地震动着每个国人的心。唐敖庆无数次加入游行宣传的队伍当中，他深切地感到，科学技术决定国力，一个国家的独立和尊严与每个人的努力是密不可分的。

认真而刻苦地学习，让他很快就脱颖而出，他的数学、物理、化学成绩都是全年级最好的。学校里有一个学生组织的课外数理化研究会，因为唐敖庆门门功课都是第一，大家就选他做了研究会的负责人。

和其他同学比起来，唐敖庆是个没有假期的人，也是个没有夜晚的人。在别人休息玩乐的时候，唐敖庆却仍在学习、读书。很多人学习是为了考试，而唐敖庆的学习似乎已经与考试分离了，他只是在感受学习的乐趣。同时，在知识当中，他感受到了把握未来的某种力量。

时光飞逝，三年的师范学习生活就要结束了。唐敖庆渴望的是继续升学深造，汲取更多的知识，获得更大的乐趣。但是按照当时就读免费学校的规定，他至少要去当一年的教师，才有资格参加下一步的升学考试。这个时期，父亲的身体状况似乎略有好转，继母还为家里生了一个小弟弟，一家人其乐融融。

在家中等待教育部门分配工作的唐敖庆并没有闲着，除了帮助父亲打理店铺生意之外，他仍然没日没夜地读书。看着这个孜孜不倦、即使生病也书不离手的儿子，唐林根并不理解，但却支持他通过自己的双手让这个贫穷的国家富强起来的愿望。

终于，飞奔的邮差送来了唐敖庆一家人等待已久的消息。根据江苏省立无锡师范学校的推荐，宜兴县教育部门安排唐敖庆到全县比较有名的学校——官林镇凌霞小学任教员。

这是唐敖庆人生中一个崭新的开始，他自己和家人都期待的自食其力的愿望终于要实现了。父亲的三年操劳没有付之东流，当初两位先生的劝说没有付之东流，三年来的努力也没有付之东流。

一个朝霞满天的清晨，一家人围坐桌前，继母精心准备了早饭。饭后，父亲和怀抱弟弟的继母为唐敖庆送行。唐敖庆不停地让父亲和继母早些回去，但他们还是坚持将他送到了镇子的外面，直到通往官林镇乡间大道的路口出现在眼前，才停下脚步。

唐敖庆的继母褚咏梅（摄于1965年）

唐敖庆与亲人们挥手告别。那一刻，霞光万里。

亲人们并不知道，此刻唐敖庆的内心深处藏着一个愿望，那就是在工作几年之后，攒足大学一年级够用的学杂费，还要考大学，到大学后，他再努力争取奖学金，补足未来的学费。但他现在不能说，看着父亲日益弯曲的腰身，看着嗷嗷待哺的弟弟，他不忍再向父亲提任何要求，只想用自己的双手，创造属于自己的未来。

第一次以老师的身份走在学校的校园里，无论是放眼校园周围浓密的绿树，还是身在宽阔的操场、明亮的教室、书香四溢的图书馆，唐敖庆都感觉到温馨。在他看来，周围所有的这些都是带着感情的，与自己的情绪融合在一起。

白天，他全身心地教授孩子们。由于文理都好，学校先后安排他教过语文、历史、地理、自然、数学。学校师资力量有限，有时他一个人要同时开讲几门课。即便如此，一旦哪门课缺少了教员，他就会主动找到学校的负责人，承担代课的任务。在教学过程中，唐敖庆还逐渐摸索出了一套自己的授课办法：通过各种简单易懂的例子让学生们逐渐掌握其中包含的知识。办法简洁明了，效果立竿见影。

唐敖庆担任的是凌霞小学五（乙）班班主任。在语文课的教学中，唐敖庆只讲课本上2/3左右的内容，其他部分则自己给学生找浅近的古文和富于时代气息的文章学习。他给学生们提了一个特别的要求：每天写日记。对这些日记，他都一一过目，进行批改。在教授历史时，他会将提纲、内容熟记，用生动的语言讲述给大家，学生们听得津津有味。对于学生，他从不呵斥，而是谆谆教诲，学生们觉得他身上有一股说不出来的感人力量。

夜晚，他会继续亮起灯来，批改学生的作业，然后复习高中的课程，再读一些自己喜爱的课外书。亮起来的灯驱赶了孤独和寂寞，在他眼前照亮了更为丰富的世界。早上，读书声从他的寝室传出，他已经在朗读外语了。

现在，他一个月的薪水是28元。他认真地算过，每个月的伙食费用有3.5元就够了，再加上一些买书的钱和零用钱，超不过10元，这样他一个月就有至少18元的结余。那么，只需要工作两年，他就可以凑够读大学一年级的费用了。

由于长时间住校，这位每天熄灯很晚的老师，吸引了几个寄宿学生的注意。他们愿意和唐老师接触，还经常到他这儿借一些书回去读。唐敖庆真诚地和学生们相处，聊感悟，聊人生，聊理想。特别是，他会与同学们深入交流对时局的一些看法，把自己想努力学习将来让国家更加强大的愿望告诉大家。这就像当年自己在读中小学时，与教授课程的先生们聊天一样。同学们感受到的，是唐敖庆那颗年轻的心的蓬勃和火热。

唐先生的与众不同，在学生们中间广为流传。一天，一个叫史幼霖的五年级学生突然跑到了唐敖庆的办公室，代同样是教师的父亲邀请他星期天到家里做客，以表达对他的敬重。原来，史幼霖放学后经常与父亲交流学校里发生的事情。这位不仅督促同学们学习，自己还更加努力学习的先生，深深地吸引了史幼霖。唐老师的刻苦自修，以及他对时局的看法、对个人在国家兴亡时刻的命运把握，都成了他向父亲讲述的重要内容。所以，他的父亲很想结识唐敖庆。

唐敖庆了解史幼霖，那是一个品学兼优、聪明伶俐的好学生，学习成绩在班里一直名列前茅。史幼霖还是个善于思考、愿意问问题的孩子，常常向唐敖庆请教一些自己内心疑惑的问题。有时候，思维敏捷的他所提的问题甚至很难回答。从来认真面对任何事情的唐敖庆对史幼霖的提问十分重视，有时还会特意准备一段时间，绝不随意敷衍。史幼霖常常跑到唐敖庆的寝室向他借书，有自然地理方面的书，也有历史人文方面的书。读后他还会与唐敖庆进行交流，感悟深刻，把握准确。因此，唐敖庆十分喜欢这个孩子。

唐敖庆接受了史幼霖的邀请，他也想和孩子的父母聊一聊，期待孩子未来有更好的发展。到了星期天，唐敖庆准时来到史家。从史幼霖的学习到对教师职业的理解，从浓浓亲情的家事到时刻关注的国事，经过攀谈，史幼霖一家对唐敖庆更加敬重了。唐敖庆渊博的知识、和气的待人态度、严谨的表述，让史幼霖的父亲连连赞叹。唐敖庆特别着重地谈道，通过对史幼霖的了解，史家可以对孩子的教育给予更多的支持，相信他未来一定能够做一个对国家有用的人。大家聊得非常愉快，临到中午，史父坚持要留唐敖庆用餐。

唐敖庆的言谈举止，引起了史幼霖姐姐史光夏的注意。就是这一次邂逅，种下了他们一世的姻缘，也成就了多年以后那个千里寻夫的传奇。

青春就像屋外的春光，昂扬向上，生机勃发。它把每一个生命的细节都催开成花朵，迎着阳光雨露，姹紫嫣红。唐敖庆的青春也同样如此。只不过，他更多地把自己的青春气息与书香相融合。在学习的世界里，唐敖庆构筑着自己与众不同的春华秋实。而这些，都写进了每个晚上陪伴他的不可磨灭的灯火。

在凌霞小学教书一年半之后，唐敖庆把读大学一年级的费用积攒得差不多了。他与一位唐姓的同乡结伴而行，来到省内知名的中学——扬州中学复习功课，准备参加1936年的高考。选择扬州中学，是因为它与苏州中学、上海中学、杭州中学并称“江南四大名中”，师资力量雄厚、教学风格严谨是这里的显著特点。唐敖庆报名补习的课程主要是英语和数学。其他如化学、物理和语文，他都有着良好的基础，工作以来，他一直在自学这几门课程，从来没有放下。

1936年上半年，《大公报》上几篇署名曾昭抡的《东行日记》连载文章引起了唐敖庆的注意。在文章中，曾昭抡阐述了自己访问日本时的一些感受和对国家命运的思考。流畅自然的语言和令人醍醐灌顶的思想让唐敖庆着迷。他一打听才知道，曾昭抡已经是当时国内非常有成就的化学家了。他还听说了曾先生的一段逸事：一天，有人看到曾先生在一根电线杆子前自言自语，以为这个人精神上有问题，其实是曾先生沉醉于化学问题里不能自拔，完全不知道自己面对的是一根电线杆子。

曾昭抡（摄于1937年1月）

后来唐敖庆才知道，1899年出生的曾昭抡是曾国藩胞弟曾国潢的曾孙，父亲曾广祚是清朝的举人。曾昭抡毕业于清华学堂，后来到美国麻省理工学院攻读化学工程与化学，获科学博士学位后回国，当时在北京大学化学系任教。

正是这诸多的因素让唐敖庆觉得，自己可以在化学上多下些功夫，甚至闪念之间，萌生了将来要做一个化学家的愿望。

很快，1936年的暑期到来了，高考就集中在这个时候进行。当年的高考由各大学自行命题，考试的具体日期也各不相同。众多大学的考场都设在大城市，而离唐敖庆最近的就是上海。顶着暑热，唐敖庆和那位同乡来到了这座当时中国最繁华的都市。旅馆是住不起的，二人就去投奔唐姓同乡的一位亲戚。

当然要报考北京大学化学系，因为他知道，他尊崇的曾昭抡先生此时是北京大学化学系系主任。因此他直奔北京大学的考场。

为了能获得更多考上大学的机会，唐敖庆还报考了北平大学的化工系和同济大学的土木建筑系。唐敖庆觉得，如果自己将来做不了化学家，那就当个建筑学家。

当年获取是否被大学录取的信息，靠的是每天的报纸，各所大学会把录取的名单公布在报纸上。每天早上买一张报纸，是焦急等待消息的唐敖庆必做之事。突然有一天，在同济大学的录取名单上，唐敖庆看到了自己的名字。没想到做化学家的愿望还是与自己擦肩而过了，但唐敖庆觉得也挺好，只要能上大学，未来就可期。

令他没有想到的是，在他去同济大学指定的医院体检的路上，碰到了自己的那位同乡，同乡恭喜他考上了北京大学。他疑惑地看着同乡。同乡把一份报纸塞到他手上，在这份报纸登载的北京大学录取名单上，“唐敖庆”三个字赫然在目。唐敖庆高兴得几乎要窒息。

不久，北平大学的录取通知也刊登出来了，上面也有唐敖庆的名字。

报考了三所大学，被三所大学同时录取！对于一个在普通人家中长大的孩子来说，在自己努力拼搏的一生中，还能有什么比这更令人兴奋和喜悦的呢！

曾昭抡在北京大学，唐敖庆理所当然地选择了北京大学。

从上海回到江苏和桥，唐敖庆把考取北京大学的消息告诉了家人。

额头和眼角又多了几分苍老的父亲与继母，只知道含泪地笑着，一句话也说不出来。

二、脚为铧犁

在两千多年前的汉武帝时期，董仲舒向皇帝献策："愿陛下兴太学，置明师，以养天下之士。"汉武帝采纳了他的建议，于元朔五年，即公元前124年，在长安（今西安）设太学。这也是中国最早的纯粹以"养士"为目的的最高学府。

千百年来，太学的学统被历代统治者一脉相承，1898年，晚清政府在维新变法之际设立京师大学堂。而京师大学堂，就是今天北京大学的前身。

1930年12月，时年44岁的蒋梦麟从蔡元培手里接过校长的接力棒，主政位于景山东街以及北河沿一带的北京大学，开始了他为期十余年的校长生涯。此时的北京大学校园，没有围墙，部分建筑借用的是故宫的楼宇，理学院和文学院分别坐落在景山东街与沙滩，学生宿舍在北河沿，其中女生宿舍是原来宫女们的住所。

执掌校长大印之始，蒋梦麟提出"教授治学，学生求学，职员治事，校长治校"的方针，北京大学的大学之气又为之一振。

21岁的唐敖庆就是在这时一脚跨进北京大学的。

9月的北平，暑热并未完全褪去，但初秋的凉爽已经显露，让人身心十分舒畅。忙碌的唐敖庆突然接到通知，系主任曾昭抡先生要找他谈话。曾昭抡是自己仰慕的先生，就是因为他，唐敖庆才迫切地报考了北京大学化学系，现在有机会接受曾先生的当面教诲，是一件令人何等惊喜的事情！唐敖庆的心不禁一阵狂跳。

端坐在办公桌前的曾昭抡，戴着一副圆圆的眼镜，眉毛浓密，态度和蔼。但穿着似显随意，头发和胡子还给人一种略微邋遢的感觉。

其实，同每个新生进行一次面谈，是曾昭抡坚持多年的习惯。他要了解他的每一个学生，同时为他们的选修课程单签字。尽管面谈的时间并不长，也很简单，但曾先生也多多少少会做一点准备，以应对每一次的面谈。他早就知道了唐敖庆报考三所大学并被同时录取的事情，问唐敖庆为何最终选中了北京大学。

“我是慕名而来的!”唐敖庆脱口而出。

谈话的时间其实很短，但回到宿舍的唐敖庆却被曾先生身上的某种东西深深地吸引住了，他也说不清楚那究竟是什么，仿佛是一种感觉，先生那种气定神闲的气质令人迷恋。

很快，唐敖庆就从其他老师和学生的口中听说了曾先生坚持的学生培养方式与教学原则。过去讲课就是在黑板上板书，曾先生则要求进行实验教学；过去本科生不必写毕业论文，现在毕业论文却是决定能否毕业的一个重要标准。对于教员来说，则必须走出单纯的课本，走出单一的教学方式，深入做好科研，再把新的研究成果充实到教学当中，也就是科研与教学相结合。这种模式深深地影响了唐敖庆，几十年之后，当他出任吉林大学校长时，所秉持的就是这样一种理念。

没有别的，读书学习是唐敖庆最爱的，而北京大学显然就是读书学习的圣地。一头扎进知识海洋中的唐敖庆感受到了“大海”的辽阔，他周身上下所有的细胞仿佛都被调动起来，触摸和感知化学领域那无穷无尽的浪涛。

唐敖庆这一届化学系学生并不多，只有 20 名。普通化学、普化实验、初等微积分、普通物理、英文、德文等课程一堂堂地学习下来，唐敖庆门门成绩优良。学习期间，唐敖庆见识到了主讲普通化学的孙承谔先生的风采，也领略了钱思亮、朱汝华等先生深入浅出的教学魅力。

1936 年还有一件令唐敖庆感到内心激动而充盈的事情。通过长时间的通信，唐敖庆觉得自己与史光夏有着说不完的话，有着无边无际的惦念，一颗心总是飘回官林镇，飘回官林镇的凌霞小学，飘回史光夏的身边。自然而然地，两人在信中袒露了彼此的心迹，互诉了衷情，约定了终生之好。

然而，扑面而来的，并不仅仅是丰富的学习生活和令唐敖庆朝思暮念的远方恋人。战争的阴云正笼罩在北平的上空，一个国家的历史命运，未来的何去何从，突然紧迫地摆在每一个人的面前，等待他们判断和抉择。1937 年暑期将至，日本侵略者的铁蹄残酷践踏着中国的大地，从东北到华北，危机似乎已经不可避免。唐敖庆和同学们一起，发传单，跑游行，积极投身到抗日爱国运动当中。

就在这时，一封来自老家的电报交到唐敖庆的手中。电报是父亲发来的，字很少，却令人震惊："母病危，速归。"

作为家中长子，唐敖庆因为求学并不能在双亲身边尽孝，当此之际，他必须立即打点行囊，回到家人身边。他向学校请了假，日夜兼程，以最快的速度回到了和桥。到了家他才知道，继母确实生病了，但并不到病危的程度，是家人听到了日本侵略者很快就会进占华北的传闻，担心北平像东北一样沦陷，唐敖庆有生命危险，才发了"病危"的电报。

唐敖庆理解父母的初衷，觉得既然回来了，就好好陪他们一段时间，也看一看自己的恋人史光夏，待暑期过后，再回北平继续读书。可就在当年的 7 月 7 日，"七七事变"爆发了，日本侵略者开始毫无顾忌地发动全面侵华战争，中华民族的呼吸一时间变得更为紧促。偌大的华北，已经"无法安放一张课桌"。唐敖庆为之愤怒、悲伤，内心的抗日情绪，惊涛骇浪。

战乱的年代，时局日变。从学校星星点点传回来的"停课""被占领"等消息，让唐敖庆不安。但他坚信，中国有属于自己的未来，这一切都将过去。

不久，唐敖庆接到了一封从长沙发来的信。原来，由于日本侵略者占据了北平，清华大学、北京大学、南开大学三所大学的师生已经南下转移至长沙，合并成立了国立长沙临时大学。信是学校寄来的，大意是，各位学子如果愿意继续求学，可速来长沙报到。

唐敖庆眼前顿时一亮。他拿着信告诉父亲和继母，国难当头，不能退缩在家里，现在自己唯一的选择就是继续读书，将来学有所成，拯救处在危难中的国家。

看着儿子的坚持，听着他以科学报国的理想，想想毕竟长沙是战争的后方，父母最终同意了他的选择。随后，唐敖庆又跑到史光夏的家里，告诉自己心爱的人，他即将开始一个新的征程，待学业有成，局势稳定，再回来接她。

唐敖庆又一次出发了，这一次他将走得更远，他的脚就像是一架铧犁，在他的"学田"里，也在中国大地上，继续耕耘，尽管在这个耕耘的过程中将时刻面临枪林弹雨、四面围城。

1937 年 7 月 29 日，随着宋哲元、秦德纯及北平城防副司令张维藩等国民党高级军政要员撤离北平，这个做过数百载帝都的千年古城沦陷于日本侵略者的枪炮中。而此前，因逢大学的暑期，且华北局势日紧，北京大学校长蒋梦麟、清华大学校长梅贻琦、南开大学校长张伯苓等一众高校校长与名流被蒋介石邀请至庐山，参加多个谈话会，商量中华民族如何在此危难当中救亡图存。

就在北平沦陷之后，中央研究院院长蔡元培、北京大学校长蒋梦麟、清华大学校长梅贻琦、南开大学校长张伯苓、中央大学校长罗家伦等 102 位教育及文化界人士联合发表了一份声明，除强烈谴责日本侵略者外，还特别突出地表明了教育对一个民族的重要性，要求执政者迅速做出决定，把大学南迁，保存未来中国的希望。

不久，国民政府教育部即做出决定，在长沙和西安两处成立临时大学。国立长沙临时大学由北京大学、清华大学、南开大学组成，蒋梦麟与梅贻琦、张伯苓组成筹委会主持校务。随后，蒋梦麟等人即赴长沙紧急开展相关筹备工作。他们把校舍选在长沙的湖南圣经学院，位置在韭菜园。各校师生南迁的消息已经在北平、天津高校中流传。几乎在确定成立国立长沙临时大学的同时，通知原来三所高校的学生到长沙续读的信件也陆续发出。唐敖庆就是在这样的背景下接到了复学的通知。

就在短短的几个星期之内，100 多位教授和 1000 余名学生聚集于此，从香港购置的书籍和实验仪器也运抵长沙。由于大量人员的涌入，本来宽敞宁静的湖南圣经学院变得狭窄起来、喧闹起来。好在，屋顶清一色的琉璃瓦并没有给这个临时校园减少庄严肃穆之感。

后来，因为人员过多，湖南圣经学院实在没有更大的地方容纳，国立长沙临时大学又在南岳衡山附近租了校舍，文学院搬了过去。此外，学校的个别院系在其他几地也有分布。

在这个特殊的冬天，唐敖庆风尘仆仆地从宜兴赶到了长沙。他喜欢圣经学院的氛围，喜欢只有大学才有的味道，更被国破之时师生的高昂热情所感染，他怀着必胜的心愿，克服一切困难，抓紧学习功课。11 月 1 日，国立长沙临时大学正式开课了。陈省身、陈岱孙、高崇熙、吴有训等各位先生的身影出现在韭菜园，讲授微积分、定量分析、物理、德文、无线电等课程的声音在湖南圣经学院响起。

然而，立足未稳，战争的形势又发生了巨大的变化。1937 年 12 月下旬，沿长江一线的上海、南京、芜湖已经沦陷，沿平汉铁路的保定、石家庄也已经沦陷，日本侵略者从这两线分别向西、向南移动，武汉大战似乎已不可避免。这时候日本侵略者的飞机也频繁对长沙等地进行空袭。有一天，学校附近的一处弹药库被击中，爆炸声如雷响起，烈焰迅猛升腾。

危局之下，刚刚组建的国立长沙临时大学又一次面临转移的抉择。经过反复商讨，校常委决定将大学迁至云南昆明，原因一是距离前线比较远；二是有铁路通海外，采购学校需要的设备和图书比较方便。

可是，对于迁校，却有很多人反对，包括一部分师生，特别是学生自治会。他们认为长沙离战场近，可以就近参加到救亡活动当中，而且随时都可以参军上前线。两位当时分量很重的人物还来到学校进行演讲，一位是主张不要迁移的湖南省政府主席张治中，一位是主张继续迁移到云南的武汉卫戍司令陈诚。他们针锋相对，各有各的道理。

同身边大量投笔从戎的同学一样，唐敖庆也非常想参军，到战场上与日本侵略者一决雌雄。然而，招募新兵的人看到戴着高度近视镜的唐敖庆，根本不给他上战场的机会。他只能选择同自己的学校共进退。

但由于复杂的地方形势和人际关系，国立长沙临时大学究竟怎么迁、何时迁，是迁昆明、迁重庆，还是迁桂林，教育部官员迟迟未能做出决定。焦急万分的蒋梦麟是想迁到昆明的，他觉得在中国境内，那里离战场最远，是最恰当的选择。他径直来到武汉，面见正在此坐镇指挥的蒋介石，陈述将学校迁往昆明的好处。最终，蒋介石同意了蒋梦麟的意见。1938 年 1 月，国立长沙临时大学迁往昆明的建议终于得到最高层的批准。

唐敖庆和其他同学很快就接到学校的通知，从 1938 年 1 月 20 日起学校放寒假，下一个学期到昆明上课，师生们应于 3 月 15 日前到达昆明。新的学校定名为国立西南联合大学。

1938 年 1 月 22 日，学校公布搬迁布告。有要报名参军的和参加战地服务团的，学校不加限制。除此之外继续随校读书的，根据当时的交通状况和交通工具的现状，分三路赴昆明。第一路先乘火车南下广州，然后从香港乘船至越南，再转乘滇越铁路坐火车到昆明。这一路人员主要是大部分教师及其家眷和部分女同学。率队者是樊际昌、梅关德和钟书箴教授。

第二路则乘汽车西行，经过桂林、柳州、南宁后，再进入越南的河内，最后转乘滇越铁路坐火车到昆明。这一路人员由陈岱孙、朱自清、冯友兰、钱穆等教授率领。

第三路则为步行，由从事教育学研究的黄钰生领导，闻一多、曾昭抡、袁复礼、李继侗等教授与其他几位教员组成辅导团，从湖南入贵州，再至云南，全程1600多千米。

唐敖庆毫不犹豫地选择了步行，他觉得自己的身体没问题，能够坚持下来，可以把有限的交通资源留给更加需要的同学。而且，能与曾先生同行，也让他格外兴奋。

1938年2月20日凌晨，唐敖庆穿上由湖南省政府发放的新土黄色军装，裹上绑腿，周身上下收拾利落之后，背上干粮袋、水壶，带上雨伞和一件黑棉大衣，直起腰身，像一个士兵一样，加入由300多名师生组成的出征队伍当中。学校给他们起了一个轻松、乐观的名字："湘黔滇旅行团"。学校还为该"旅行团"配备了两辆汽车，运载师生们的大件行李。

离开"湘江北去，橘子洲头"的长沙，离开这座历经三千年城名、城址不变的"屈贾之乡""楚汉名城"，一路西行，队伍中的唐敖庆既感受到了豪迈，又感受到了悲壮。

对于这支临时实行军事化管理的师生队伍，国民政府军事委员会和湖南省政府相当重视。一方面，他们指派驻湖南的中将参议黄师岳担任"湘黔滇旅行团"的团长、军训教官毛鸿上校为参谋长；另一方面，由湖南省政府主席张治中出面派专人与湘西的土匪头子打招呼，希望他们以民族大义为重，不要对这些奔赴云南读书的师生下手。

于书斋中在文字与图画里感受山川河流，和实实在在地把脚踩在山川河流上面是完全不一样的。当汗水落在脚边的尘土里、沙石上、溪流中，体会到的是与大地没有隔离的亲近。所以，初踏征程的年轻学子们内心是兴奋的、激荡的。

然而，"旅行"开始的前十多天，对于这些整天在校园里学习的学生来说，却是比较艰难的。他们要在下午宿营的时候挑开脚上磨出来的水泡，而很多时候宿营地中只有当地农民家里地上铺着的稻草，条件之艰

“湘黔滇旅行团”第一中队第一分队合影，前排左一为唐敖庆（摄于1938年春）

苦，不言而喻。他们需要拼命地坚持，度过困难期。一开始，每天只能走四五十里，走了十多天之后，他们终于适应了，一天最多能走近百里路。每天走得大汗淋漓、气喘吁吁的唐敖庆内心是充盈的、饱满的。行路，是在读一本更大的书。像其他同学一样，唐敖庆也开始做一点社会调查，对满目疮痍、刀耕火种的广大农村进行一些了解和记录，以此了解社会、熟悉民俗。

一般情况下，唐敖庆和同伴们每天早晨五点多起床吃饭，然后出发，午饭只能在路上吃，下午五点多休整。为了保证师生们的“旅行”生活，学校给每个人每天发放两角钱，用于吃饭和其他零用。

一种乐观主义精神和浪漫主义情怀在队伍中蔓延。当队伍整齐地走在田野乡间，都会听到同学们整齐的歌声。有的同学还利用自己的特长，自己写词，给大家唱快板。来自清华大学外文系的学生、后来成为著名诗人的穆旦，在《原野上走路——三千里步行之二》的诗中这样表述这趟远行：

我们终于离开了渔网似的城市
那以窒息的、干燥的、空虚的格子
不断地捞我们到绝望去的城市呵
而今天，这片自由阔大的原野

从茫茫的天边把我们拥抱了

……

本来就十分热爱文学的唐敖庆还特别关注有着诗人气质的闻一多。有时候，闻先生指导一些学生沿途收集一些民谣、民歌，给大家讲解风土人情，唐敖庆也会凑过来津津有味地听上一阵子。后来他还看到，闻先生竟然还趁空闲坐下来用铅笔画写生画，力道雄浑，栩栩如生。

著名地质学家袁复礼则利用难得的实地“旅行”的机会，给大家讲解地质构造形成的原理，令大家记忆深刻。而最令唐敖庆感动的是，曾昭抡先生总是健步如飞地走在大家的前面，仿佛有一种高涨的热情深入他身体的每一个细胞当中。队伍每次驻扎后，他不是坐下来休息，而是到当地的村庄走家串户地了解风土民情。每天早上出发时，他总是在最前面等着大家。若干年后唐敖庆回忆起这段经历，感慨地写道：

> 每天早晨，当我们披着星光走了二三十里路时，天才放亮。这时远远看见曾昭抡教授已经坐在路边的公里标记石碑上写日记了。等我们赶上来后，他又和我们一起赶路。曾先生每天如此。看来，他至少比我们早起一两个小时。①

令唐敖庆感到吃惊的是，作为化学家的曾先生，对政治、军事、文化都有自己独到的见解。有时候，到了一处地方，借休整的机会，曾先生就会同其他几位教授给当地军政官员和百姓做讲演，内容涉及目前中国的实力等多个方面，比如军队如何，武器装备如何，还会讲到抗日战争过程中的物资供应，如酸碱、橡胶乃至钢铁、棉花。每到此时，唐敖庆是一定要跟着听的，他在领略自己老师的风采，在老师的演讲中获益，也在深思这个国家、这个民族的命运。

表面看起来好像很古板的曾先生也有着活泼的一面。在他们经过贵州时，“旅行团”和当地好客的苗族同胞进行了联欢，一个苗族青年表演了精彩的芦笙，作为回报，曾昭抡竟然跳起了探戈，一时间，场面极为热烈。最后，大家载歌载舞，兴尽方休。

在这些先生的身边，总是能看到团长黄师岳的身影，他围前围后地保护他们、陪伴他们，表达着一个军人对学人的尊重。同时，他还认认

① 郭建荣. 疾步人生的曾昭抡教授[J]. 文史精华，2001（1）：47-50.

真真、跑前跑后地安排每到一处的相关事宜。“旅行团”经过黄果树瀑布，进入安南县后，传来了台儿庄大捷的喜讯。在黄师岳的安排下，“旅行团”在县城中搞了一次庆祝大游行。进入云南之后，他还想方设法提前通知一些县城里的民众，希望大家在“旅行团”经过的地方，于家门口挂上国旗以示欢迎。这时候的黄师岳还要走到老百姓身边，跟他们讲，这些学生是我们国家的栋梁，将来会对国家做出巨大的贡献，让我们再不受欺负。听到耳中、看在眼里的唐敖庆，总是泪水盈盈，感动至深。

不记得翻越了多少座大山，渡过了多少条河流，淋过了多少场雨，吹过了多少次风，看过了多少颗星星，听过了多少回蛙鸣，在当年的4月28日，唐敖庆随着队伍终于走到了昆明城。后来有人统计，从长沙到昆明，“旅行团”共跋涉了1600多千米，除去必需的车船代步，实际步行1300千米。

祖国的千里江山，在他们脚下走过，而他们正如一副铧犁，翻开了祖国的泥土，为未来播种了文化和教育的种子。唐敖庆深深地感觉到，这段旅程的慷慨、悲壮以及一种坚韧的精神汩汩地融进了自己的血脉，闪着光亮，向着未来发出了呐喊。

他不知道，一路上他的坚持，他的一声不响的忍耐，也同样给曾昭抡先生留下了深刻的印象。唐敖庆个子小，别人走两步，他就要走三步，但他从不肯落后，而是快速行走，总是汗湿衣襟。由于视力不佳，他要克服别人所不能体会的艰难。这种骨子里面迸发出的耐力，被曾先生看在眼里，记在心上。恰是这些在日常所表现出来的品质以及他身上迸发出的优秀学习能力，让曾先生在后来的一次重大历史机遇到来时毫不犹豫地选择了他。

遥遥长路，到联合大学
遥遥长路，徒步
遥遥长路，到联合大学
不怕危险和辛苦
再见岳麓山下
再会贵阳城
遥遥长路走罢三千余里

今天到了昆明

……

在昆明东郊的贤园，“旅行团”的师生们接受蒋梦麟、梅贻琦等诸位先生的迎接后，向城内行进，欢迎的人们在街道两边站立，不时给“旅行团”的师生献花、递毛巾。特别是，人群中响起了这首由赵元任先生填词的歌曲。听着慷慨但又有些悲壮的曲调，听着简单却深沉的歌词，唐敖庆和身边的同学不禁热泪翻滚。

最后，迎接人员把队伍引领进昆明的圆通公园。“旅行团”成员整齐站立，团长黄师岳笔挺地站在队伍前面，大声点名。确认无一人缺失后，他迈着军人的步伐把花名册交到梅贻琦的手中。至此，跨越三千里的浩荡征程正式宣告结束。

此前，国民党政府已经任命蒋梦麟、梅贻琦、张伯苓三人为西南联大常委，共同主持学校的运行。西南联大的校训为“刚毅坚卓”，凸显了中华民族最危险时刻的坚强气质。

很快，唐敖庆就走进了位于昆明大西门由原昆华农业学校改成的理学院校舍，并接到了学校分配下来的几个小木箱。小木箱里面可以放书，把几个小木箱拼起来还能够当床。

三、梦为种子

日后赫赫有名的西南联大，在 1938 年新学年开学时，不过只有 1300 多名学生，后来几度扩充，才达到 3000 余人。然而，国破家亡之时，这些学生的学习热情和学习能力都被激发出来，后来的他们几乎个个都成为某个领域的精英。他们心怀祖国，眼观世界，拼命学习，力图通过自己的努力在未来建立起一个不一样的中国。

这一个梦，同样深深地种在唐敖庆的心里。

唐敖庆的脚步仍然踏实有力，但他需要快步疾行。不仅是因为深深陷入学习的兴趣当中，也因为现实所迫，他选择要听的课很多，而西南联大的教室过于分散，这一节课本来安排在乾坤正气大教室，下一节课却在昆北食堂上，这一节在新舍东北区上，下一节则到了南天一柱……

有时候，唐敖庆不得不小跑着赶来赶去上课。

那些教室，又是怎样一种简陋！为了防止漏雨，屋顶都用铁皮制成。下雨时，雨水倒是漏不下来，但“叮叮当当”的声音不绝于耳。教室的地面就是直接由泥土压平的，时间稍久，满是泥垢。窗户都是纸糊的，就怕大风，一旦风来，大家得赶紧找东西压住或堵住，否则就可能被吹破……

可就在这样的环境下，西南联大却聚集着中国各学术领域的顶尖学者。在化学系，更有着此时中国顶级的教授阵容。北京大学的曾昭抡、钱思亮、朱汝华、孙承谔、刘云浦，清华大学的张子高、张大煜、张青莲、高崇熙、黄子卿，南开大学的杨石先、邱崇岳，等等。化学教学内容则同世界接轨，学校选用的是国际通用的英文教材，普通化学、分析化学、有机化学、理论化学等四大化学基础课，样样不缺。

像许多世界知名大学一样，当年的西南联大在很大程度上也是学生在选择导师。学生去上的课大都是自己喜欢的，如果不喜欢，去不去上课都没有人管。这对教授们也是一个考验，自己的课如果没有人来听，自然会或多或少让人觉得这门课讲得有些失败。学校对教授们也没有提出一个统一的标准，而是让他们各讲各的，允许有充分的学术自由。同一门课，这位教授是一种讲法，一个观点，另一位教授可能是另一种讲法，另一个观点，允许共存。学生们听哪一位教授的课，完全由学生自己决定。学生也不是必须完全赞同教授的观点，而是可以提出不同的意见，甚至在课下可以同教授展开激烈的辩论。这让学生们彻底开阔了视野，也开启了独立思考的大门。

作为学习的辅助，西南联大的图书馆也与众不同。这里是完全自由的，所有的书全部开架，学生进出没有限制，在里面待一整天也没有人来干涉。

每天都处于兴奋状态的唐敖庆在大名鼎鼎的导师间穿梭，像一条遨游在化学海洋中的鱼。曾昭抡先生是他崇拜的对象，他选修了曾先生开设的有机工业化学和高等有机化学课程。尤其是，唐敖庆喜欢曾先生讲课的方式：他主要用中文讲，有时也穿插英文，讲课时总是辅以丰富的历史资料，令本来枯燥的化学课既有深度又有宽度，那些公式背后的故事让抽象的理论变得立体起来。曾先生还特别喜欢学生提问，而且非常乐意回答，知无不言，言无不尽。他还非常重视理论化学，提倡同学们选修微积分和力学。唐敖庆深深地受到曾先生的影响，也有意把自己的兴趣向曾先生所倡导的方向转移。几次课之后，这个不善言辞但好学、逻辑思维能力极好的学子得到了曾先生的欣赏。有几次，唐敖庆斗胆请曾先生参加同学们的活动，曾先生愉快地接受邀请，和大家吃在一起，玩在一处，乐成一团。

本来，有一些课程在北京大学已经修过了，但唐敖庆还是不放过新的听课机会，关键是不同的人讲相同的课，给人的感受却不一样，能够让他更广阔地打开视野。比如，来自清华大学的几位老师就各有不同。张青莲把普通化学课的授课范围一下子扩大了，原子弹、量子学说都有所涉及。高崇熙讲课声音大，每当他讲起定量及工业分析课程，站在院子里听也一清二楚，有一种振聋发聩的感觉。黄子卿的物理化学则纯用英文讲义，其国际化程度可见一斑。正是黄子卿的物理化学课，使唐敖庆的兴趣从有机化学转向物理化学。物理化学当时被称为理论化学，而理论化学的分支量子化学的学科教程尚未诞生。在物理化学的课堂上，唐敖庆学到了自己最爱的化学基础理论，而黄子卿也发现了他最欣赏的学生，多年后当别人问起谁是他教过的最好的学生时，他总是回答：唐敖庆。

在西南联大理学院的课堂上，也许唐敖庆是师生们见到身影最多的几个学生之一了。不仅化学方面的课他几乎堂堂不落，就连数学、物理课程，他也频频出现在老师的视野里。他选修南开大学算学系系主任姜立夫先生的高等几何课，正听得津津有味，突然发现物理系教授王竹溪也在听课。时间长了，他发现，王竹溪堂堂都来，还非常勇于提问。他选修蒋硕民先生的高等代数课，一上课思想就得跟着蒋先生飞速地“奔跑”，他讲话的速度太快了，而且没有一句废话。

在学习的过程中，唐敖庆也逐渐形成了自己的听课方式。在课堂上的时候他并不急着记笔记，而是专心听，主要是记住大标题，增强宏观把握。继而再进到微观层面，把教授们讲的推导原理牢牢记住，课下再回去补笔记。这样一来，他记得更扎实，理解得更透彻。

选择这样的听课方式，还有一个重要的原因：他的眼疾越来越严重了。对于像唐敖庆一样想用知识填满肚子的年轻人，每天都处于如饥似渴的状态，仅仅一个白天的学习是远远不够的，可晚上读书学习时需要的灯光却总是昏暗不明。刚来到西南联大的时候，宿舍里根本没有电灯，在唐敖庆所住的长条形宿舍，同学们只能公用几盏由女工统一加油的煤油灯。由于油不够用，点不了太久灯就灭了。而在西南联大的图书馆里，只有几盏汽灯，同样昏昏暗暗。一直到1940年春天，条件才有所改善，新的宿舍里有了电灯，可是电压很低，电灯也并不明亮。

对于天天都沉浸在学习中的唐敖庆，过度用眼以及昏暗的灯光，对他的伤害可想而知。他的眼睛的近视度数越来越高了，眼镜片上的螺纹一圈圈地增加，远远超过了他年龄的增长速度。最后，他即便是坐在教室的第一排，也看不清黑板上的字。唐敖庆的选择就是激发自己的大脑潜能，提高记忆力，把课堂上听到的知识牢牢存储到自己的大脑中。

勤快的唐敖庆像一个陀螺，在西南联大的校园里飞快地旋转。他不会因为眼疾而改变旋转的频率。而快速旋转的唐敖庆也像一把锥子，在对学问的钻研中，越钻越深。

从外面打了水回来的唐敖庆，把水倒进实验室旁木架子上的水桶里。那是师生们搭的一个小水塔，因为没有自来水，他们就用这个简单的装置代替。做实验需要加热，但他们没有煤气灯，只好用酒精灯代替，后来连酒精也买不起了，他们就干脆用木炭。随着战争形势的持续恶化，后来，昆明城连接外面的公路也基本被封锁，做实验时最常用的盐酸、硝酸和过氧化氢都断了来源。

实验这条路走得不顺畅，曾昭抡等几位化学系的先生就带领着学生开拓另一条路。不知道有多少次，唐敖庆和同学们跟随曾先生到一些煤矿、盐行和制糖厂等地方进行考察调研。曾先生把课本上的理论知识同现实中化学产品的形成过程结合到一起讲给同学们听，这反而让大家有了更切身的体会。在此过程中，西南联大化学系明确，把学生的毕业论文从原来的实验性要求变为实践性要求，读书报告或调查报告一样可以作为毕业的依据。课堂上的化学课一下子与现实社会生活紧密联系在一起，反倒让唐敖庆觉得更加生动有趣，更加有现实意义。

然而，如此简陋的实验环境和艰苦的社会调查仍然不能很好地持续，来自空中的威胁突然降临。

1938年9月28日，在位于广东珠江口外的横琴岛，9架日军轰炸机轰然起飞，直奔昆明城上空。日军作战大本营的目的十分明确：切断滇越铁路和滇缅公路。然而，大轰炸的受害者却是中国的普通民众。

当一字排开的敌机飞来，很多不知所措的百姓驻足观看，没等好奇的情绪过去，炸弹已如冰雹般砸下。在位于昆明西门外潘家湾的昆华师范学校附近，28 枚炸弹瞬间吞噬了 190 条生命。

一边是血肉横飞、受到战争摧残的中国百姓，一边却是做出“中方基本没有反击能力”的判断继而兴奋欢呼的日本侵略者。正是从这一天起，对昆明的大规模狂轰滥炸持续不断，有时每天都有，有时甚至一天两次，敌机多的时候一次会有 27 架。

从此以后，“跑警报”成为当时生活在昆明的人的日常。为了应对这样的生活，唐敖庆准备了一个包，里面随时都装着要读的书，要整理和写作的材料，以及笔、本。警报一响，唐敖庆就会抓起包飞快地奔向城外的荒郊野岭，吹着山风，伴着斑驳的树影，继续读书学习。

1940 年夏，在持续“跑警报”的日子里，唐敖庆毕业了。从未有过改变的勤奋和努力开出了花朵，他的学习成绩遥遥领先。在教授们的认可下，他被西南联大留校聘为化学系助教。

成为大学的教师，唐敖庆觉得有更多的问题需要向曾昭抡先生请教。此时的曾先生住在昆明大西门内钱局街敬节堂巷七号二楼。有了自己需要解决又一时不知道该怎样处理的事情，唐敖庆就跑到那里找曾先生。有时候过去，则纯粹是为了探望。

找曾先生还有一层意思，虽然已成教师，但唐敖庆还是想把学习进行下去，把研究深入下去。他希望自己能知道得更多一些，更广一些。然而，此时的实验条件根本不允许他把学问做得更深。在此过程中，曾先生给了他更多的指点，建议他在数学、物理方面进一步深造，以便将来从事理论化学研究。唐敖庆在西南联大任助教期间，除了在辅助化学系教授教学的过程中进一步夯实了化学基础外，还攻读了许多数学和物理的高级课程，为他将来从事理论化学研究奠定了坚实的数学物理基础。

他旁听了数学和物理两个研究生讨论班的课程。数学讨论班由陈省身（被誉为“微分几何之父”）、华罗庚等主讲，讲授微分几何和数论等方面的课程，物理讨论班由吴大猷、王竹溪等主讲，讲授量子力学、统计力学和其他理论物理课程，几位大师的精彩讲授把学生们带入数学、物理的最前沿领域。当时的研究生人数很少，唐敖庆在讨论班上只能见到杨振宁（王竹溪的研究生）、黄昆（吴大猷的研究生）等五六个学生听课。多年后唐敖庆回顾这段经历时说，在数学和物理方面，对他影响最大的两位大师是陈省身和吴大猷。杨振宁在回顾这段历史时也说过，他从西南联大教授那里“学到的物理已能达到当时世界水平。比如说，我那时念的场论比后来我在芝加哥大学念的场论要高深，而当时美国最好的物理系就在芝加哥大学”①。

能自己教学生了，唐敖庆更加扎实为学，生怕嘴里说出的某一句话因为不准确而误导了大家。曾先生还安排唐敖庆独立带着学生到盐行考察，锻炼大家的实践能力。每一次考察后，唐敖庆都会安排学生们写调查报告，为当地相关行业发展提供科学理论支撑。

困难并不是不能克服，关键是用什么样的态度和方法。身处西南联大浓厚救国图强氛围中的唐敖庆，时刻被周围的先生们感染着。他看到吴大猷先生给学生们组装的一台光谱仪，核心装备是吴先生从北平带过来的一些元件，没有合适的地方放，吴先生就用砖头砌了一个平台，没有专门的支架，吴先生就找到一些木头代替。为了实现暗筒的效果，吴先生找来黑纸糊成。可就是这么一个简陋到极致的光谱仪，吴先生硬是用它做了光谱实验，让从没有见过光谱实验的学生大呼过瘾。先生们的自力更生让唐敖庆深深觉得，中国有希望，民族有希望，他也融入其中，乐在其中。

“书少但精研”是西南联大师生的一个最大的特点，另一个特点则是“穷但精神丰富多彩”。做助教后，唐敖庆每个月领取不足 200 元法币②，一个人的日常生活都紧紧巴巴，很难拿出多余的钱买书或其他东西。到了 1942 年以后，连这么点薪水都不能按时发放了，生活的困窘可想而知。可一种乐观主义精神却在西南联大的各个角落里传播。很多教授的夫人这时候承担起了家庭“创收”工作。她们有的为人缝制衣服，有的绣花，有的做些美味的吃食售卖。梅贻琦的夫人心灵手巧，会制作米粉碗糕，还取了一个鼓舞人心的名字——定胜糕，放到食品店出售。更多的教授夫人同自己的先生一起，在乡下开辟小园，种菜、养鸡，自给自

---

① 奚启新. 朱光亚传[M]. 北京：人民出版社，2015：55.

② 法币是 1935 年 11 月至 1948 年 8 月在中国流通的货币的名称。

足。一些教授也拿出“十八般武艺”，各显神通，有的制印卖钱，有的去兼职做中学教员，有的给报纸、杂志写文章。

正是在这样艰苦的生活条件下，未婚妻史光夏千里寻夫来到昆明。为了两个人能在这战乱的环境下生活下去，经杨石先教授帮忙介绍，唐敖庆到云南呈贡县中学兼职授课。那里离昆明有 16 千米的距离。根据自己在西南联大的上课计划，再结合呈贡县中学的授课时间，唐敖庆每周都需要在两地之间奔波，早起晚归是常态，经常每天两头都见不到太阳。然而，即便如此，他与妻子也只能勉强糊口。

结婚之后，史光夏十月怀胎，他们的第一个孩子出生了，是个女孩，为了与出生地昆明相联系，唐敖庆用“明”的谐音“敏”为她取名唐敏。再后来，第二个孩子也呱呱坠地，是个男孩，唐敖庆对妻子说：“昆明在咱们的生命当中意义太重大了，就叫唐昆吧，也算是个纪念。”

这纪念，不仅仅是一个出生地，也是一段艰苦备尝的经历。

这备尝的艰苦终于在 1945 年 8 月得到了释放，人们冲上街头，振臂高呼，见证中华民族赢得反侵略战争胜利的重要时刻。那一刻，让所有的苦难都变成了值得，让所有的艰辛都变成了财富。唐敖庆同西南联大的师生们彻夜难眠，因为他们有未来，因为中国有未来。

唐敖庆把更多的精力和热情投入教学与继续学习当中，他一刻也闲不住，学习和工作就是他的生活，他的命。

1946 年 1 月的一天，温暖的阳光照在西南联大的房屋上，院落里，安静温暖。唐敖庆正在办公室里伏案工作，一位同事匆匆跑来，告诉他，华罗庚教授找他有事，请他到住处一叙。唐敖庆整理好衣衫，快步前往。对于唐敖庆来说，华教授是他所崇敬的先生之一。这位仅比唐敖庆大 5 岁的江苏同乡，完全靠自学成才。1930 年，刚刚 20 岁的华罗庚在上海《科学》杂志上发表了《苏家驹之代数的五次方程式解法不能成立之理由》一文，轰动了中国的数学界。清华大学数学系系主任熊庆来知悉这位数学奇才的经历后，打破常规，帮助华罗庚进入清华大学。后华罗庚赴英国剑桥大学留学，1938 年春，放弃留在英国继续做研究与教学的机会，回国受聘为西南联大教授。在西南联大期间，华罗庚曾与陈省身教授共同主持了一个数学讨论班，作为化学系助教的唐敖庆是讨论班上的旁听生，他从华先生、陈先生那里学习了多门高级数学课程，获益匪浅。

见到推门进来的唐敖庆，华罗庚一脸兴奋。没等唐敖庆问询，华罗庚便告诉他：曾昭抡先生、吴大猷先生和他即将到美国考察原子能技术。曾先生已经赶往重庆办理出国签证了，由于走得匆忙，临行前嘱咐他转告唐敖庆做些准备，与他一道赴美。

意外的惊喜让唐敖庆的心一阵“突突”猛跳！

其实，这一段时间，唐敖庆已经觉察到老师曾昭抡的忙碌了，有几次他去曾先生住处请教问题，都被告知，曾先生出门未归。

曾先生的忙碌，是因为美国在日本本土投掷的那两颗原子弹。1945年9月9日，昆明的《正义报》刊发了一篇题为《从原子弹说起》的文章，文中明确指出，原子弹的出现，在武器制造史上开辟了一个新时代。相反地，我们面临此科学支配一切的世界，却徒托之于空谈。对于原子弹，也不过谈谈写写，并不从事实际研究。要想急起直追，此刻正是时候。要不然，恐怕机会就要错过了。文章的署名正是曾昭抡。

同样被原子弹威力所震撼并有所行动的还有两个重要人物。一个重要人物是抗日战争胜利后出任北京大学代理校长的傅斯年，他迅速做出决定，委托曾昭抡第一个飞赴北平，察看原来北京大学化学系的实验室、仪器设备以及相关图书资料情况，力求保证复校后化学系能够第一时间开展相关工作。

另一个重要人物则是时任国民政府军政部次长兼兵工署署长的俞大维。原子弹在日本的广岛和长崎炸响之后，在中美联合参谋本部参谋长魏德迈中将的帮助下，俞大维看到了一份美国研制原子弹的机密文件，名为《史密斯报告》。魏德迈中将私下对俞大维说，中国也可以研制原子弹，可以派人先到美国考察学习。俞大维立即将此信息上报军政部部长陈诚，并最终向蒋介石报告。蒋介石立即同意，令俞大维做好组织工作，划拨50万美元作为前期资金。俞大维等人还给这一行动起了一个代号：“种子计划”。

俞大维的第一个赴美人选就是曾昭抡。早在1943年，曾昭抡就已经发表了论文《新型炸药发明的可能性》，1944年还出版了一本名为《火箭炮与飞炸弹》的专著。在抗日战争胜利前后，他正在研究原子核能，而且已经开始撰写《原子与原子能》一书。俞大维对于曾昭抡的熟悉，还源于另一层关系：俞大维的母亲是曾国藩的孙女，而曾昭抡的父亲是曾国藩的弟弟曾国潢的孙子，所以二人是相隔三代的表兄弟，自幼相识。俞大维的妹妹俞大絪又是曾昭抡的夫人。

就在得到了蒋介石的同意之后，一封电报发至位于昆明的西南联大，曾昭抡循电而至重庆。俞大维将政府选择几位专家赴美国考察原子能的想法和盘托出。曾昭抡兴奋异常，他告诉俞大维，目前中国物理学和数学领域的顶尖级人物，且又未来潜力巨大、年龄也很合适的，一位是吴大猷，一位是华罗庚。俞大维听从曾昭抡的建议，上报陈诚和蒋介石，在得到认可后，将吴大猷、华罗庚两位教授从昆明请到重庆，入住陆海空军三军招待所。

三位教授商量后认为，研制原子弹，绝不是一天两天就能完成的，需要长时间持之以恒的研究，因此必须着力培养后续的相关人才。在与俞大维和陈诚等人达成共识之后，他们形成了一份详细的方案，其核心就是建立一个研究机构，主要人员先赴美考察研习，同时选送优秀青年人才到国外在物理、数学和化学等领域深造。

至于物理、数学和化学方面都选择哪些青年才俊随行，则由吴大猷、华罗庚、曾昭抡三位先生自定。经过慎重考量，曾先生选择的是唐敖庆和王瑞駪，吴先生选择的是朱光亚和正在读物理系二年级的学生李政道，华先生选择的是孙本旰和徐贤修。

在华罗庚先生找唐敖庆谈话之后，唐敖庆怀着兴奋的心情，又一头扎进他的化学世界，他不停地思考和探索，希望自己在出国前能够尽己所能，学到更多的知识。这时他听说老师曾昭抡已经先期赴美国联系相关事宜了。

没过几天，唐敖庆又接到通知，他们几个被选中的人集中到吴大猷先生那里，听他讲近代物理。同时，他们还接到了一个新任务：翻译俞大维送来的绝密文件《史密斯报告》。大家分头翻译后，由吴先生统稿，最后交军政部。

1946 年 6 月，吴大猷先生代表中国赴英国皇家学会参加牛顿诞辰300 周年庆祝会。8 月，在华罗庚先生的带领下，唐敖庆、王瑞駪、朱光亚、李政道、孙本旺五人正式启程。

从吴大猷先生处及他们所翻译的《史密斯报告》里，唐敖庆知悉了美国研究原子能的一些基本情况。早在 1942 年 12 月，美国芝加哥大学教授恩利克·费米（Enrico Fermi）及其助手用他们高于常人的智慧正式建成世界上第一座可控原子核裂变链式反应堆，这不仅使芝加哥大学成为原子能诞生地，而且催生了 1945 年在日本从天而降的两枚原子弹。

可以想见，此时费米的声望如日中天。然而，由于原子能开发被列为国家绝密，费米的行踪无人知晓。最早试图接触他的中国人还不是曾昭抡等人，而是 1945 年末获得“庚子赔款”公费留学美国的杨振宁，他的理想是成为费米的研究生。由于找不到费米，杨振宁的愿望一时之间只能悬而不决。

1946 年中，先期来到美国的曾昭抡积极地做着相关方面的工作，试图为中国在原子能研究中争取机会。就在华罗庚带领唐敖庆等人来美之前，曾昭抡被推选为联合国原子能管理委员会中国代表。可是，曾昭抡通过多方斡旋和打探，也已经清楚地知道，原子弹研制已经被美国政府层层控制，想去参观、考察、学习，难比登天。

曾昭抡思忖着，下一步该怎么办？

初秋时节，华罗庚等人来到了美国旧金山，正在加利福尼亚大学辐射实验室（劳伦斯伯克利国家实验室的前身）参观学习的曾昭抡安排他们住在伯克利大学城。不久之前，吴大猷已由英国转至美国，同曾昭抡会合。

人齐了，可原来的计划无法实施，大家该何去何从？

“不能进入核心，或可暂时从事一些外围研究，以图将来。”曾昭抡对大家说。众人点头称是。

于是，曾昭抡电请国民政府，获得同意后，师生分头行动。三位先生分别入不同的大学任访问教授，而几名学生则在他们的推荐和联络下，到多所大学学习。这个考察团队共有经费 5 万美元，每位青年学者分得 5000 美元作为中国政府的奖学金，从而有了第一年的学费和生活费。他们之中，朱光亚入密歇根大学研究生院，王瑞駪入华盛顿大学，孙本旺入纽约大学柯朗研究院，李政道则进入芝加哥大学。

根据唐敖庆的研究方向和本人特点，曾昭抡先生为他推荐了哥伦比亚大学化学系，那里有一位先从事有机化学后转向物理化学研究的拉尔夫·哈尔福德（Ralph Halford）教授。鉴于和曾先生在学术界的彼此认可，哈尔福德十分欢迎唐敖庆攻读自己的博士研究生。

来美的师生总算尘埃落定，而此时的国民政府也没有忘记继续支持这一原子弹的“种子计划”。1947 年 4 月，时任国民政府国防部部长的白崇禧提议设立中央原子物理研究所。同时鉴于国立物理科学所的研究设备不足，应予增加，便向蒋介石申请以上两项所需费用 240 余万美元。但此时的蒋介石已无余钱做此项开销。在白崇禧的申请材料上，蒋介石亲笔批复道：“目前国库支应浩繁，外汇亦须节用，所请设立原子物理所一案，似应缓办。”① 随着国共内战的发生、发展，对“种子计划”的后续支持渐趋走弱，“缓办”成了“不办”，直至不了了之。

然而，来到位于纽约曼哈顿的哥伦比亚大学的唐敖庆，却发现了一个更加广阔的学术新天地。

四、脑为眼睛

从西南联大华罗庚教授的住处回来，唐敖庆的心情是激动的。他一直在自己所喜爱的科学研究领域畅游，希望到达更高的地点。但并没有预料到，有一天，他能够来到人类某个研究领域的上游，甚至是源头。现在，他有可能去到化学的某个顶点的位置，甚至还可能往更高的位置够一够。这多么令人欣喜，又多么令人渴慕！

但他知道，对于自己的爱人史光夏，这是残酷的，他们结婚才刚刚三年。当他激动又小心翼翼地把即将赴美的消息告诉妻子时，却得到了妻子的理解和支持。从嫁给唐敖庆那天开始，史光夏就把自己的整个身心都交给了这个挚诚、踏实、坦荡的男人，她知道自己丈夫内心中的那个国家有多大、那个世界有多宽。她能做的，就是让笼罩这个男人心中国家与世界的天空变得更加高远和辽阔。在这天空之下，她要给自己的丈夫足够的“氧气”，令他心无旁骛，大口“呼吸”。这种品质，对于那个年代的知识女性来说，仿佛普遍存在。

她的心中当然有离愁，也有别绪，但更有对未来的憧憬，明天总是美好的，明天总会风和日丽。两人做出了这样一个决定：唐敖庆先送史光夏和两个孩子回江苏老家，唐敖庆再随华罗庚等出行。

---

① 王丰. 蒋氏父子研制原子弹秘辛[J]. 同舟共进，2009（1）：45-48.

不久，唐敖庆和史光夏带着孩子们上路了，先是搭了一辆卡车，然后又换了多种交通工具，辗转而行。那三千里地山河，再一次在史光夏的脚下流动。只不过，这一次她的内心没有了恐慌，而是充满了对祖国山河的热爱和欢喜，以及对未来生活的憧憬。

一个月之后，他们终于回到了江苏老家。而此时，唐敖庆的父亲已经去世了。他们和继母生活在一起，唐敖庆利用一切可能为这位贤良的女性做一些事，弥补多年漂泊在外不能与家人相聚的遗憾。多年以后，唐敖庆仍然继续尽着这份孝道。中华人民共和国成立后，唐敖庆有了更充裕的收入，坚持每个月都给继母汇去20元生活费，尽管那时继母已经到了北京，住在当时在第二机械工业部工作的亲生儿子家里，生活并不困难。唐敖庆在承担的，是一份儿辈的赡养义务，每月的20元生活费一直坚持寄到1979年继母去世。

1946年，继母的亲生儿子、唐敖庆同父异母的兄弟才14岁。唐敖庆喜欢这个弟弟，常常与他在一起说话、玩耍。

与家人的相聚是短暂的，他还得再次出发。

唐敖庆是从上海的码头登上赴美的远洋客轮的。汽笛声拨弄着海风，飘在唐敖庆的耳边和眼前，也拨响了他的心弦。一艘船的甲板能够通过波涛酝酿远方的水天一色，一个人的心灵也能通过广阔的思想酝酿世间的美好传奇。

今天与明天隔着的，并不是浩渺无边的大海，而只是一艘船。

经过20多天的航行，轮船终于到达旧金山。接着，从西海岸的旧金山来到东海岸的纽约，唐敖庆又横跨了北美大陆，那是从一段清丽走到一段繁华的旅程。

坐落在纽约曼哈顿区的哥伦比亚大学，古典而庄严，个性彰显，宽容大度。走进哥伦比亚大学，唐敖庆迎来的是他在美国的第一个秋天，树梢的枫红是太阳传递给这座城市的信号，微风吹来的凉爽让唐敖庆的心情自由而舒畅。

中央公园、大都会博物馆、林肯中心、美国自然历史博物馆，帝国大厦、克莱斯勒大楼、洛克菲勒中心，以及被称为“世界的十字路口”的时代广场，艺术家汇集的百老汇剧院，还有世界金融中心、南街海港、格林尼治村……如此之多被世界铭记的标志性场所都与哥伦比亚大学在一个区域，同这所早在1754年就已经成立的大学交织着，呼应着。

被誉为世界顶级私立研究型大学的哥伦比亚大学，是美国大学协会的十四所创始院校之一，也是常春藤盟校之一，拥有世界一流的法学院、医学院以及工程学院等。这里更是世界重要的研究机构之一，影响世界科技进程的诸多发明均源于此。在第二次世界大战中，虽然世界上第一座可控原子核裂变链式反应堆建在了芝加哥大学，但制造原子弹的"曼哈顿计划"却是在哥伦比亚大学诞生的。

"In the light shall we see light"是哥伦比亚大学的校训，可直译为"借着你的光，我们得见光明"。在唐敖庆到来之前，被这"光"照耀过的中国人已经有一大批，胡适、罗隆基、任鸿隽、冯友兰、唐绍仪、蒋梦麟、马寅初、徐志摩、闻一多……中国近代史上众多名人都曾在此就读。

哥伦比亚大学的物理与化学专业长时间排名世界前列，这也是最令唐敖庆感到兴奋的。当他风尘仆仆走进哥伦比亚大学研究生院化学系的办公室，身材高大魁梧的哈尔福德教授出现在他的面前。教授目光炯炯，仿佛校训中所说的那一道光正从他的眼睛里投射出来。很快，哈尔福德教授的热情和爽朗消除了唐敖庆内心的局促与不安。

"曾先生向我推荐了你，我也期待着与你的合作！"哈尔福德教授同唐敖庆握手之后，示意他坐下。唐敖庆告诉哈尔福德教授曾先生在美国的状况，并代曾先生向他问好，特别是希望哈尔福德教授给他一些在哥伦比亚大学学习的建议。敦厚、朴实的唐敖庆给哈尔福德留下的印象是美好的，他祝福他的新学生在美国期间生活愉快。

唐敖庆深切地感受到，这是一个五彩缤纷的世界，可以采撷到属于自己的花朵。此时的唐敖庆对未来的研究方向是非常明确的，那就是在理论化学领域有所建树。但给唐敖庆的时间并不多，因为在哥伦比亚大学攻读哈尔福德教授的博士研究生的时间期限是三年。三年时间能让一个初来乍到的年轻人发生什么样的变化，谁都无法预知。

美国、哥伦比亚大学，给唐敖庆展现的是三个世界。一个是繁华的世界经济中心，领先于世界的生活样貌令全球瞩目；一个是变化无穷的化学世界，从"无"中可以化出"有"来的玄妙令他感到痴迷，蕴含着无数种可能的未知领域，有着自身的理论逻辑，关键是如何发现它；一个是丰富多彩的数学世界，当深入其中，那些抽象的数字变得不再抽象，那些复杂的推演变得不再复杂，而经过一次次严密运算所得出来的“新世界”则让人迷恋。

第一个世界让唐敖庆眼界大开，但他最切近的感受不是羡慕，而是如何通过自己的努力让祖国也能繁荣富强起来；第二个、第三个世界让唐敖庆徜徉，触摸科学世界的顶峰令他兴奋，从而在体内生出无穷无尽的力量，他要知道得更多，攀登得更高。他再一次开始了像在西南联大求学时一样的奔跑，化学系刚刚下课，他就赶紧跑向数学系。

这样高强度的学习，引起了哈尔福德教授的注意。“听说你在听两个系的课？”哈尔福德教授的眉宇间带着关切，但也有几分疑惑。

“是的，教授先生，我……我想同时拿两个学位！”唐敖庆有些拘谨，略显羞涩，但目光坚定。

“可你只有三年的时间，能吃得消吗？”哈尔福德教授有些吃惊。

“能！”唐敖庆斩钉截铁，“这也是研究理论化学的需要。”

“好吧，我会力所能及地帮助你！”哈尔福德教授向唐敖庆投去赞许的目光。

在之后的三年时间里，唐敖庆的确选修了许多数学课，还旁听了许多理论物理课。徐光宪在近 50 年后回忆起与唐敖庆在哥伦比亚大学的共同留学经历时写道：

> （唐敖庆）在哥伦比亚大学研究生院，除选修 30 学分化学外，又选修了 30 学分的数学以及听 Heitler、Lamb、Rabi、Yokawa、Bethe 等教授讲授的理论物理课。因此，唐有非常深厚的数理功底，在全系师生中是闻名的。①

可正当唐敖庆精神抖擞、心潮逐浪，准备在科学研究的海洋里游得更远更深的时候，他的眼睛却再次向他发出了抗议。本就高度近视的眼睛，这次变得更加严重，即使坐在教室的第一排，戴着眼镜，也同样看不到黑板上的字。查阅资料或者读书时，眼睛几乎要贴在上面才能勉强看清楚。疼痛、异物感、烧灼感，持续不断地折磨着他。

医院的检查结果让唐敖庆倒吸了一口凉气：如果再不加医治，恐怕

---

① 徐光宪. 前言[M]//《唐敖庆科学论文选集》编委会. 唐敖庆科学论文选集. 长春：吉林大学出版社，1996：1-2.

就会失明！

医治是一方面，更重要的是，绝不能再用眼过度。可是，把知识视若阳光的唐敖庆，怎肯闭上眼睛阻隔阳光进来？曾经的那股学习的犟劲儿又上来了，谁说不用眼睛就不能学习？

从医院里走出来的那一刻，唐敖庆下定决心：继续通过记忆的强化弥补眼睛的不足。他一天也没有停歇，仍然准时出现在课堂上，只是再度出现时却与以往不同。他不再使劲儿地用眼睛去看，而是着力地用耳朵去听。他高度集中注意力，教授们的授课要点，以及那些烦琐复杂的公式和各式各样的化学符号，都牢牢地印在他的大脑中。

印在脑中，并不是完结，下课之后，他还要把这些信息凭着记忆写到笔记本上，而且笔迹从来都十分工工整整。这就令他所记住的内容更加牢固地内化于他的心里。在补记笔记的过程中，他的思考不停地随着记录的内容飞奔，那些本来孤立的内容渐渐地汇集在一起，就像盖楼一样，所有的建筑材料慢慢地勾连到一处，成线—成面—成体，构建起了一个完整而又美妙的化学王国。

每天，他都在头脑中带着这个美妙的世界行走。每当听了新课，获得了新的知识，他都会把这些知识当作一块块砖，整齐而又符合逻辑地垒砌进这个世界合适的楼宇当中。

唐敖庆因此给自己塑造了一个新的未来，当他日后走上讲台授课的时候，从来都是没有课本，没有讲稿，只有几支粉笔。

导师哈尔福德教授开始时对唐敖庆选择两个系的功课有些惊奇，后来则向他投以惊喜的目光。这个个子不高的年轻中国人，学习成绩很快超越了其他同学，处于领先地位。而他的博闻强记尤其令人感到不可思议。他的思维的聚焦力好像比通过眼睛看还来得真切，来得广泛。似乎他的第三只眼睛从大脑中长出来，把另外两只眼睛看不到的东西，也从头到尾地揽入大脑深处。

他对这个来自中国的学生刮目相看。他发现，唐敖庆对理论化学的思考远远走在了其他同学的前面。他与唐敖庆的对话，也从最初礼貌性的问答变成了流畅而深入的学术交流，这个过程让他感受到的是喜悦和兴奋。

由于学习成绩突出，唐敖庆被哥伦比亚大学化学系任命为主讲化学原理的美国国家科学院院士维克多·拉默（Victor LaMer）教授的助教。

一天晚上，拉默院士接到了一个临时但却十分重要的学术会议的邀请，因其特殊性，他无法拒绝因时间的仓促显得有些不礼貌但却诚恳的邀请愿望。可是，学术会议在两天后召开，恰巧与自己的课相冲突。怎么样才能两全其美呢？除非有人代替他给学生们上课，而这个人的能力和水平要能把课讲到至少与自己持平。

谁能做到这一点？一个大胆的想法突然出现在拉默院士的脑海里：那个来自东方的小伙子怎么样？

怀着对唐敖庆的信任，拉默院士连夜准备讲稿，他要把自己讲课内容的精华都原原本本体现在讲稿里。凭借着对唐敖庆的了解，拉默院士认为，他一定能够理解讲稿的内容，而只要按照讲稿讲，他就会讲得非常出色，至少与自己不相上下。

第二天一大早，拉默院士就把早早起床的唐敖庆请到了自己的办公室。“能请您帮个忙吗？”拉默院士十分客气。

“我能帮上什么忙呢？”唐敖庆心里想。“拉默院士，我非常乐意，但不知道是什么事，您说说看。”唐敖庆非常恭敬地说。

“明天我受邀要去参加一个非常重要的学术会议，但恰巧我还要给学生上课。为了两边都不耽误，我想请你帮我代一次课，这是我准备好的讲稿。”拉默院士边说边打开抽屉，拿出一沓写着密密麻麻英文和众多公式的纸递给唐敖庆。

“教授先生，我能行吗？”拉默院士的话令唐敖庆吃惊不小，但面对这样一个带有挑战性的任务，他内心深处反而有一些冲动，只觉得血往上涌，脸一阵发热。

“没有问题，你一点问题都没有！”拉默院士斩钉截铁地说。

“好的，教授先生，那我试一试！”唐敖庆把讲稿拿在手中，仿佛拿着一张检验自己一个阶段以来在美国学习情况的考卷。

从拉默院士的办公室出来，趁着没课，唐敖庆直奔学校的阅览室，他需要把自己和讲稿融为一体。他一遍又一遍地细读，然后闭上眼睛，梳理拉默院士在讲稿中所传递的思维逻辑。他非常安静，就那样稳稳地坐着，却没有人知道，此刻的他正像一台打印机一样，把讲稿中的每一个字打印进了自己的大脑。而这个打印的过程并不是机械的，他要给那些知识点找到最合适也最合理的位置。经过细细地品评，经过他对头脑中已有的知识的提取和印证，唐敖庆觉得拉默院士的讲稿中有一部分比较难理解，便在院士的讲稿之外尝试着增加了一些论据。他觉得可以了，又找到没人的地方，认真地进行了一次试讲。最后，根据试讲的情况，他又确定了应该在哪里多讲几句，在哪里少讲几句，从而调整好了时间。

在哥伦比亚大学，拉默院士的课是非常受欢迎的，不仅他自己的学生来听，本系的进修生、本科生，还有很多外系的学生，都会慕名前来。拉默院士因事找一名来自中国的学生代课的消息不胫而走。谁能得到拉默院士的信任和垂青？谁又有如此高的学术能力？同学们有些好奇。而有些中国留学生听到这个消息后主动前来，他们既是来为同胞捧场的，也是来见证唐敖庆是如何创造奇迹的。

上课的时间到了，教室里已经座无虚席。只见一个敦实的个子不高的年轻中国人走上了讲台。他衣着朴素，戴着有厚厚镜片的眼镜，手里没有拿讲稿，也没有带任何参考材料，只拿了一支粉笔。“他不会是忘了带讲稿吧？”一位男同学跟他边上的男生窃窃私语。那个男生耸耸肩，做了一个无奈的表情。

“受拉默院士之托，今天由我来上这次课……”流利的英语从唐敖庆的口中蹦出，他的声音十分洪亮。

授课开始了，只见唐敖庆一会儿在黑板上奋笔疾书，推演出一长串的公式，一会儿又面对着同学们讲解理论中的逻辑关系。整堂课下来，从头至尾，逻辑严密，滴水不漏，无一句废话。

随着时间的推移，同学们似乎已经忘记了面前是一个来自世界东方的年轻学生，而是进入了唐敖庆所描述的化学世界当中，那个世界与拉默院士的世界是相同的，但又有某些别具一格的韵味。

两节课结束了，同学们对唐敖庆报以热烈的掌声，那一刻，哥伦比亚大学的讲台属于一个年轻的中国人。

听说唐敖庆代替拉默院士给学生们上课，而且获得了成功，他的好友，同在哥伦比亚大学攻读化学博士学位、低他一个年级的徐光宪专程赶来向他表示祝贺。曾经在江苏省立无锡师范学校读书，如今正在美国布鲁克林理工学院（今美国纽约大学理工学院）攻读硕士学位的钱保功同样喜出望外，他逢人就说，唐敖庆给中国留学生争得了荣耀。

在哥伦比亚大学读书，并不是一件简单的事情。按照学校的规定，攻读博士学位的研究生，除掌握英语以外，还要再学两门外语。唐敖庆选择的是法语和德语。第一学年结束的时候，唐敖庆的各科学习成绩均领先于其他人，法语和德语也不例外。鉴于唐敖庆的优秀表现，哥伦比亚大学给他颁发了2000美元的校级最高奖学金。这个奖学金在哥伦比亚大学数千名研究生中只有8个名额，实属凤毛麟角。而在化学系200多个学生中，只有唐敖庆一人获得。有人曾经算过，20世纪40年代2000美元的购买力大概相当于2000年前后的3万美元。

在持续努力学习的过程中，唐敖庆选定了博士学位论文的研究方向，并在1949年夏天完成了论文的全部写作。论文的题目确定为《相互独立粒子的统计理论》。哈尔福德教授认为，这篇论文是向理论化学高峰的一次冲击，完成得非常不错。在当年的秋天，共有50人参加了这一批论文答辩。结果只有15个人通过，其中唐敖庆的分数最高。

戴上博士学位帽，唐敖庆怀着激动的心情，接过了哥伦比亚大学授予他的博士学位。为了表彰这几年学习成绩一直处于鳌头的唐敖庆，哥伦比亚大学还专门奖励这个来自中国的毕业生一把象征着打开科学大门的金钥匙，希望他日后破浪前行，取得更多新的成就。

尽管取得如此骄人的成绩，获得了大家的一致认可，但唐敖庆心里明白，如果自己能更专心地从事研究，而不是把一半的精力分离出去，他有把握让自己的论文质量更高。

可是，他并不后悔自己的选择，因为，从第二个学年开始，除了学习，他还用自己的头脑打开了另一个世界。

五、国为方向

1948年2月，58岁的德怀特·戴维·艾森豪威尔（Dwight David Eisenhower）从美国陆军参谋长的位置上退役，随后出任哥伦比亚大学校长。这位此前因成功策划、指挥盟军开辟欧洲第二战场的诺曼底登陆而晋升为五星上将的传奇人物，后来还成功竞选美国第34任总统。

这位未来的总统并不知道，在哥伦比亚大学的中国学生会（Chinese

Student Club）正在准备一面国民党统治下的“国旗”——“青天白日旗”，要献给他们的新校长。献旗后，他们还要举办慈善舞会，邀请美国的政要、资本家以及各行各业的头面人物参加，在舞会上通报中国内战的情况，以期得到各方对国民党政府在经济上与政治上的支持。

消息迅速通过中国学生会的会员们扩散。尽管唐敖庆并不是该学生会的会员，但他和身边几个中国留学生也很快就知道了，他们从内心深处反对这样做。“低三下四，摇尾乞怜！”唐敖庆对身边的几个中国留学生亮明了自己的态度。

有态度就要行动。唐敖庆准备好一张大纸，做成举办慈善舞会的抗议书，发起中国留学生的签名活动。很快，签名者达到了 60 多人。

拿着这份抗议书，唐敖庆找到了中国学生会的负责人。“关于举办慈善舞会的事情，很多中国留学生都不同意，还请您三思！”唐敖庆一边说，一边把抗议书递了过去。

“你又不是中国学生会的会员，你哪来的发言权！”该负责人看了一眼抗议书，根本就没有理会。

唐敖庆知道，再多说什么道理也是没有用的。随着中国国内战争形势的发展，在哥伦比亚大学的 300 多名中国留学生已经有了明显的政治分歧。他转身离开，但并没有回自己的宿舍，而是找到十几名志同道合的学生。他想用一个没有课的下午，找一个教室，与大家共同商量一下该怎么办。

学生中有人提醒唐敖庆，《美洲华侨日报》社长、总编辑唐明照不仅是个“美国通”，而且他所负责的报纸还经常刊登一些揭露国民党可耻行径的报道。唐敖庆立即托人邀请唐明照前来参加会议。唐明照可不是一般人物，他曾就读于清华大学，后转学至并毕业于美国加利福尼亚大学伯克利分校，是旅居美国多年的华侨，1950 年回到祖国的怀抱，成为外交家，20 世纪 70 年代初，他成为新中国在联合国的首任副秘书长。

会议如期举行，唐明照也如约到来。大家达成了几点共识：一是必须想办法阻止慈善舞会的举办；二是大多数中国留学生有着较高的政治觉悟，不会做出一些降低国格的事情来；三是要通过一些办法把中国留学生联合起来。

有着丰富政治斗争经验的唐明照给大家出了一个主意：中国学生会

是部分中国留学生组织起来的，你们与他们的政见不同，也可以自己组建一个组织。“这是个好办法！”大家积极赞同。

“我提议，他们叫中国学生会，我们就叫中国同学会，大家觉得怎么样？”唐敖庆有些兴奋，脸上放着光。

“赞同！”“赞同！”“赞同！”……

随后，大家确定了分工，谁负责联络同学，谁负责制定选举程序，谁负责机构设置。大家立即行动起来。

几乎就在一夜之间，中国同学会（Chinese Student Association）在哥伦比亚大学诞生了。中国同学会的核心领导机构为理事会，设主席一名，副主席两名，秘书长一名，常务理事若干……由于唐敖庆为学、为人都在哥伦比亚大学的中国留学生中享有很高的威望，顺理成章地被大家选举为中国同学会第一届理事会主席。

展现在唐敖庆面前的，除了复杂的化学公式，又多了一个人生的选择。相对于化学公式来说，人生的选择拥有着更多的变量，它的答案是一个人未来要走的道路，以及这条道路伸展的方向。

作为唐敖庆的好友，本来一心读书的徐光宪受到他的影响，也积极投身到中国同学会的活动当中，被选为常务理事。钱保功以及此前他和唐敖庆发起组织的新文化学会的20多名会员也转入中国同学会中。这些年轻人关心着自己国家的命运，希望通过自己的些许努力凸显中国在世界的位置。同时，他们也想影响身边的每一个中国人，振奋精神，以做一个中国人为荣。

中国同学会成立了，但尚未得到校方的认可。唐敖庆专门来到哥伦比亚大学负责外国留学生工作的部门，找到相关负责人，向他报告中国的留学生又成立了一个组织的相关情况。让唐敖庆没有想到的是，这位负责人表示，中国留学生已经有了一个中国学生会，没有必要再成立一个中国同学会，所以，校方对以唐敖庆为首的中国同学会不予承认。

“可是校方承认的学生会，我们并不认可！”唐敖庆不死心。

“非常遗憾，我们不可能同时承认两个中国留学生成立的性质一样的组织！”这位负责人无奈地摇头。

“没有校方的承认也一样要把活动组织起来！”唐敖庆在回来的路上暗下决心。

唐敖庆与哥伦比亚大学中国同学会会员合影（摄于 20 世纪 40 年代后期）
右五为唐敖庆，左一为徐光宪，左三为高小霞

很快，唐敖庆带领大家确定了一系列的活动。他听说老舍先生来到美国考察，便想方设法与老舍取得联系，邀请他到哥伦比亚大学给中国同学会的留学生们讲鲁迅；听说 20 世纪 30 年代上海滩的著名左翼电影人士司徒慧敏也在美国，他就邀请司徒先生给同学们讲中国电影事业的现状，特别是介绍左翼电影的发生和发展……留学生们对祖国正在发生的变化有了感性的认识，自然也就形成了自主的判断。

中国学生会知道唐敖庆等人成立了中国同学会，也不甘示弱，四处拉拢留学生参加他们的活动。巧合的是，有一天，中国同学会开大会通报国内的一些情况，并研究确定下一步的相关活动，几乎就在同时，中国学生会也在开一个大会，研究部署一些工作。

无论是唐敖庆，还是中国学生会的负责人，他们都没有注意到，那个在哥伦比亚大学负责外国留学生事务的负责人悄悄地先后出现在他们各自的会场。

他首先来到的是中国同学会的会场，只见会场内足足有二百多人参会，大家情绪饱满，热烈地讨论，热烈地鼓掌，对未来充满了信心；而在中国学生会的会场，却只有不足 20 个人，大家表情凝重，个别人甚至眉头紧锁，在讲话的学生会负责人似乎也有很多忧虑，对未来的活动好像也举棋难定。

对两个会场的中国留学生，这位负责人没有做任何打扰，哪个组织受欢迎，哪个组织受冷落，已经一清二楚。从此，对唐敖庆领导的中国同学会，他睁一只眼闭一只眼，未做任何限制。

思想是蓬勃的，日子是滚烫的。年轻的唐敖庆，因为家国命运，感受到一种情绪在体内发生的变化，那种变化与他研究的化学反应不相上下，让他周身都充满了神奇的力量。

纽约 123 街 526 号，一幢本来十分平常的哥伦比亚大学学生宿舍，忽然之间变得热闹起来，来自中国的留学生经常在此处进进出出。这里就是唐敖庆的住所，从昔日的平淡安静，到今日的车水马龙，能够看出大家的倾向和探求。

在住所里，唐敖庆不仅要处理中国同学会的相关事务，还要根据预约，与专程赶来的一些同学交流对中国时局的看法，谈论这个国家的未来，以及各自的前途和命运。唐敖庆对于在世界的东方建立起一个崭新的中国是笃定的，他认为那些国民党所代表的腐朽和落后，注定会被一扫而光。同学们给唐敖庆的住所起了一个中国味道十足的名字：唐氏茶馆。“茶馆”的“清香”很快飘满了哥伦比亚大学的校园，很多处于中间状态的中国留学生“寻香”而来，“载香”而去。

最终，中国学生会给艾森豪威尔校长敬献“青天白日旗”的计划因为少人支持，而不再被人提起，为国民党政府寻求政治支持并募集捐款的慈善舞会也不了了之。

1949 年，中国共产党领导下的革命政权以摧枯拉朽、排山倒海般的气势，击败了国民党军，10 月 1 日中华人民共和国成立。这是令唐敖庆期盼的时刻，作为哥伦比亚大学中国同学会第一届理事会主席，唐敖庆怀着兴奋的心情，联合留美中国科学工作者协会（Association of Chinese Scientific Workers）等进步组织在美国纽约的国际学生公寓专门举办了庆祝中华人民共和国成立的大会。以徐光宪的夫人高小霞为主的几名女学生，根据新华社广播稿中的描述，还专门买来红布绸子，做了一面五星红旗。在华侨界颇有影响的唐明照在大会上做了有关中国的形势报告。同时，唐敖庆等人还发起了“一人一元”的劳军活动，把筹集到的 1000 多美元汇到国内，献给了中国人民解放军。

在美国的中国留学生们思考着自己的未来，他们必须果断地做出选择：是留在美国还是返回祖国。

像唐敖庆这样的学生，留在美国，显然会获得世界上最好的科研条件，将来取得举世瞩目的成绩并不是天方夜谭。而且，第二次世界大战之后的美国对于年轻的科技人才需求量很大，他们张开双臂，并开出诱人条件，挽留这些佼佼者。

返回祖国，面临的则是简陋的设备、有限的资源，以及捉襟见肘的财力支撑，想要做出优秀的科研成果，难如在蜀道上行走。但是，他们却可以把自己所学献给祖国，让屹立于世界东方的崭新国家跟上世界科技发展的步伐，不再贫困、落后、挨打。

唐敖庆的心里首先装着的是自己的国家。早在 1948 年，曾昭抡先生就写信给唐敖庆，告诉他自己即将回国，要唐敖庆在美国安心读书，等待新中国成立。1949 年，中华人民共和国成立的消息传到了唐敖庆的耳朵里，让他兴奋异常，而在新华社的电稿里，一句“中国人民站起来了”，更是让唐敖庆激动不已。“我们 100 多年来的耻辱，一扫而光了！”唐敖庆在心里想。他立即给曾昭抡写了信，在信中明确表示准备学成归国。曾昭抡很快回信，希望他回国后到北京大学任教。

还是在抗日战争最艰苦的时期，在位于昆明的西南联大，怀着浓浓的家国情怀的曾昭抡加入了中国民主同盟。作为一名知识分子，他强烈地期望自己的国家强盛，但当局不断被揭露出的腐败和低效让他感到失望。他一度奋笔疾书，抨击政府的无能，表达自己的追求，甚至上了国民党有关部门的黑名单。当内战的胜负已经基本清晰的时候，很多人劝曾昭抡移居台湾或留居海外，可曾昭抡却凭一腔爱国热情，义无反顾地选择“逆行”。他辗转来到香港，又从香港回到了北京。

曾昭抡在唐敖庆的前面树立了一面旗帜，这面旗帜所指引的方向与唐敖庆完全契合。可就在唐敖庆准备预订回国船票的时候，他接到了哈尔福德教授夫妇在一家规格很高的餐厅设宴为他送行的邀请。

唐敖庆的眼前不禁浮现出前几天导师挽留他的场景。哈尔福德教授对唐敖庆说：“我对国共两党谁是谁非并不了解，也不妄加评论，不过贵国目前相当落后我是确信不疑的。回到那里，继续从事你的科学研究是相当困难的！”

“谢谢您，教授先生！”唐敖庆坦诚地说，“您说的，我都知道。我的祖国现在经过了多年战争，满目疮痍，百废待兴。但是，我不会嫌弃祖国的贫困，我想改变她！”

“我当然理解你的想法，可你是不是在美国工作两年，看看再说，我可以帮助你推荐工作。”哈尔福德教授真诚地挽留。

“非常感谢您！”唐敖庆再次致谢，但坚持自己的想法，“可我的事业在自己的祖国！”

“好吧，愿你学有所用。”看着眼前这个可爱可敬的弟子，哈尔福德教授对唐敖庆给予了真诚的祝愿。他告诉唐敖庆，自己手上有一些目前世界上最前沿的珍贵文献资料，可以送给他。“也许这有助于你改变自己的国家！”

这是跨越国界的关怀，也是一个科学家的心胸。从哈尔福德教授家里出来，手里拿着那些在唐敖庆看来比金子都贵重的文献资料，唐敖庆心情激荡，未来已成洪流，在心间翻滚、流淌。

那是一顿非常丰盛的西餐，哈尔福德教授还为唐敖庆准备了红酒。转眼三年过去，看着面前这个长得更加健壮的34岁年轻人，哈尔福德教授有些动情。他与夫人给予唐敖庆最真诚的祝福，祝他工作顺利、生活幸福。

唐敖庆当然知道回到中国将要面临的研究环境，就像听到他要回国的消息后，曾经找唐敖庆代过课的拉默院士说的：“你现在回去做什么，不是跳火坑吗？”但唐敖庆义无反顾。其实，每个人心里都有一条价值曲线，唐敖庆的价值曲线指向的是祖国。在接受哈尔福德教授夫妇的送行宴之前，唐敖庆把自己要返回祖国发展的想法写信告诉了一位同在美国留学的同学，说明了自己回国的原因：一是在美国留下来，教授的都是美国人，而回到中国能够为自己的国家做事；二是在美国待的时间越长，对祖国的贡献就越少。

令唐敖庆没有想到的是，那位同学在给他的回信中画了一幅坐标图，横轴代表在美国的时间，纵轴代表对祖国的贡献和自身业务的成长，然后在上面画了两条曲线，一条表示在美国的时间越长对祖国的贡献越少，一条表示在美国的时间越长自己的业务水平越高。然后，他在信中告诉唐敖庆，他将来会回到祖国，但要等到两条曲线交会到一起的那个时刻。

这位同学不知道，在唐敖庆的心里，如果两条曲线同时出现，他只会选择一条，那就是祖国。而且，他在内心暗暗立下誓言：我们俩可以比一比，你在美国业务上的提高，和我在新中国业务上的提高，究竟谁比谁提高得快！

1950 年 1 月 7 日，唐敖庆登上一艘名为“戈登将军号”的远洋客轮，驶向世界的东方。在同船的旅客中，唐敖庆见到了自己尊敬的唐明照先生和他的家人，包括他当时只有 7 岁的女儿唐闻生，她讲着一口流利的英语，给唐敖庆留下了深刻的印象。和唐敖庆一样，唐明照也是回祖国去参加新中国建设的。

这时候的中国对于唐敖庆来说，是崭新的，向上的，勃勃生机像春天的嫩芽，由内到外都渗透着无限的活力，以及无限的可能；而这时候的唐敖庆对自己的祖国来说，也是崭新的，通过这几年在海外的攻读和实践，他掌握了大量理论化学的前沿知识，浑身充满着张力，他觉得自己能够加快中国这艘巨轮的马达的转速，让她走出自己的节奏。

到香港后，马上就是农历新年了。唐敖庆又乘轮船来到了天津。这是他回到祖国后第一次过春节。站在天津的街头，唐敖庆看到人们扭着大秧歌，迎接新年的到来，有一种恍若隔世的感觉，不禁流下了热泪。

1950 年 2 月 20 日（阴历正月初四），唐敖庆到达了北京。此时的北京，料峭的春寒并不恼人，大街小巷都是被人们的激情暖化过的样子，祥和而充满生机。按照之前与教育部门取得的联系，唐敖庆一路风尘住进了教育部招待所。接待人员告诉他，食宿全部免费。安顿停当之后，唐敖庆于第二天赶到曾昭抡先生的住处探望。兴奋的唐敖庆与曾先生热烈握手。此前，唐敖庆已经知悉，曾先生已被任命为北京大学教务长兼化学系系主任。

曾先生满面红光，眼睛炯炯有神，显然对未来的大干一场充满了期冀。

“你现在住在什么地方了？”曾昭抡问。

“教育部招待所。”唐敖庆答。

“你现在已经有了正式工作，从二月份开始就有薪水了，不能再住这种免费招待所了。”曾昭抡看着唐敖庆。他的意思是，尽量不要占国家的便宜。

“我没有地方住呀！”唐敖庆说。

“这样吧，”曾昭抡沉吟了一下说，“你就搬到我这儿来住。咱们一起吃饭。”

“那是不是太打扰您了？”唐敖庆有些担心。

“不打扰，明天就搬过来！”曾昭抡语气坚定。

本来，唐敖庆想在北京大学附近租一个地方居住，但一时之间，还没有找到合适的，便在曾先生的邀请下，搬到了他在沙滩一带的三间住房暂住。由于此时在另一所大学做教授的曾昭抡夫人还在南京，北京的这三间住房，就一间曾昭抡住，一间唐敖庆住，另一间则用来会客。唐敖庆在这里一住就是近三个月，直到北京大学给他分了房子，妻子史光夏才带着孩子从江苏搬来北京。

此时，能够与自己当年倾慕的先生朝夕相处，又在崭新的国家开始一桩事业，让唐敖庆十分振奋，每天心里都好像揣着阳光。

曾昭抡安排唐敖庆给学生们开设普通化学课，但必须自己写讲义。新学期马上开始了，时间相当紧张，唐敖庆立即投入其中。他酝酿着把化学热力学也引入教材中，讲授溶液性质。编写出第一部分后，他专门拿给曾先生审阅。不久，第二部分也完成了，他再次送给曾先生审阅。曾先生看了这两部分讲义后，对唐敖庆给予了肯定，告诉他，以后再编写的内容不必给他看了，按这个原则和风格编写下去就可以了。勤恳的唐敖庆在新学期开学前完成了讲义的编写工作，第一门本科基础课普通化学顺利开讲。在这门为大一学生开设的基础课中，他打破了传统教学内容和模式，按照现代原子、电子结构讲授原子的壳层，并在此基础上，展开元素及其化合物的分类讨论，授课效果极佳。

由于教师资源缺乏，唐敖庆先后在北京大学开设了普通化学、物理化学、化学动力学、统计力学、热力学5门课程。半年后，由于他的表现出色，晋升为教授。他还得到各科学刊物的信赖，《中国科学》《科学通报》《化学学报》先后聘任他为编委。

在教学的同时，唐敖庆集中精力开展杂化轨道理论研究，以及橡胶分子平均长度的研究工作。

1950年春天，刚进入正常教学和科研轨道的唐敖庆迎来了与夫人史光夏及两个孩子在北京的团聚。北京大学划出校园外的一处房子供唐敖庆一家人居住，他们搬入了离沙滩不远的、位于黄米胡同里的一个四合院。住宅的附近有一所大佛寺小学，在有关部门的协助下，唐敖庆联系了这所小学，让史光夏来此担任教员。他们在黄米胡同的邻居则是著名教育家、人口学家马寅初。

夫人史光夏来了，带着对唐敖庆的思念，那份一往情深不仅穿越了抗日战争时期的千山万水，也感染了亚洲与美洲之间汹涌澎湃的万顷波涛；孩子们来了，带着对父亲的渴盼，尽管他们对这个在大洋彼岸多年的父亲并没有太深刻的印象，但他们从母亲的讲述中知道，他是多么刻苦、多么优秀！

一家人在北京大学清新而又浓厚的书香氛围里安定下来，精神是饱满的，生活是从容的，未来是可期的，美好包裹着这个多年处于离散状态的家庭。

20 世纪 50 年代初期的唐敖庆

此时此刻的中国，什么都是新的，从旧中国走过来的人身上也同样洋溢着朝阳般的气息。一天，曾昭抡问唐敖庆："国外有没有好的留学生可以请来北京大学任教？"唐敖庆完全能感受到老师内心的澎湃。他把自己在哥伦比亚大学时的好朋友徐光宪及其夫人高小霞推荐给曾昭抡，认为他们回来能够进一步增强北京大学化学系的学术力量。曾昭抡立即做出决定："聘请徐光宪和他夫人高小霞先生来北京大学任教！"

兴奋的唐敖庆马上给远在美国的徐光宪写了信。不久，徐光宪回信说，他愿意回来，但有件事拿不准：现在正在做博士学位论文，鉴于当时中美关系紧张，如果留下来做论文，担心时间长，被美方卡住回不来。是做完博士学位论文再回来，还是现在就回来，希望给个建议。

唐敖庆立即找到曾昭抡，把徐光宪的两难告诉他。曾昭抡果断地说："如果能在两三个月之内拿到学位，那就抓紧写论文；如果来不及，就不要等了。"收到唐敖庆的回信后，徐光宪立即加快论文写作进度。

就在1950年底，曾昭抡先生被调任教育部副部长兼高教司司长。在曾昭抡的力邀下，1951年5—6月，在国外拿到博士学位的徐光宪和高小霞回到国内，到北京大学化学系任教。

资料室不间断地补充着新书，还增订了俄文的化学杂志，化学博物馆也建立起来了，化学实验室的设备和基本药品、试剂不断得到更新和补充……北京大学化学系的教学与实验条件渐入佳境。身在其中的唐敖庆以更多的精力和更大的热情投身到火一般的工作与生活中来。

令唐敖庆尤为难忘的是，1951年秋，学校安排他去中南海怀仁堂当场聆听了周恩来总理所做的关于开展知识分子思想改造运动的报告。在长达5个小时的报告中，坐在第二排的唐敖庆第一次近距离感受到了周恩来的风采。不久之后，唐敖庆将自己思想改造的收获写入了他的入党申请书当中。

1952年的夏天，热气塞满了北京城的每一个角落，甚至会沿着电话线从这头传递到那头。随着"丁零……"的一声，后背的汗湿透了衬衫的唐敖庆拿起电话，里面传出的是曾先生熟悉的声音。他邀请唐敖庆方便时到教育部来一趟。

在教育部的一间办公室里，唐敖庆再一次见到了他尊重的先生。曾昭抡可能因为这一段时间的忙碌，人显得又有了一些消瘦，但精力却极为旺盛。他告诉唐敖庆，早在1950年，他曾随时任教育部副部长兼党组书记钱俊瑞专程到祖国的东北考察高等教育。在长春，曾先生详细地考察和了解了当地的教育资源，以及抗日战争胜利后随着中国共产党军队来到东北的知识分子情况。他觉得有必要在长春建设一所综合性的大学，发挥东北在全国高等教育方面的作用。而这所综合性大学完全可以依托此时的东北人民大学（吉林大学的前身）来建设。他的建议符合教育部对未来全国高等教育的格局安排，引起了钱俊瑞的重视。考察结束后，教育部逐步做了安排和部署。1952 年夏，教育界酝酿的中华人民共和国成立后的一个重大举措即将付诸实施：根据现实与未来需要，在全国范围内，高等院校将进行一次大调整。

"东北是一个重工业基地，但还没有一所综合性大学。"曾昭抡看着唐敖庆，"中央决定在东北人民大学中增设理科，现在北京大学、清华大学、燕京大学调整后要抽出人去支援东北。你怎么想？"

"我服从分配！"唐敖庆脱口而出。

曾先生笑了："你别急着回答，这并不是一时的事，有可能是一辈子的选择。"

其实，唐敖庆对于全国高等院校院系大调整已有耳闻：北京大学的工科要合并到清华大学，清华大学的文科和理科同步并入北京大学，同时，燕京大学也要并入北京大学……全国高等教育即将踏上新的征程。而就在几天前，北京大学的领导还专门就支援东北人民大学建设进行了动员。唐敖庆早已经深思熟虑，只要国家需要，自己坚决服从分配。

"从北京大学的角度看，你的业务能力和教学水平一流，如果离开了，肯定是一个损失。"看得出，曾昭抡对唐敖庆是难舍的，他了解这个弟子，作为化学专业的顶级人才，北京大学的平台肯定能把他推到更高的位置。可他的内心又是矛盾的。"但是，"曾昭抡说，"建设一所新的综合性大学也非常需要你这样的人才啊！"

"国家办一所综合性大学会有很多困难，东北更需要我！"唐敖庆读懂的不仅是曾昭抡的眼神，更是此时一个国家的眼神。

尽管唐敖庆的家里并非一点困难也没有。

唐敖庆和史光夏已经有了三个孩子，最小的孩子唐梅才一岁半多，而此时史光夏又有了身孕，再有几个月即将临盆。跟自己在一起生活的岳母又身体多病，需要照顾，恐怕对寒冷的东北难以适应……

但对于唐敖庆来讲，有曾先生的注视，他不能不去，不仅仅是知遇之恩，更因先生身上超常的人格魅力、学术魅力，作为人生的楷模，曾先生令唐敖庆由衷地叹服，因此曾先生所注视的方向就是唐敖庆选择的方向；有这个新生国家的注视，他不能不去，曾经远在大洋彼岸的他，就是因为这个国家的新生，而在万里之外选择归航，祖国的召唤就是他毕生行走的方向。

“国家号召我们去东北！”回到家里，唐敖庆对史光夏说，“在那里，个人的业务发展可能会受到损失，但是对开发东北、发展祖国的教育事业，却可以做出更大的贡献！”

“那就去！”史光夏懂她的丈夫，也懂他们的未来。

晚上，妻子和孩子们都睡了，借着台灯温和的光，唐敖庆独坐桌旁，思潮翻滚，他考虑着第二天早上就去找系里的负责人，主动申请奔赴长春。

第二章　教授的教室

一、“奔跑”的粉笔

每年的9月，是东北长春的金秋时节。白天或许还有骄阳如火般烧灼，但到了夜晚，却寒意入肤，单衣已经不能抵挡凉意。然而，1952年的秋天，却有数位大师级人物延续着长春夏日的热度，从全国各地纷至沓来。他们的目的地是东北人民大学。

1946年，东北行政学院在哈尔滨正式成立，这是东北人民大学的前身。1948年，学校从哈尔滨迁到沈阳，1950年，又由沈阳迁来长春。1952年，东北人民大学的校长是史学大师吕振羽。全国高等院校院系大调整是东北人民大学提升大学质量和品质的重要机会，令吕振羽激动不已。按照统一部署，东北人民大学要从战时为中国共产党培养干部的学院转变为以培养科学研究人才及中、高等学校师资为目标的文理兼备的综合大学。吕振羽的内心盘算着：“要增设数学、物理、化学三个系，要把文科调整为中文、历史、经济、法律、俄文五个系……”

在学校的安排下，唐敖庆带着一家老小来到与校园一街之隔的永昌胡同安家。与今天两侧紧密的高楼、商场相比，那时的胡同里只有一幢幢灰色的小平房，朴实而安静。与唐敖庆家一样，其他先生们也都住在校园周围，彼此相隔不远。他们中除了化学家蔡镏生、陶慰孙、关实之外，还有数学家王湘浩、王柔怀、江泽坚、徐利治，物理学家余瑞璜、吴式枢、朱光亚、芶清泉，等等。

他们就这样静悄悄地来了，可对于东北来说，却是一次能够载入史册的高级人才聚集。他们令长春在全国的科研学术地位和教学水平，遽然隆起。

尽管，这次隆起的起点有些寒酸。

此时名为东北人民大学的大学校园位于长春市中部南北主轴街道斯大林大街（今人民大街）的西侧，东西横向的解放大路的北边。化学系被分配在东北沦陷时期建设的一幢二层小楼的一层。办公室少之又少，众多教职工挤在一起办公。用来做化学实验的地下室里，摆着一张做实验的条桌，条桌的样子像极了市场上商贩卖肉的案板，而在空中，错位悬挂的木桶就是上下水……

如此寒酸的条件下，在条桌边上站着带领学生们做实验的人，却个个都有着闪光的名字：物理化学家蔡镏生、无机化学家关实之、生物化学家陶慰孙……当然，还有时年只有 37 岁、钻研理论化学的唐敖庆。

蔡镏生是东北人民大学化学系的首任系主任。其实，在一穷二白的情况下，建立起一个系的难度，并不亚于建立一所大学。这位响应祖国召唤，1949 年从美国启程回国后出任燕京大学化学系系主任的先生，太清楚建系的艰难了。在他与夫人从北京赴长春的行囊中，几乎没有几件私人物品，而是装满了从美国带回来的微量天平、油扩散泵等设备，以及一些贵重的化学药品、图书资料。

来自北京大学、清华大学、浙江大学等著名学府的 7 名中青年教师和 11 名应届大学毕业生与 3 位教授则成为蔡镏生创建化学系的全部人手。包括蔡镏生在内的这 22 个人成为化学系创系的全部“家当”，用“教师奇缺”4 个字形容此时的情况，一点也不为过。每个人的工作都已经饱和，可仍然不能满足教学需求。蔡镏生眉头紧锁，忧心忡忡。

就在为难之际，唐敖庆来找他。“蔡先生，我可以再多讲几门课！”唐敖庆开门见山。

“吃得消吗？”蔡镏生有些担心。

“没问题！”唐敖庆毫不犹豫。

在北京大学期间，唐敖庆就先后开设了 5 门课程。而在东北人民大学，整个化学系的教师数量只相当于北京大学化学系一个教研室的人数。初创一个系，如果根基打不牢，未来就注定虚飘。根据教学的需要，唐敖庆一个人经常同时开两三门课程。在最初的几年，他先后主讲了无机化学、物理化学、化学热力学、统计力学、化学动力学和物质结构等十几门课程，有时一周授课达到 16 个课时，相当于正常情况下两三位教师的工作量。

一头整整齐齐的短发，一副厚厚镜片的眼镜，一件朴素的中式对襟小领外衣，一条稍显肥大折起裤脚的长裤，一双轻便而干净的胶鞋，左手拿黑板擦，右手拿粉笔，没有教案，不带讲稿……登上东北人民大学的讲台，他的授课风格立即被传为佳话。

同学们私底下议论，唐老师全凭一张嘴，就将变幻莫测的化学世界以严密的体系表达和构建出来，将一个又一个复杂的理论公式严丝合缝地输出和推导出来，太厉害了！化学所呈现的五彩斑斓的样态令学生们着迷。

这是一位老师与一支短短的粉笔共同营造的世界。而这种营造，早在 20 世纪 40 年代初的西南联大就已经开始了。当粉笔与黑板相碰，接连不断的撞击声仿佛是教室里一首最优美的诗词，而唐敖庆就是它的唱读者。白色的线条又如某种韵律，让理论的美妙在同学们面前“沙沙”作响。飞扬的粉笔末更如飞舞的白色蝴蝶，在绚烂的化学空间展翅飘飞，还像春天满树梨花，芳香四溢，令人陶醉在科学的春风里。

人与粉笔合奏的美妙不仅仅体现在单独的一堂课或是一门课上。唐敖庆延续着西南联大、哥伦比亚大学、北京大学课堂上的教学传统，加上自己的独特风格，把他给学生们上的每一堂课、每一门课都精彩绝伦地表达和书写在东北大地上，刻印在学生们的脑海里。

在白色粉笔的上下翻飞里，同学们发现，本来枯燥的无机化学课，唐敖庆老师却准备了大量丰富的素材，那些干巴巴的理论总会被他用最新的科研成果解释得令大家眼前一亮。物理化学的理论公式最让人头疼，可在唐敖庆的话语系统里，却变得通俗易懂，纲举目张，那些逻辑推理也变得容易理解了。物质结构课本来孤零零地“站”在那里，可唐敖庆一来上课，就把课讲活了，宏观与微观打通了，结构和分子联结了，理论与实际一致了。

且听唐敖庆给化学系全体新生讲第一堂课的开场：

> 有的人看不起化学，错了！数学、物理都是工具，化学才是战场，化学规律与数学、物理相比还远远没有搞清楚，还需要你们去探索！有些世界难题，恐怕只有化学家才能解决，举个例子，海水淡化因为耗能太大，成本太高，就要你们化学家去解决了！①

同学们对唐敖庆授课的赞誉之声不停地涌进系主任蔡镏生的耳朵里。趁着工作的间隙，蔡镏生来到唐敖庆的课堂听了几次课之后，他感慨不已。在与系里教师们交流时，蔡镏生不吝赞赏之词："基础课讲到这种程度，真不容易。有学问！"

唐敖庆（第二排右五）与吉林大学放射化学专业本科毕业生
在鸣放宫（大礼堂）门前合影（摄于1959年9月）

"有学问"来自踏实而认真的准备和训练。无论是什么课，无论是给谁上课，唐敖庆都会在前一天晚上逐字逐句地在头脑中过一遍。这一点，他的夫人史光夏最清楚不过，只要第二天有课，前一天晚上的唐敖庆一定是坐在灯前备课，几十年如此，雷打不动。上课时只带粉笔的他，其实在前一天已经把要讲的内容整理得清清楚楚，然后像电脑一样

① 海外校友cydyt. 唐敖庆老师的一堂课影响了我一生[N]. 吉林大学报，2008-08-15：8.

存入大脑的“硬盘”。这是一种态度，这种态度让那个年代发光，让他的生命发亮。而在第二天，他总会提前出现在教室里，默默地坐在前排的座位上，脑袋里像过电影一样，想着要讲的内容。时间一到，他立即走上讲台，精神百倍、滔滔不绝地开讲。

这种“有学问”又有哪些具体的授课实例？产生的效果又是如何呢？

唐敖庆开的第一门课是无机化学。他首先突击学习了一个月的俄文，然后就受命承担起了新建化学系的第一门主课。面对以苏联教学大纲为主的无机化学，在没有教材与重要教学参考材料的条件下，唐敖庆以周期系为纲，并辅之以结构化学观点，系统且精彩地讲授了这门课程。听课的学员不仅有本科生，还有年轻教师。后来当选为中国科学院学部委员（后改称院士）的著名无机化学家徐如人，以及他的夫人庞文琴都是建系初期的助教，也都是这门课的学员。对此，徐如人和庞文琴深感幸运，这不仅在当时使他们能从全新的角度系统地学习、认识与理解无机化学，而且对两人以后几十年在无机化学教学及研究领域耕耘起了重要的启蒙作用。

在唐敖庆为化学系学生开课的同时，他还应邀在中国科学院长春应用化学研究所讲授化学热力学。1951 年毕业于浙江大学化工系、分配在该所工作的青年学者裘祖文担任这门课的辅导老师。唐敖庆对裘祖文说：“讲课十分重要，要使学生每堂课都能听懂，有所收获。”知识渊博、高屋建瓴、融会贯通等诸多元素，让唐敖庆的授课精彩纷呈，奇函数的广度性质和强度性质、热力学第一定律、热力学第二定律、气体复相平衡、溶液、电化学、热力学第三定律等内容都被他娓娓道来。他授课的影响力之大甚至延伸到学员们的生活中，有一位学员也姓唐，恰好在这段时间生了一个女儿，便用热力学中的物理参数给孩子起名字，叫“唐熵”。他还对大家说，如果将来再有孩子就起名“唐焓”。①

在讲完化学热力学之后，唐敖庆又给本校化学系的学生讲化学动力学，中国科学院长春应用化学研究所有研究人员来旁听。授课内容包括反应速度、气体、溶液、固体表面的反应等。他讲课时循序渐进，教程的前半段实际上是讲统计热力学导论，为学生奠定一个基础，教程的后

① 裘祖文. 附录：裘祖文教授回忆老师唐敖庆院士[M]//唐敖庆，徐元直. 唐敖庆之量子力学. 杭州：浙江大学出版社，2011：171-173.

半段才是讲化学动力学。他深知学生的困难所在，在介绍较难听懂的部分，比如绝对反应速率理论之前，他会先讲所需要的数学准备。这样一来，学生的难点也就迎刃而解了。

粉笔在“奔跑”，从20世纪50年代“跑”到60年代。给学生上课，最消磨教师的是“反复”，一门课讲第一遍的时候有新鲜感、有激情，可是当讲到第三遍、第四遍、第五遍的时候，很难再激情澎湃。可对于唐敖庆来说，这种情况好像从来就不存在。只要走上讲台，只要面对学生，他洪亮的声音就没有变小过，他的投入感就没有变少过。由于他时刻关注着科研的动态，他的课也常讲常新。

逐渐地，学生们发现了唐敖庆上课时的另一个特点：他往往提前半个多小时就来到教室，拿起粉笔在黑板上书写各类化学公式或当天要讲的要点、难点。当上课铃声响起的时候，唐敖庆已经写满了一黑板的板书。以这些内容作铺垫，学生们听起课来感觉到了清晰的条理以及突出的重点。直到唐敖庆把这一黑板的内容讲完了，他才擦去，开始新的书写。

无论春夏秋冬，一天授课三四个学时是常有的事情，唐敖庆常常汗流浃背，他常穿的作为上课工作服的中式对襟小领外衣，围绕着脖颈的一大圈全被汗水浸透，后背经常热气腾腾，衣领上甚至还会印上一层白盐。夫人史光夏对此早已经习惯，唐敖庆一回到家中，她就催着他换下衣服，迅速给他清洗干净。

课堂从来就是唐敖庆的圣殿，无论是他后来奠定“中国量子化学之父”的大师地位之后，还是在他成为一校之长或是国家自然科学基金委员会主任之时，这小小的课堂，那短短的粉笔，都最为他所看重。

粉笔在“奔跑”，从20世纪60年代“跑”到70年代。1975年，上海，这一年的五六月间，中国科学院上海有机化学研究所向在量子化学领域已经取得巨大成就的唐敖庆发出邀请，希望他能来上海办一期有关量子化学的短训班。唐敖庆欣然应允，他觉得这是普及量子化学理论、介绍领域最新动向的机会，他要让更多的人懂得量子化学的作用，更多地参与到量子化学的研究中来。

在东北长春，五六月间正值春浓，气候凉爽舒适，而此时的上海却已经骄阳如火，白天最高温度超过了30℃。当年，讲课的地方根本没有空调，在犹如蒸笼的教室里，200 多名学员前来听讲，在讲台上投入讲课的唐敖庆每次都是大汗淋漓。可就在这时，由于当时的历史原因，本来 3 个月的课程，只能讲两个月，每周由原来 4 个半天的课程增加到了 6 个半天。

20 世纪 70 年代唐敖庆在讲课

唐敖庆不想把一次不完整的培训交给大家，他想通过自己的努力在两个月内完成三个月的课程。考虑到学员们主要来自中国科学院上海有机化学研究所，为了增加针对性，唐敖庆希望能够讲述如何用量子化学来处理有机化学问题。于是，他把自己关在屋里，利用课外的时间写讲义，因为课程量大，每天都要写 3000 字左右。晚上，他还要认真备课，把第二天要讲的内容背下来，致使睡眠严重不足。此时的唐敖庆已经 60 岁了，又加上眼睛高度近视，精神时刻需要高度集中，体力迅速下降。一次，他挤出时间应上海市合成树脂研究所的邀请去做一场学术报告，正在讲台上讲授时，突然一阵眩晕倒了下去。学员们赶紧冲上讲台，帮他解开衣扣，紧急施救。正在要送医院的时候，唐敖庆醒了过来。看着紧张的学员们，他笑了，说道："没事儿的，没事儿的，咱们接着讲完……"不等学员们回应，唐敖庆再次站到了讲台上。

一天，狂风大作，瓢泼大雨下个不停，即便打着伞在雨中行走也十分艰难。本来唐敖庆都是乘坐公交车从住所赶到上课地点，从未迟到过，可是因为暴雨，他所坐的公交车路线暂时停运了。中国科学院上海有机化学研究所的学员们等待了一会儿，觉得在这样的特殊天气里，唐敖庆不会来了。可就在这时，房门一开，那个身形稍胖、个子不高的老人家出现在教室里，浑身从上到下已经湿透了，雨水从头发上往下流淌，“滴滴答答”，湿了一大片地。他竟然凭着对路的记忆走了过来。

“真对不起，耽误了大家的时间！现在我们上课！”唐敖庆诚恳庄重地说道。

“不行，不行，您赶快换一下衣服……”学员们跑过去，给他递上毛巾，几个学员冲到他的面前，脱下自己的衣服让他换上。

用“鏖战上海”4个字形容唐敖庆这两个月的讲课一点也不为过。在这段时间，唐敖庆把每一个黑夜都换成了闪光的文字和公式，竟然写了20多万字的讲义；把每一个白天都换成了掷地有声的语言，他把量子力学的精华以及自己的深入理解毫无保留地教给了学员们。

粉笔在“奔跑”，它吸引着全国各地的学生和进修者也“奔跑”起来，朝向中国的东北，朝向长春。

1978年10月上旬，距离长春市解放大路不远的吉林大学学生第八宿舍忽然热闹起来，在两三天的时间内，陆陆续续有200多人来这里报到。他们“嘎吱嘎吱”踩着路边的白雪，然后跺一跺脚，走进宿舍大楼，他们要在这里住上一段时间，他们的使命是参加在吉林大学举办的量子化学研究生、教师和科研人员进修班（简称量子化学研修班）。

这个冬天好像来得格外早，还未到10月中旬，就已经有两场大雪漫天飞舞。然而，大雪阻隔不了量子化学研修班的热度，它不仅让清华大学、四川大学、山东大学、厦门大学、云南大学、东北师范大学、复旦大学、南开大学等高等学府闻风而动，也让中国科学院上海冶金研究所、中国科学院上海有机化学研究所、中国科学院上海药物研究所、中国科学院福建物质结构研究所等科研机构迅速行动起来。经过沟通，他们派出了自己单位的优秀研究生和科研教学人员前往长春，聆听唐敖庆及其弟子们给大家讲授量子化学的奥秘。更有中央电视台的记者从北京赶来，现场采访上课的盛况。

这个研修班缘于唐敖庆的发起。

1977年，中断多年的高考终于恢复，1978年，各高校开始招收研究生。这是时代的春雷，击中了所有中国人的心扉。而对于唐敖庆来说，那颗与世界科技发展同步跳动的心终于有了安放之处。他建议教育部把国内6所高校和中国科学院两个研究所量子化学方向的研究生集中到吉林大学一起培养，同时号召国内相关领域的教师和研究者前来同步进修，举办量子化学研修班。

教育部立即批准了这一建议，这才有了长春解放大路上全国各地200多名研修者踏雪而来的情景。

谁都无法想象，20世纪70年代末，化学课竟然成了吉林大学校园里最火爆的课程。研修班上，主课量子力学、量子化学由唐敖庆主讲，其他的专业课群论、量子统计力学、分子振动、配位场理论、微观反应动力学等则交由他的弟子们轮流讲授。

对于研修班的同学们来说，最让他们担心的不是学习成绩，而是每天上课能不能抢到座位。能够容纳200人的吉林大学白楼的阶梯教室，每次上课，座位都坐得满满的，因为坐不下，两侧和后面的墙边也都站满了人。一座难求导致很多进修教师根本就不在食堂吃饭，而是买个馒头，拎一壶热水，提前到教室里来占座。研究生们因为学业重，晚上自修到很晚，早上起不了那么早，来晚了就只能站着上课，没有办法记笔记。主管教学的领导只好在教室的正中间排出60个座位，其中30个给研究生，另外30个给进修教师中需要照顾的人。

何以如此火爆？因为唐敖庆手中的那支“奔跑”的粉笔有着迷人的魅力。

魅力来自唐敖庆对学员结构分析后的因“实”施教。唐敖庆系统地了解了这些学员们的实际情况，发现他们的学习基础参差不齐。有的好些，上过大学，毕业于物理系，工作后给学生们讲过量子力学的课；有的差些，大学才上了一两年，学校就在1966年停课了，对于大学物理知识只知道一点点；有的更差些，中学没有毕业即逢“上山下乡”运动，连大学也没有上过，后来做了工农兵学员，只有简单的数理基础，缺乏大学普通物理课程知识。

基于这样的现实，唐敖庆把大学物理中的普通物理、电动力学，以及数学基础课数理方法、群论等加上，让大家把基础夯实。与此同时，慢慢把量子力学的知识点教给大家。这就像是涌上来的水，大家还没有明显感觉的时候，水已经悄悄地到了一定的高度。

其实，在第一次课开课之前，学员们已经议论纷纷，有些学员学过这门课，便根据他们的经验，对那些两眼迷蒙的同学说，这门课可不是一般的课，非常玄妙，不学个两三遍，根本就学不好。

令学员们感到轻松的是，唐敖庆讲授的量子力学第一堂课，并没有直接上课，而是着重讲了这个学科的背景知识，以及学好量子力学的方式方法。

量子力学与相对论一起构成了现代物理学的两大基本支柱。唐敖庆告诉学员们，微观粒子的能量是量子化的，所以研究微观粒子的力学就被称为量子力学，而这门学科中的"测不准原理"既重要又难以理解，大家必须注意。但攻克这些难以理解的问题并不困难，一是要勤奋学习有关量子力学的经典著作，如国际通行的《量子力学》（*Quantum Mechanics*）等；二是必须要有深厚的物理及数学基础。

对于第一堂课，学员们听下来没有任何困难，大家都明白和清楚唐老师让大家做什么和怎么做。但当学员们再次以紧张的心情迎来第二堂课时，他们的惶恐又被唐敖庆轻松地化解了。在第二堂课上，唐敖庆首先介绍的是量子力学的发展过程，他把这个过程像讲故事一样描绘给学员们听。紧接着，他开始给大家列参考书单，这些书单又可分为三个层面。针对学过量子力学的学员，唐敖庆告诉大家，可以读一些高阶读物，如赫尔曼·韦尔（Hermann Weyl）的《群论与量子力学》（*The Theory of Groups and Quantum Mechanics*）、保罗·狄拉克（Paul Dirac）的《量子力学原理》（*The Principles of Quantum Mechanics*）等；针对有一些基础但又学得不太透彻的学员，唐敖庆推荐他们读列夫·朗道（Lev Landau）和叶夫根尼·栗弗席茨（Evgeny Lifshitz）的《量子力学（非相对论理论）》[*Quantum Mechanics*（*Non-relativistic Theory*）]，或是莱纳德·I. 席夫（Leonard I. Schiff）的《量子力学》（*Quantum Mechanics*）；针对没有接触过量子力学的学员，唐敖庆则告诉大家千万不要着急，可以参考阅读周世勋的《量子力学》，或莱斯纳·鲍林（Linus Pauling）和埃德加·布莱特·威尔逊（Edgar Bright Wilson）的《量子力学导论及其在化学中的应用》（*Introduction to Quantum Mechanics with Application to Chemistry*）。推荐完这些参考书，唐敖庆才开始给大家讲第一章的第一部分“薛定谔方程”。

20 世纪 80 年代初期，唐敖庆在理化楼前与学生交谈

“都叫量子力学，却有这么大的差别！”“如果不是唐老师知道得多，我们得走多少弯路啊！”“听了两次课了，也没觉得特别‘玄’啊！”……下课后，学员们热烈地议论着。

当时的学员们哪里知道，唐敖庆正在巧妙地把大家带入一座科学的大厦之中，而在进入大厦之前，没有让学生们感到有什么压迫感。他的思路是：一开始，讲课的速度必须放得很慢，要用一些浅显的例子把学员们带入量子力学的领域，待大家有感觉了，再慢慢提升速度、提高难度，同时增加推导的深度，循序渐进，使大部分学员都能够跟上讲课的进度。

更让人觉得十分难得的是，对于那些有着一定基础的学员，在他们的耳中，唐敖庆开始所讲的虽然浅显，却上下左右有着非常清晰的联系，此时唐敖庆手中的粉笔就像一根线，把他们本来散放在头脑中的知识点紧密地联结起来，继而这种联结发生了奇妙的反应，那个量子力学大厦，从平面到立体，令他们觉得身在其中，妙趣横生。

唐敖庆的粉笔继续“奔跑”，从 20 世纪 70 年代“跑”到 80 年代。唐敖庆化学课讲得好，在化学界是公认的，这里面还有一个秘诀，就是他讲课从不照本宣科，而是自己先“吃”一遍甚至几遍。后来成为中国科学院院士、吉林大学校长的张希在20世纪80年代听过唐敖庆在高分子标度理论讲习班上的讲课，曾经好奇地问他：“您是如何吃透诺贝尔奖获得者、法国皮埃尔-吉勒·德热纳（Pierre-Gilles de Gennes）的高分子标度理论的？”唐敖庆告诉张希，他读皮埃尔-吉勒·德热纳撰写的专著用了一年半时间，遇到数学难点学数学，遇到物理学难点学物理，从头推演了一遍。[①]正是这样的深读与研读，才令唐敖庆讲起课来深入浅出、滔滔不绝，给学生们留下了难以磨灭的印象。在讲习班上，他像以前自己读书时一样，遇到物理难点就帮助学生们补物理，遇到数学难点就帮助学生们补数学。

20世纪80年代末的几年时间里，每到暑期，在吉林大学一间普通的教室里，就会发现一位已经70多岁的老人还在给学生讲课，他的激情仍在，他的逻辑仍在，他的汗水仍在，衬衫的后面又已经湿了一大片……还是那支白色的粉笔，在黑板上“奔跑”。

20世纪80年代唐敖庆在讲课

此时的唐敖庆已经卸任吉林大学校长，调任国家自然科学基金委员会首任主任。很多学生都认为，唐校长调到了国家重要部门，离开了长

① 张希．讲习班的魅力——记我心目中的唐先生[M]//刘远，董汉良．一代宗师 风范永存：唐敖庆百年诞辰纪念集．长春：吉林大学出版社，2015：225-226.

春，可能不会再管他们了。

可是，尽管远在北京的唐敖庆工作千头万绪，却仍然惦记着他的学生。他让秘书路宁想办法安排时间给学生们上课。唐敖庆说道：“学生的事很重要，要安排好。”可是，国家自然科学基金委员会的工作太多了，而这一段时间又需要集中处理。路宁安排了几次，都因为时间冲突，无法让唐敖庆回到吉林大学给学生们上课。

一天上午，唐敖庆突然叫路宁去他的办公室，脸上带着喜色，说道：

> 看来把课程集中起来在假期上是个可行的好办法。最近这一段有点空儿，已经快放假了。我们准备一下，利用放假的时间回吉大，给研究生上课。①

路宁一想，这是对的，唐敖庆不可能过一小段时间就回一次长春，串出时间集中把要讲的课讲完，就可以实现双赢，只不过这样做他就太辛苦了。路宁试探着说：“基金委每天的工作量太大了，况且您年纪又大了，要不咱们请吉林大学化学系哪位教授代课怎么样？”

“那怎么行？”唐敖庆坚决不同意，“是教授就要上讲台，不然是什么教授？没有学生，哪来的教授！”

没办法，路宁给他安排好了时间。他风尘仆仆回到长春的第二天便开始给大家上课。当那带着无锡口音的普通话再次在吉林大学理化楼内响起时，一个大学的校园就再次被大师级的人物带得起了“范儿”。

粉笔在“奔跑”，“跑”进了20世纪90年代。

> 记得上世纪90年代，唐敖庆先生已是耄耋之年……为了给研究生讲课，每学期都要从北京赶回长春上课。在夏、秋季节天气闷热，唐老总是连续两堂一气讲完才休息，讲完课已是汗流浃背了。②

在吉林大学的几十年里，唐敖庆给本科生、研究生开设的课程接近二十门，无机化学、物理化学、物质结构、量子力学、量子化学、化学热力学、微观反应动力学、群论在量子化学中的应用、分子光谱学、李群李代数……而有些课他反复讲过七八遍。

---

① 路宁. 大写的“人”——忆唐老[J]. 中国科学基金，2008，5：266-267.

② 赵成大. 怀念唐敖庆先生[M]//刘远，董汉良. 一代宗师 风范永存：唐敖庆百年诞辰纪念集. 长春：吉林大学出版社，2015：196-200.

1994 年 7 月，全国分子光谱学讲习班和谱学理论与技术高级研讨班
在吉林大学举办，唐敖庆在班上讲课

为了培养更多的年轻人，唐敖庆还把自己科研成果的奖励资金拿出来。20 世纪 80 年代初，他与研究团队商量，把获得的国家自然科学奖一等奖的奖金捐献出来奖励做出优秀学位论文的研究生。后来他获得了何梁何利基金科学与技术成就奖 100 万元奖金，把这笔钱分成了三部分，一部分赠给吉林大学用作品学兼优的学生的奖学金，一部分赠给中国化学会作为奖励优秀年轻化学工作者的基金，一部分则赠送给江苏宜兴的母校助力家乡的基础教育。

1990 年 6 月 21 日，在艳阳高照、生机无限的美好时刻，吉林大学举行了唐敖庆执教 50 周年庆祝大会。这位让粉笔“奔跑”了半个世纪的老人所面对的，是那些前来为他祝贺的满头白发的老弟子以及风华正茂的新学生。时任吉林大学校长伍卓群躬身向前，给唐敖庆敬献贺幛，以此表达吉林大学全体师生对他的敬意和感谢。贺幛上书：“拼却老红一万点，换将新绿百千重。”

对于贺幛上的“拼”字，唐敖庆是有着自己深切体会的。在庆祝大会上，他回忆几十年来的授课道路，正是从一个“拼”字开始的。他回忆说，1954 年，他讲物理化学大课，那个时候教学任务很重，担子压在自己的肩膀上，去承担还是不去承担？不承担也可以说自己能力不足、时间不足，他不能承担这个课，相信当时的蔡老师（蔡镏生教授）、关老师（关实之教授）是能够体谅他的。但他没有这样做，他觉得要勇于挑重担，不要怕重担压在自己的肩膀上，要将压力化为动力推动自己的工作。

他亲自教诲了数代学生，曾任国家自然科学基金委员会主任的中国科学院院士张存浩在一篇名为《长校吉大黉歌起 创始基金勋业酬——深切缅怀唐敖庆先生》的文章中这样写道：

> 为我国化学学科培养了一大批深谙理论的栋梁之材，如孙家钟、江元生、张乾二、邓从豪、刘若庄、沈家骢院士等，这在中国科教史上是绝无仅有的。①

那支他手中的粉笔所勾连出的公式板书的曲线，美丽无边，已经永久地写进了一个学科、一所大学的血脉之中。

二、“站立”的课本

1950 年 6 月，刚满 25 岁的刘若庄以一篇题名为《用机械求积法计算比热》的论文通过了北京大学化学系的硕士学位论文答辩。而早在三个月前，他就因自己勤奋好学的精神和优秀突出的成绩提前留校任教。就在这一年的春天，25 岁的刘若庄遇到了 35 岁的唐敖庆。

出生于北京一个普通职员家庭的刘若庄，在辅仁大学化学系攻读期间，每年都因成绩优异获得高额奖学金。1947 年，他考上北京大学化学系研究生，先是师从袁翰青教授研究有机化学，后转入孙承谔教授名下，开始研究物理化学。1950 年初，唐敖庆从哥伦比亚大学回到北京大学，先任副教授，后升为教授。由于唐敖庆没有招收研究生，孙承谔就把刘若庄分给唐敖庆，请他指导刘若庄的论文。刘若庄毕业留校后，一边从事物理化学的助教工作，一边继续跟着唐敖庆从事量子化学研究。

中华人民共和国成立后的北京大学，春风所过之处，一片新绿，预设着一个与众不同的未来。本来，北京大学使用的都是外文教材，中华人民共和国成立后，开始使用中文教材。特别是针对主干课程，学校要求教师们编出中文讲义。唐敖庆正是在这样的历史背景下，在曾昭抡先生的安排下，开始编写普通化学中文讲义的。

---

① 张存浩. 长校吉大黉歌起 创始基金勋业酬——深切缅怀唐敖庆先生[M]//刘远，董汉良. 一代宗师 风范永存：唐敖庆百年诞辰纪念集. 长春：吉林大学出版社，2015：171-173.

几乎与此同时，为了解决中文教材不足的缺陷，刘若庄开始利用课余时间，翻译英文教材《定性分析理论基础》。对此，唐敖庆给予积极肯定和高度赞扬，与刘若庄有着频繁而良好的互动。在唐敖庆编写完成普通化学讲义后不久，刘若庄翻译的英文教材也定稿，并于 1952 年在商务印书馆出版发行。

乍看之下，好像刘若庄翻译英文教材与唐敖庆编写中文教材并无太大的关联，但细细分析唐敖庆所编写教材的特点却不难发现，翻译英文原著其实是国际化视野的一种体现，他对刘若庄的肯定和赞扬也正是在这个基点上。毫无疑问，这种国际化视野恰恰是刚刚从国外归国的唐敖庆在编写教材过程中所遵循的原则，也是唐敖庆按自己所编讲义授课时学生们感到好听、耐听的关键因素之一。

在之后的几十年里，国际化的原则一直贯穿于唐敖庆课堂的始终。不仅如此，他还用自己丰富的知识做基础，触类旁通地把多领域的多个知识点有机地联系到一起，实现了深刻又巧妙的贯通。比如，在他编写的第一部普通化学讲义中，就把化学热力学引入进来，令人耳目一新。听过唐敖庆讲课的人都有这样一种感受：没有哪一门课程是完全按照某种教科书讲的，而是取各家之长，然后建立起一个结构严谨的新体系。这个新体系又一定是在国际视野下，站在科技最前沿的，也一定是能够发现问题的，一定是要寻找解决问题的方法的。他在讲课的同时，已经指出了下一步该领域的研究方向与重点，学生们对接下来的学习和研究因此而有了指路的明灯。

所以，唐敖庆所讲的课是“动”的，而不是静止的公式推导，不是静止的理论灌输，那些公式和理论都是在为发现问题、解决问题服务的，目的是向前看，向高处看，向远处看，是为了新的起跑或起跳。

因此，唐敖庆的课是“站立”的，而不是随着课本“躺”在课桌上或书包里的。也正因如此，唐敖庆告诉他的学生，要“站”在书上读书。

这一读书观是唐敖庆通过多年的学习总结出来的，首次阐述则是因为他到东北人民大学工作后招收的第一批弟子中的一个——孙家钟。

1947 年，18 岁的孙家钟考入国立师范学院化学系，后转入燕京大学化学系就读。几年之后，扎实的数理基础以及专业英语能力引起了在燕京大学的蔡镏生教授的注意。大学毕业后，孙家钟被分配到位于辽宁的鞍山钢铁公司任技术员。1952 年全国高等院校院系大调整，肩负着在东北人民大学建立化学系使命的蔡镏生把孙家钟调来了长春。

作为助教，初来化学系的孙家钟和沈家骢等年轻教师没有直接给学生上课，只是做一些日常的辅导工作。蔡镏生觉得孙家钟的数理基础好，在理论化学方面有优势，就专门请唐敖庆对其进行培养。

唐敖庆立即着手安排，他找到孙家钟和几位年轻的助教征询意见。“我现在还没有招研究生，如果你们愿意，我们就一起学习怎么样？”

“好啊！”“那太好了！”孙家钟和几位助教连连点头。

唐敖庆说：“那从现在开始，我给你们布置书目，你们自己先读，然后我们定期讨论。”

“好的，唐老师，您就安排吧，我们听您的！”孙家钟知道，这样的讨论方式是国外大学导师带研究生的一种常见方式。

唐敖庆说：“那我们就从费米的英文原版《热力学》（*Thermodynamics*）开始吧！”

随后，唐敖庆每周安排三个上午的时间与孙家钟等几位助教进行专门的讨论。讨论先从每个人谈自己的体会、收获和产生的问题开始，在此过程中，唐敖庆会非常认真地倾听。大家谈完了，他再针对大家学习中的倾向性问题以及疑问进行交流和解答。

一段时间之后，唐敖庆发现孙家钟读书的速度很快，常常夜以继日一部又一部地啃那些经典的学术专著，结果人瘦了一大圈，两眼深陷，还布满了血丝。在一次固定的讨论之后，唐敖庆专门把孙家钟留下来，交流自己的学习体会。

“一种人是‘躺在’书上读书的，”唐敖庆说，“作者怎么说，他就怎么听，完全听凭作者牵着鼻子走。”

“哎哟，我不就是这样读书的吗？”孙家钟心里想着，连连向唐敖庆点头。

“另一种是‘站在’书上读书的，经常同作者进行争论，作者讲得对就听，讲得不够清楚就想办法替作者讲清楚。”唐敖庆接着说道，“‘躺着’读书，即使读一辈子书，也不过是‘书架子’，不会有大作为；‘站着’读书，不仅吸取了前人的成果，还看到了一片又一片未被开垦的荒原，从而去开拓，去耕耘……”

唐敖庆的一番话，让孙家钟觉得醍醐灌顶，“躺着”读书就是读“死书”，是在用眼睛读书，没有思考；“站着”读书是在读“活书”，是在用头脑读书，独立思考。

意识一变，立显效果不同。孙家钟很快发现，就算是原来认定最经典的著作，也一样有一些可以继续探求和加以完善的地方。

世界向善于思考和提问的人打开了更多扇门。孙家钟兴奋地告诉唐敖庆自己的新思考与新发现。此时的孙家钟，已经不是科学的客人，而是慢慢成了科学的主人，开始享受思考带给他的快乐和美妙。

发现了问题，为的是去解决它。唐敖庆根据自己多年的经验和心得，提醒孙家钟，在“站”起来读书之后，还要把读书与科研结合起来。他意味深长地告诉孙家钟：

> 学无止境，打基础可是一辈子的事呀！你现在最要紧的是马上开展科学研究工作。读书与科研是互相促进的。只读书不搞科研，就会失掉动力与方向，成为书呆子；只搞科研不读书，就没有根基，也就做不出来高水平的工作。你现在这样年轻，应该尽早开展科研工作，得到锻炼，把这两者结合起来。这样读书，才会有更大的收获！①

在读书的同时，去做科研，这有似于“站”起来之后，发现了问题，还要“走”起来，而不是站在原地不动。

“动”的要求是唐敖庆在教书育人中坚持的常态。

1953 年 7 月，唐敖庆迎来了到东北人民大学工作后的第一个暑假。然而这个暑期对于中国的化学界来说却显得如此特别。唐敖庆的身影出现在海涛阵阵、风光无限的山东青岛，他的身边还多了一个人——厦门大学教授卢嘉锡。

1952 年全国高等院校院系大调整，不仅是教授们在改变着自己的生存空间，作为教书育人重镇的高等院校，特别是纳入教育部门重点建设的综合大学，其学科设置也开始了新的谋划。借鉴莫斯科大学的课程设置，当时国家高等教育部（简称高教部）准备在综合性大学开设一门基础课——物质结构。

然而，在国内，真正有能力开这门课的学校却没有几所。对于从英

① 张玉来，于桂芬. 唐敖庆[M]. 成都：四川少年儿童出版社，1989：96.

美留学回来的人来说，大家都清楚，物质结构课程所涉及的知识点，就像把一碗米撒到地上一样，撒得物理化学、量子化学、分子光谱、原子分子物理学、结晶化学等各门课程到处都是，没有人把它统一起来，形成一个完整的体系，然后再教授给大家。

来自北京的目光聚焦在了唐敖庆和卢嘉锡的身上。唐敖庆留学美国哥伦比亚大学，回国后，无论在教学还是科研方面所做的探索均令人瞩目。与唐敖庆同岁的卢嘉锡早年毕业于厦门大学化学系，后获得英国伦敦大学学院哲学博士学位，在厦门大学专攻物理化学、结构化学等领域。受高教部的委托，两个人到青岛举办物质结构进修班，对全国各大学的化学领域教师进行培训，以期把物质结构课在各高校开展起来。

量子化学基础是唐敖庆的主讲内容，卢嘉锡则主要讲结晶化学。由于站在国际的最前沿，讲课的方式又很有技巧、引人入胜，两位老师受到了学员们的欢迎。大家有如久旱逢甘雨，兴奋不已。最关键的是，在授课的过程中，两位先生以国际化视角，提出了很多需要研究解决的问题。正是这些问题，让学员们以“动”的姿态，思考着如何攻破一个又一个学术难题。

恰逢全国综合大学理科教学研究座谈会也在青岛召开，唐敖庆的老朋友徐光宪来了，卢嘉锡的老朋友吴征铠也来了。此时的徐光宪还在北京大学化学系任教，吴征铠则在复旦大学化学系担任主任。听说唐敖庆和卢嘉锡在办班授课，徐光宪和吴征铠便利用会议间隙过来听课。唐敖庆和卢嘉锡却眼睛一亮，送上门来的化学大家岂能不用？便力邀两位也走上讲台。这一下，物质结构进修班的内容更加丰富了，“四员大将”让青岛波涛更起，学员们大呼过瘾。

正是从这个时候起，知道唐敖庆和卢嘉锡等人功力深厚的，不再仅仅是高教部以及小范围的化学圈子，而是扩展到了全国各高校，在青岛举办的物质结构进修班让他们的声望大增。

1954 年 7 月，又一个暑期来临。唐敖庆登上列车，从东北人民大学风尘仆仆地赶回母校北京大学。按高教部的安排，根据各高校的需要，他要与去年的搭档卢嘉锡会合，再次举办物质结构进修班。然而，一个突发的情况却令高教部没有想到，全国报名参加进修班的人数竟然比预计多出了一倍。高教部不想浇灭大家心中燃起的渴望培训的火苗，便在上一年青岛班好口碑的助推下，请徐光宪和吴征铠再开一个班。

本来已经趋于宁静的北京大学暑期校园，因为化学变得再度沸腾起来。物质结构进修班第一班仍由唐敖庆和卢嘉锡负责，量子化学基础与化学键是唐敖庆讲授的重点，X 射线衍射与晶体化学则是卢嘉锡的讲课核心。第二班由徐光宪和吴征铠负责，徐光宪巧妙地将哥伦比亚大学的化学研究生课程与莫斯科大学的物质结构课程结合起来讲授，吴征铠则向学员们详细介绍了分子、晶体各种结构的测定。

最有意思的是，两个班有时交换着讲课，四位教授在两个班之间交织穿梭。他们还把两个班放在一起搞一些活动，促进学术交流，增进个人情感。中国的理论化学研究也正是从这个时候开始打下良好的基础。四位学者后来被称为中国化学界的“四大金刚”。

学员们感受着四位站立在国际研究潮头的先生给他们上课的风采，他们听到的四位先生的课是活的而不是死的，是动的而不是静的，是永远带着问题的而不仅仅为了获得一个答案，这种感受和孙家钟在唐敖庆那里得到的“站着”读书的体会是相同的。

唐敖庆把“站着”读书的思考身体力行地教给所有学员，他的身上所展现出来的教师的魅力令大家赞叹。更何况，还有其他三位同样厉害的教授，尽管每个人的风格各不相同，但他们内在的灵魂是一致的。

不久，四位教授就接到了新的任务，高教部希望他们将所讲授的课程写成教材，教材的名字就是《物质结构》。这是当时中国一项开创性的工作，他们要把课堂上的精彩写在书上，而书遵循的一样是“活的”原则、“动的”原则、“永远带着问题的”原则。他们要让学问在书上“站”起来。

1957 年的夏天，海风轻拂着青岛，位于滨海的一处名为“新新旅馆”的老式平房迎来了从天南海北赶来的四位教授。按照教育部门的统一安排，唐敖庆、卢嘉锡、徐光宪和吴征铠四人利用暑期时间，集中精力编写教材。

四位专家首先进行了一番讨论，然后拟定教材大纲。量子化学基础部分由唐敖庆负责，分子结构、化学键由徐光宪负责，分子光谱由吴征铠负责，晶体化学基础则由卢嘉锡撰写。

四支笔在纸上开始了书写，“沙沙”之声占据了宾馆房间的清晨和日暮，方块字与化学符号交织在一起。

一个暑期过去，四个人竟然写了 100 多万字，但这也只是完成了他们计划中的初稿的一半左右。他们踌躇满志，准备寒假或下一年的暑期，再把这项工作全部完成。

但由于特殊的历史原因，教材撰写工作没能够完成。为了各高校还能有这样一本教材，最后徐光宪根据北京大学的讲义，进行修改并深化后，于 1959 年出版，成为我国物质结构课程的主要教材。

不管怎样，青岛的教材编写工作经历让唐敖庆等人积累了更加丰富的经验，他们要让知识“站立”在书本上的理想得到了最好的贯彻，而这些所有的细节也都将影响他们本人以及他们弟子的未来。

20 年后的 1978 年，在唐敖庆的主持下，量子化学研修班开班，唐敖庆在班上主讲量子化学。课程结束后，跟着他为学生做辅导的杨忠志和李前树对讲稿进行了整理，并于 1982 年正式出版，名为《量子化学》。

细心的人会发现，在《量子化学》的第六章，唐敖庆向学员们介绍了 1951 年由约翰·斯莱特（John Slater）等人总结前人用于处理原子体系的理论模型而发展起来的密度泛函理论（Density Functional Theory，DFT）方法。这一方法后来经过沃尔特·科恩（Walter Kohn）等人改进，被广泛用于晶体材料。因为 DFT 方法主要是固体物理学界使用的，当时的化学界很少有人关注，所以，该方法的提出与改进完全超出了中国各高校化学学科的普及范围。可就是这样一个方法的提出和改进却催生了一位诺贝尔化学奖得主。1998 年，DFT 原理的改进者科恩获得此奖，由此可以想象 DFT 方法在化学领域的作用有多大。时间证明了唐敖庆所授课程的“动的”原则，反映了他的科学敏锐性以及用头脑深入思考的前瞻性，也证明了他曾经在教学方面与弟子们交流时所说过的话：要讲好一门课，教师的知识水平要高于这门课程两个层次。

否则，怎么可能“站”在书上，书又怎么能“动”起来呢！

三、艳丽的桃李

1954 年，25 岁的孙家钟出现在东北人民大学的讲台上，他讲授的课程让青年教师们羡慕不已，令学生们好评不绝。课程正是当时国内没有几个人敢开的物质结构。一段时间过后，很多老师认为他得到了唐敖庆的“真传”。

这可是师生们心中的大课，25 岁的年轻人何德何能敢在讲台上滔滔不绝？

如此华丽的现身，背后的缘由，除了孙家钟的自我努力，更关键的是唐敖庆对年轻人的信任。这种信任比其他任何提携都显得珍贵。

此前，孙家钟一直是作为唐敖庆的助教身份出现，辅助唐敖庆的物质结构课近两年的时间。孙家钟要做的，主要是帮助唐先生给学生批改作业，同时做一些答疑。孙家钟的热情、细致以及辅导、答疑方面的出色表现，让唐敖庆觉得这是一个好苗子。好苗子就要压担子、给平台，让他成长得更快。从第一次登上西南联大的讲台，到在哥伦比亚大学代拉默院士讲课，再到回归北京大学后曾昭抡先生让他独立编写讲义，唐敖庆深深地理解，对一个立志有所作为的年轻人来说，机会是多么重要。

他把孙家钟找来，简明扼要地说出自己的想法。

“家钟，你要准备上讲台，接我的物质结构课。”唐敖庆开门见山，斩钉截铁。

“啊？我才毕业两年，还只是个助教，怕不能胜任啊！”孙家钟一听，吓了一跳，心里敲起来的全是退堂鼓。

“可两年来你在改习题、辅导、答疑方面做得不错，已经很胜任了。”唐敖庆语气坚定。

“但物质结构可是大课，万一讲不好……”孙家钟知道这门课的分量，要是讲砸了，那可不是小事情。

“我当年在哥伦比亚大学曾经替一位院士上过讲台，只要你认真，没有什么不可以。”唐敖庆讲起了自己在哥伦比亚大学求学时的那段经历。

“可是，老师，我还是觉得压力太大了！”孙家钟实话实说。

“人都是锻炼出来的，有压力才有动力。”唐敖庆鼓励着。

“我真能行吗？”孙家钟用探寻的目光看着唐敖庆。

唐敖庆耐心地分析道：“当然！你看，物质结构的前半部是介绍量子力学基础，并将其用于处理原子、分子结构，你的数理基础好，讲这部分内容难度不大；后面的晶体结构部分，要花点力气，多了解一些晶体。”

最后，唐敖庆让孙家钟根据这两年所做的笔记，先自己整理出讲稿，然后帮他看看。

怀着忐忑而又激动与向往的心情，孙家钟一章一节地认真推敲、整理，然后写出讲稿。每写完两章他就拿给唐敖庆看，每看一次，唐敖庆都和孙家钟交流一次，指出问题，提出意见，鼓励他继续深入。

最终，孙家钟带着唐敖庆的信任，走上了物质结构这门大课的讲台，而他自己心里清楚，他是唐老师手把手教出来的。

何谓“真传”？孙家钟明白，唐先生“真传”给自己的绝不仅仅是教学内容和技术，而是一份信任，那是对年轻人的信任，那是对后继有人的期许。“传承”着一代又一代学人对后辈的信任，也是“真传”的某种真谛！

而另一个真谛则是对待学问的严格，有时甚至是异乎寻常的严格。孙家钟清晰地记得，最初的科研工作也是唐敖庆主动给他的机会和平台。“这是我最近想做的一项科研课题，你拿去练兵吧！”唐敖庆对孙家钟说。这是孙家钟的第一个科研课题。按照唐敖庆提供的方式和方法，他不久之后完成了人生中的第一篇学术论文《分子的平均链长》，并得到了极大的肯定。也就是从这个时候开始，孙家钟在前期大量阅读和思考的基础上，不断向多个课题发起冲击，并取得了不俗的成绩。

然而，一件令孙家钟不解的事情却发生了。

数学中有一个概念叫作群论，即研究名为群的代数结构。群论在物理学和化学研究中有着大量的应用，原因就在于许多不同的物理结构都可以用群论的方法来建模。由于对群论感兴趣，孙家钟系统研究了李群、李代数。在有了一定的心得和取得了一些新的理论发现的基础上，孙家钟撰写了一篇相关学术论文，并寄给了《物理学报》编辑部。后来成为世界著名物理学家、中国固体物理学和半导体物理学奠基人之一的黄昆审阅了这篇文章，认为可以刊用。于是，编辑部准备给予刊发。恰好唐敖庆因工作赴京，遇见了黄昆。黄昆高兴地告诉他，孙家钟的一篇文章投到了《物理学报》，写得还不错。唐敖庆也很高兴。可是当他看完文章后，却对黄昆说：“文章还可以更加完善，我把它带回长春，修改后，再寄过来。”

本来已经接到用稿通知的孙家钟，没想到唐老师又把即将付印的文章拿了回来。看着孙家钟不解的眼神，唐敖庆说：“家钟，我们做科研，必须精益求精，不能为了发表而发表。你看，文章中理论公式推导之后，还缺少能够验证的实例计算。”经唐敖庆一点拨，孙家钟立即意识到了文章中的问题。唐敖庆拍着孙家钟的肩膀说：“我们中国人，要做出中国人的水平啊！”

孙家钟立即对论文进行了修改，使文章的论点更具说服力。也正是从这个时候开始，孙家钟的每一篇论文都经过反反复复的推敲，不允许有一丝一毫的缺憾。几十年后，孙家钟回忆起那段时光，总是感慨不已：“我从唐老师那里‘捡到’一个研究生学位。”

这样的严格，渗透到教学的每一个细节当中。一次，唐敖庆外出讲学，为了让大家更加直观地理解所授内容，要带上幻灯片。他嘱咐博士研究生李前树先看一遍，即将开讲前，他又向李前树询问幻灯片的情况。李前树告诉唐敖庆，没事儿，差不多，就是苯环的正六边形不大标准。

唐敖庆严肃地说：“那怎么行？这不是美术，这是科学！”

李前树听后为自己的疏忽感到后悔，赶紧找到相关人员重新画了苯环的幻灯片。

除了严格要求自己，“真传”的另一个要义则是要清楚自己在给谁讲课，在跟谁说话，也就是因材施教。在这一点上，唐敖庆的另一个学生戴树珊体会深刻。

1952年吉林大学史上第一次招收研究生。最初的招收原则并不是自己报志愿，而是由各单位选择学习基础好的进行选送，有类似分配的性质。

在北国的长春，唐敖庆张开怀抱，欢迎从全国各地赶来的他的第一批研究生：江元生、戴树珊、蒋栋成、薛志元和殷继祖。学校的教学计划是，前两年进行基础课的学习，从第三年开始进行科学研究。

25岁的戴树珊毕业于北京大学，系主任孙承谔鉴于他成绩优异，且知道唐敖庆正在东北准备招收研究生，便把他分配到东北人民大学化学系。怀着憧憬的心情，戴树珊踏上了东北这片肥沃的黑土地。而听了唐敖庆的第一次课，戴树珊便感到了不同。

戴树珊清晰地记得，第一次上课，听课的人只有他们几个研究生和物化教研室的几位年轻教师。而唐敖庆所讲的课程根本没有按教科书上写的来，而完全是一个新的体系。几次课听下来，戴树珊有了更深的感受：与教科书相比，这个新的体系几乎涵盖了所有这一领域科学家的优长，这些优长又有机地融合在一起，形成了一个独特又逻辑严密的结构。特别是，因为下面坐着几位年轻教师，唐敖庆还根据课程特点，带入了一些如何授课的元素，让人听了，既掌握了理论，又增强了实践的本领。

唐敖庆精彩的授课被越来越多的人所知晓，赶来听课的人也越来越多。最初的小教室无法容纳这么多人，就改到大教室里讲。后来，大教室也坐不下了，就转到阶梯教室。听众里有年轻的，也有年老的；有化学方面的，也有数学方面的、物理方面的。唐敖庆了解了来听课的听众都是从事哪方面学习或教学之后，又在自己的课程体系中加入新鲜的东西，让每个人听了都觉得有用、解渴。

恰在此时，长春电影制片厂的负责人找到学校，由于部分职工从事胶片洗印工作，涉及感光、显影、定影等化学过程，希望能派出专门人才给厂里的部分职工讲授无机化学。系里把这个教学任务安排给了戴树珊。由于学时所限，戴树珊必须根据自己掌握的知识形成新的讲义。但年轻的戴树珊根本没有经验可循，一时间有些犯难。后来他了解到，唐敖庆在刚来东北人民大学的那年，给本科生讲过无机化学课程，便立即打探。得知当年听课老师整理过油印稿时，戴树珊兴奋异常。可当他如获至宝地拿到油印的教材时，又犯难了：唐敖庆老师的讲稿层层递进，环环相扣，理论性和逻辑性极强，按照到长春电影制片厂讲课的课时安排，需要删减，戴树珊一时间根本不知道从哪里下手。

万般无奈之下，戴树珊硬着头皮进行精简，反复斟酌，再三修改，写出了前三讲。然后，怀着紧张的心情把讲稿交给了唐敖庆。没想到，第二天早上唐敖庆就把讲稿返给了他，并且谈了几点中肯的意见。集中在两个方面：一是要根据听众的需求组织材料，听众都是电影制片厂的技术职工，一定要从他们的实际需要出发讲理论，绝不可照搬教材；二是一定要注意授课内容的上下衔接，要用一条线把知识串起来，不能从一个内容突然跳跃到另一个内容，又忽略了两者的内在联系。

深入浅出的讲解令戴树珊给长春电影制片厂的授课大获成功，职工们把他所教授的知识成熟地运用到胶片洗印过程当中。20 世纪 50 年代，也正是长春电影制片厂大批量生产广为观众称赞的经典影片的时代。但却没有几个人知道，在这个过程中，唐敖庆和他的弟子们还曾为当年电影事业的辉煌做出过独特的贡献。

让最初这五个研究生弟子印象深刻的，还有唐敖庆对他们多学科涉猎的要求。当时只有22岁的江元生记得，1953年他们刚一入学，唐敖庆就把大家召集在一起开会，主要是询问每个人在大学期间都读过什么课程，用的什么教材。唐敖庆觉得虽然大家的基础都不错，但数学和物理基础仍然有所欠缺。于是，他要求研究生们去随数学系、物理系的本科生学习一些相关课程，特别是数学系的数学分析和函数论。唐敖庆告诉大家，数理基础不牢，化学的研究就会受限。

在唐敖庆给研究生上课的两年时间里，讲授的不仅是纯粹的化学课程，还有热力学、统计力学等物理课程，他甚至还亲自给学生上了线性代数和群论等数学课程。他的目标就是把学生的理论基础夯到最扎实。

在大学本科阶段，江元生读的就是数学专业，后来转入化学系，所以有着一定的数学基础。几个研究生同学一有了数学方面的难题，就请他帮忙讲解。这进一步激发了江元生对学习的兴趣。为了研究好量子力学，他还认真复习经典力学相关知识。

唐敖庆（右）与分子轨道图形理论研究的合作者江元生（摄于20世纪80年代）
“分子轨道图形理论方法及其应用”获得国家自然科学奖一等奖

在唐敖庆的带动下，虽然要学的门类和课程的学时非常多，但研究生们的学习热情却非常高。江元生还总结出了“时间是个常数”的学习理论，即时间是常数，用在这里多一些，用在那里就少一些，要想把握机遇，发现更加深刻的理论，就必须把所有精力都用在学习和研究当中。

把自己的真心交给学生们，学生们自然能够得到老师的“真传”。在唐敖庆的言传身教之下，走进唐门的学生，正可谓是桃李芬芳，无论是自我修养，还是在教书育人、科学研究方面，皆成大家。

最初给唐敖庆做助教的孙家钟，在 20 世纪 60 年代初期即被吉林大学选为重点培养的青年教师，1963 年晋升为副教授。后来他更是被唐敖庆选中，参加了赫赫有名的物质结构学术讨论班，在生物大分子、李代数与分子壳模型、约化密度矩阵中的双粒子函数、量子化学中的不可约张量法等研究领域和方向，都取得了卓越的成就。1984 年 5 月，唐敖庆不再担任吉林大学理论化学研究所所长，由孙家钟接任，唐敖庆任名誉所长和学术委员会主任。1989 年，中国唯一从事理论化学基础研究的国家重点实验室——理论化学计算国家重点实验室，在吉林大学正式成立，孙家钟出任实验室主任。1999 年 7 月通过首次国家评估后，实验室进行换届，已经是中国科学院院士的孙家钟出任学术委员会主任。在这届学术委员会的 17 名组成人员中，中国科学院院士就有 8 位。

像唐敖庆一样，孙家钟也一直站在教学和科研的第一线。他承担了大量的教学任务，先后开设 10 多门本科生和研究生课程，物质结构、化学热力学、量子化学、群论在化学中的应用、原子核导论等，几十年来讲授不辍，教学几乎伴随了他的一生，唐敖庆的影子在他的身上清晰可见。

21 世纪初期，生物化学领域的研究蒸蒸日上，谁也没有想到，此时已经 70 岁高龄的孙家钟，找来厚厚的生物化学方面的英文原版专著，一个单词一个单词、一句话一句话地“啃”了起来。伴随他的是一本英文字典和一支红色钢笔。最后，这本英文专著成了红色的“海洋”，到处都是密密麻麻的标注，还有贴在上面的、因为书页上写不下而改写到他处的一张张整齐的小纸条。2003 年，吉林大学专为青年教师和博士研究生开设的生物化学课开课了，74 岁的孙家钟精神抖擞，手执粉笔走上讲台。

他对学生学术研究的严格，与唐敖庆一脉相承。在辅导一位硕士研究生的论文时，他告诉学生，即便是标点符号都要精心推敲，概念表达更须精准，文字叙述必须严密。该名学生为此与自己的论文较上了劲儿，寒假没有回家，而是反复修改，直到距离春节只有 5 天的时候才把他认为满意的论文交给了老师。后来才听说，孙家钟在大年三十的时候还在给他修改论文，大年初一把修改好的论文打印待发。

像唐敖庆一样，出现在大家面前的孙家钟，不论对谁，总是和蔼可亲、真诚待人。2010 年 3 月，一群参加硕士研究生复试的考生坐在吉林大学理论化学研究所三楼会议室等待复试结果。随着一阵脚步声响，一位老人从门口探进头来，轻声对大家说："孩子们，你们不要着急啊！"同学们看到，这位老人穿着非常朴素，穿了一件旧的军大衣。过了一会儿，老人又探出头说："孩子们，你们一定要放心，不要着急。"大家都觉得很温暖，觉得考试的组织者想得很周到。又过了大约半个小时，那位老人又来了，又嘱咐了他们一遍。又过了一会儿，复试成绩公布了，一位颇感好奇的考生问工作人员：那个穿旧军大衣的老人是谁呀？工作人员笑了，告诉他："那就是大名鼎鼎的孙家钟院士啊！"那一年，孙家钟已经 81 岁高龄了。

作为唐敖庆在吉林大学指导的首批研究生，日后在化学领域做出卓越贡献的江元生身上也到处都有老师的影子。即使到了耄耋之年，他仍然每天工作至少 8 个小时，而且从不休节假日，这与唐先生何其相似！而他对学术的严格、对学生要求的高标准，则与唐敖庆如出一辙。有一年，春节临近，江元生的一个研究生写了一篇论文，经过反复修改，认为没有问题了，便留了一份给导师，一份寄给了一家学术刊物编辑部。当江元生看到论文时，发现了其中的几处错误。虽然只是小错，对论文质量并无太大的影响，但他立即写信给编辑部追回了原稿，同时写信给那个研究生，让他立即返回学校修改，不能等到年后。看似有些不近人情，但那个研究生明白，老师对学术研究是绝对一丝不苟的，同时也是希望他能记住这次教训，对待学术研究不能不痛不痒。从此以后，他再也没有犯过这样的错误。

有人与唐敖庆聊起这些，对他多年来培养了大量优秀学者、学者们又继承了他身上的优秀品质表示赞叹。对此，唐敖庆说："有西藏大高原，才有喜马拉雅山，才有珠穆朗玛峰。科学的发展是一个积累提高的过程，我们老一辈的科学工作者，要发扬甘为人梯的精神，做铺路石子，应支持和培养中青年科学工作者，让他们奇峰突起。”又说：“长江是后浪推前浪，大海是一浪高过一浪。我们教书育人、科研工作也应该做到青出于蓝而胜于蓝，这样我国的科学事业才能不断向前发展，继续攀登新的科学高峰，才能在世界上有立足之地。”

1953 年，唐敖庆第一次招收研究生，5 名学生进入唐敖庆的门下。1953—1966 年的 13 年间，唐敖庆先后指导过物质结构以及高分子物理化学方向的 20 多名研究生。1978 年国家恢复中断了多年的研究生招生制度以后，又有 14 名博士研究生和 26 名硕士研究生得到唐敖庆的言传身教。在推动科研和教学的过程中，唐敖庆还参与或主持了 12 次各类研讨班、学习班，听过他讲课的教师或科研工作者数量当以千计。

中国科学院院士、北京师范大学量子化学研究室创始人刘若庄，中国科学院院士、曾任吉林大学理论化学计算国家重点实验室主任的孙家钟，中国科学院院士、国际数学化学科学院院士、南京大学理论与计算化学研究所的创建者江元生，中国科学院院士、曾任山东大学校长的邓从豪，中国科学院院士、曾任中国科学院福建物质结构研究所所长的张乾二，四川大学教授、曾任四川大学校长的鄢国森，云南大学教授、曾任云南大学化学系系主任的戴树珊，中国科学院院士、曾任吉林大学无机合成与制备化学国家重点实验室主任的徐如人，中国科学院院士、曾任吉林大学超分子结构与材料国家重点实验室主任的沈家骢，中国科学院院士、曾任北京大学化学与分子工程学院学术委员会主任的黎乐民，中国科学院院士、曾任南京大学配位化学研究所所长的游效曾，中国科学院院士、上海交通大学教授颜德岳，中国科学院院士、曾任中国科学院上海药物研究所所长的陈凯先，吉林大学教授、曾任《吉林大学自然科学学报》[现改名为《吉林大学学报》(理学版)]副主编的汤心颐，华南师范大学教授、曾任北京理工大学化工与材料学院院长的李前树，辽宁师范大学教授、曾任吉林大学理论化学研究所所长的杨忠志，中国工程院院士、曾任军事医学科学院毒物药物研究所所长的李松……多少跟随唐敖庆先生听课或是从事过教学与科研的学子，传承着中国师者的优秀品质，为中国化学的发展和应用授业解惑，他们激情奋进，桃李芬芳。

第三章　院士的院子

一、一颗理性的心

人生的价值实现，是一场生命展开的过程。而在这一过程中，我们所展开的内容，包含着先天的赋能与后天经历以及由此而来的经验和情感积累。但显然，并不是每个人都能给自己的经历以最顶层的把握。

可唐敖庆做到了。

本来，化学是一门实验性非常强的科学，然而中华人民共和国成立以前，特别是在那些兵荒马乱的年月，用于化学实验的设备根本得不到保证。身怀绝技的大厨师，如果没有任何炊具，也做不出众多美味佳肴。从唐敖庆自身来说，眼睛高度近视，并不利于观察那些变化多端的化学现象。从实际出发，立志在化学领域做一番经天纬地事业的唐敖庆，必须开辟一条新的道路。

自从遇到自己敬爱的老师曾昭抡之后，唐敖庆就充分发挥理论能力，向化学领域的另一个方向——理论化学发起冲击。而在当时的中国，除孙承谔等寥寥几人之外，没有更多的人专门研究理论化学，更缺乏能够培养理论化学高级人才的研究生导师。

> 唐先生的数理功底在化学家中是突出的，这得益于西南联大自由宽松的学术环境，在担任化学助教期间，他利用业余时间，倾全力研读数理课程。一名年轻教师如此有见地和勇气，坚定地探索他自己的科学之路，表明他志向高远，有非凡的洞察力和判断力……通常，化学被认为是一门实验科学，年轻的唐敖庆破了一般化学家不够重视数理的倾向，踏上了化学理性化的征途。①

正是顺着这个路径，1946 年秋季，踏上北美土地的曾昭抡帮助他的得意门生选择了哥伦比亚大学从有机化学研究转为物理化学研究的哈尔福德教授作为导师，给唐敖庆未来的理论化学道路奠定了基础。

什么是理论化学？运用纯粹的理论计算研究化学反应的本质问题，即是理论化学。一般来讲，理论化学与实验化学相辅相成，通过实验化学提供的数据，经过理论化学的缜密计算，能够总结出化学规律，为化学现象提供解释，同时推导出理论模型。根据这些理论发现，实验化学又可以进一步有目的地进行方方面面的实验，创造出新物质，从而可能满足人类生产生活的新的需要。量子化学、计算化学、分子模拟、分子动力学、分子力学、微观反应动力学、统计力学、非平衡热力学等都是理论化学的分支。

在西南联大任助教和哥伦比亚大学读研究生时期，唐敖庆辛勤学习和研究的数学与物理，是他冲击理论化学高峰的两个侧翼。从旁听西南联大陈省身、吴大猷等大师的数学和物理课程，到选修哥伦比亚大学知名教授的 30 学分数学和理论物理课程，再到博士学位论文《相互独立粒子的统计理论》的完成，唐敖庆已经奠定了研究理论化学坚实的基础，为此，哥伦比亚大学将一把象征能够打开科学大门的“金钥匙”交到了唐敖庆的手中。

就在这时，一封发自北京大学的信件漂洋过海，来到唐敖庆的手中，信的落款是“曾昭抡”三个字。此时的曾昭抡正在北京大学化学系系主任的岗位上，谋划着新中国的科学的未来。曾昭抡清楚地知道，北京大学需要像唐敖庆这样的人回来壮大新中国的高校教师队伍，同时，这个崭新国家的科学研究也需要唐敖庆的这把“金钥匙”。

---

① 江元生. 唐敖庆与中国理论化学[J]. 化学进展，2011，23（12）：2399-2404.

1950年的春天，“金钥匙”出现在中国北方的古都——北京。春风不可辜负。回来不久，唐敖庆就一头扎进了量子化学的研究中。

投入量子化学研究，起因是莱纳斯·鲍林于1931年提出了杂化轨道理论。受此启发，唐敖庆通过深入研究提出了“最优键函数的一般构造法”，解释了三角双锥型分子的杂化轨道。1951年，他进一步提出“构造一般键函数的矩阵方法”，使杂化轨道理论的应用范围更加广泛，为这一理论的发展和完善做出了新的贡献。

20世纪50年代初期，刘若庄从北京大学研究生毕业之后，留校任助教，跟随唐敖庆进行化学键理论方面的研究。让刘若庄惊喜的是，在唐敖庆的带领下，从“六价键轨道”到“橡胶状分子的统计长度”研究，一个又一个难题被不断攻克。不久，这些研究成果就发表在1951年的《中国化学会会志》（*Journal of the Chinese Chemical Society*，后更名为《化学学报》）上。

来到东北人民大学工作后，唐敖庆持续着自己的思考与探索。作为唐敖庆的第一批研究生，戴树珊有幸参与了“杂化轨道理论”的研究。在唐敖庆的指导下，他把这一核心研究作为自己的研究生毕业论文。论文的建设性是显然的，不仅更正了一些国际研究中表述性的错误，还增加了某个轨道基函数。同时，论文还讨论了最优键函数的决定关系。论文认为，最优键函数是由各类轨道性质唯一决定的，与坐标选择无关，并由此得出了多种杂化轨道间的键角。1956年2月，唐敖庆带领戴树珊撰写的《化学键函数问题Ⅰ·杂化轨道理论》在《东北人民大学自然科学学报》刊出。

20世纪50年代的夜是安静的，没有太多的喧嚣，也没有光怪陆离的霓虹，空气的凝重饱含着某种力量。在长春市永昌胡同的一间房屋里，常有一盏灯照亮夜的寂寞。屋中一张破旧的书桌前，唐敖庆的脸几乎贴到了桌面的书籍和草稿上，手中的笔稳健地“跑”着，伴随着他大脑的高速转动。

唐敖庆正在重新推导的是美国著名量子化学家、加利福尼亚大学肯尼斯·皮泽（Kenneth Pitzer）教授提出的“分子内旋转”方程式。不知道经过了多少个月转星移，唐敖庆认定，皮泽提出的方程式可以用于解释比较简单的分子内旋转，却无法在更广泛的范围得到有效应用。皮泽提出的方程式是在量子力学研究领域取得的巨大进展，但这一进展还不够完善。

早在 1937 年，皮泽等人就正式发表了著名的乙烷分子阻碍旋转的势函数经验公式，该公式及按照该公式制成的积分表十几年来得到广泛的应用，解释了化学热力学和分子光谱学中的很多实验工作。但皮泽提出的方程式是一个经验公式，缺乏严格的理论推导和解释，其适用范围也局限于一些特定类型的分子，即这个公式对于旋转轴一端具有 3 个相同键的分子是适用的，但并不适用旋转轴任一端都不联接 3 个相同键的分子。唐敖庆的工作就是尝试从量子力学有关电子运动的理论出发，用数学方法推导出更通用的公式，使其摆脱“经验公式”，并使其适用范围更加广泛。

又一个深夜，静谧夜空中的星星似乎已经与唐敖庆屋中的灯光融为一体，交织着宇宙中关于物质构成的秘密的对话。而这一对话，由这个还不到 40 岁的中年男子完成。

他坐直身体，闭上眼睛，大脑在科学的原野中向远处和深处延伸。他做出了一个决定：在皮泽提出的方程式所取得科学研究的基础上，要有一个新的出发，以便取得更加理想的结果，让分子内旋转理论得到真正的修正。也正是从此时此刻开始，一个指向国际最前沿量子化学研究的计划，从长春这个小小的胡同里升腾开来。

唐敖庆的大脑犹如计算机一般工作着，这个大脑不仅给他提供远方，还要为去到远方夯实每一个路基。挫折和失败在所难免，但每一个日夜都是充实的。从 1953 年开始，分子化学键之间千条丝、万缕线的相互作用让唐敖庆的大脑运转得更快了。经过大量的计算和比对，唐敖庆把这类分子分为三个大的类型，并试图揭示这几类分子内旋转函数之间的联系。在此过程中，他甚至进行了 85 个分子内旋转势函数的分析。

这是一种寻找，而在寻找的过程中，也许只有一条线能通向远方，而这条线代表着所有的光，唐敖庆所努力去把握的正是这千丝万缕中的一条。终于，这条线被唐敖庆以势能函数公式的方式提取了出来，这个公式可以用于计算许多复杂分子内旋转的能量变化。显然，这是一个重大的发现。一旦人类掌握了分子能量变化的规律，分子的性质也就显露到了人类的面前；反过来想，如果改变分子的结构，就可以改变分子的性质，那么，一种或多种新的材料或物质或许就可以被创造出来。

唐敖庆把这一研究成果整理成学术论文《分子内旋转问题》，发表在1954年第1期的《化学学报》上，这在新中国量子化学研究史上是具有划时代意义的。该论文的英文版于同年3月被《中国科学》杂志转载。国内外化学界随即投来热切关注的目光。1955年6月，唐敖庆受邀在中国科学院学部成立大会上宣读了这篇论文。同年7月，当时的民主德国专门邀请唐敖庆去讲学，他关于分子内旋转的研究成果也被该国引入了数据库。

给予较高评价的还有美国著名量子化学家威尔逊以及苏联科学院院士、著名化学家伏肯斯坦。伏肯斯坦甚至在自己的学术专著《高分子构型统计》里，用一章的1/3篇幅详细阐述了唐敖庆研究分子内旋转的工作成果及其价值。美国、英国、法国、日本等国家和地区共计三十多位化学家纷纷给唐敖庆写来信件，希望能得到这篇论文的抽印本。后来，国内外的教科书和学术专著广为引用这一成果。多年后，美国著名量子化学家、诺贝尔化学奖获得者罗尔德·霍夫曼更是称唐敖庆是研究分子内旋转理论的先驱[①]。“唐敖庆”这个名字开始在国际理论化学界绽放光彩。

1956年，国家级自然科学奖——中国科学院自然科学奖首次颁发，新中国向自己的千年文明和海外的发达国度同时宣告，在未来发展的道路上，将把科学技术推向一个新的高度。华罗庚因为“典型域上的多元复变数函数论”、吴文俊因为“示性类及示嵌类的研究”、钱学森因为“工程控制论”获得了一等奖。而唐敖庆则因为“分子结构理论”的研究成果获得了三等奖，这项研究成果的一个重要组成部分就是“分子内旋转问题”。

此时无人能够想到，在1982年、1987年、1989年以及2000年，唐敖庆作为第一完成人，因“配位场理论研究”“分子轨道图形理论方法及其应用”“高分子缩聚、加聚和交联反应的统计理论”“原子簇的结构、化学键和结构规则”等四项研究成果分别获国家自然科学奖一等奖两次、二等奖两次。

本来是科学研究的荒原，如今却成了一块在全国上扬的研究高地，东北的长春因为唐敖庆等人的出现引起了人们的广泛注意。1955年，中国科学院首次聘任学部委员（后改称院士），全国共233人，唐敖庆身在

① 乌力吉. 唐敖庆：中国理论化学学派的缔造者[J]. 自然辩证法通讯，2011（2）：107-114.

其中。此时的他，才刚刚 40 岁。

时间跨入 1956 年不久，唐敖庆就听到了一个令中国知识分子振奋的消息，年轻的中国向自己也向世界喊出了一个口号：“向科学进军。”唐敖庆敏锐地觉得，中国科学技术发展的春天到来了。

但过了一段时间之后，唐敖庆才知道更多的细节：1956 年 1 月 14 日，中国阴历的腊月初二，在北京，1279 人出席了中共中央召开的关于知识分子问题会议。会上，周恩来做了关于知识分子问题的报告。报告中将知识分子问题与发展科技问题作为必须密切关注的重大工作，提出要最充分动员和发挥知识分子的力量，向科学进军！

会议一直开到了 1 月 20 日，那天刚好是阴历腊月初八。在中国广袤的大地上，正是从这个腊八节开始，千千万万的干部、群众走进夜校，趁着夜色学习读书，然后争先恐后地搞起了创业与革新。人们眼中闪烁的是明天的希望给大家投映过来的光。

处在振奋当中的唐敖庆在同年春天接到了一份特别的邀请，参加在北京召开的编制全国《1956—1967 年科学技术发展远景规划纲要》（简称《十二年规划》）的科学家会议（简称科技发展十二年规划会议）。

召开科技发展十二年规划会议的背景非同寻常。中华人民共和国成立之初，国内科研力量之薄弱令人慨叹。当时全国专门的研究机构只有 30 多个，全国从事科学技术研究的人员更是连 5 万人都不到。为改变这种状况，中华人民共和国成立后 1 个月，作为新中国主要科学研究机构的中国科学院正式成立。1953 年 2 月，一支由 19 个学科 26 位科学家组成的中国科学院代表团从北京出发，前往苏联学习组织和领导科学研究工作的经验。代表团由钱三强率领，整个访问和学习时间长达 3 个月。

1954 年 8 月，一份名为《编制十五年远景计划的参考材料》的文件由国家计划委员会发出。1955 年 1 月，中国科学院院长顾问柯夫达对制定科学发展规划提出具体建议。同年 6 月，中国科学院学部举行成立大会，制定中国科学院发展远景规划成为中心议题，对于全国的科学发展规划的制定，中国科学院亦应协同政府有关部门特别是国家计划委员会、高教部从速制定。

时间转入 1956 年，1 月，中共中央召开知识分子问题会议，3 月，国务院科学规划委员会正式成立，他们要在中国科学院、各产业部门、高教部分别制定的远景规划草案的基础上拿出中国第一个发展科学技术的长远规划。

就是在这样的背景下，科技发展十二年规划会议召开了。唐敖庆因此踏进北京，来到西郊宾馆报到。此时的他还不知道，这次会议的会期将长达三个月，六七百位科学家和技术专家将发挥各自的专业特长以及务实却又丰富的想象力，为第一次用举国之力发展科学技术奉献自己的无限潜能。

几乎每一个参会的人员都被一种伟大的憧憬激励着。周恩来、李富春、聂荣臻等国家领导人参加了会议。中共中央对科学技术的看重让这种憧憬变得现实起来。唐敖庆的心里一直想着：化学学科应该有怎样的规划，规划的原则又要有怎样的遵循呢？

会议初步形成了一些想法之后，向周恩来总理做了汇报。周恩来敏锐地发觉，发展科学，仅仅从任务出发是不够的。他告诉大家，科学发展有自身的规律，要遵从这个规律，要从学科出发来制定规划，可以按学科进行分组，继而每个学科提出一个好的课题。

正是在这样的思路指导下，最终形成了“以任务为经，以学科为纬，以任务带学科”的规划制定基本原则。“以任务为经”，由此提出了国家建设所需要的 57 项重要科学技术任务；“以学科为纬”，由此提出了 616 个中心问题，确定了各门学科的发展方向。从这个时候起，中国科学技术在远远落后于西方发达国家的状况下，开始奋起直追。

会议期间，依照周恩来总理的提议，按学科进行了分组，唐敖庆所在化学组的十几位专家基本上都是学部委员（院士），德高望重。南开大学校长杨石先担任组长。唐敖庆和卢嘉锡刚过 40 岁，是化学组里最年轻的，但成绩却引人注目，杨石先很器重他们俩，就把他们拉到身边，除参加一些重要的活动外，还把组里的撰写学科规划等文字活儿交给他们。

虽然年轻，但两人却十分持重。对于化学学科的未来规划，他们从我国化学发展历程以及国内外发展现状比较等多重角度，进行了深入而切合实际的思考。当老先生们充分表达自己的观点之后，两人在讨论会上的侃侃而谈令大家信服，甚至因为他们二人的存在，弥合了老先生们之间的思想冲突。

特别是，在唐敖庆和卢嘉锡两人的倡导下，微观与宏观结合、理论与实验结合、静态与动态结合、结构与性能结合的“四结合”指导思想被写入了《十二年规划》中的化学部分。最终，化学学科的发展规划顺利通过了。该指导思想产生了实实在在的效用，几十年之后，人们发现，那时候的唐敖庆、卢嘉锡二人是何等高瞻远瞩。

> 如果没有唐先生和卢先生倡导的“四结合”教学和科研指导思想，那么我国大学化学本科的教学，将落后国际水平 30 年，20 世纪 80 年代派遣留学生进入美国一流大学就没有那么顺利了。①

与其他学科一起，在国务院科学规划委员会的统筹之下，《十二年规划》正式出炉。中国发展的底座开始架在科学这个车轮之上，起始虽慢，却开始了不断加速的前行。在火热的年代感染下、在火热的精神推动下，《十二年规划》只用了 7 年就提前完成了。而这些完成了的科技任务奠定了中国原子能、半导体、航空和火箭技术等新兴科学技术的基础，一些新兴的工业部门因此诞生。新中国的科学首秀完美绽放在世界舞台上。

尽管自很小的时候起，唐敖庆就多从民族和国家的角度思考问题，但真正亲身从国家层面来参与制定规划，是从 1956 年的这次会议开始的。如果说，1956 年对于中国科学技术发展是一个重要的里程碑年份的话，那么，这一年也是唐敖庆人生中重要的一年，因为此后发生的科学研究的重大转折也是从这一年开始。但不管怎么转折，从国家层面出发思考问题，并且勇于实践成为唐敖庆的终生选择。

这个重大转折是因为唐敖庆注意到，在《十二年规划》中，有几处谈到要研究国家急需的高分子材料的合成与改进的理论问题：“同时应在新型高分子化合物的合成、高分子化学形成的反应机构、高分子的结构及其与机械物理性质的关系等方面进行研究，希望能创造新型的具有指定性能的高分子化合物，并发展高分子化学这门科学。”“对于高分子的物理化学也应投入相当大的力量。高分子化合物是有机化合物，除了研究其物理化学性质外，还应在合成及反应机构方面投入更多的力量。”唐敖庆觉得这对于此时的国家发展来讲，最具有实践价值。但他也只是在心里埋下了种子，完全没有想到在很短的时间之后，这颗种子会迅猛发芽。

---

① 徐光宪. 继承唐敖庆先生遗志 展现当代中国化学风采[M]//刘远，董汉良. 一代宗师 风范永存：唐敖庆百年诞辰纪念集. 长春：吉林大学出版社，2015：246.

二、一束奉献的光

在唐敖庆从北京回到长春两个多月之后，1956 年初秋的一个假日，中国科学院长春应用化学研究所的高分子化学家钱保功敲响了唐敖庆的家门。

不久前《十二年规划》的制定使钱保功的内心深处产生了一个萌动：他要拉着唐敖庆干一件国家需要的大事！因为会改变唐敖庆的研究路径，所以他需要坚定的决心但又必须委婉地试探。由于钱保功了解唐敖庆，所以他觉得说服唐敖庆的可能性八九不离十。

这种了解，还是源于在美国留学的时候。比唐敖庆小一岁的钱保功也是江苏人。1935 年，19 岁的他进入上海交通大学学习，后进入武汉大学化学系。大学毕业后，钱保功先后做了重庆动力油料厂的助理工程师、重庆兴华油脂公司涪陵炼油厂的工程师。1947 年，孜孜以求的钱保功到位于美国纽约的布鲁克林理工学院高分子研究所学习。这使他与唐敖庆在美国相遇。他们共同组建学生组织，一边刻苦学习，一边维护祖国的尊严。1949 年，钱保功获得化学硕士学位后，回到了新生的国家。他先后任上海化工厂、沈阳化工局研究室的工程师，1951 年来到中国科学院长春应用化学研究所工作。

1948 年 10 月，长春城终于在国民党守军缴械之后得到解放。人民解放军在解放这座城市之后，思考更多的是如何建设她的未来。仅仅过了两个月，在今天的人民大街上，长春应用化学研究所正式建立。1952 年 8 月，研究所归属中国科学院，改称中国科学院长春综合研究所。当年 12 月，一个重量级的科研机构——中国科学院物理化学研究所自上海北上长春。1954 年，中国科学院长春综合研究所的化学部分与中国科学院物理化学研究所合并，至此，中国科学院长春应用化学研究所得到组建。1956 年的科技发展十二年规划会议令该所有了新的方向和布局，稀有元素化学、分析化学、无机制备、基本有机合成、高分子化学与物理、纤维素化学、催化、电化学、物质结构 9 个学科方向正式形成。

在这 9 个学科当中，高分子化学与物理正是钱保功潜心研究的领域。就在科技发展十二年规划会议召开的同时，钱保功赴苏联访问。第二次世界大战之后，美国和苏联成为当时世界瞩目的两个大国。战争让其耗费了数额巨大的人力与资财，但同时也让其以不同的国家体制走向发展的高峰。它们代表着两种意识形态，两种人类选择的不同国家类型，也代表着这个世界可能的未来。中国共产党多年精神与思想的积累让新的中国选择了“苏联模式”。钱保功等人赴苏联访问正是此时为了加快发展追上世界脚步的中国派出考察学习新科技的众多团队中的一个。

此时的苏联在方方面面都显示出了强大。钱保功认真地交流着，学习着，感受着。而让他感到自豪的是，苏联著名化学家伏肯斯坦教授在见到钱保功后，对中国科学家在化学领域取得的成就表示赞叹，特别是对唐敖庆关于分子内旋转的研究成果给予肯定，让钱保功转达他对唐敖庆的祝贺，并希望如果有一天唐敖庆到苏联访问，一定要到他的实验室看看。

访问结束回到国内的钱保功怀着抑制不住的兴奋心情，来到唐敖庆的家。他要告诉唐敖庆苏联科学家对分子内旋转研究成果的祝贺以及对他的邀请，他还要讲讲自己到苏联访问的见闻和感受，主要是围绕高分子科研和高分子工业发展。特别是，他听说制定《十二年规划》的相关事宜后，萌生了一个大胆的想法，希望用自己的经历和感受点燃唐敖庆内心的火花。

听着钱保功的讲述，唐敖庆也满怀激动。当听到钱保功讲苏联和欧美国家关于高分子工业发展的时候，唐敖庆插话说，这下你们搞实验的可以大有作为了。钱保功立即见缝插针，他向唐敖庆表示，没有理论家的指导，实验就会迷失方向。高分子工业对一个国家的发展如此重要，那么，唐敖庆可否加入，共同研究？钱保功满怀期待地说：“最近国家要开一次高分子学术研讨会，我们一起参加吧！”

对于高分子科学，早在美国留学时期，唐敖庆就有所关注。

高分子是高分子化合物的简称，也可以将其称为“大分子”。千百个原子以共价键相互连接即成为高分子化合物。在我们的日常生活中，高分子合成物无处不在，遍及衣、食、住、行，涉及国民经济的各个部门以及尖端技术。它们基本上是以煤炭、石油和天然气等为最初的原料制成的，其过程是首先制成低分子有机化合物，继而再经过聚合反应形成高分子化合物。这是人类从无到有的独特创造，无数化学家为此痴迷一生。

按照性能，可以将高分子材料分为塑料、橡胶和纤维三个大的类别。塑料按其热熔性能又可分为热塑性塑料和热固性塑料，前者如聚乙烯、聚氯乙烯等，后者如酚醛树脂、环氧树脂、不饱和聚酯树脂等。橡胶则包括天然橡胶和合成橡胶。纤维也分为两类，一类是天然纤维，一类是化学纤维。化学纤维又可以分为人造纤维和合成纤维，黏胶纤维、醋酸纤维等属于人造纤维，尼龙、涤纶等则属于合成纤维。

如今我们生活中司空见惯的高分子化合物，在20世纪40—50年代却奇货可居。唐敖庆在美国留学时，高分子科学作为一门学科刚刚起步。但由于它与人们的生产生活联系得十分紧密，刚一诞生，便显示出了强劲的发展势头，迅速推动了塑料、橡胶和化纤工业的发展，其蓬勃发展的态势让人们为之振奋。仅仅10年左右时间，即取得了长足的进步。

此时的唐敖庆已经注意到，高分子科学获得发展的一个重要节点是20世纪30年代维尔纳•库恩（Werner Kuhn）关于裂解产物的“最概然分布”，即他采用统计方法研究一个无限长链状高分子的无规裂解问题，然后得到的研究结果。而在1935年，载入世界高分子科学发展史册的是缩聚化合物“尼龙66”研制成功。仅在一年之后，保罗•弗洛里（Paul Flory，因在高分子物理化学的理论与实验两个方面的基础研究而荣获1974年度诺贝尔化学奖）就用统计方法研究了简单缩聚反应产物的分布，得到了和库恩相一致的结果。在随后几年，科学家相继采用无规行走模型研究了橡胶的弹性理论，高分子统计理论至此得到很大发展。

中华人民共和国刚刚成立七年，唐敖庆清楚地知道高分子科学对于工业现代化和国防现代化的重要意义。他更清楚的是，在《十二年规划》中，解决急需的高分子材料合成与改进的理论问题成为化学学科的重要目标之一。也正因如此，钱保功的邀请在他的心里荡起了涟漪。

然而，高分子科学对于唐敖庆来说，虽有了解，但仅限于了解，从他多年从事的科学研究角度看，这是一个崭新的领域。当时的科学研究，学科分工已经进入非常细致的层面，可能一个十分微小的角度，就够一个科学家穷其一生之力钻研打磨。唐敖庆已经在他熟悉的理论化学领域有了一定的积累，现在一旦转到高分子领域，就意味着科研方向的改变，他已经耗费了无数精力和心血并且取得了一定成绩的科研领域将被搁置甚至放弃。这就像正在高速公路上行驶的汽车，本来可能即将到达一个重要的目的地，却在此时刹车驶出，走上了另一条路。

可是，对于一个从积贫积弱的旧中国走过来的人，一种强烈的使命感驱使唐敖庆必须做出无愧自己良知的选择，国家最迫切的需要才是最大的目标。钱保功的到来，让唐敖庆的大脑迅速运转，他需要做出一个新的决定，尽管高分子科学领域自有高分子科学专家去研究，尽管自己已经在国内熟悉的领域拔得头筹，但只要有需要，他就要迎上去、赶上去。

“我们一起合作吧！”唐敖庆对钱保功说，语气中没有选择的艰难，却透着一种轻松。而正是他的这一次点头，新中国一个新的科学研究领域——高分子物理化学诞生了。

由于钱保功的这一次拜访，吉林大学化学系与中国科学院长春应用化学研究所对于高分子科学的研究由两条线合成了一条，紧紧地缠绕在一起，拧成了中国东北关于高分子科学研究的一股结实的绳索，从而拉动了与高分子相关的若干产品的生产，令国家的工业现代化获得了助推剂。这股绳索上系着的名字在中国现代化学发展史上个个闪亮：唐敖庆、江元生、沈家骢、岳国粹、钱保功、汤心颐等。

在确定与钱保功一起进行高分子科学研究之后，他们共同感到，研究高分子科学需要人才，而此时全中国研究高分子的人才并不多。于是，吉林大学化学系与中国科学院长春应用化学研究所联起手来，在长春开设高分子物理化学学术讨论班。唐敖庆、钱保功以及时任中国科学院化学研究所研究员的高分子物理和物理化学家钱人元轮番登上讲台，为渴望知识的学员们讲课，一批国家急需的高分子科学研究人才迅速成长起来。

研究高分子科学的“两路人马”在长春形成了。

唐敖庆带领吉林大学化学系相关研究者这一路人马，开始向高分子合成的加聚、共聚、缩聚、交联和裂解等几个主要反应类型全面发起冲击。

他敏锐地发现，高分子反应参数与某些高分子结构参数能够定量地联系起来，方法就是利用统计分析。他立即带领大家着手这项工作，并推导出动力学方程。

对于缩聚反应研究，唐敖庆使用动力学和概率论两种方法，分别得到结果相同的产物分布函数，继而向如何在理论上预测凝胶出现的临界条件发起冲刺。中外数以千计的实验数据在唐敖庆狭窄的书桌上跳跃，每个数据都要经过他的头脑被反复推导和摆布，从而形成物理模型。深夜的灯火在见证这一艰苦却美妙的过程。最终，唐敖庆运用较为简便的二项分布概率方法推导出严格的溶胶、凝胶分配公式，在反应产物的交联度很小的时候，公式可简化为弗洛里等人得到的近似结果，即公式具有普适性，从理论上预估了许多复杂体系的溶胶、凝胶分配规律，为确定反应条件、工艺流程和新材料的配方提供了理论依据。到了 20 世纪 80 年代，唐敖庆更进一步把凝胶化理论发展为一套完整的高分子固化理论，使高分子动力学进入另一个层面，国际高分子化学界再一次瞩目中国。

对于加聚反应研究，国际高分子化学界的有些学者认为，由于该类反应复杂、多样，不可能有统一的处理方法。但唐敖庆不这样看，经过系统研究之后，他发现所有的加聚反应都离不开引发、增长、终止三个基本的过程，抓住这三个基本过程进行理论分析，就不难建立一般的处理方法。描述这些基本过程的传统模型是一组微观动力学方程，唐敖庆提出了用概率论解微观动力学方程的一般方法，避免烦琐的求解推导，直接从三个基本过程的概率函数得到了产物的分子量分布函数，从而处理了多种较为复杂的加聚反应体系。在运用概率方法进行处理的过程中，他指导沈家骢建立起加聚反应图形分析理论，这一理论在 20 世纪 70 年代得到进一步发展，成为国际上同类方法中最简便、适用性最强的方法。几十年之后，沈家骢在回忆文章中写道：

> 我有幸参加了这一研究过程，及时得到唐老师的指导，大大的方块字，二三页稿纸上写着对问题的精辟指导，使我终身受益。①

对于共聚反应研究，由于其太过复杂，使用动力学方法难以得到简洁可用的结果，使用概率法得到的结果可信度又待验证，唐敖庆等人就再一次把两种方法结合起来，即使用概率论解微观动力学方程的方法，克服了单独使用一种方法所遇到的困难，从而得到了严格的共聚物链段分布函数、分子量分布函数以及二者相结合的分布函数。经过二十多年的研究，20 世纪 80 年代，唐敖庆和他的同道们终于建立起一个特色鲜明的共聚反应统计理论。

---

① 沈家骢. 大师已逝 精神永存——追忆唐敖庆老师[J]. 群言，2008（9）：26-28.

1979年，唐敖庆请沈家骢把当时在华东化工学院（1993年改名华东理工大学）四川分院工作的颜德岳借调到吉林大学短期工作，进行高分子反应统计理论方面的后续研究。颜德岳是唐敖庆于1961—1965年培养的高分子物理化学专业的研究生，毕业后分配到华东化工学院任教。到上海报到后，又被吉林大学借调，协助唐敖庆撰写《高分子反应统计理论》中的“裂解反应”一章。刚完成第二稿，就被华东化工学院召回参加政治运动，写书的工作就停止了。1966—1976年颜德岳被派去四川，即使在困难的条件下，他也依然坚持从事科研工作。这次回到吉林大学后，颜德岳与沈家骢、陈欣方等一道，简化了高分子反应统计理论中的部分方法，并把他们的理论方法运用到研究新的高分子反应类型中，在《中国科学》《高等学校化学学报》等期刊上发表了新的研究成果。在此基础上，唐敖庆组织他的“高分子反应统计理论”研究集体恢复此前中断的写书工作，把二十多年来他们的一系列研究成果写入专著。专著的第一章由汤心颐撰写，第二章由陈欣方撰写，第三章和第四章由沈家骢撰写，第五章由颜德岳整理定稿。撰写初稿时，王霞瑜、王逢利等也参加了部分工作。

唐敖庆（左一）与“高分子反应统计理论”研究集体主要成员沈家骢（中）、汤心颐（右）（摄于20世纪80年代后期）

1985年，凝聚着唐敖庆等人心血的《高分子反应统计理论》一书正式出版。唐敖庆在前言中回顾了这项研究工作的历史：

> 吉林大学自五十年代中期开始进行高分子反应统计理论的研究工作，旨在经过统计分析把高分子反应参数和某些高分子结构参数定量地联系起来。至1966年，我们对加聚、共聚、缩聚、交联和裂解等几个主要的高分子反应类型均开展了工作，取得了较为有意义的成果。1966至1976年间，由于客观原因，我们被迫停止了此项研究工作。1976年以后，我们在原有的基础上恢复了工作，又取得了一些成果。在最近的工作中，所用的方法虽然在六十年代已基本奠定，但是也有变化，主要是在方法上进一步简化。至于在研究对象上则有所扩大，其中涉及某些近年来新出现的和在生产上有重要意义的品种。另外，在研究深度上也有一定的提高。①

1989年，该书所总结的研究成果“高分子缩聚、加聚和交联反应的统计理论”获得了国家自然科学奖二等奖，完成人为唐敖庆、沈家骢、汤心颐、陈欣方、颜德岳，其中沈家骢和颜德岳后来当选为中国科学院学部委员（院士）。

钱保功则率领中国科学院长春应用化学研究所的另一路人马在国内率先开展了高分子辐射化学的研究。20世纪60年代，一个名为辐射化学中试基地的机构在长春市斯大林大街南段西侧正式建立，这在国内还是第一个。该基地的建立饱含着钱保功等人的心血，在他们的努力下，中国人陆续在辐射交联、辐射聚合以及共聚合等实验方面取得重要突破。

对于钱保功等人来说，实验的突破并不是科研的完结，他们还要拿着科研取得的成果到工厂去，一边发放材料，给厂里的技术人员和工人讲解，一边用生产实践来检验理论的正确与否。在生产实践的基础上，钱保功再进一步修改与完善理论。就是在这样一轮又一轮的反复论证当中，钱保功等人为我国辐射化学和高分子产业的发展奠定了重要的基础。

1953年，作为国民经济发展的重要部分，“一五”计划正式开始实施。在中国西北的甘肃兰州，在苏联的帮助下兴建了丁苯橡胶厂。当时，中国的天然橡胶资源十分缺乏，而对于高分子重要材料——橡胶的合成，国内的科研与生产都属于空白。虽然苏联援建了丁苯橡胶厂，但丁苯橡胶厂最需要的催化剂却全部由苏联进口，而且制备催化剂的技术

---

① 唐敖庆，等. 高分子反应统计理论. 北京：科学出版社，1985：前言.

是绝密的，不对中国公开。

自1958年开始，中苏关系开始恶化，各种矛盾和冲突加剧，苏联专家撤离。在兰州的丁苯橡胶厂，不仅图纸资料被苏联人收回，那些没有用完的催化剂屑粒也被一扫而空。失去科技支撑的工厂岌岌可危。

就在这个重大的历史关头，一个喜讯从中国东北的长春传来，在钱保功的带领下，中国科学院长春应用化学研究所的科学家攻克了催化剂这一难关，他们甚至还利用新的聚合体系对原来依靠苏联方面生产的产品质量进行了提升。

若干年之后，我们回望这段历史就能发现，唐敖庆的研究转向是一个重要的关键点，在他和钱保功的带领下，一批该领域的中国科学家被培养起来。江元生后来成为著名物理化学家、中国科学院学部委员（院士）；沈家骢后来成为高分子化学家、中国超分子化学的开拓者之一，中国科学院学部委员（院士）；汤心颐后来成为高分子物理学家；颜德岳后来成为高分子化学家、中国科学院院士……

在唐敖庆培养的众多高分子科学家当中，仅以汤心颐为例，即能窥见当年唐敖庆对大家的影响何等重大。1979年10月，中美双边高分子化学和物理学术讨论会首次召开，汤心颐走上前台，大声宣读与唐敖庆合作的论文《A_a-B_b，C_c共缩聚型固化理论》，与会的诺贝尔化学奖获得者弗洛里、美国科学院院士沃尔特·斯托克迈耶（Walter Stockmayer）教授聚精会神地倾听，在发言时给予了高度评价。1985年，汤心颐等人结合固化理论所做的后续研究，获得了国家教育委员会科学技术进步奖二等奖。后来，他还把唐敖庆所建立的固化理论应用于推进剂和涂料的配方设计方面，形成了专门的配方设计公式，而这一公式则被一些涂料领域的专著直接称为“汤心颐公式”。

从1956年开始，唐敖庆便一头扎进了高分子的研究，他醉心地收集着各类数据，推导着各种公式，培养着这一领域的科研工作者。可正当他的研究不断深入的时候，一个再一次改变他研究方向的选择摆在了面前。

1963年上半年的一天，唐敖庆步履急切地走进高教部的大楼，一位相关负责人正在等候他的到来。他告诉落座后的唐敖庆，目前国家发展最需要的是科研人才，但由于苏联方面援华的专家都已经撤走，此前一段时间形成的靠苏联专家培养高级别科研人才的局面不复存在。国家的选择是独立自主地培养高层次科研人才，继而夯实和加快基础理论研究工作。他们了解唐教授，对唐教授寄予厚望，希望他能在这方面发挥作用。

对于此时的唐敖庆来说，多年的积累和实践证明，他在培养高层次科研人才方面是有着丰富经验的。而他要做出的一个新的选择是，要围绕什么样的基础理论来开展这个高层次科研人才培养。也就是说，培养高层次科研人才不仅是一次单纯的培养人才的过程，还是一次科研的过程，而这个科研方向一定是国家最需要的，在世界上也是位于前沿的。

对于高分子科学的研究已经进行了六七年的时间，通过他和钱保功的努力，一大批科研人才已经成长起来，并且在各方面发挥着越来越重要的作用。现在唐敖庆感到，他要做的，是在高分子科学之外，再拓展出一个研究空间，这样才能更好地实现国家需要的在基础理论研究方面的加快发展。也就是说，他又要分出精力到另一个研究方向去，这或许意味着，本来有机会冲击高分子科学群峰中最高峰的他，会在其中的一个山顶停留下来。

对于科学家来说，重新选择科研方向异常艰难，更何况，唐敖庆选择改变已经是第二次了。然而，他选择的过程却又是愉快的。

从高教部的大楼里走出来，唐敖庆的大脑高速地运转着。国际化学研究领域最新发展起来的理论一个又一个闪现，而中国目前最急需的化学理论以及可能由此带来广阔应用前景的科研课题也一个又一个闪现，两者在他的头脑中对撞。唐敖庆清楚，如果两者能够碰撞出巨大的火花，那么一定就是他要选择的新方向。

从北京回长春的火车“轰隆隆”地在东北平原上疾驰，但车轮的转动也许都赶不上唐敖庆头脑的转速。其实，他在一个理论上已经盘桓了很久，即当代最新发展起来的有关分子结构的三大理论之一——配位场理论。

作为现代无机化学和元素有机化学的重要理论基础，配位场理论与络合萃取、络合催化以及激光有着千丝万缕的联系。仅以激光为例，产生激光的材料是什么样的，不同的材料会产生什么样的激光，哪些材料存在着激光性质，等等，一系列吸引着现代人的秘密，都可以在配位场理论中找到说明。很显然，这是位于世界最前沿的理论，同时，对于正处于日新月异发展中的国家来说，其实际应用前景不可估量。

正是经过这样慎重的思考之后，唐敖庆与高教部的相关负责人商定，面向全国，用为期两年左右的时间，在长春的吉林大学举办物质结构学术讨论班，一方面培养人才，另一方面开展配位场理论研究。而这也意味着，唐敖庆的研究重点又转回到了量子化学领域。恰是这一转变，16 年之后，一本名为《配位场理论方法》的专著在科学出版社以中英文两种文字出版。唐敖庆和他的弟子们发展、完善了配位场理论及其研究方法，在进一步统一配位场理论多种方案的基础上提出了具有创造性的新的方案，震动了国际理论化学界，国内外学者对该研究成果给予广泛的高度赞誉。此项成果被 1966 年北京国际暑期物理讨论会评为十项优秀成果之一，讨论会认为，这项成果丰富和发展了配位场理论，为发展化学工业催化剂和受激光发射的科学技术提供了理论依据。1982 年，“配位场理论研究”获国家自然科学奖一等奖。

用最简单和通俗的话说，通过唐敖庆提出的配位场理论方法，能够让激光物质的工作原理得到进一步揭示，同时，为中国丰富的稀土元素及其化合物的开发和应用提供可靠且极为实用的理论依据。

第一次科研方向的转变是因为《十二年规划》的现实需要，第二次科研方向的转变是因为大国关系风云变幻需要我国独立自主地培养高层次人才，唐敖庆一直在根据国家的需要调整自己的科研方向。而在 1972 年，唐敖庆又有了一次新的科研方向选择，这一次转向的原因是，他觉得国家在那个领域的研究又落后了若干年。

1969 年的春天，唐敖庆接到了一个新的指派：到位于吉林市的吉林电石厂接受再教育，与工人同吃、同住、同劳动。吉林电石厂是中华人民共和国成立后苏联援建的 156 个重点项目之一，主要从事乙炔水合制乙醛，再经氧化生产醋酸。

当时的吉林大学领导根据中央提出的“大学还是要办的”指示精神，决定由原化学系主任助理丁德增负责组织教师小分队，到吉林电石厂试办训练班，唐敖庆也加入了这支教师小分队，和化学系的老师一道来到电石厂。他们在距离电石厂 2 千米左右的吉林化工学院借了几间房间用于住宿、办公。小分队根据“自愿报名、车间推荐”的原则，从电石厂的工人、技术员中招了 22 名学生，这些人相当于吉林大学在“文化大革命”期间招收的第一批非正式的工农兵学员。唐敖庆、汤心颐、吴通好等五位化学系的老师负责学员的实践课，即毕业论文写作，他们通过调查在各个车间选出了课题。

吴通好老师后来回忆了那段朴素的生活经历：

> 我和唐老师曾去厂研究所（那时叫试验排）做氯乙酸，那是我第一次见到唐老师做实验。我们每天从化工学院步行几里路去电石厂，中间经过铁路线时我们都搀扶唐老师，中午在厂里食堂吃饭。唐老师平易近人，和蔼可亲，生活上很简单，爱吃红烧肉，每当食堂做红烧肉时我们都会给他买两碗。

试办训练班从 4 月开学，9 月结业，至此“文化大革命”期间吉林大学唯一的一次校外办学结束，部分老师返回学校，唐敖庆则带领另一部分教师继续留在电石厂，开展了一项非常有实用价值的研究工作。

在吉林电石厂期间，唐敖庆发现，工厂在使用乙炔水合工艺流程生产乙醛的过程中采用了毒性较大的汞作催化剂，其挥发出来的汞蒸气时刻都在威胁着工人和技术人员的身体健康，水银中毒事件时有发生。

为解决这一问题，唐敖庆带领小分队开始了“非汞触媒乙炔水合制乙醛”的研究。经过反复的实验研究和论证，唐敖庆建议用铜取代汞作为催化剂，并提出了铜催化剂的基础模型。从 1969 年下半年到 1972 年初，经过多次小试、中试，新催化剂铜的触媒活性程度已经完全达到汞的触媒活性标准。实践证明，采用铜作为乙炔水合制乙醛的催化剂，不但获得了与汞催化剂相同的效果，而且解决了汞污染环境和危害工人、技术人员身体健康的问题。

尽管在特殊的年代，很多与外界的联系都中断了，但唐敖庆和他的小分队在研究非汞触媒期间，从未停止对国际理论化学发展动态的关注，继续推进科学研究的头脑没有停止思考。只要一有机会，他就会钻进附近的吉林化工研究院图书馆查阅各类资料，他不想错过一丁点儿的国际理论化学研究的前沿信息或动态。

仿佛那些化学符号和公式也急于把某些信息告诉唐敖庆，它们似乎懂得唐敖庆的心，懂得他的意愿，一篇《分子轨道对称守恒》的文章在浩如烟海的文献资料中出现在他的面前。这是美国的两位科学家罗伯特·伍德沃德（Robert Woodward）和罗尔德·霍夫曼在1965年提出的理论，代表着分子轨道研究的最新成果。唐敖庆的心“怦怦”直跳，因为他知道，对于有机化学和理论化学来讲，这一理论的意义太重大了。而当时的中国，根本就没有人跟进这项研究，更别说领先于国际水平了。“落下了几年，也许还能撵上，若是再过一些年，还怎么跟进啊！”唐敖庆在心里嘀咕着，“有什么机会能把停下来的科研捡起来呢？”

让唐敖庆惊喜的是，从1972年开始，他获得了好一点的从事科学研究的条件。1972年初，他从吉林电石厂回到了吉林大学。不久，国家给吉林大学下达了一个科研任务：根据国家建设和发展需要，吉林大学要参加中国科学院组织的“化学模拟生物固氮”研究项目。这时分子轨道对称守恒原理立即在唐敖庆的头脑中闪过。只要走进科学发现的阵地，就可以任他翱翔，要追上国际研究水平、得到他青睐的分子轨道对称守恒原理也自然可以得到深入的研究了。

以进行“化学模拟生物固氮”研究为由，唐敖庆向领导机关提出，把他的两个得力弟子、还在农村进行劳动锻炼的孙家钟与江元生调回学校做他的助手。领导机关同意了，唐敖庆就给孙家钟、江元生写了亲笔信。

那笔迹跳跃着欢喜，那话语蕴含着期冀。

孙家钟和江元生到农村进行劳动锻炼，与农民同吃同住已经很长时间了，除了手上的铁锹、镰刀，身上的大棉袄、二棉裤，化学仿佛已经离他们远去，只剩下他们路过田埂时的闪念和仰望星空时的幻想。

如今，他们回来了，回到阔别已久的校园，回到他们的老师唐敖庆的身边。孙家钟首先被唐先生耳提面命：罗伯特·伍德沃德和罗尔德·霍夫曼几年前提出了分子轨道对称守恒原理这一新的研究领域，意义非同寻常，我们不能落下，能不能在这方面也做些工作？

分子轨道对称守恒原理是有机合成化学家罗伯特·伍德沃德和理论化学家罗尔德·霍夫曼通过大量有机合成实验总结出来的，即在协同反应中，反应循着保持分子轨道对称不变的方式进行。在他们的专著和科研论文当中，两位科学家用实验证明，包括电环合反应、环加成反应等在内的协同反应，轨道有对称面或对称轴对称性的，可以建立起能量相关图，从而判断出反应发生时加热或光照的条件。

可是，在唐敖庆的启发下，孙家钟通过大量研读之后却发现了问题：除了电环合反应、环加成反应等协同反应外，还有两类重要的协同反应，其轨道在反应前后没有统一的对称性，根本就无法建立能量相关图。

如何才能得到能量相关图呢？

肯定能够找到反应前与反应后的分子轨道规律！唐敖庆坚信这一点。他和孙家钟一起，反反复复地进行计算和推演。终于，他们发现，尽管没有整体的对称性，但是在反应的一部分当中却能找到对称轴的对称性，而在反应的另一部分则有对称面的对称性。既然局域的对称性有规律可循，那么能否从这一特点出发，得到能量相关图？于是，他们把对称性相同的部分组合起来，轴部分相关的轨道对称放在一起，面部分相关的轨道对称放在一起，再整体排列，这样一个能量相关图就展现出来了。用通俗的话说，他们创造了一个既包括空间对称性又包括时间对称性的“局部对称性”概念。

随后，他们又在相关轨道反应中找到中间态，继而对中间态各能级进行对称性分类，最后与始态、终态能级逐一进行关联，又建立起一种能量相关图。

1977 年的《吉林大学自然科学学报》和 1979 年的《科学通报》上，唐敖庆和孙家钟的《分子轨道对称守恒原理的新发展——4n+2 和 4n 规则的一般证明》《关于分子轨道对称性守恒原理》分别刊出。这使分子轨道变化规律的本质得到了进一步的揭示，分子轨道对称性守恒在当时极为落后的中国被丰富和发展了，令国际理论化学界刮目相看。

同孙家钟一起回到唐敖庆身边的江元生则在另一个新的领域披荆斩棘。唐敖庆带着他开始研究“分子轨道图形理论”。在无数个日日夜夜之后，他们提出了三条定理，为运用量子化学理论提供了十分有效的工具。在这三条定理提出的过程中，唐敖庆和江元生运用较多的是数学方法，在这里，数学和化学达到了完美的结合，用图论把分子轨道的运算极为直观地表示了出来。他们的研究成果形成了两篇论文：《分子轨道的图形理论》《分子轨道的图形理论——分子轨道的对称性和系数问题》，其中第一篇由唐敖庆执笔，第二篇由江元生执笔，分别发表在 1976 年和 1977 年《中国科学》的中、英文版上，这一研究成果后来被国际同行誉为“唐-江定理”。数学家华罗庚看到该研究成果后，怀着欣喜之情撰文盛赞。1977年，作为赴美国访问的中国化学代表团团长，唐敖庆应邀做学术报告，向在场的众多科学家宣布了这一研究成果，现场响起雷鸣般的掌声……

1983—1984年，江元生以交换学者的身份到美国康奈尔大学霍夫曼教授的研究小组开展合作研究。他继续用分子轨道图形理论方法对有机共轭分子的芳香性进行了推理分析，提出了一个全新的五参数公式代替传统的八参数公式，不仅使计算简化、意义更加确切，而且与实验结果符合，受到了国际同行的重视，其论文不断地被引用和评论，被称为“江-唐-霍夫曼”方案。1988年美国学者道格拉斯·克莱因（Douglas Klein）教授等在《物理和理论化学研究》（*Studies in Physical and Theoretical Chemistry*）系列丛书中以“JTH[①]近似方案的分析”为标题，用了9页篇幅专门分析评论他们的论文，在指出“JTH方案”所取得的成就的同时，赞赏该方案“得到了一种具有明显优点的展开，只需要5个参数”。这些研究成果为化学提供了一种简单的理论模式，蕴含应用前景。[②]

其实，敏锐的唐敖庆在1976年的时候还做了一件令中国研究者兴奋的事情，他把由伍德沃德和霍夫曼合著的《轨道对称性守恒》（*The Conservation of Orbital Symmetry*）一书的翻译任务交给了吉林大学两位年轻的教师——王志中和杨忠志。1978年，这本书的中文版正式在中国出版。而在1981年，霍夫曼因为这一理论贡献，与日本京都大学的福井谦一共同获得了诺贝尔化学奖。唐敖庆的高瞻远瞩，让中国的化学科研同世界一道，站在了最前沿。

1978年5月，美国加利福尼亚大学教授、诺贝尔化学奖获得者、美国原子能委员会前主席格伦·西博格率美国纯化学和应用化学代表团访问吉林大学，唐敖庆与吉林大学物理系系主任吴式枢、副主任苟清泉等接待西博格一行并进行了友好的会谈。西博格和同事埃德温·麦克米伦（Edwin McMillan）是化学元素周期表上94号至102号9个元素的发现者，其中最著名的元素是94号元素钚，被用作核爆炸和核反应堆的燃料，为此他们共同获得1951年度诺贝尔化学奖。1973年5月，西博格

① JTH为江元生、唐敖庆、霍夫曼的名字缩写。

② 学报编辑部. 江元生院士小传[J]. 物理化学学报，2014，30（2）：389-396.

参加一个由美中学术交流委员会组织的科学代表团访问中国，受到周恩来总理的接见，达成美中学术交流协议。1978 年是他第二次访华。一年前他在美国接待了由唐敖庆带队的中国科学院化学家代表团。

1979 年，改革开放的春风在华夏大地上吹起，中国的国门打开了，开放的气息漫过这片古老而神奇的东方大陆，生机随阳光一起照在每个中国人身上。在中国东北的吉林省长春市一处风光秀丽的湖滨一个名为南湖宾馆的地方正在举行一次国际化学领域的学术交流。从双方热情洋溢的脸上，能够看到科学家对科学家的由衷敬佩和尊重，也能够看到一个国家挺起科学脊梁后参与国际交流的自信和从容。

参与交流的外国访问团队的带队者，是国际量子分子科学院院长、美国佛罗里达大学量子理论中心负责人、瑞典著名科学家皮尔·洛夫丁，他是随着中国这股开放的气息来到中国访问的。在他提交给中国的访问计划中，特意提到要到长春来见一个想见的人。他佩服这个人几十年如一日地深入研究，并在多个领域对化学科学研究做出了巨大的贡献。

长春南湖的湖水轻泛微波，湖中的小小游船随着春风刚刚下水不久。人们欢乐的情绪也飞过湖边的密林，飞进正在举行学术交流的南湖宾馆的楼宇。

是的，唐敖庆就是洛夫丁此行想见到的那个中国人。在举行学术交流之前，在唐敖庆的陪同下，洛夫丁参观了由唐敖庆一手建立并领导的吉林大学理论化学研究所。他还在唐敖庆的力邀下，为此间正在举行的量子化学研修班学员和吉林大学化学系师生等共 500 多人做了一场学术报告。

在南湖宾馆学术交流之后的一次宴会上，已经 60 多岁的洛夫丁举起酒杯走到唐敖庆的面前，真诚地说："唐先生，您是'中国量子化学之父'！"

作为国际量子分子科学院的院长，洛夫丁在国际理论化学界的地位重要、影响重大，他对唐敖庆的评价不是空穴来风，更不是寒暄之语、应酬之词，而是基于他此前对唐敖庆的了解和此次来中国长春后对唐敖庆的印象。平常言语不多的唐敖庆让洛夫丁看到了一个中国科学家扎扎实实所做的基础性工作和站在国际前沿的持之以恒的探索，以及坚韧不拔的科学精神。

把唐敖庆称为“中国量子化学之父”的消息不胫而走，唐敖庆的学生们为自己能在唐门学习而感到兴奋和自豪。可是，当学生们激动地与唐敖庆聊起这个话题时，唐敖庆却面色平静、语气平和地说：“我的工作都是在国内做的。在国内做的工作，主要应听取国内专家的评价。将来你们在国外做的工作，才应主要听取国外专家的评价！”

然而无论唐敖庆如何看待这个评价，正是从这个时候起，唐敖庆“中国量子化学之父”的称谓慢慢传开。而这种肯定，被一个连唐敖庆自己都不知晓的会议做了进一步认定。

1981 年，美国南部的初夏时节，蓝天广远，海风阵阵，国际量子分子科学院的例会在一座滨海城市举行。作为世界一流的量子化学家，28 位国际量子分子科学院院士悉数参加，其中有 7 位是诺贝尔奖获得者。在 7 位诺贝尔奖获得者当中，有一位刚刚 40 岁出头的科学家，他就是几个月后因为“分子轨道对称守恒原理”而荣获诺贝尔化学奖的霍夫曼。

会议期间，霍夫曼和洛夫丁聊天时不约而同地提到了一个人。经过两人一番认真商量，他们提出给这次例会增加一个议题，要公布一个新的“发现”。会议开始了，与会的科学家才意识到，这个“发现”不是量子或分子的科学“发现”，而是他们“发现”了一个人。

这个人是一位中国的量子化学家。在那样一个不发达的社会经济环境下，在那样一个科研条件无法与世界先进水平相比的环境下，这个人在 30 年左右的时间里，取得了一系列令人瞩目和敬佩的成就。霍夫曼和洛夫丁告诉大家，他在 20 世纪 50 年代研究了分子内旋转，60 年代研究了高分子统计理论与配位场理论，70 年代则研究了分子轨道图形理论。这一系列的研究，均取得了突破性的进展。这个人就是唐敖庆。

鉴于他的努力和贡献，洛夫丁提议，由大家投票决定，是否接纳唐敖庆为国际量子分子科学院院士。按常规，加入国际量子分子科学院是需要本人提出申请的，是要有一系列标准审核的。但是这一次，国际量子分子科学院却打破了常规，通过投票表决，接纳唐敖庆作为该院的第 29 名成员，唐敖庆也成为加入该科学院的第一个中国人。

不仅如此，国际量子分子科学院还决定，鉴于唐敖庆所取得的成绩，聘请他担任由该院主办的《国际量子化学杂志》（*International Journal of Quantum Chemistry*）顾问编委，把量子化学有关群论与图论方面的文章交给这个中国人审阅和裁决。

伴随着中国改革开放的春风，唐敖庆的名字在国际理论化学领域广泛传播，几十年来他在中国大地上扎扎实实走过的每一个脚印，都为他名字的闪光提供着注脚。

进入 20 世纪 80 年代，被称为中国化学界“南卢北唐”的卢嘉锡和唐敖庆联起手来，和徐光宪一起，开始对原子簇化合物电子结构和拓扑规则进行研究，揭开了中国理论化学的又一个重要篇章。唐敖庆带领的研究团队是从研究原子簇化合物的化学键性质和结构规则的关系入手的，他们从理论上建立了适用于多种原子簇化合物的统一拓扑结构规则。

从 20 世纪 80 年代开始，唐敖庆就带领李前树等深入研究原子簇化合物的结构规则，持续了十几年。原子簇化学是当代迅速发展起来的十分活跃的新兴化学研究领域，碳原子簇 C_{60}（富勒烯）的发现［该发现使罗伯特・柯尔（Robert Curl）等人荣获 1996 年度诺贝尔化学奖］又把这个领域推向发展的新阶段。原子簇的多面体结构和化学键有内在联系，原子簇的结构规则就是阐述这方面的规律，并涉及其诸多的化学性质。

唐敖庆和李前树提出了碳原子簇和硼原子簇互为共轭多面体的新概念，如 C_{60} 和 B_{32} 共轭、C_{240} 和 B_{122} 共轭等。这一新的共轭结构规则揭示了这两类原子簇结构和化学键之间的内在联系。据此，可以由碳原子簇简洁地对应出与之共轭的硼原子簇，这是一种直观的分子构型设计。他们用这种新的结构规则对高碳原子簇定义结构单元，用结构单元表征原子簇的整体性质，形成一种新的局部与整体的规则，进而建立了新的理论方法，解决了计算高碳原子簇的稳定性、反应活性等关键问题。他们的理论方法成功地预见了 C_{37500} 的问题定性，为研究巴基管、巴基葱等提供了理论基础，而国际上同期只计算到千个原子的高碳原子簇。

用这个新的结构规则，他们进一步得到高碳原子簇的紫外、红外和拉曼光谱以及核磁共振（NMR）谱的一般规律，为探测高碳原子簇的存在提供了依据。他们的研究深刻揭示了原子簇化合物多面体几何结构和原子簇化学键性质之间的内在规律，建立了新的一般性的结构规则，其适用范围超过了著名的骨架电子理论（又称韦德规则，Wade Rule）。他们在分析了硼烷、多面体碳烷、碳硼烷等千余个分子的实验数据后，证实了这种结构规则适用的普遍性。

唐敖庆（右）带领弟子李前树开展原子簇化合物的结构规则研究（摄于20世纪90年代）
“原子簇的结构、化学键和结构规则”荣获国家自然科学奖二等奖

“原子簇的结构、化学键和结构规则”的研究成果，为原子簇化合物的分子设计和合成提供了线索，包含了新概念、新理论、新方法，于2000年获国家自然科学奖二等奖。

纵观唐敖庆多年来研究的不断转向以及扩展研究领域后取得的成绩，人们为他感到骄傲和自豪，他改变和刷新了当年国际理论化学界对中国和中国人的看法。

当然，也有人为他感到惋惜，认为他有着常人所没有的勇气、才智和勤奋，假如在一个固定的领域持之以恒地研究下去，或许能够取得更加令人瞩目的成果和荣誉。

然而，我们也看到，唐敖庆出生于特殊的年代，成长于特殊的年代，而他最终选择从事终身研究事业的祖国又是一个崭新的国家。时刻把国家装在心里的唐敖庆不太可能对国家的需要无动于衷，他的基础理论是要转化成实践的，而这个实践必须要对国家的建设有利。

系统地来看唐敖庆的生命价值展开过程，首先，他是站在国家的层面看需求，这样才有他研究方向的不断转向，所以他是一个奉献者；其次，他是站在国际的层面看方向，这样才能保证他和他的国家时刻能够与国际同步，不被国际落下，甚至要走到国际前沿，所以他是一个引领者；最后，他是站在人的层面看未来，他的任何一个研究领域的变化都带起了一群人，成就了一批后继者，所以他又是一个耕耘者和播种者。

这就是唐敖庆，心里装着家国情怀，脑袋里装着世界，然后，用手上的符号做记录，用公式做推导，书写自己的人生。

作为一个耕耘者和播种者，在数十年中，也许他参与或创建的一系列讨论班是一个最好的说明。我们借此能够看到，他在自己的院士的“院子”里到底“种”下了什么。

三、一条求实的路

1963 年盛夏，一个关于开办物质结构学术讨论班的报名通知伴随着暑热被送达国内各高校，各学校的校长和化学专业的负责人、研究者立即行动起来。

学术讨论班的举办地写着：长春，吉林大学。

（一）柳条路上

时任山东大学化学系副主任邓从豪看到这个通知，兴奋不已，毫不犹豫地立即报了名。

可此事却让时任厦门大学化学系党总支书记刘正坤有些犯难，系里的赖伍江积极报名，但从学术水平与发展潜力来看，张乾二更合适。他找到系主任商量，系主任也拿不准，两人便到福州大学征求时任该校副校长、中国科学院福建物质结构研究所所长、著名化学家卢嘉锡的意见。卢嘉锡告诉他们，张乾二可做正式学员报名，赖伍江也报名，做旁听生。

办班通知送到著名数学家、时任四川大学校长柯召的手中，鄢国森、古正两个名字立即蹦到他的脑海里……

如此积极的报名原因有两个：第一，这个学术讨论班名为“物质结构学术讨论班”，不禁使人想起 10 年前的物质结构进修班。1953 年 7 月和 1954 年 7 月，当时的高教部委托唐敖庆、卢嘉锡、徐光宪等人分别在青岛和北京举办了两期的物质结构进修班，效果很好，因此各高校听说又要办班，且时间跨度为两年，无不主动出击，尽量把与此相关的教师推荐过来；第二，这个学术讨论班由当时的高教部委托，在吉林大学举办，主要组织者和教学者是唐敖庆，此时的唐敖庆代表着中国化学研究的标准和水平，走进他在中国东北建造的这个学术“院子”，是化学研究者的心愿。

全国各地报名的名单交到了唐敖庆的手中。如何选出物质结构学术讨论班的核心学员并不是一件容易的事情，要看他们的学术水平，要看他们的教学和研究经验，要看他们在学术界的影响，还要看他们未来的发展潜力，以及为人做事的态度……经过反复斟酌，唐敖庆确定了8名正式学员，其他的报名者则作为旁听成员。

很快，这8名学员接到通知：在1963年8月15日之前，把他们的政治、业务情况介绍及高等学校教师进修登记表邮寄到吉林大学科学研究处。经审核没有任何问题后，学员需于8月28日携带单位的介绍信、户口迁移证、党团组织关系、粮油转移证、副食品供应转移证、购货转移证等到吉林大学报到。①

8月底的长春，暑热正在慢慢消退。在位于同志街与解放大路交会处的吉林大学北侧的后面，有一条安静的小路，因为道路两边多年来垂柳依依，名为“柳条路”。一个华灯初上的晚上，孙家钟和江元生按照老师的通知，走进柳条路，他们要到路北侧一幢两层灰色的东洋式小楼里去，那里是唐敖庆的家。

小路幽深，默默不语。可是熟悉柳条路的人却知道，在20世纪50—60年代，这里曾经居住过吕振羽、匡亚明、唐敖庆、蔡镏生、吴式枢、王湘浩、于省吾、公木（张松如）、成仿吾、高鼎三、高清海、朱光亚、废名（冯文炳）、余瑞璜、金景芳、王惠岩、关梦觉等学术大家，甚至还有当年号称“民国四公子”之一的张伯驹。他们是新中国一流的数学大师、物理大师、化学大师、教育家、哲学家、古文字大家、词作大家、收藏大家……一脚踏进柳条路的孙家钟与江元生，与这些大师们的脚步交织在一起。

早在1956年，唐敖庆一家便由永昌胡同搬进了牡丹街2号的院落。这个院落位于柳条路和东中华路之间，院子门朝西开，面对着与柳条路垂直的牡丹街，街上对门院子是牡丹街1号，住着吉林大学副校长佟冬一家。牡丹街2号院子的东面则是蔡镏生家，蔡家的院门朝南开，面对

---

① 乌力吉. 1963年在吉林大学开办的物质结构学术讨论班[J]. 中国科技史杂志，2009（2）：211-221.

柳条路，所以按柳条路编号。住了大约一年半的时间，唐敖庆一家又从牡丹街搬到了柳条路 9 号小楼。永昌胡同在吉林大学校园的南面，牡丹街 2 号及柳条路 9 号则在校园的北面，相隔刚好是一座大学的距离。

唐敖庆有一个习惯，就是经常带学生到自己的家里研讨和交流。但当天晚上的见面却是如此重要，这次见面不仅仅停留在研讨和交流的层面，从今后的发展来看，它还决定着每一个到唐敖庆家里来的人的未来。

孙家钟和江元生熟悉唐敖庆的家，当他们轻车熟路地走进一楼的小会客室，一眼就看到三个熟人：江元生读研究生时的同学、在云南大学任助教的戴树珊，唐敖庆刚回北京大学后辅导过的研究生和教课时的助教、目前在北京师范大学任副教授的刘若庄，还有曾在唐敖庆指导下进修、正在山东大学任副教授的邓从豪。

可是，还有三个对孙家钟和江元生来说陌生的面孔。经唐敖庆介绍，他们两人才知道，这三个人分别是四川大学的鄢国森（副教授）和古正（讲师）、厦门大学的张乾二（副教授）。虽未曾谋面，但孙家钟和江元生早就听说过这三人的名字，对他们的研究领域也有所耳闻。

几年没见，在戴树珊的眼里，老师唐敖庆的眼镜镜片又增加了厚度，但精神一如从前般抖擞，声音如昨，洪亮震耳。

唐敖庆告诉大家，他们 8 人是最终确定的此次长期学术讨论班的正式学员。选中大家是因为 8 人都毕业于我国知名大学的化学系，而且毕业的时间基本都在 10 年以上，其中 4 人还有研究生学历，5 人已经是副教授。特别是，8 人的教学和科研工作经验都很丰富，大都能够独当一面，具有独自开展研究的能力，有的在学术界已经产生了一定的影响。

无论是举办各类进修班，还是举办像现在这样的学术讨论班，其实都是为了尽快培养一个新生国家急需的高层次学术人才，同时在短时间内拿出高水平的科研成果。谈到举办物质结构学术讨论班的目的，唐敖庆语重心长。他特别嘱咐大家，我们务必要站在国际的最前沿看待和讨论问题，了解和理解目前化学领域国际上最新的动态和成就。而且，大家不仅仅是学员，也是研究者，还是合作者，要合力向科研高峰发起冲击。

从唐敖庆家里出来，8 个人身处长春最舒适的夜色当中，路上印着柳影的斑驳，微风轻送着大自然美好的抚慰。这迷人的夜晚，以及刚刚唐敖庆的一番叮嘱，让他们感到无比沉醉。有什么能比与自己欣赏和敬重的人在一起做自己执着热爱的事，更让人心潮澎湃、幸福美满的呢！只是，此时的他们还不敢想象，若干年之后，今天晚上的聚会被人们定义为一个国内著名高层次科学研究集体的诞生，他们几个还被赋予了一个名字："八大员"，也有人称为"八大弟子"，并且传遍全国，闻名遐迩。

"八大弟子"因此横空出世，他们的未来令人瞩目。

邓从豪，江西临川人，出身贫苦家庭。自小他就向科学先驱们看齐，希望自己能够像牛顿和居里夫人那样，在科学的海滩上拾取贝壳。1945 年从厦门大学化学系毕业的他，到集美中学任数学和化学教师。当他拿到第一份工资后，立即寄回家里，用于赎回当年为了供他上大学被父亲典当出去的田地。1948 年，邓从豪入山东大学化学系任教。他的第一个研究选题是键函数，写成研究论文初稿后寄给了吉林大学的唐敖庆教授。唐敖庆是量子化学大师，邓从豪曾于 1952 年在《化学学报》上读到了两篇论文《八极矩和分子的内旋转》《橡胶状分子的统计长度》，署名唐敖庆，他觉得这两篇论文写得很透彻，让他很受启发。邓从豪在给唐敖庆寄论文的同时还给他附了一封信，希望能够得到两篇论文的抽印本。没想到，不久他就接到了来自长春的邮件，不仅有论文的抽印本，还有唐敖庆写给他的信，对他的论文提出了修改建议，还对他进行了鼓励，并希望他沿着这条路走下去。1953 年和 1954 年，他连续两次参加唐敖庆等人主讲的物质结构进修班。1953 年秋季，他还专门来到位于长春的东北人民大学，在唐敖庆指导下进修了为期半年的量子化学基础理论。走进唐敖庆位于长春柳条路的家门时，邓从豪 43 岁，当时的他不会意识到，攀登理论化学研究的高峰是从一片柳影中开始的。在吉林大学物质结构学术讨论班取得"配位场理论"等重大成就之后，邓从豪出任山东大学光学系系主任，1980 年出任山东大学副校长，1984 年任山东大学校长。1990 年，他在分子反应动力学研究方面取得的系列成果获得了国家教育委员会科学技术进步奖二等奖。1993 年，当选中国科学院院士。

孙家钟，天津人。1952 年，作为燕京大学化学系最后一届毕业生，孙家钟被分配到了鞍山钢铁公司工作。在燕京大学学习时，孙家钟经常去蔡镏生家里请教物理化学问题，给蔡镏生留下了深刻的印象。由于当时东北人民大学化学系初建，师资力量不足，调任东北人民大学化学系系主任的蔡镏生便邀请孙家钟加入该校，给唐敖庆当助教。后在唐敖庆的培养下，为学生们主讲物质结构课程。参加唐敖庆主办的物质结构学术讨论班的1963年，孙家钟34岁。也正是在这一年，他晋升为副教授。在学术讨论班中，他着重研究配位场理论中的群链，并取得了突出的成绩。1978年，吉林大学理论化学研究所成立，孙家钟出任副所长，并于1984年出任所长。1991年当选中国科学院学部委员（院士）。

江元生，江西宜春人。1948年，江元生在中山大学数学系读书，因为没有生活费，他就勤工俭学，到学校的校车上卖票挣生活费。后来，他又到武汉大学化学系学习，并于1953年到东北人民大学攻读研究生，导师就是唐敖庆。1963年，随孙家钟走进唐敖庆柳条路住宅的江元生，是“八大弟子”中最年轻的一个，当时只有32岁。在学术讨论班学习期间，他和师兄们一起，研究配位场理论。在此过程中，他研究旋转群向点群分解中不可约表示重复出现的问题，通过确定某些系数，使之系统化。后来，他还参与研究分子轨道图形理论，取得突破性进展。从1980年开始，江元生通过一系列的对外学术交流带动科研工作，取得诸多成就。1991年，由于成绩突出，江元生当选中国科学院学部委员（院士）。1992年，他到南京大学任教，后创办了南京大学理论与计算化学研究所。

刘若庄，北京人。1950年从北京大学研究生毕业后留校任助教，参与唐敖庆关于杂化轨道理论的研究，并与唐敖庆共同发表两篇学术论文。1951年调入辅仁大学任教。1952年全国高等院校院系调整，辅仁大学并入北京师范大学，从此，刘若庄的一生都与北京师范大学的化学系（后更名为化学学院）相伴。1963年8月，他从北京乘火车到达长春后，接到通知到唐敖庆的家里做客，那一刻，他就觉得他们未来的研究之路不会错。1963年，他38岁。完成配位场理论等科研攻关后，他回到北京师范大学任教。1978年，刘若庄牵头创建了由教育部批准的北京师范大学量子化学研究室。在此过程中，刘若庄为自己选择了一个理论化学的新方向——计算化学。仿照他的老师唐敖庆先生，他还带领自己的团队在1984年和1987年举办了两期全国范围的量子化学计算方法短训班。20世纪80年代后期，他还开展有机导体和半导体的理论与应用研究。1999年，当选中国科学院院士。

戴树珊，江苏扬中人。由于战乱频仍，小学时代，戴树珊没有接受系统的教育，但他仍然努力而执着地完成了中学教育。经历了国家与民族灾难的他，觉得国家的强大需要工业的支撑，而化学研究又能够为强大的工业提供力量，所以他选择化学专业学习。1953 年从北京大学毕业后，他被分配到刚刚成立的东北人民大学化学系师从唐敖庆攻读研究生。研究生毕业后，又到云南大学化学系任教。1963 年，他再一次回到熟悉的长春，回到自己尊敬的导师身边。此时的他，刚刚 35 岁。在学术讨论班上，唐敖庆安排他和邓从豪一起承担配位场理论研究的第一项任务，对弱场方案进行改进。20 世纪 70 年代中期，他跟随唐敖庆与他的同学们开始进行分子轨道图形理论研究。80 年代中期开始，他又与人合作，进行相对论量子化学理论与应用研究，取得突破性进展。1984 年，任云南大学化学系系主任。20 世纪 90 年代，戴树珊通过自己的努力，在微波化学新领域发挥了开拓性的作用。

鄢国森，重庆人。1951 年，从重庆大学毕业的他留校在物化教研组任助教，负责实验室工作。根据全国高等院校院系调整的安排，1953 年，重庆大学化学、数学部分教师调到四川大学，名单里并没有鄢国森的名字。四川大学负责人看到名单后，由于知道他实验室管得好，而且修理仪器十分出众，便点名要鄢国森。到了四川大学化学系后，校领导对他委以重任，让他承担物理化学实验室的兴建任务，此时他才 23 岁。10 年之后，他的身影出现在长春柳条路的街头，接受物质结构学术讨论班的培养。唐敖庆安排他和张乾二进行配位场理论研究中旋转群——点群耦合系数的推导和计算，他不负众望，最终完成了该系数对称性与正交性的证明。特别是，由于鄢国森的文笔优美，唐敖庆把专著《配位场理论方法》的主要写作任务交给了他。20 世纪 70 年代，唐敖庆和江元生在为中国科学院上海有机化学研究所的量子化学短训班备课的过程中，对分子轨道图形理论进行了研究，并且总结出三条定理。在这项研究成果发表之后，唐敖庆安排鄢国森和戴树珊参加后续的研究工作，包括对三条定理的严格数学证明和应用推广，其中一条严格的数学证明就是由鄢国森推导出来的，收录在《分子轨道图形理论》一书中。80 年代，鄢国森又进行大分子振动光谱的研究，取得了突破。1984 年，由于科研和管理工作都十分出色，鄢国森走上了四川大学校长的岗位。但他无论何时，都没有停止教学。退休后，直至 80 多岁高龄，他仍然坚持每周为学生们上课，在课堂上一站就是几个小时。

张乾二，福建惠安人。本科与硕士都是从厦门大学毕业的他，于 1954 年留校任教。随即，他的科研才华也慢慢显现出来。1958 年，著名化学家卢嘉锡安排他和另一位研究者尝试从水溶液中培养晶体。由于当时处于第二次台湾海峡危机，厦门大学把物理化学研究所设在漳州。彼时的条件不是用“简陋”二字所能形容的。没有场所，他们就把实验室设在一所小学校里；无处居住，他们就找到附近的一处天主教堂；没有地方做饭，他们就选择到龙溪专署食堂吃饭。就是在这样的艰苦环境里，不久之后，厦门大学从水溶液中培养出晶体的消息在国内传开。山东大学派人来专程学习。后来，福建和山东各建了晶体室，成为我国重要的晶体培养基地。1963 年，在卢嘉锡的建议下，张乾二长途北上，赶赴长春。这一年，他 35 岁。在赶到长春之前，他就与另两人有一定的渊源：邓从豪曾经是他在中学时代的数学老师，刘若庄则为他翻译的俄语著作做过校对。与这些志同道合的研究者一起，在 20 世纪 70 年代末研究配位场理论取得巨大成就之后，他觉得还可以再进一步。他认为之前的工作由于时间限制，尚未获得群变换系数的封闭公式，真正能阐明客观世界的科学理论一定是简洁明了的，若研究结果十分烦琐，那说明还必须进一步研究，直至得到它最简洁的表示方法。张乾二从多面体分子出发，和他的研究组成员经过一系列的科研攻关，最终推导出旋转群与点群之间变换系数的闭合公式。他带领的研究组在 1987 年出版了《多面体分子轨道》。唐敖庆看到研究结果深感欣慰，觉得“青出于蓝而胜于蓝”。1989 年，张乾二和他的团队以“群论方法在量子化学中的新应用”获得了国家自然科学奖二等奖。在此期间，他以厦门大学化学系系主任的身份同时兼任中国科学院福建物质结构研究所所长。1991 年，当选为中国科学院学部委员（院士）。

“八大弟子”当中还有一位名为古正。与鄢国森一样，他也是重庆大学化学系毕业。1953 年，他调到四川大学化学系历任讲师、副教授、教授。在配位场理论研究之后，他还着重进行了激光分离同位素研究。

尽管后来在化学领域的广阔天空，唐敖庆的“八大弟子”星光熠熠，但 1963 年，他们都还初出茅庐。他们要做的，仍是扎扎实实地学习，然后在唐敖庆的指导下，着重地就科研的某个方面深入探讨。而这一过程，也许是他们人生中最快乐的一段时光。

（二）讨论班里

确定了学术讨论班的 8 位正式学员之后，还需要唐敖庆定夺的是旁听学员的选择。看到全国各高校及科研院所的踊跃报名情况，唐敖庆是欣慰的，他一个也不想拒绝，而是只要这些人愿意，就全部将他们吸纳为旁听者。从 1963 年 9 月物质结构学术讨论班正式开班到当年 12 月，旁听学员经过几次增加之后达到了 31 人，包括游效曾（南京大学）、赖伍江（厦门大学）、刘春万（福州大学）、赵成大（东北师范大学）、王志中（吉林大学）、李伯符（吉林大学）、裘祖文（中国科学院长春应用化学研究所）、赵景愚（中国科学院长春光学精密机械与物理研究所），等等。第二年 5 月，北京大学的黎乐民也风尘仆仆地来插班。

既然名为“学术讨论班”，就要有个“班”的样子。唐敖庆安排 8 位正式学员中年龄最大的邓从豪做班长，鄢国森做党小组组长，江元生熟悉学校和长春当地的情况，就做副班长。由于教室十分紧张，唐敖庆就在学校图书馆的一间阅览室里开始授课。1963 年 9 月 9 日，物质结构学术讨论班正式开班。

“八大弟子”并不知道，为了讲好相关课程，唐敖庆做了精心的准备。在正式上课之前，他查阅了国际近年来出版的大量专著，《量子力学》《量子化学》《过渡金属离子理论》《群论及其在原子光谱量子力学中的应用》《群论及其在物理学中的应用》等书籍，他都已经系统地看过。他给弟子们拟定的教学计划是，前一年讲授理论课程，后一年进行科学研究。而将来研究的课题就是群论在原子、分子结构中的应用。

“八大弟子”围坐在一张特别大的桌子的三面，桌子的另一面对着墙边竖起的黑板，而唐敖庆就站在黑板前，边讲边写。第一堂课，唐敖庆首先给大家开列了 13 本参考书，都是当时这一领域的世界名著，不但有普及类入门必读的，更有经典类提高必看的。特别是，这些书还有一个特点，即都是 1955 年到 1962 年新出版的，仅 60 年代出版的就有 5 本。也就是说，“八大弟子”在学术讨论班刚刚迈出的第一步就踩在了国际的最前沿。

唐敖庆把群论及其在物质结构中的应用作为讨论班的主干课程，他使用的第一本教材是该领域公认难度最大的教科书：莫顿·哈默梅什（Morton Hamermesh）的《群论及其在物理学中的应用》（*Group Theory and Its Application to Physical Problems*）。这本书站在很高的角度介绍群论，既介绍连续群，又介绍离散群，特别是对群的表示理论，阐述得非常严谨、细致，读懂了这本群论书，有一种“一览众山小”的感觉。[①]唐敖庆每周授课3次，每次从早上8点讲到11点半，中间只休息20分钟。在这部教材的基础之上，唐敖庆后来又陆续讲授了三维旋转群、格里菲斯（J. S. Griffith）的过渡金属离子理论、李群和李代数等进一步提高的内容。唐敖庆还聘请外校的专家前来讲课，拓展同学们的知识面。江苏师范学院（苏州大学前身）的周孝谦就曾经来到该学术讨论班讲了一个月的原子核壳模型理论。

不论讲授的课程对于唐敖庆来说有多么熟悉，每次上课之前，唐敖庆都会认真备课。正式上课的时候，唐敖庆从不看讲稿，全凭记忆脱稿讲授。而那些内容则如计算机的存储一般，原原本本地从他的大脑中输出，连一个标点符号也不会有偏差。正式讲授一堂课程之前，唐敖庆还会把当天要讲的内容简单介绍一下，并且点出这一节课与上一节课的关系。学术讨论班的学员们普遍感到，唐先生的课条理清晰，逻辑缜密，系统性强。关键是，唐敖庆还会时时告诉大家，哪些方面的研究在国际上处在什么样的状态，值得再进一步思考。

大家都知道，唐敖庆并不仅仅在给学术讨论班上课，还在给吉林大学化学系的研究生讲统计力学。他一周的上课任务太满了！即便如此，在讲课的时候，唐敖庆仍然会认认真真地写板书。一黑板写完了，又要擦掉，手臂常常酸得抬不起来。邓从豪发现老师要擦黑板了，“蹭”地一下，跑上讲台去擦。又写一黑板，鄢国森又抢着上去。张乾二、戴树珊……大家互相替换，讲台上下，其乐融融。

很快，半个学期就要过去了，唐敖庆却发现了一个问题。那就是，通过近半个学期的授课，学员们掌握了部分领域的基础知识，同时，学员们本身各人都有研究课题，具备了相互交流和讨论的前提，但是却没

---

① 张乾二. 回忆唐敖庆老师的二三事[M]//刘远，董汉良. 一代宗师 风范永存：唐敖庆百年诞辰纪念集. 长春：吉林大学出版社，2015：186-188.

有什么好的形式开展这种交流和讨论。

一天，从学术讨论班上课回来，唐敖庆走在已经入冬的校园的小路上，心中反复考虑着这个问题。几只麻雀从前面的大树上“腾”地飞起，飞得不远，又落在路边，“叽叽喳喳”找吃的。唐敖庆突然灵机一动。

很快，下一次课到来了。唐敖庆告诉大家，我们已经讲了半个学期的课程，学术讨论班可以进入一个新的阶段。他宣布，从下半学期开始，结合每个学员各自的研究课题，每周安排学员做一次专题研究报告，共安排 10 次。同时，对于主课教学，将每周布置一次习题，由学员自己轮流批改，如遇难题，再由唐敖庆来解答。

这下，学员们一下子动起来了，从原来的静态听课，变成了现在的动态参与，不仅要做专题报告，还要给其他学员批改作业，主动性和积极性被更加充分地调动起来。孙家钟、刘若庄、江元生……大家纷纷走上讲台，开展专题讲座。在此基础上，唐敖庆还组织大家进行了两次集体讨论。这就像那一群麻雀，每一只都在主动找食吃。

一个学期很快过去了，大家都觉得时间虽短，但收获特别大。在寒假到来之前，唐敖庆又安排全体学员对这一个学期的学习情况进行总结，同时讨论下个学期的学习计划。根据科研的需要，唐敖庆还将“八大弟子”分成两个小组，出了两个研究题目，要求大家从现在开始着手到第二个学期末暑期前完成。一组是邓从豪、张乾二和鄢国森，研究的课题是“核能谱的分析”；另一组是孙家钟、戴树珊、江元生、刘若庄四人（由于古正是无机专业，数学和物理基础比较薄弱，所以只听课不参加科研），研究的课题是“分子间作用力”。唐敖庆说：“第一组至少要写出一篇论文，第二组至少要写出三篇论文。”根据对大家学习情况的掌握，他有这样的信心。

放寒假了，北国的长春也迎来了一年中最冷的时刻，北风呼号，雪花漫卷。送走了各自归家的学员们，唐敖庆又一次陷入了思考。通过第一个学期的教学，他感到课程的进度偏快，造成课程的负担过重，个别学员有些吃力。一股脑儿地灌输并不能让大家最充分地理解和掌握，基础不牢，地动山摇。唐敖庆决定，从第二个学期开始，减少每周的授课时间，控制在 20 节以下。而他自己的课则控制在每周 9 节以下。

从第一学期的下半程看，学员们进行专题报告的效果非常好，不仅有利于自身系统地整理所学知识及总结自己的研究阶段，而且有利于其他学员开阔视野、共同思考。唐敖庆觉得应该在第二学期进一步拓展这一教学方法，延长专题报告的时间。同时，还需要把专家们更多地请进来，引领学员们走进更广阔的新天地。

一整套学术讨论班的学习模式在唐敖庆的头脑中完整地形成了。转眼 1964 年的春节过完了，怀着期待的心情，他等待着学员们的归来。

第二学期开学前，“八大弟子”就已经回到了长春，他们到柳条路的唐敖庆家里看望自己的老师，并且互相交流这一个寒假的思考以及收获。那叽叽喳喳又活蹦乱跳的样子，还真的有点儿像长春街头一群又一群的麻雀。

学员们也发现，老师给他们安排的专题报告时间大幅度增加了，而且紧密围绕着原子结构及配位场理论这门课程。其中，“过渡元素与稀土元素原子的结构和光谱”部分安排给邓从豪和鄢国森，时间扩展到 50 节课。刘若庄则围绕“络合物的结构和性能”开讲，时间扩展到 20 节课。

有更多的专家来到了学术讨论班。唐敖庆把中国科学院长春应用化学研究所的吴钦义和裘祖文请来了，他们用 20 节课的时间共同给学员们介绍磁共振原理及技术，让学员们对物质结构、各种实验研究方法的原理和技术有所了解。他还请来了吉林大学物理系教授吴式枢，用 30 节课的时间给大家讲述量子力学的多体问题，让学员们知道了如何应用量子力学。从知识结构与所涉猎的范围来看，学术讨论班的内容更加丰富多彩了。

1964 年 5 月，北京大学的黎乐民出现在长春街头。他是徐光宪先生的研究生，研究方向是配位化学，听说吉林大学物质结构学术讨论班正在讲授群论与配位场理论的课程，而且是唐敖庆亲自授课，便征得导师同意，申请插班。

正是北国春暖花开之时，黎乐民伴随着长春街头的花香与鸟儿的欢唱，坐到了唐敖庆的课堂上。本来，他已经自学了《过渡金属离子理论》及与群论相关的著作，觉得基本上已经弄懂了。没想到，听了几堂课之后，感觉自己收获了比原来还多的知识点，特别是获得了一种高度和视野，豁然开朗。

是的，就是在这种“豁然开朗”的状态中，学员们开始发挥出各自的动能。在唐敖庆的精准带领下，科研的突破口慢慢向他们显现出来。

本来在上个学期的期末，唐敖庆给大家的研究课题是两个，并把大家分成了两组。在第二个学期，由于大家的实际工作卓有成效，唐敖庆又进一步把研究课题从两个细化为五个。

谁也没有想到，科研的突破口从一次唐敖庆和学员们做的形象比喻开始被打开。一天，唐敖庆给大家上课时讲的是“分子对称群的不可约张量法”，课后，学员们围住唐敖庆交流。唐敖庆做了一个形象的比喻：“在三维旋转群与点群之间，存在一条‘沟’，需要架一座‘桥’。”

受到这句话的启发，邓从豪朝思暮想，反复琢磨，做出了这样一个逻辑推理：三维旋转群是用来研究中心离子的，点群是用来研究配体的；中心离子的原子轨道杂化可以用来与配体的对称性匹配。那么，在群论中，两种群之间是否存在一个耦合系数呢？如果找到了这个耦合系数，也就找到了唐敖庆所说的三维旋转群与点群之间的“桥”。

可是怎么才能求出来这个耦合系数，邓从豪遍查文献，查不到。鄢国森、张乾二也帮着查，还是查不到。

他们找到唐敖庆，向老师汇报自己的想法，认为找到这个耦合系数，就能搭起那座“桥”；目前文献中普遍找不到这个耦合系数，那么，这就是一个新的课题，估计难度不小，要不要做下去？“突破了一个难点，可能我们就能开拓出一大片！这个发现好，我们一起努力探索一下！”唐敖庆十分高兴。

获得了老师的肯定，邓从豪几个人夜以继日地研究如何推算出耦合系数。可是过了半个多月，仍然一无所获。

也许是深深沉浸于这一理论研究之中，几个人的脑里已经没有别的了。一天晚上，张乾二和鄢国森仍然在互相讨论。突然，鄢国森灵光一闪：旋转群是可以分解到点群的不可约表示基的，这个不可约表示基是能够分别用旋转群和点群耦合的基函数表示出来的，那么这个基函数就含有旋转群分解到点群的耦合系数。

听了鄢国森的话，有着极强逻辑推理和数学计算能力的张乾二也眼前一亮，立即拿出笔推导公式。不一会儿，他就推导出了旋转群分解到点群的耦合系数的计算公式。

兴奋之情伴随着心跳撞击着两个人。他们不顾时间已近深夜，赶紧找来几个例子进行验算，结果完全正确。

困扰了他们半个多月的难题，在这一刻得到了解决，那种激动的心情是难以言表的，尽管已经十分疲惫，但两人仍然难以入眠。

好不容易到了第二天，一大早，他们两人就去找邓从豪。邓从豪眼睛瞪得大大的，欣喜地听他们讲完之后，拿来张乾二推导的计算公式细细地查看，感觉某些地方还不够规范，便立即拿起笔进行修改。

经过邓从豪修改的计算公式更加完美，张乾二和鄢国森觉得这下没有一点问题了。他们把新的计算公式工工整整地抄好，准备上课的时候交给唐敖庆审阅。

这是令三人格外开心的一天，他们恨不得一步就跨到课堂上，马上就能见到唐敖庆。他们早早地就坐在教室里等着唐敖庆的到来。离上课还有一段时间，唐敖庆也早早地来了。

邓从豪站起来说："老师，我们有一件事情要告诉您！"

"哦，我也有一件事情要告诉你们！"唐敖庆回应着，大家看到，老师的手上拿着一张纸。

邓从豪兴奋地说："我们推导出了旋转群分解到点群的耦合系数计算公式！"这时张乾二把写着计算公式的纸交到唐敖庆的手上。

"太好了，我也推导出了计算公式！"唐敖庆也把自己手上的纸交给他的学生们。

"老师，先说说您的。"鄢国森热切地看着唐敖庆。

唐敖庆先把自己推导的公式告诉学生。这是一个闭合公式，计算量很大，需要多次求和，但整体上比较漂亮。紧接着，张乾二把自己的推导过程与方法讲述了一遍，他们几个人推导出的公式方便徒手计算，整体上比较简洁。

一时间，师生竞相成功推导出公式在学术界被传为美谈。而正是这个公式带来的突破，奠定了他们未来的研究方向和科研可能，沿着这一个点的突破，邓从豪、张乾二、鄢国森进一步深入，又不断有了新的发现。

唐敖庆与"八大弟子"不断取得的科研突破让学术讨论班的旁听人员也心痒手痒起来，一些人员主动找到唐敖庆要任务。厦门大学的赖伍江和几个同学一起向唐敖庆提出，能不能也参加到科研当中，力所能及地做点事情。看着这些学员的积极性被调动起来，唐敖庆由衷地感到高兴。他告诉赖伍江，有一本外语专著 *Chemical Application of Group Theory*，对于普及群论知识作用很大，看他们能否把这本书翻译过来。兴奋的赖伍江和刘春万、游效曾一起，立即承担起该书的翻译工作。1975 年，该书的中译本《群论在化学中的应用》正式出版，20 世纪 80 年代再版。

第二个学期大家在兴奋中度过。因为邓从豪、张乾二、鄢国森负责第一个学期期末时唐敖庆布置的科研课题，又由于后来搭起了那座“桥”——耦合系数等一系列新发现，他们的科研取得了实质性的突破，所以，从第三个学期一开始，唐敖庆就果断地把之前布置的其他几个课题停了下来，集中所有人的力量对已经取得一系列突破的领域进行攻关。这个领域就是配位场理论。

一天，唐敖庆再一次把“八大弟子”叫到自己家的小会客室，唐敖庆居中而坐，“八大弟子”列坐两旁。唐敖庆告诉大家，从现在开始，我们要有新的科研安排，总的科研题目就确定为“配位场理论研究”，再细分成若干项。

此时的唐敖庆犹如稳坐中军帐的大元帅，开始给弟子们排兵布阵。在“配位场理论研究”的总课题下，又分为四项：第一项是改进弱场方案，由邓从豪和戴树珊负责；第二项是探讨强场和弱场之间的关系，由张乾二和鄢国森负责；第三项是应用第一项的成果分析组态，由孙家钟负责；第四项是把弱场方案推广到低对称络合物，由江元生负责。

在这样的总体思路和指挥下，唐敖庆把第三学期的课程也做了相应的调整。唐敖庆为学员们主讲“群论在分子结构中的应用”“群论在物理中的应用”，共计 26 讲，每讲 4 节；孙家钟、刘若庄、戴树珊三位学员则分头讲授“分子轨道理论”课程，共计 29 讲，每讲也是 4 节；张乾二则给大家讲授“配位场强场理论”——分子对称群的不可约张量法。

唐敖庆和他的“八大弟子”已经准备好了，他们整装待发，朝向研究的巅峰进发。

（三）长春城中

从柳条路再往北，仅仅几十米之外，便是另一条马路，名为东中华路。与柳条路比起来，东中华路更宽、更笔直，呈正东正西走向。就在这条马路上，有一处院子，里面是几栋不高的楼房，吉林大学的专家招待所就坐落在这里。“八大弟子”中除了孙家钟、江元生两位住在自己的家里以外，其他六人都住在该招待所。邓从豪和刘若庄每个人住一间，张乾二与戴树珊同住一间，鄢国森与古正同住一间。

“树珊、国森，你们几个快过来，唐老师来看咱们了！”听着邓从豪的招呼，大家纷纷来到他的房间，唐敖庆正坐在里面。每隔一两周，唐敖庆就会在星期天来招待所看望大家。“从豪、国森，说说你们家乡的风土人情？”唐敖庆引出话题。于是，大家就天南海北地聊起来。大家知道老师喜欢《红楼梦》《三国演义》等古典文学作品，有时也会就里面的一些人物做一些评价。说到开心之处，喜爱京剧和昆曲的唐敖庆还会站起来，当着大家的面哼唱两句。

学术讨论班的开班时间是 1963 年，三年困难时期刚过去，“八大弟子”基本都面黄肌瘦。为了给大家改善伙食，每过几个月，唐敖庆就会在长春比较高级的饭店请大家吃一次饭。大家都知道，老师家里子女多，负担很重，所以有时大家也凑钱去吃饭。

原本，学校给师生的伙食与大伙一样，都是玉米楂、高粱米等粗粮，一个月只配给两斤细粮。粗粮吃到肚子里，不容易消化，特别是刚来到东北的南方人，非常不习惯，经常会犯肠胃病。

然而，“八大弟子”中除了长春的两位，另 6 个人只吃了不长一段时间的粗粮，便从 1963 年 9 月底开始吃上了细粮，而且一吃就是一个学期。

原来，在学术讨论班开班前后，唐敖庆给吉林省政府写了报告，提出讨论班有 6 名学员来自南方，刚来东北还不习惯吃粗粮，希望能够给予细粮供应。然后，唐敖庆又协调吉林大学与长春市负责粮食供给的部门沟通、对接，申请下来一个学期的细粮供应指标。不仅如此，唐敖庆还为这些学员申请副食品特批，学员们后来吃到嘴里的肉类、黄豆、鸡蛋等无不是他亲自争取的结果。

1963 年马上入冬了，身为副班长的江元生更加忙碌起来，除了学习和科研工作，唐敖庆又另外布置给他一项任务：给 6 名来自南方的学员办理布票。由于物资紧缺，东北的冬天要用到的棉花和棉布都要按票证供应。然而没有棉衣，对于 6 名来自南方的学员来说，根本无法抵御室外零下二三十摄氏度的严寒。通过唐敖庆的努力，校方与长春市商业局协调，具体由江元生经办，在严冬到来之前，为他们发放了 54 尺布票、4 斤棉花票。凭着这些票证，6 名来自南方的学员买了棉大衣，暖暖地过了一冬。

唐敖庆鼓励大家劳逸结合，不要因为繁重的学习和科研任务把自己累倒。转眼到了1964年的五六月间，唐敖庆组织学员们到长春的南湖公园游玩，还给大家租了游船，有时候他还亲自划桨，荡舟湖心，水面上留下师生爽朗而畅快的笑声。

对于南方人来说，北方的城市往往显得粗犷，街道笔直宽阔，不像南方那样曲折婉约。在一起时间长了，几个来自南方的学员也会在星期天的时候相约到长春有特色的街路走一走、逛一逛。1964年夏季的一个周末，鄢国森和张乾二路过三马路，看到了一个旧货市场，虽然不是很大，但人来人往，十分热闹，物品也算琳琅满目。两人饶有兴趣地东瞅瞅、西看看。一些小家用电器吸引了他们，张乾二在卖收音机的地方停下脚步。鄢国森对收音机的电路比较熟悉，小声告诉张乾二，这些收音机只是有些接触不良，其他的器件都很好，价格更是便宜得没得说。张乾二当即买了一台，回到招待所后，经鄢国森修理，性能完好如初。从此，招待所的房间里有了新闻广播声、音乐声和戏曲播放声。

像他们的老师唐敖庆一样，学员们慢慢地适应了这座城市，也喜欢上了这座城市。长春给人的感觉，干净利索，爽朗热情，像一个要好的哥们，注视着你，关怀着你。

在唐敖庆家里，学员们看到了一张拍摄于1962年时的全家福，一家8口，端端正正，唐敖庆和夫人史光夏坐着，6个子女站着，一幅和谐、美好的画面尽现眼前。

无论对于唐敖庆的家，还是对于吉林大学，进入20世纪60年代都是一个重要的转折。从1952年刚来长春时的一家5口到现在的一家8口，这是一种幸福的成长。夫人史光夏任劳任怨，无怨无悔，照顾着这个家，照顾着夜以继日工作的唐敖庆。而从1952年理科各系各学科的始创，到学校大礼堂的开放、理化大楼开始兴建、专业门类更加丰富，经过10年的发展，吉林大学已经成为文理综合发展的高教部重点大学，在全国占有一定的分量。因此，唐敖庆和夫人商量拍一张全家福，纪念来到东北10年，也纪念家庭与学校的共同成长。

其实唐敖庆的家更像是一个在最小社会单元里形成的国家记忆。当年，大女儿在昆明出生，为了纪念出生地，唐敖庆用“明”的谐音“敏”给她起名唐敏。为了同样的纪念，当大儿子（老二）在昆明出生时，唐敖庆给他起名唐昆。到东北后一个多月，老四出生，为了纪念出生地，唐敖庆给他起名唐东。两年后，老五出生，恰逢《中华人民共和国宪法》颁布实施，为了纪念这一特殊时刻，唐敖庆给他起名唐宪。

如果是周末，学员们来到唐敖庆的家，常常能看到这几个孩子。学员们大都知道唐敖庆几个子女名字的来历，他们理解老师以及老师一家与自己的祖国共同成长的决心和信心。潜移默化之中，他们的行为举止也在向老师靠近，老师的很多性情甚至影响了他们一生。

（四）科研峰顶

确定了"配位场理论研究"的总科研课题后，唐敖庆和学员们分头行动起来。邓从豪和戴树珊开始计算弱场方案中的各种系数，江元生则承担起低对称场耦合系数的计算，孙家钟忙着将李代数用于分子壳模型，刘若庄开始给《群论在化学中的应用》翻译稿做校对。

在探讨强场和弱场之间联系的过程中，因为要做强场的方案，唐敖庆要求张乾二认真阅读格里菲斯的《分子对称群的不可约张量法》，读通之后，还要给大家讲一讲。张乾二系统地研读了该著作，有了新的发现：强场方案与弱场方案能够打通。张乾二把自己的想法整理出来之后，又与大家进行了交流，然后向唐敖庆汇报。师生们觉得这使"配位场理论研究"又进了一步，原子结构与分子结构的桥梁已经建立起来。

在此过程中，受到唐敖庆的启发，孙家钟的研究取得了新的进展。耦合系数在旋转群和点群"两沟"之间搭起了一座"桥"，而孙家钟要做的则是在旋转群和酉群之间建立起连接。孙家钟觉得，从两者的位置来看，旋转群在低处，酉群在高处，需要架一架"梯子"。而通过分子轨道与原子轨道可用相同基这一点，孙家钟发现了这架"梯子"，这样就能够建立起一个群链。这相比前人的研究有了一个重大的进步：以前仅用点群讨论强场理论，没有应用连续群，当然找不到这条群链。

无数个夜晚之后，孙家钟找到唐敖庆做了系统且细致的交流。唐敖庆肯定了孙家钟的思路，他高兴地对孙家钟说，循着这个方向，我们就可以站在更高处来处理分子模型了。他又嘱咐孙家钟，为了保证它的正确性，还要进一步验证，任何一个细节都不可放过。"那可能计算量更大了！"孙家钟有些担心时间来不及。唐敖庆随即做出安排，请吉林大学化学系数理基础过硬的李伯符过来帮忙，在配合孙家钟进行群链研究的同时，对已经建立起来的群链做组态分类。后来，这一工作又有了进一步的拓展，计算量大到李伯符一个人已经应付不过来，又把古正请来帮忙。

1964 年，一篇关于正八面体场的理论分析的论文在《吉林大学自然科学学报》第 3 期上发表，署名是物质结构学术讨论班。这是关于“配位场理论研究”的第一篇论文，唐敖庆安排邓从豪执笔。

时间在学员们的笔尖飞逝而过，转眼就来到了第四学期，也是学术讨论班的最后一个学期。唐敖庆在这一学期主要安排了两门课：李代数和物质结构的近代实验方法，唐敖庆主讲李代数，另一门课则安排在中国科学院长春应用化学研究所进行实地学习。科研方面则是“配位场理论研究”的进一步深入延续。

经过前三个学期的储备和研究，第四个学期研究的各个子项目都仿佛是含苞待放的花蕾，等待着最后的绽放。《配位势场理论的研究 Ⅱ. 强场与弱场波函数的变换关系及其应用》在 1965 年第 1 期的《吉林大学自然科学学报》上作为重点论文刊发。

春天即将再一次降临北国，长春的街头暖暖的，阳光照耀着每一个人的额头，整座城市做好了迎接一派欣欣向荣景象的准备。走在上班路上的唐敖庆心里在筹备着三件事：出书、留人、举行结业典礼。

在唐敖庆的指挥和带动下，学术讨论班的科研已经到了热火朝天的状态，大家按照唐敖庆分派的任务，没白没夜地推导着、计算着。邓从豪和戴树珊为推导弱场方案的计算公式与计算变换系数忙个不停，江元生痴痴地计算着各种低对称点群的某些系数，孙家钟、李伯符对于李代数和分子壳模型进行深入探讨……每个人都觉得，最后的科研高峰仿佛就在眼前，再冲一冲，就能登上去。

各类需要计算的数据实在是太多了，唐敖庆就让学术讨论班的旁听学员也加入进来，厦门大学的赖伍江、福州大学的刘春万、东北师范大学的赵成大等人均加入验算的行列……唐敖庆带领的这支科研队伍列队前行，虎虎生风。

在此基础上，根据已经取得的科研突破，唐敖庆立足自身，放眼国际，拟让学术讨论班写两本书，一本是《配位场理论方法》，另一本是《配位场计算方法》。

让唐敖庆惊喜的是，接到写作《配位场计算方法》任务的张乾二和鄢国森只用了几个月的时间，就将 100 多页篇幅的油印小册子交到了他的手中。那是张乾二和鄢国森在钢板上铺上蜡纸，一笔一画刻出来的。唐敖庆给予他们高度的肯定，但也要求他们本着严谨、慎重的原则，对全书的内容再进一步归纳提高，特别是对计算结果，一定要反复推导求证，确保万无一失。

> 近两年的时间，该班学员除了掌握物质结构基础理论、基本技术与近代研究方法外，还进行了有关配位势场理论的研究工作，已完成四个项目，其中一项发表，其他三项也在整理之中。这些工作具有一定的理论及实用价值。为了总结收获、整理和推广科学研究成果，希望于该班结束后撰写两本有关配位势场理论及计算方法的专著。为使此项工作顺利进行并在短期内完成，需留部分外校学员延期半年返校。

在吉林大学档案馆，珍藏着一份 1965 年 4 月学校给高教部的报告，报告的题目为《1963 年“物质结构学术讨论班”总结》。在这个报告中，唐敖庆的一个重要的目的，就是留人。

报告里明确说明，申请山东大学的邓从豪、厦门大学的张乾二、云南大学的戴树珊、四川大学的鄢国森四个人延期返校。之所以如此，是唐敖庆发现，学术讨论班所取得的成果越来越显露到水面上来，已经不仅仅是冰山的一角，极有可能呈现更加壮观的景象。

很快，高教部就同意了吉林大学的申请。在此之前，唐敖庆还与四人所在的四所大学进行了沟通，都得到了积极的回应。唐敖庆放心了。

为期两年的物质结构学术讨论班即将结束了，到时候，应该安排一个什么样的结业典礼，怎样做总结，都需要提前着手。他将这方面的工作布置给学术讨论班的班长邓从豪、党小组组长鄢国森以及副班长江元生，把自己的原则意见做了交代，然后让他们做好准备。

1965 年 7 月，长春的盛夏来临了，在火一般的日子里，物质结构学术讨论班举行了结业典礼。学校领导登台讲话，对学术讨论班取得的成绩表示肯定和祝贺；教师代表登台致辞，交流自己的体会和感受；学员代表登台发言，告诉大家，与两年前相比，现在是一个不一样的自己。

“我希望，大家将来在各自的岗位上，一定要把教学工作和科研工作结合好。”最后唐敖庆登台给大家送出临别赠言，“要发扬刻苦钻研、团结奋战的精神，为祖国的理论化学事业贡献力量！”

台上的唐敖庆中气十足，信心满满。台下的学员们看着他，仿佛看到的是理论化学领域的一棵参天大树，大树的阴凉滋养着大家，其深刻与广阔让大家依赖，从他的身上，学员们看到了大家共同的未来。

为了纪念学术讨论班结业，学员们和校领导一起在理化楼前合影。那一天的阳光格外好，照在楼前的十余级台阶上。大家兴高采烈排好座次，等着摄影师按下快门。唐敖庆坐在第一排左起第一位，头微微上抬，脸上表情舒展，神态从容自信。“八大弟子”分站在第二排和第三排，戴树珊、鄢国森、孙家钟等人无不神采奕奕，邓从豪满脸微笑。唐敖庆和弟子们对于理论化学研究的信心被定格在1965年的那个夏天。

物质结构学术讨论班结业合影（摄于1965年）
第一排左起：唐敖庆（副校长）、陈静波（校党委代理书记）、刘靖（代理校长）、何礼（副校长）、江剑秋（校党委副书记）、牛根深（校总务长）；第二排左起：赵成大、戴树珊、邓从豪、鄢国森、刘若庄、肖慎修、杨家玲、古正；第三排左起：江元生、赖伍江、詹瑞云、陈世元、孙家钟、张乾二、裘祖文；第四排左二起：刘春万、张英华（校科研处长）、裴风奎、游效曾；第四排右一起：祝继康、王志中

1965年暑假伊始，面对空旷的校园，唐敖庆开始考虑下一步的科研工作。可就在这时，他接到消息，张乾二和邓从豪暂时不再回长春继续

参加“配位场理论研究”了。

两员大将的缺席，让唐敖庆从心底连呼可惜。但面对这样的现实，唐敖庆的科研热情和决心却没有一丝一毫动摇。他觉得，尽管科研工作已经取得了决定性的成果，下一步重要的是做好整理，但一些耦合系数准确与否却是科研能否取得成功的关键。这个关键就是大量烦琐的计算和验算。学术讨论班没有结束的时候，可以动员全部学员的力量参与，现在大家都已经归校，没有人员力量可以动员，必须找到其他更有效的办法。

一个念头从唐敖庆的脑海里冒了出来。这几年在距离长春不远的沈阳成立了一个计算中心，有计算机。虽然那时候的计算机个头巨大，但毕竟可以代替人工完成大量数据的运算。唐敖庆通过学校找到沈阳的有关单位，希望双方可以合作。听说要通过计算设备对我国基础化学理论研究提供帮助，沈阳方面立即同意了。

1965 年秋季学期马上就要到了，唐敖庆急切地等着另外两个弟子的到来。在正式开学的前几天，鄢国森、戴树珊如约而至。唐敖庆把大家召集到一起，做了兵分两路的安排。

一路由鄢国森、戴树珊和江元生主体负责，他们要在上半年已经完成的《配位场计算方法》初稿的基础上，写作《配位场理论方法》。写书计划也有所调整，将已有的《配位场计算方法》并入《配位场理论方法》书中，作为后者第一、第二章的内容。同时，鄢国森、戴树珊还要与孙家钟、江元生把上一学期有关八面体的理论成果整理成第三篇论文。

另一路由孙家钟主体负责，他要带上吉林大学计算方面的专家王志中和正在跟随唐敖庆读研究生的杨忠志到沈阳与计算中心接洽，把之前由唐敖庆和邓从豪推导的公式编写成软件，通过计算机取得计算结果后，再与张乾二、鄢国森等人推导出的数据做比对。此后，学术讨论班的旁听学员、计算专家赵景愚在唐敖庆的安排下与孙家钟合作，为配位场理论的研究进行更深入的计算。

一切都进展顺利。通过各方计算和比对的数据最后都完善到整个理论研究当中。《配位场理论方法》的书稿慢慢成形。大半年之后，唐敖庆把整理好的书稿交到吉林大学印刷人员手中，形成打印版的讲义，然后大家再拿着讲义，进行精益求精的校对和修改。

在科研人员的眼中，时间总是过得很快，转眼，1966 年的夏天就到来了。一方面，唐敖庆与学员们的研究成果得到了中央有关部门的注意和重视，被列入 7 月召开的北京科学讨论会 1966 年暑期物理讨论会的一项报告；另一方面，“文化大革命”已经开始，四川大学来信催促，作为《配位场理论方法》主笔的鄢国森必须回校参加政治运动。

学术讨论班的外地成员就只剩下戴树珊一人留在了吉林大学。唐敖庆让他稳住心神，把前面已经形成的理论成果压缩成一篇报告，并用英文写作。他告诉戴树珊，吉林大学已经接到中央高层领导的指示，可以按期去北京参会。老师的信心鼓舞着戴树珊，经过连续多个日夜的奋战，戴树珊拿出了论文。唐敖庆又请相关部门批准，把当时参加运动的吉林大学外语系教授王锟调来，为论文的英文稿把关。最后，论文由孙家钟定稿。

1966 年 7 月，唐敖庆走上北京科学讨论会 1966 年暑期物理讨论会的讲台，做题为《配位势场理论的研究》的学术报告。结果，该项研究被大会列为十项优秀成果之一。大会认为，这是一项创新研究，使配位场计算方法达到了标准化，统一了配位场理论的各种方案，创造性地发展和完善了配位场理论，攻克了 30 余年一直没有进展的科学难题，为发展配位化学、稀土化学、工业催化剂的研究和激光材料的设计提供了新的理论依据。

从北京回到长春后，唐敖庆马不停蹄，带领他的弟子们进一步用群链分析配位场问题，并很快总结出两篇相关论文的题目，把“配位场理论研究”向前再推进一步。第一篇论文刊发在 1966 年第 4 期的《中国科学》（英文版）上。可惜的是，第二篇论文因客观因素的影响，刊出时已经是 1975 年了，文章刊载于《吉林大学自然科学学报》上。

比这篇文章的刊载更令人欣喜的是，1975 年，经过争取，鄢国森和戴树珊又出现在吉林大学的校园中，出现在唐敖庆家所在的柳条路上。近十年的科研的疏离，并没有像岁月改变他们的身体一样改变他们的意志，他们步履坚定、斗志昂扬，去画本来应该在 10 年前画上的讨论班的句号。

唐敖庆给他们分派了来到长春的核心任务，即与孙家钟一起，将《配位场理论方法》一书修改后定稿。而此时的唐敖庆又把标准提升了，他要求弟子们，在这部书稿中，理论方法不能只停留在弱场、强场处理方案，而要提高到群链的高度。同时，唐敖庆对其他方面也提出了更高的要求，比如配位场计算方法必须高度标准化等。

鄢国森、戴树珊、孙家钟当然明白唐敖庆的想法，这是在给这本书加劲儿，是一次再提高，也等于是在给他们加劲儿，是一次对他们个人的再提高。不久，根据唐敖庆的指导，大家形成了一个写作的大纲，并且进行了明确的分工。鄢国森和戴树珊负责前五章的写作，孙家钟则负责后两章。

整个成书的过程是一个综合的过程，也是一个提升的过程。综合的是之前唐敖庆的所有弟子形成的研究成果，如张乾二、江元生等分工完成的章节；提升的则是按照唐敖庆新的要求形成的新发现、新结果。最后，鄢国森、戴树珊等没有辜负老师的期望，用了大半年的时间完成写作任务，全书定稿，共三十多万字。

让三人感到欣慰的是，唐敖庆审阅后，对书稿非常满意。但随即他又给大家交代了一个新的任务：把书稿翻译成英文。这是一个带有国际视野的任务，三人立即投入翻译工作之中。可是翻译了几天后，大家聚在一块对了对，觉得怎么都不对劲儿，原来是每个人的英文水平不同，风格各异，用词也不统一。三个人一商量，觉得这样进行下去，恐怕最后全书风格不会协调，最后决定由英文底子最好的孙家钟独立完成。认真且较真的孙家钟逐字逐句地翻译，工作持续了近两年。

1979 年 9 月，在学术讨论班开班的 16 年之后，科学出版社正式出版了《配位场理论方法》的中、英文版。唐敖庆在该书的序言中写道：

> 我们在配位场理论的研究工作中，引进了一类新的耦合系数，沟通了连续群与点群、高对称点群与低对称点群之间的联系，从而使配位场理论的计算方法达到了标准化。①

换言之，该研究在配位场理论的计算方法上取得了新的突破。

国际上，同类的研究出现在 20 世纪 70 年代中期，也就是说，中国科学家的研究超前了至少 10 年！3 年之后，这一理论成果荣获国家自然科学奖一等奖。学术界惊叹该研究达到的深度与广度，认为该成果荣获

① 唐敖庆，等. 配位场理论方法. 北京：科学出版社，1979：序言.

国家自然科学最高奖当之无愧。

这也许是中华人民共和国成立之后最富有成果的学术讨论班之一了。不仅其取得的理论成果获得了国家自然科学的最高奖，引起国际的广泛关注，而且在学术讨论班成长起来的研究者也群星璀璨、大放异彩。经过两年的培养和锤炼，研究集体的成员成为唐敖庆构建的理论化学研究大厦的顶梁柱。据后来统计，在学术讨论班的正式学员和旁听学员中，共产生了 7 位院士，仅“八大弟子”中就有 5 位院士、2 位大学校长。他们在国际上的声誉和影响也十分了得：张乾二是国际《理论化学》杂志的编委，孙家钟是国际《分子液体杂志》（*Journal of Molecular Liquids*）的编委，江元生是世界理论有机化学家联合会特别理事。以这个学术讨论班开班的 1963 年为起点，众多学员后来成为中国理论化学界教学和科研的中坚力量，被国际理论化学界称为“中国学派”。

作为老师，作为学术讨论班的总指挥，作为这个“中国学派”的统领，不能不说，唐敖庆有着精准的眼力，能够从众多的研究者当中发现那些卓越的、具有巨大潜力的人。同时，他还有着惊人的脑力，能够把身边的一切力量都动员起来，准确地向一个研究点发起进攻。而在这个过程中，他又总是善于把大家的主动性充分地调动起来，让大家既有独立的研究观点，又有协作的研究精神，最后，一路前行，占领科研的高峰。

1979 年 11 月，第三届国际量子化学大会在日本隆重举行。唐敖庆的弟子江元生和孙家钟带着出版不久的《配位场理论方法》（英文版）参会。他们没有想到，本来是想拿来送给国际知名化学家的这本书，却很快被慕名前来求书的人抢光了。大家不敢想象，这样富有创造性的、突破性的研究工作竟然在 10 多年前就已经完成了。

但令唐敖庆感到欣慰的，并不仅仅是这项研究成果在国际上产生了多么大的影响，而是它的实际应用。正是运用了包括“配位场理论研究”在内的成果和方法，中国年轻的物理学家陈创天对非线性光学材料的性能做了系统的研究，后来引起国际激光界的广泛关注。而在长春的吉林大学理论化学研究所和中国科学院长春应用化学研究所，则应用这种理论方法对稀土晶体进行处理，取得了比较好的成果。

1979年秋，16年前参加物质结构学术讨论班的部分学员再次来到长春，为吉林大学量子化学研修班的学生开课，他们再次来到位于柳条路的唐敖庆的住宅处重聚
左起：鄢国森、刘若庄、邓从豪、江元生、唐敖庆、孙家钟、戴树珊

（五）终生之法

群论课开始了，孙家钟走进吉林大学理化大楼，走上讲台，挥动粉笔，在黑板上用英文写下了当天上课要讲的内容标题，而在他转过身来讲课的过程中，一些专业的化学名词，也一律用英文来讲。这令学生们惊喜不已，对于这些专业词语耳熟能详之后，将来无论是查文献还是写文章，都轻松多了。

数理方法课开始了，江元生走进吉林大学理化大楼，走上讲台。他数学基础好，讲起课来通晓流畅。他还专门安排人员为学生们答疑，让大家轻松而来，轻松而去。后来，他又给大家讲分子轨道图形理论课。

配位场理论课开始了，戴树珊走进吉林大学理化大楼，走上讲台。台下的学生手里捧着他从云南千里迢迢托运过来的“配位场理论”讲义，幸福满满，激动不已。那是一个本来只能自己手抄笔记的岁月，能拥有一本讲义，何其幸也！

分子振动光谱课开始了，鄢国森走进吉林大学理化大楼，走上讲台。他先向学生们介绍这门课程的特点，然后告诉大家哪些可以作为预备知识，最后给大家开列参考书。第二次上课时，他才开始给大家滔滔不绝地讲述“引论”部分。有了上次课的准备，学生们渐入佳境。

微观反应动力学课开始了，邓从豪走进吉林大学理化大楼，走上讲台。他首先向大家说明了这门课的理论深度和实际应用，然后分别讲授了分子的碰撞理论、电子运动的势能面和波函数、反应速率理论等有关内容。这门课的理论基础是量子力学，实验基础是交叉分子束和激光技术（20 世纪 70 年代的新发展），旨在对化学反应进行微观的、分子水平的和量子状态的研究，是理论化学中的一个新的分支学科，尚处于发展阶段。所以，很多人听得似懂非懂，课堂上除了老师讲课的声音，就是学生们拼命记笔记的“唰唰”声。

1978—1980 年，在北国春城长春，正在进行着一次特殊的研究生培养。为了让学生接受当时能提供的最好的教育，恰逢 1978 年全国正式恢复招收研究生，唐敖庆向教育部建议，把吉林大学、东北师范大学、山东大学、四川大学、云南大学和厦门大学 6 所学校，以及在中国科学院两个研究所中涉及量子化学领域的研究生，集中到吉林大学来，设立量子化学研修班，共同培养。

跨校组成的研究生班一共有 30 名学生，而慕名前来与研修班学生共同进修的几十所高校和科研单位的教师则达到了 200 多名。

在唐敖庆的精心安排下，他的弟子们走上讲台，把多年的积累向学生们倾囊相授。此时的唐敖庆已经出任吉林大学校长，日常事务繁忙，但他仍然亲自上课，主讲量子力学和量子化学课。正是根据他的讲稿，量子化学这门课的助教杨忠志和李前树整理出了《量子化学》一书，1982 年由科学出版社出版，它是我国该领域第一部高水平的研究生教科书，后来成为经典之作。东北师范大学的赵成大教授于 1982 年到日本京都大学访问时，将此书作为中国的量子化学专著送给诺贝尔化学奖获得者福井谦一教授，他阅读之后多次表示受益，并表示这是他所看过的书中很有特色的一部好书，还推荐给他的学生们阅读。在这次授课 40 年之后，学员郭纯孝根据当时唐敖庆的量子力学授课讲义和部分同学的课堂笔记，整理出了《量子力学讲义》一书，于 2018 年由科学出版社出版，填补了唐敖庆教学遗产中的一个空缺。

量子化学研修班规定，前来进修的教师不必参加期终考试，但研究生必须参加。由于对复杂的数理公式心里没底，很多研究生提出，量子化学的期终考试能否开卷。这一诉求反映到唐敖庆那里后，他马上抽出时间和全体研究生见面，跟大家讲自己的求学经历、学习感受，告诉他们基础理论不容有一点轻飘，现在他们正值青春年华，有着充沛的精力，一定要多学一些、多记一些，否则基础不牢，后悔终生。最后，研究生们丢掉了畏惧，高高兴兴地参加了考试。

从 1980 年寒假开始，研修班的外校学生纷纷回到各自的学校做硕士学位论文。在唐敖庆及其弟子们的指导下，《约化哈密顿轨道方法的原理、数学模型及其应用》《具有重复单元的共轭分子的能谱问题》《五元环和六元环夹心化合物的电子结构》《f 夹心化合物的配位场理论》等一批高质量的论文出炉。一些论文发表在《国际量子化学杂志》《科学通报》《化学学报》等国内外知名学术期刊上。

一位中国科学院院士、一位中国工程院院士、多位出国留学生、多位国内各高校的学术带头人……就是在这次研修班里，众多人才被培养出来。例如，中国科学院院士、上海中医药大学教授、曾经担任中国科学院上海药物研究所所长的陈凯先成为我国分子药物学的主要开拓者之一，南京理工大学肖鹤鸣教授成为我国量子炸药化学的创始人。在唐敖庆及其弟子的带动下，量子化学在 20 世纪 80 年代初再一次风起云涌。

回溯历史，我们就能发现，与物质结构学术讨论班一样，量子化学研修班也是唐敖庆教学和科研的重要组成部分。而纵览他的生命长河，各类学术讨论班、研修班占据着十分显要的位置，竟有 12 次之多！

1953 年 7 月，接受国家教育部门的委托，唐敖庆与卢嘉锡共赴当时位于青岛的山东大学举办了暑期物质结构进修班，是为第一次。

1954 年 7 月，国家教育部门再次委托唐敖庆等人在北京举办暑期物质结构进修班。由于在青岛的第一次效果好，这一次参加人员增加了一倍，是为第二次。

1958—1960 年，在唐敖庆的主持下，吉林大学与中国科学院长春应用化学研究所联合举办高分子物理化学学术讨论班，一批我国急需的高分子化学人才正是从这个讨论班走向全国，是为第三次。

1963—1965 年，国家教育部门委托唐敖庆负责，在吉林大学举办为期两年的物质结构学术讨论班，既带出了理论化学队伍，也取得了国际一流的科研成果，众多弟子都成为中国理论化学的学术带头人，是为第四次。

1975 年 5 月，应时任中国科学院上海有机化学研究所所长汪猷院士的邀请，在该所举办为期两个月的量子化学短训班，授课内容涵盖量子化学基础及其在有机化学中的应用，还包括唐敖庆和江元生在备课期间研究出来的分子轨道图形理论的最新成果，受到 200 多名所内外学员的热烈欢迎，是为第五次。

1978—1980 年，经教育部批准，唐敖庆又联合 6 所高校、2 个科研院所举办量子化学研修班，除了 30 余名研究生来自这 8 个单位外，另有 200 多名中青年教师和科研人员参加进修班，涉及全国 94 所高校和科研单位，量子化学研究在整个祖国大地上生根，是为第六次。

1979 年，吉林大学和理论化学研究所领导与量子化学研修班中的研究生合影
前排左起：丁德增（理论化学研究所副所长）、刘凯（理论化学研究所总支书记）、李培森（副校长）、黄毅平（校党委副书记）、胡绍祖（校党委书记）、唐敖庆（校长）、靳云汉（校党委副书记）、王景振（校副总务长）、郭文岩（研究生处处长）、申玉林（理论化学研究所副所长）、孙家钟、江元生、张明瑜（理论化学研究所教师）

1985 年 4 月，微观反应动力学讲习班在复旦大学举办，由唐敖庆主讲，在这次讲习班上，唐敖庆把国内少有人涉足的有关这个领域的理论基

础和实验基础一下子讲清讲透，让国内学者受益良多，是为第七次。

1986 年 7 月，受国家教育部门委托，唐敖庆和徐光宪等在吉林大学举办量子化学教学研究班，目的是培养一批量子化学课程的教学人才，是为第八次。

1987 年 10 月，继 1985 年在复旦大学成功举办了微观反应动力学讲习班之后，唐敖庆应邀在南京大学再次举办微观反应动力学讲习班，是为第九次。

1988 年 7 月，吉林大学高分子标度理论讲习班开班，唐敖庆把他在高分子固化理论研究领域取得的新突破与学员们分享，是为第十次。

1989 年 7 月，在吉林大学举办暑期全国高分子标度理论讲习班，面对来自全国的数理基础不同的学员，唐敖庆遇到学员的物理难点为大家补物理，遇到学员的数学难点为大家补数学，使听课者对这门难度极高的课程的接受和理解程度最大化，高分子科学从业人员得到了更权威的理论武装，是为第十一次。

1989 年 7 月，唐敖庆在全国高分子标度理论讲习班上讲课

1994 年 7 月，吉林大学举办全国分子光谱学讲习班和谱学理论与技术高级研讨班，还是由唐敖庆负责。这一年，已经 79 岁的唐敖庆披挂上阵，主讲基础理论部分的“分子对称性与分子光谱”，四川大学的鄢国森

和中国科学技术大学的朱清时讲授基础理论的其余部分，是为第十二次。

从 1953 年到 1994 年的整整 41 年间，唐敖庆共参与举办了 12 次进修班、讨论班、研修班、讲习班、研究班和研讨班。回顾和分析这 12 次的各类“班”，我们可以发现，其实里面有两股劲儿胶着在一起，也拧在一起。一股劲儿是教学，一股劲儿是科研。既培养和壮大一支化学教学师资队伍，又取得一批科研成果，始终是唐敖庆想实现的两个目标。为实现这两个目标，唐敖庆横跨了人生的 41 年不断拼杀、努力。我们看到，这样的一条务实的路其实是从他的人生导师曾昭抡那里传承下来的，他把上一代人的努力加入自己的血脉，以创新的方式延续下来。不仅是在这些“班”中，在他所承担的行政岗位上，他同样在一心地贯彻着他的理念，终生不悔。

在各类班次中，我们可以发现，1963 年形成的“八大弟子”研究集体，很大程度上贯穿于这些班次的始终。在“八大弟子”之外，还有沈家骢、汤心颐两位也十分出彩，他们同样跟随唐敖庆深入理论化学深处探寻奥秘，同时影响着身边更多的研究者。正因如此，“中国理论化学研究领域的学术骨干大多与唐敖庆具有师承关系”①。

还有学者研究后指出：“20 世纪 50 年代以后，通过建国后第一代归国留学学者的努力，世界一流理论化学传统被移植到中国，并在其后的不断发展过程中形成了以唐敖庆为核心的中国理论化学谱系。”② 唐敖庆作为第一代，直接培养了以邓从豪（院士）、孙家钟（院士）、江元生（院士）、张乾二（院士）、刘若庄（院士）、鄢国森、戴树珊、沈家骢（院士）、汤心颐、陈欣方、颜德岳（院士）、杨忠志、李前树、李松（院士）等为代表的第二代，而邓从豪、刘若庄、沈家骢等人又培养了以冯大诚、刘成卜、方维海（院士）、张希（院士）、安立佳（院士）等为代表的第三代。

唐敖庆作为化学家，在理论化学领域有卓越的建树，为众多化学工作者所知晓。其实，唐敖庆在一个许多化学工作者并不太熟悉但与化学又紧密相关的研究领域也有高度的参与，这个领域就是化学哲学。化学

---

① 乌力吉. 唐敖庆：中国理论化学学派的缔造者[J]. 自然辩证法通讯，2011，2：107-114.

② 韩天琪，樊小龙，袁江洋. 唐敖庆谱系与福井谦一谱系比较研究[J]. 科学与社会，2013，1：110-123.

哲学是自然辩证法研究的一项重要内容，自20世纪50年代起，自然辩证法在中国广泛传播和发展，对化学哲学问题的研究，成为化学工作者和自然辩证法工作者日益感兴趣的课题。1956年我国首次制定《自然辩证法（数学和自然科学中的哲学问题）十二年（1956—1967）研究规划草案》时，化学家唐敖庆、郭挺章、徐光宪等人就亲自参加了规划的制定。化学哲学问题被列入规划草案中9类研究题目的第7类，标志着化学哲学在中国开始进入了有计划的系统研究的准备阶段。

在中国，化学哲学研究真正的起步阶段是20世纪70年代末至80年代初。1978年9月，中国化学会在上海召开年会，中国自然辩证法研究会（筹委会）派乔世德为代表参加会议，并在会议期间请唐敖庆主持召开了一次小型的自然辩证法座谈会。1979年1月下旬在北京成立了中国自然辩证法研究会（筹委会）化学哲学专业组，唐敖庆任组长，徐光宪、胡亚东、龚育之、乔世德任副组长。这个专业组实际上就是第一届中国自然辩证法研究会化学化工哲学专业委员会。由此在全国开展系统的化学哲学研究，并于1981年5月在长沙召开了首届全国化学辩证法学术讨论会，讨论了化学哲学的基础理论问题。

1983年7月先后在长春、吉林两市举行了第二届全国化学化工哲学学术讨论会，讨论化学哲学面向实际、开展化学技术哲学研究、促进化工生产发展的问题。会上产生了以唐敖庆为主任，卢嘉锡、徐光宪、杨光启等七人为副主任的第二届委员会，委员26人。会后组织出版了由唐敖庆、卢嘉锡和徐光宪三院士主编的《化学哲学基础》和以这三位院士为顾问的《化学思想史》。《化学哲学基础》于1986年由科学出版社出版，该书集中反映了20世纪80年代初中国化学哲学的研究成果，三位主编为该书写了序言，并且与几十位学者一道，撰写了全书不同的章节。全书分为化学哲学概论、化学发展的规律性、化学教育的哲学问题、化学方法论、现代化学哲学问题、科学技术和社会主义现代化建设7个部分。①

唐敖庆为《化学哲学基础》撰写了两个章节："量子化学的研究方法"和"科学技术和社会主义现代化建设"（第二章是与张长城合写的）。在"量子化学的研究方法"一章中，唐敖庆讨论了量子化学发展中

① 乔世德．我国化学哲学的研究概况[J].化学通报，1994，10：60-65.

几个带有普遍性的思想方法问题：①正确处理理论与实验的关系；②辩证地看待局部和整体的关系；③进一步研究静态和动态的关系；④应用近似方法要抓准主要矛盾；⑤正确处理不同运动形态的关系。[①]

1987 年 1 月 16 日，唐敖庆在北京主持中国自然辩证法研究会化学化工哲学委员会会议，研究深入开展学术活动的方针及安排。会议还决定增补专业委员会成员，由 26 人增至 36 人，成立了第三届中国自然辩证法研究会化学化工哲学专业委员会。此后又组织了多次学术讨论会，议题包括化学化工发展战略和对策、化学化工与社会发展等方面的问题。

> 经历了全国范围内的马克思主义启蒙运动的化学工作者，尤其是老一辈的化学家如唐敖庆、卢嘉锡、徐光宪、杨频等一直关注化学中的哲学问题，结合化学的最新发展撰写一些化学哲学的论文，形成了紧密结合化学前沿的最新发展论述其中的哲学问题的化学家传统。这个传统的最大特点就是能将科学家的严谨与哲学家的深刻紧密结合在一起，对下哲学结论非常谨慎。如唐敖庆论述了量子化学发展中 5 个重要的关系及其方法论意义；卢嘉锡等对结构化学中的"研究手段与思维方法、精确与毛估、局部与离域以及模型方法"等几个方面的方法论问题进行了研究；徐光宪则关注分子的分类及化学的定义等化学哲学问题；杨频也对物质结构研究中的归纳与演绎、原子结构模型的建立和更变等问题进行了研究……[②]

自然辩证法学者认为，老一辈化学家的高度重视和参与使我国化学哲学研究开创了繁荣发展的新局面。

四、一群协作的人

在孙家钟的记忆里，有一件事情始终难以忘怀。20 世纪 50 年代初期，同时与唐敖庆来到东北人民大学工作的孙家钟还是一个年轻的助教。在唐敖庆的主动安排下，孙家钟和另外几位青年助教跟他读研究

---

① 中国自然辩证法研究会化学化工专业组，《化学哲学基础》编委会. 化学哲学基础[M]. 北京：科学出版社，1986：375-384.

② 彭万华. 20 世纪中国化学哲学研究述评[J]. 化学通报，2001（3）：183-191.

生。激动的孙家钟沉浸在跟随才华横溢的唐敖庆学习的快乐和兴奋当中，然而不久之后发生的一件事，深深击中了孙家钟的心灵。

唐敖庆嘱咐大家，研究化学必须要有扎实的物理和数学方面的基本功，要求他们去听物理和数学的课程。孙家钟等人每天除了学习化学外，还要在物理系和数学系之间奔走。一天上午，他们准备好了去听数学系江泽坚教授的课，可是突然接到化学系的通知，有一个会议需要他们几个参加。孙家钟等人为难了。

“如果我们落下这节课，就怕将来不好补了。”一位年轻的教师说。

“是啊，可这边的会也很重要，不参加也不行，怎么办呢？”孙家钟等几个人急得直搓手。

“我替你们去听课。”正在一边忙碌的唐敖庆听到了他们的议论，立刻走过来说，“你们放心去开会吧，我听完了这次数学课，回来给你们补上。”

“啊？老师能为我们去听课？”孙家钟等几个人都有些不敢相信。大家都知道，唐敖庆要给学生们上很多门课，时间很紧张。

“你们去开会吧！”唐敖庆挥了挥手，转身去忙手头的工作了。

第二天，几位助教正常到办公室上班。他们看到唐敖庆已经早早地等在那里。“这是我整理的听课记录。”唐敖庆一边说，一边把三页纸交给孙家钟，只见上面工工整整地记录着江泽坚教授的讲课内容大纲。大家都知道，唐敖庆因为眼睛高度近视，无法在课堂上记笔记，这一定是他凭着记忆在课后整理出来的。哪有老师替学生去听课，然后又把笔记一丝不苟地整理出来交给学生的？看着唐敖庆安静、和善的面容，孙家钟一时语塞。

不仅如此，唐敖庆还把自己的研究课题拿出来，让孙家钟等人去“练兵”。就在替自己的学生去听课后不久，唐敖庆根据孙家钟的研究能力，把自己近期想做的一项研究课题交给他，给他讲自己的思路，让他行动起来。领会了唐敖庆想法的孙家钟很快就把论文《分子的平均链长》拿了出来，而这也是他人生中的第一篇学术论文。

发生在孙家钟身上的事只是唐敖庆与身边人协作的一个缩影。后来，无论是他所带的硕士研究生还是博士研究生，无论是他的亲传弟子还是旁听学员，唐敖庆给予人的那种诚恳态度、协作精神都给大家留下了深刻的印象。而这在 1963 年由他负责的吉林大学物质结构学术讨论班上体现得最为淋漓尽致，正是大家的精诚合作才让彼此互相激发、互相帮助，最终取得了举世瞩目的成绩。

其实，终其一生，关于协作精神的点点滴滴，可以在唐敖庆的身上随时、随处采撷。

1978 年初的一天，在瑞士第三大城市巴塞尔，莱茵河从城市的东北区域静静流过，穿城而去。在城市当中一处安静的庭院里，世界著名化学家、巴塞尔大学物理化学研究所时任所长埃德加·海尔布鲁诺（Edgar Heilbronner）教授信手翻看桌上德文版的《人民画报》和《中国建设》，杂志是他任瑞中友好协会会员的儿子带回来的。巧的是，他恰好看到杂志上刊登的一幅唐敖庆的照片，下面是关于唐敖庆科研成就的介绍。他的目光久久地停留在那段介绍文字上，“分子轨道理论研究”几个字吸引住了他。

沉思了一会儿之后，他起身找来纸笔，快速地写下了两封给唐敖庆的一模一样的信。一封的邮寄地址是中国长春的吉林大学，一封的邮寄地址是中国驻瑞士大使馆。信中这样写道：

> 您和我在分子轨道理论方面的研究工作像孪生兄弟一样。如果您感兴趣的话，请您派一名助手，到我的研究所共同进行科学研究工作，科研费用和生活费用由我所承担。①

1978 年 4 月，寄往吉林大学的信，飞越千山万水，到达唐敖庆的手中。展信一读，唐敖庆立即感受到了海尔布鲁诺教授与他建立密切合作关系的真诚愿望。唐敖庆知道这位国际著名的化学家，是因为很早之前就在国外文献资料中见到过他的名字。

唐敖庆当然希望能派人到瑞士，与海尔布鲁诺教授开展深入的协作，这是中国了解世界、走向世界新的机会，与世界著名的理论化学家站在国际化学研究的前沿，无论是对于中国还是世界都是有益的。但跨越国界的邀请意味着派去的人要有双重使命：一是要有一定的科研能力，能够在科技交流中崭露头角；二是要建立广泛的联系，打开多年的封锁，建立和深化两国科学家之间的友谊。

---

① 张玉来，于桂芬. 唐敖庆[M]. 成都：四川少年儿童出版社，1989：119.

杨忠志！一个自己研究生的名字，在反复思考之后，出现在唐敖庆的头脑中。

那还是在 1963 年，就在吉林大学物质结构学术讨论班开班前后，一个叫杨忠志的学生来向唐敖庆报到，他是唐敖庆这一年招收的唯一的研究生。唐敖庆对他并不陌生，因为本科阶段，他就是在吉林大学化学系读的。

从 1963 年到 1966 年，对于杨忠志来说，是人生激情澎湃的三年，是他不断成长长见识，能够看到并懂得化学领域高峰的三年，也是他立志要攀上这些高峰的三年。然而，命运对他有些残酷，就在他瞄准了理论化学科研方向，准备一展身手的时候，“文化大革命”爆发，他作为一名优秀的研究生被分配到吉林省长春市的一家塑料厂当工人。塑料厂是集体所有制，也就是大家常说的“大集体”。在厂里，杨忠志跟着工人们三班倒，值一次班要 12 个小时。虽然头脑中还留着那些理论化学的符号和各种推导公式，但在这里，并不被需要。1969 年，平静的工人生活也被打破，他被安排到农村“上山下乡”“插队落户”。

在那一大段时间，杨忠志始终保持着和自己老师的联系，一封封信从他所在的村里寄出，一封封回信又被寄到村里。信中，杨忠志告诉老师，虽然不知道将来如何，但只要有机会，他还会从事理论化学的研究，那是他的希望之火。唐敖庆也告诉他，要把理想坚持下去。

1972 年，政治形势有所好转，唐敖庆在学校里组织了一个科研小组。他没有忘记还远在乡村的杨忠志，专门找到相关部门，提出建立这个科研小组的重要性，把杨忠志“借”了回来。回到吉林大学的杨忠志见到了自己的导师，见到了孙家钟、江元生等各位老师，一时热泪盈眶，他感到回到家了，回到了亲人的身边。在接下来的几年，他跟随各位老师奋发图强，在分子轨道对称性守恒原理与分子轨道图形理论方面攻坚克难。

然而，命运总是在捉弄人。1975 年，政治形势急转直下，研究工作再一次停止，杨忠志再次返回工厂做工人。直到一年之后，“文化大革命”结束，他才被正式调回吉林大学。此时的杨忠志拼命学习，他想把失去的青春补回来。唐敖庆把这一切都看在眼里，记在心上。

所以，瑞士巴塞尔大学海尔布鲁诺教授的来信邀请，让唐敖庆第一时间想到了杨忠志。但杨忠志却有些犹豫，主要是觉得海尔布鲁诺教授更多的是从事理论有机化学和光电子能谱学研究，而他在量子化学方面的积累更深厚，也对量子化学更感兴趣，丢掉量子化学转而研究其他，有些可惜。唐敖庆劝杨忠志说，你现在偏理论，海尔布鲁诺偏实验，可以互为补充，同时，了解一下化学的其他领域并没有坏处。杨忠志同意了，开始系统地学习德语。

得到了弟子的同意，唐敖庆铺开稿纸，给海尔布鲁诺回信，告诉他吉林大学方面的积极态度，也告诉他，一位名叫杨忠志的研究者将远赴欧洲，与他的研究所共同开展相关研究。

可是过了一段时间，杨忠志却突然找到唐敖庆提出换人。原因还是觉得自己的专业不对口，心里没底，而且学习德语要有一个过程。他又犹豫了。

“不行！”唐敖庆的语气十分坚定，“我们必须考虑到信誉问题，既然已经答应了，绝不能临时改变，从个人、学校、国家，无论哪一个角度，都不能换人。你必须做好去瑞士的一切准备！”看到老师的明确态度，犹豫的杨忠志最终放下思想包袱，全力投入去瑞士的准备当中。

让杨忠志没有想到的是，当他到达巴塞尔的时候，海尔布鲁诺教授竟然亲自在海关门口等着接他。老教授已经快60岁了，还亲自开车，把他送到住处安顿好。此时的杨忠志眼前浮现的是唐敖庆的面容，正是“信誉”二字让远隔万水千山的科学家，以他为媒介，心与心碰撞到一起。

在巴塞尔大学物理化学研究所，杨忠志专门对光电子能谱学展开研究。两年之后，在这里，他获得了自己人生中的第一个博士学位。回国后，杨忠志与在该所同时进修的另一位中国留学生王建祺合作撰写了一部专著《紫外光电子能谱学》，由科学出版社于1988年出版，唐敖庆专门为该专著写了序言。他写道：

> 本书的二位作者都在瑞士巴塞尔大学跟随国际著名的理论有机化学家海尔布鲁诺教授学习过，做过紫外光电子能谱的研究工作，获得博士学位。他们都精通电子能谱学，而且有深厚的量子化学理论基础，因而这本书具有较高的学术水平。①

① 王建祺，杨忠志. 紫外光电子能谱学[M]. 北京：科学出版社，1988：序言.

是的，信誉是唐敖庆与人协作的第一基础。最好的信誉也能让协作达到最佳的状态。终其一生，唐敖庆向来如此。

其实，科研工作者与他人协作是非常难的，因为谁都会担心自己的成就被别人占有。但唐敖庆从来不这样看，只要是在科研方面取得了突破，他从不争你长我短，而甘愿自己受损失。他的另一个弟子李前树就清楚地记得有一年唐敖庆“枪毙”自己的论文成全别人的事情。

李前树是唐敖庆1965年招收的研究生。1978年，唐敖庆将李前树从辽宁的一家工厂调入吉林大学，从此之后的20年时间里，李前树成为唐敖庆的主要科研助手之一。80年代初期，为了让李前树更快地掌握科研方法，并在某些领域取得突破，唐敖庆带领他一起开展“具有重复单元的共轭分子能谱”研究。在唐敖庆的指导下，经过一年多的理论推导和复杂计算，一篇具有较深造诣的学术论文完成了。最后，唐敖庆又对论文进行了修改和完善，师生商议把这篇论文投到《化学学报》发表。

老师的肯定令李前树十分高兴，因为唐敖庆本人是《化学学报》的常务编委，负责审稿并决定稿件是否录用的审批，他的水平代表着《化学学报》的用稿标准，老师说可以投到《化学学报》，表明这篇论文就没有什么问题了。

李前树走路的脚步都轻快起来，这一年多的努力没有白费，每一个熬过来的日夜都是值得的。

可就在他按照老师的意见进一步整理后，准备寄走文稿的时候，唐敖庆却突然叫他到办公室来。匆匆赶来的李前树不知道老师有什么事，敲开唐敖庆办公室的门，只见唐老师安静地坐在桌前，正在看一份材料。见李前树来了，唐敖庆从桌上拿起一份文稿递给他。

唐敖庆说：“前树，这是《化学学报》刚刚寄来的一篇论文，让我审批。我觉得论文不错，同意发表。但是这篇论文与咱们写的那篇差不多，所以，我看咱们的论文就不发表了。”

“啊？”唐敖庆的话让李前树大吃一惊，仿佛被人从头上泼了一盆冷水，全身甚至有一种麻木的感觉。他立即低头从头到尾大致看了一下这篇论文。论文的研究方向确实与自己的一样，得出的结论也是一样的，文笔也很干练。但里面用到的方法却与自己的不同。

“唐老师，我看我们用的方法与他的不一样，能不能各发各的呢？”

李前树的心“怦怦”直跳，鼓起勇气问唐敖庆。

唐敖庆坚持说：“不，没有这个必要，既然已经得出了相同的结论，仅仅是方法略有不同，咱们就没有必要再去发表了。”

从唐敖庆的办公室里出来，李前树觉得十分委屈，一年多的辛苦不就是为了学术研究能有突破，然后把成果发表出来吗？可是现在却发生了学术“撞车”的事件。老师宁愿牺牲自己，成全别人。

走在校园里，看着一个又一个从身边经过的学生，看着周围的一草一木，李前树慢慢冷静下来了。他知道自己的老师唐敖庆向来如此，一旦在研究上与他人发生冲突，他一定会牺牲自己，然后自己再从别的领域去研究和冲刺。老师曾经说过，我们从事科学研究的目的是让科学前进，而不是我们在里面获得多么大的个人荣誉。“这是老师的一贯作风啊，也反映出老师高尚的科学道德和思想情操。”想通了，李前树觉得眼前的一切从刚才的灰暗变得明亮起来。“未来还有那么长的科学研究的路要走，我得赶快再确定一个研究课题，扎实地做起来！”李前树心里想。

牺牲自己，成全别人，是唐敖庆的一种品格，这种品格让他赢得了学术界同仁的尊重。

但“成全别人”并不是“委曲求全”，对于学术研究他从来不会降格以求。其实，“成全别人”是在严格要求自己的基础上的成全，是因为对方的成果“货真价实”，与自己一样都秉持着学术的高标准。

牺牲自己是互相协作的助推器，而严格则是互相协作获得成功的保证。这样的严格要求极为鲜明地体现在他对自己学生学术水平的标准把握上。

1982年，作为唐敖庆的硕士研究生，郑元庆和几个同学一起积极地准备着毕业论文，一切就绪后，他们把论文提交到了评议委员手里。几位评议委员觉得大家的论文水平都不错，可以授予硕士学位。

可大家万万没有想到，论文交到唐敖庆的手里，他却给自己的学生郑元庆投了反对票。他对评议委员们说，郑元庆的论文还没有达到他应该有的水平。后经评议委员们讨论，没有授予郑元庆硕士学位。

郑元庆了解自己的老师，冷静下来后也理解了老师，在学术问题上，唐敖庆从来没有通融过。而反过来讲，如果在学术上不断地给人通融，那么学术也就不是学术了。尽管没有拿到硕士学位就到了工作岗位，但郑元庆没有气馁，反而更加认真地投入学习和思考当中。他也没有急于修改论文，而是经过深入的研究，两年之后才在扎实的积淀基础上修改写出了新的论文，并重返母校进行答辩。唐敖庆审阅了论文，认为达到了较高水平的标准，郑重地在给予郑元庆的学位证书上签了名。

看着学位证书上唐敖庆的签字，郑元庆感慨万千，他真正理解了，那个在学位证书上的签名永远都不是简单的符号，也不是一个橡皮图章，而是老师对学术以及对未来的期许和肯定。

是啊，没有高标准的学术水平，连与他人协作的基础都没有，还谈什么合作？在向科研进军的航程上，只能是一叶孤舟。

在严格要求的同时，唐敖庆又从来不是高高在上的，从来不用他的学术权威去影响、左右别人。

20 世纪 80 年代初期，从改革开放春风中走来的人们，更加意气风发。大家身上仿佛有无穷的力量，整个社会也好像被安上了风火轮，方方面面都在加速前进。

作为唐敖庆 20 世纪 60 年代初培养的研究生，陈欣方全身心地做着理论化学方面的研究，可以说达到了如醉如痴的状态。一天，他把自己刚刚完成的一篇论文拿给唐敖庆审阅。唐敖庆看完后对他说，论文中的计算不正确。

陈欣方信心满满地对唐敖庆说：“没错，我觉得没有错。”

唐敖庆指点道：“可你看，你的计算方式是不是在这个方面有问题……”

“我是这样推导的……这样不是更好吗？”陈欣方坚持自己的主张。

师生二人就这样站在那里争论起来，谁也说服不了谁。

争论了许久之后，唐敖庆对陈欣方说道：“那就这样，咱们回去都好好再考虑一下，然后再讨论。”

虽然有些忐忑，但陈欣方经过反复思考和推导，对自己的计算还是很有信心。过了几天之后，他正在忙碌着手头的事情，突然唐敖庆来了。见到陈欣方，唐敖庆满脸喜悦，开门见山道：“欣方，我这两天经过反复计算，你的计算方法没有错，完全可以得出这个结论；而我的计算方法也是可以的，也能得到这个相同的结论！”陈欣方提到嗓子眼的心一下落了下来。唐敖庆告诉他：“你把文章拿出去发表吧！”

其实发生在唐敖庆与陈欣方身上的争论，远不如当年“八大弟子”在位于柳条路的唐敖庆家里发生的争论激烈，而那些富含智慧而毫不掺杂私心的碰撞，最后让他们登上了科学的高峰。

1983 年 9 月一个秋凉如水的夜晚，“八大弟子”中的七位再一次来到柳条路上，来到他们亲切的老师的住宅前。他们当然记得 20 年前在老师家中小会客室里的彻夜长谈和激烈争论。恰是当年争论的火花，把他们“燃烧”成了博士生导师、全国知名学者，其中两位不久后还担任了大学校长。也正因为他们亲密无间的协作，“八大弟子”的美名在全国流传。

这次唐敖庆借大家在长春参加第二届全国量子化学会议的机会，把他们请到家里来，是有一件大事与他们商量。在这样一个美好的秋夜再到唐老师家做客，也使这几位年过半百的弟子格外高兴。

进了唐敖庆的家门，弟子们又见到了和蔼可亲的老师，唐敖庆把大家一一让进客厅。还是当年的风格，简短的寒暄后，唐敖庆开门见山道：“请大家来到家里，是想讨论一下奖金的分配方案。”

其实，在来的路上，几位弟子已经猜了个八九不离十。不久前，“配位场理论研究”获得了国家自然科学奖一等奖，给他们师生团队的 1 万元奖金从北京汇到了吉林大学。其实弟子们的内心里早有这样的共识：没有唐敖庆就没有“配位场理论研究”的成果，也就没有国家自然科学奖一等奖。所以，奖金应该归老师。

然而，这一次唐敖庆没有像以往搞科研那样先听大家的意见，而是接着说：

> 我考虑了这样一个方案，并征求了两个同志的意见，他们也表示同意，用这笔数目不算多的奖金设立一个量子化学研究生奖励基金，奖励我们获奖者所在单位的优秀量子化学研究生的研究成果。①

弟子们当然同意这一方案，他们用热烈的掌声予以回应。显然，这不仅仅是对优秀的量子化学研究生们的鼓励，也是唐敖庆用这一方式开启的与未来研究者的一种合作，他在中国开创的量子化学研究道路将一直铺下去，越走越平坦，越走越宽阔。

与老师畅聊了很久，夜色已深，几个弟子告辞离开。柳条路上的垂

---

① 张玉来，于桂芬. 唐敖庆[M]. 成都：四川少年儿童出版社，1989：129.

柳并没有因为秋风而改变色彩，仍然浓绿，在夜色中显得黑盈盈的，柔和却充满质感。

大家边走边聊，回忆着过去，想象着未来。邓从豪不会忘记唐敖庆指导他写作、以物质结构学术讨论班名义发表的《配位势场理论的研究 Ⅰ. 正八面体场中 d^n 组态的理论分析》，鄢国森忘不了老师给他们布置写作的《配位势场理论的研究 Ⅲ. d^4，d^6 组态正八面体络合物能谱全分析》，江元生忘不了老师带他写的《分子轨道的图形理论》，孙家钟忘不了唐敖庆给他确定研究方向后写出的《分子轨道对称守恒原理的新发展——4n+2 和 4n 规则的一般证明》《关于分子轨道对称性守恒原理》……有多少个忘不了啊！唐敖庆就像站在最前面的数字“1”，正因为他的团结协作精神，“1”后面的“0”越来越多，这个数字的数值也因此越来越大，大到中国的量子化学令世界刮目相看。

作为学术带头人，作为中国理论化学的顶级科学家，唐敖庆却从来都是那么接地气，他仿佛永远都在那里，都在你的身边，威严中透着亲切。凡是涉及学术研究，对任何人，唐敖庆从来没有远近亲疏之分，没有谁高谁低之别。

1985 年 4 月，唐敖庆在复旦大学举办微观反应动力学讲习班期间，收到在华东工学院（后更名为南京理工大学）任教的、5 年前从吉林大学量子化学研修班毕业的肖鹤鸣的来信，他谈了自己正在从事的科研工作，并邀请唐敖庆前去该校做学术报告和指导工作。虽然唐敖庆是从事理论化学基础研究的，却念念不忘联系实际，他一直关心着自己的学生在理论化学应用领域的研究工作，大约 3 年前，他在肖鹤鸣写科学论文的初期阶段还写信给予具体指导。唐敖庆深感肖鹤鸣的工作很重要，于是在结束复旦大学的讲学之后，改变原定直接回长春的行程，顺路到南京访问。

5 月 3 日，唐敖庆来到华东工学院校园，首先为师生们做了一个关于量子化学及其应用的学术报告。报告深入浅出，极为精彩生动，轰动了全校。报告会堂座无虚席，大家以能一睹这位著名科学家的风采、聆听他的报告为荣。时任院长冯缵刚表达了热烈的欢迎和敬意，并聘请唐敖庆为该校名誉教授。

在访问期间，唐敖庆和肖鹤鸣深入讨论了被唐敖庆称为“量子炸药化学”（即含能材料计算学）的研究方向，高度肯定了其工作，从此长期关注、指导和支持肖鹤鸣的科研工作。1992 年，唐敖庆在百忙之中还特地为肖鹤鸣的专著《硝基化合物的分子轨道理论》作序，再次表达了对肖鹤鸣工作的肯定：

> 我根据该校实际情况，建议他结合炸药专业搞应用量子化学研究，亦即从事“量子炸药化学”研究。近十年来，他一直这样做了，取得了很好的成就。①

肖鹤鸣不负老师的期望，在他从吉林大学量子化学研修班毕业后的 35 年科教生涯中，开辟和发展了我国量子炸药化学的专业方向，创建了南京理工大学分子与材料计算研究所。他培养了 20 多位博士研究生，发表科学论文 500 余篇，出版教材和专著 12 部，完成 30 多个科研项目，获得多项国家级和省部级成果奖，被同行誉为我国量子炸药化学创始人和主要开拓者。肖鹤鸣一直认为：唐敖庆不仅是伟大的科学家，而且是伟大的教育家。他的崇高思想和伟大实践，使我国许多学科和专业的理论水平获得很大的提高。唐敖庆是他开拓和从事量子炸药化学研究的启迪者与引路人。他主张学习唐敖庆，继承和弘扬他教书育人、科学育人的理念，使之代代相传。②

唐敖庆 20 世纪 90 年代在北京指导的最后一个博士研究生是黄富强，虽然从年龄上看黄富强比唐敖庆小 54 岁，但他们在讨论科研工作时却是平等的，像一对忘年交。黄富强每周都骑着自行车欢快地去看望唐敖庆，汇报工作和接受指导。多年后，黄富强深情地回忆道：

> 其间讨论热烈而平等，他时而指点时而肯定，最后确定后续有趣的工作。然而，我总觉得每次相逢是那么短暂，两三个小时在不知不觉中从指缝间溜走了。
>
> 唐老师从来不会强迫我接受他的想法。当我没有领会他的真实想法时，他会重复几次，不厌其烦。我们有时候也会为先做哪项工作而争论，唐老师会从几个方面发表自己的观点，而我总是心服口服地接受他的想法，当然有时候他也会被我说服。现在回想起来，

① 鲁亚琳. 回顾与思考——肖鹤鸣教授从教 50 年叙[M]. 北京：科学出版社，2015：17-37.
② 鲁亚琳. 回顾与思考——肖鹤鸣教授从教 50 年叙[M]. 北京：科学出版社，2015：181.

唐老师是国际知名的大科学家，而我当时是个黄毛小孩，他居然能够那么平易近人，真是令人难以忘怀！

还有一件令黄富强印象深刻的事情是关于科研协作方面的。在唐敖庆的指导下，黄富强发展了采用点群不可约表示手段把分子结构分割成最小等效代表区的电子结构计算方法，能够解析碳笼原子数高达37 500个的正二十面体对称性原子簇（C_{37500}）的电子能级。临毕业前，有位同行老师向黄富强索要其自编的电子能级计算程序，黄富强有点儿舍不得，毕竟是他一点点完成的好几千行的计算程序啊！黄富强在有些犹豫时就请教唐敖庆，唐敖庆对他说，做科研交流要大气，程序可以给同行，共同进步是好事。他还安慰黄富强说，科研是你追我赶的，只要我们努力，那么我们就会在前面领头。黄富强遵照唐敖庆的教导，愉快地把自编软件给了那位老师。

还有一件发生在唐敖庆身上的逸事，被他的弟子们传颂了很多年。20世纪50年代后期的一天，唐敖庆接到了一封从无锡树脂厂发来的信件，发信者名为任晨光。他说自己是厂里的技术员，最近搞了一项技术革新，能够让80%的生产下脚料得到回收。这位技术员把自己的革新方案系统地写在信上，请唐敖庆阅看。唐敖庆为这位技术员的革新而感到高兴，但当他详细地看了革新方案后，却发现他所做的理论推导不正确。

唐敖庆准备写信对他的错误予以纠正，可是转念一想，理论推导十分复杂，恐怕一两封信根本说不清楚。于是，他就利用一次到外地出差的机会，专程赶到无锡树脂厂，现场指导这位技术员。

当唐敖庆突然出现在无锡树脂厂，出现在任晨光面前的时候，任晨光惊呆了。自己作为厂里一个普普通通的技术员，发现了一种技术革新的方法，兴奋之余，怀着激动的心情冒昧给自己敬仰的科学家写了一封信。没想到，自己的一时兴起之举，竟然让这位科学家亲自来厂里进行指导！

在听取这位技术员详细叙述了技术革新情况后，唐敖庆非常耐心地给他讲了一些理论问题，并带领他做了正确的理论推导。最后，他告诉这位技术员，先不要急着实践，等他回去让吉林大学实验室的老师做好多方面验证后，再正式实施。

当这位技术员目送唐敖庆的背影从无锡树脂厂离开的时候，他心潮起伏，唐敖庆在他心中种下的科学研究的种子，深深地扎了根。回到吉林大学后，经实验室的科研人员多方面实验，终于弄清了这一革新的理论问题。最后，唐敖庆又亲自给任晨光写信，说明了这一推导过程。

除了自己的学生、弟子以及这些在生产一线素昧平生的科研人员，唐敖庆在学界还有一大批深交好友，他们在学术研究上互相欣赏、激励，共同协作、提升。刚刚回国时，他就向北京大学举荐徐光宪，徐光宪后来对国家的科研贡献与唐敖庆的慧眼识才是分不开的，而在其后，徐光宪特别注意配位场理论研究，这也是唐敖庆将其作为物质结构学术讨论班重点的动因之一。20 世纪 50 年代他与钱保功共同开启高分子结构与性能方面的研究，取得骄人成就。20 世纪 70 年代，他和卢嘉锡、蔡启瑞共同参与“化学模拟生物固氮”研究，在这个处于前沿的交叉学科方面建功立业。

后来，在特殊的时间和场合，唐敖庆还给这些科研好友题诗以贺。

1990 年，适逢中国科学院福建物质结构研究所建所三十周年，因为卢嘉锡是该所的创建者，唐敖庆专门为卢嘉锡做了一首诗：

建所育人为中华，三十年间成大家。
结成固氮网兜体，开出结晶宝石花。
类芳香性构思巧，功能材料设计佳。
庆贺更祝鹏飞远，遨游长空乐无涯。

不仅如此，在中国科学院福建物质结构研究所召开成立三十周年庆祝大会时，他还亲往祝贺，并现场朗诵了该诗。

还是在这一年的 6 月 21 日上午，由中国化学会、吉林省科学技术协会、吉林大学联合主办的唐敖庆教授执教五十周年庆祝大会在吉林大学隆重举行，来自全国各地的专家学者、兄弟高等院校、中国科学院有关研究所和吉林大学师生代表 400 余人出席大会。后来由吉林大学制作、邴正撰写解说词的电视片里，保留了这次大会的珍贵影像。从电视片中能看到伍卓群、卢嘉锡讲话和徐光宪、王大珩的镜头，还能看到吉林大学赠送唐敖庆“风雨耕耘”横匾的镜头。除卢嘉锡、王大珩、徐光宪等亲临会场外，钱学森还委托中国科学技术协会负责人专程到场祝贺。

1990 年 6 月 21 日，中国化学会、吉林省科学技术协会和吉林大学在长春联合举办唐敖庆教授执教五十周年庆祝大会
左起：王大珩、唐敖庆、谷长春、卢嘉锡

会上，时任中共吉林省委副书记谷长春代表省委、省政府向唐敖庆表示热烈的祝贺，赞誉唐老是我国卓越的教育家、科学家，也是吉林省人民爱戴的教育家、科学家，高度赞扬了他在培养人才、科学研究方面所取得的丰硕成果。谷长春同志还指出，唐敖庆教授的高尚品德同他的科学研究一样受到了人们的崇敬，体现了老一辈知识分子的爱国主义传统和为社会主义现代化而奋斗的高度觉悟相统一。我们以对祖国的赤子之心来向唐老学习，是对唐老最好的祝贺。

1993 年，中国化学会全国量子化学第五届学术讨论会在厦门召开，唐敖庆在会上听闻适逢蔡启瑞八十寿辰，专门写诗一首。这让身为物理化学家、中国催化科学研究与配位催化理论概念的奠基人和开拓者、中国科学院院士的蔡启瑞开心不已。诗曰：

学如流水行云，德比松劲柏青。
攀登跨越高岭，育才灿烂群星。

其实，这又何尝不是唐敖庆自己的写照呢！

第四章　校长的校园

一、一种风气

1956 年 11 月，东北人民大学校长匡亚明刚刚从莫斯科赶回长春，此行的收获让他在回程路上一直处于兴奋之中。

可以说，这次随中国高等教育代表团的苏联之行，成果甚巨。给学校确定未来发展方向的想法盘踞在匡亚明的脑海里，越来越清晰，也越来越强烈，仿佛大浪翻涌。他要向全体师生提出一个高远的目标，那就是：把东北人民大学建设成具有国际先进水平的社会主义大学。

人，是匡亚明实现这一目标的重要依托。此前，他向上级领导机关慎重地推荐了两个副校长的人选。他们一文一理。“一文”，是佟冬，历史学家，时年 51 岁；“一理”，是唐敖庆，化学家，时年 41 岁。唐敖庆是在当年 3 月走马上任成为东北人民大学副校长的。极为注重大学学术建设的匡亚明认为，有了唐敖庆，他关于建设国际先进水平的社会主义大学的领导团队，在原有校领导班子成员的基础上又增添了一名干将。

唐敖庆当然了解校长匡亚明的意图。自己从美国留学回来，又在前一年当选为中国科学院学部委员（院士），并且于 1956 年初参加了科技发展十二年规划会议。匡亚明要的正是他这种具有国际视野和基础科学研究能力、一颗心又与国家发展脉搏共同跳动的人。

担任校长之始，匡亚明就提出，办好大学，重在“三抓”：抓好教学质量和科研，抓出自己学校的特色，抓实师资待遇。1955 年 9 月，匡亚明在学校新生开学典礼上提出了大学形成优良校风的“四种空气”，即高度的社会主义政治空气、高度的社会主义学术空气、高度的社会主义文明空气、高度的社会主义体育文娱空气。匡亚明还不止一次地强调一所大学的风气问题：一所学校的学风就是一种风气。学风好了，学校教育质量就会上去。

所有这些，都让唐敖庆心头一震、眼前一亮。如今，他走上了副校长的领导岗位，而且匡亚明安排他分管科研，显然是要他在学术空气上、在学风上狠下功夫。当然，其他“三种空气”也要充分体现，因为他还分管校报，“四种空气”都必须在报纸上开出“鲜艳的花朵”。

其实，“鲜艳的花朵”在唐敖庆上任前就已经“含苞待放”了，而且唐敖庆参与的一项科研也是“鲜艳的花朵”中的一朵。1956 年下半年，东北人民大学与中国科学院长春分院联动，共同筹划在数学、物理、化学 3 个系建立 6 个研究室，分别是物理结构与特殊材料性能研究室、高分子研究室、化学动力学与催化剂研究室、半导体材料及其应用研究室、计算数学研究室、基本理论问题研究室。此时的唐敖庆，正在同钱保功等人一起进行高分子科学方面的研究。

走上副校长岗位的唐敖庆与校长匡亚明保持着紧密的沟通和联系。匡亚明、佟冬和唐敖庆都住在长春的柳条路上，一有时间，先生们就到彼此的家中做客，寒暄过后，往往就是谈论工作。匡亚明交给唐敖庆的第一个明确的工作任务是，东北人民大学已经成立 10 年，要搞一次科学报告会，既是对过往工作的总结，也是对国家的汇报。

经过紧张但有序的筹备，1957 年 7 月 15 日，东北人民大学建校以来第一次科学报告会正式举行。报告会分为 10 个分会，共收到论文 149 篇，涵盖数学、物理学、化学、中国语言文学、历史学、经济学、法学、哲学等学科。报告会的参会人数是空前的，共有 600 人，从外地赶来长春的就有 110 人。大家为在各领域获得的科研成果感到兴奋，也为一个仅有短短 10 年历史的大学取得如此高水平的成就感到高兴。报告会所展示的，是一所大学科研工作的勃勃生机和值得期待的未来。

唐敖庆更忙了。他不但要做好化学的基础研究，还要给学生们上课，现在走上领导岗位，还需要空出时间做好科研行政工作的安排。但他所展现出来的，是极强的“弹钢琴”的本领：科研、教学、行政，一样也没有耽误。

全身心地对事业的投入和对国家的奉献，让党组织最终选择了唐敖庆。1958 年 6 月，唐敖庆正式加入了中国共产党。成为一名中共党员的唐敖庆把这一时刻当成人生的另一个起点，在新中国建设的热潮中，奋勇前行。

对于东北人民大学来说，1958 年 8 月是一个重要的月份。8 月 11 日，一个骄阳似火的日子，交付使用已经一年左右时间的学校大礼堂热闹非凡，主席台上摆满了鲜花和绿植，台下坐满了教职员工，东北人民大学改变隶属关系和更改校名典礼大会在此隆重举行。从这一天开始，东北人民大学划归吉林省领导，并正式更名为“吉林大学”。

看着在台上讲话的校长匡亚明，坐在台下前排的唐敖庆耳边仿佛又响起匡亚明和大家交流的话：从“东北”改成“吉林”，大家不要担心学校的名字改小了，改名并不影响我们建设具有国际先进水平的社会主义大学的目标，我们更应该以此为起点，奋勇向前。

此时的唐敖庆正在匡亚明的部署下筹备建立原子能系（三年后调整时期该系被撤销），他要兼任系主任。同时，由他牵头、和钱保功合作的高分子物理化学学术讨论班马上就要开班了，他在忙着设计课程，并认真备课。

转眼，1960 年就在忙忙碌碌中到来了。从这一年的年初开始，学校就接到了教育部准备在北京举办高等教育科研展览会的消息。唐敖庆当然明白国家教育部门的良苦用心，新中国经过 10 年左右的发展，科技事业到底发展到了何种程度，高等教育到底能给国家的发展提供怎样的支持，所有这些，既需要总结，也需要答案。他让学校相关部门早早地进行了收集和整理，和匡亚明商量后，带着 41 项成果赴京展览。

当年 5 月，在春意盎然的首都北京，吉林大学提供的加速器、符合谱仪、计数管、原子能化学试剂、萃取剂、高温测试设备、耐高温材料、金属间化合物等成果摆上了展览会的展示台。

让大家没有想到的是，中央有关领导听说这个展览后，前往参观视察，并在吉林大学展台前站立良久，详细询问了一些产品的功能和效果，最后还对吉林大学展品的数量和质量给予高度评价。

在这些实实在在的成果当中，人们看到了一所大学的前途。就在这一年的 10 月 22 日，国家正式公布吉林大学为全国重点综合性大学，从此跻身中国高等教育的前列。学校领导班子和广大师生激动不已，要知道，这所大学还不足 15 岁。

尽管年轻，但此时的吉林大学领导班子却有这个底气：从初建综合大学时的 8 个系 8 个专业、全日制在校生 880 人，到 1960 年已经拥有 13 个系 25 个专业，全日制在校生更是达到了 4550 人。足以让大家感到自豪的是，从最初的零起步，到 1960 年，全校已建立起了 71 个教学和科研实验室，仪器设备约 14 000 台件，图书馆的藏书从原来的 18 万册骤增至 97 万册。一所新大学的“家底”已经十分厚实。

唐敖庆是那么高兴，从最初的万里归国，到后来的千里北上，他所要追寻的正是这样一个结果，一个有学术环境、有学术舞台、有学术成果的大学在本来边缘的地界上被神奇地孕育出来，并且迅速壮大，开花结果。

匡亚明和唐敖庆当然不会在 1960 年的兴奋中停步不前，很快，他们就坐在一起研究大学的未来科研思路。他们听说，国家在 1956 年确定的《十二年规划》进展得非常顺利，有望提前完成全部的规划任务。他们觉得，吉林大学作为科研重镇，目前已经完全有条件实施自己的长远科研规划，更加有力地支持国家经济发展。唐敖庆紧张地思考着、谋划着、部署着。1962 年，《十二年规划》真的提前完成了，原来计划用 12 年，实际只用了 7 年。这一消息激励着吉林大学，也激励着唐敖庆。

1963 年的唐敖庆在全力筹备国家教育部门委托他主持的吉林大学物质结构学术讨论班。在他筹备这个学术讨论班的同时，他还在做另一件事：研究制定吉林大学未来十年的科研计划。就在这一年的 4 月 1 日，在校长匡亚明的主持下，吉林大学召开校党委常委会会议，研究讨论《吉林大学自然科学十年研究发展设想（草稿）》。这一设想向大家描绘了 10 年后吉林大学的科研图景，即确定了吉林大学到 1972 年在科研水平、科研队伍、科研装备方面的目标，以及为了达到这些目标准备加强和发展的重点学科、重大措施。学校党委常委都觉得这是一个重要的发展规划，也是建设国际先进水平社会主义大学的重要步骤，全体表决通过。

学校党委常委此时还不知道，他们的校长匡亚明即将离开东北，奔赴江苏。就在一个月之后，接到上级调令，匡亚明转任南京大学校长。依依不舍的匡亚明将搬离长春的柳条路，搬离这条他与唐敖庆等人朝夕相伴的街道。

匡亚明遗憾但充满期待地告诉唐敖庆，吉林大学理化大楼来年即可竣工，到时候，吉林大学的各项基础研究就有更大的施展空间了。唐敖庆请匡亚明放心，实验条件和环境的改善，会让大家更有斗志，吉林大学自然科学十年研究发展设想也许会在理化大楼中插上更快腾飞的翅膀。

一年多以后的 1964 年 8 月，位于长春市解放大路与同志街交会处，一栋主体 6 层、局部 9 层，立面对称式布局，具有古朴民族传统建筑风格的大楼正式交付使用。这就是后来被评为中华人民共和国成立初期长春“十大建筑”之一的吉林大学理化大楼。看着大楼，唐敖庆想到的是匡亚明的热望。而他自己，则要在后来的 20 多年里，从楼前的台阶上不停地上上下下，从红色的楼门反复地进进出出。

可惜的是，1963 年提出的吉林大学自然科学十年研究发展设想后来被迫中断执行。但唐敖庆等人的智慧和汗水让这所大学所表现出来的高瞻远瞩以及精神气质、气魄，却让人心生敬意。

高大的理化大楼一直雄伟屹立着，它要见证的，是这位享誉世界的科学家继续在东北大地上创造的精彩。

1975 年 1 月，被任命为教育部部长的周荣鑫在邓小平的支持下开始整顿和恢复中国的高等教育系统。借鉴西方高等教育体系中的长处是制定我国教育政策的一个重要环节，教育部组织了一个由大学校长（副校长）组成的中国高等教育代表团，于同年 10—11 月访问加拿大、英国和法国等西方发达国家，考察受访国家的高等教育情况。时任北京大学革委会副主任黄辛白（“文化大革命”前任高教部副部长）任团长，复旦大学时任革委会副主任郑英年等任副团长，唐敖庆也参加了该代表团。代表团首先访问了加拿大的几所著名大学，然后又去英国的伦敦、爱丁堡、牛津、剑桥等地访问了一些高等院校、医院和工厂，最后还访问了法国多所著名大学和科研机构。可以说，这次访问收获颇丰。

1977 年春天，“文化大革命”刚刚结束不久，百废待兴，受创严重的科学和教育事业亟须重回正轨，国家处于改革开放的准备阶段，中国

1975年10月，唐敖庆参加以黄辛白为团长的中国高等教育代表团，
访问加拿大、英国和法国等（左二为黄辛白，右一为唐敖庆）

科学院在学习、赶超西方先进科学技术的征程上先行一步。唐敖庆受到邀请，到北京参与筹组中国科学院化学家代表团，准备赴美国考察。该代表团主要成员为中国科学院长春应用化学研究所和大连化学物理研究所的中青年科研人员，包括汪尔康、吴越等十多人。鉴于唐敖庆的科研工作覆盖范围和知识面宽广，又有分子轨道图形理论等新成果，代表团便邀请了中国科学院系统以外的、中国科学院学部委员（院士）唐敖庆担任团长。

1977年4月底至5月底，唐敖庆率领中国科学院化学家代表团赴美国考察。代表团访问了加利福尼亚大学、斯坦福大学、哥伦比亚大学等著名大学及实验室，了解国际化学领域的最新发展，并受到美国化学学会的热情接待。访问途中唐敖庆应邀在密歇根大学做了有关分子轨道图形理论的学术报告，收获了听众热烈的掌声。与会专家认为，该成果进一步扩大了分子轨道理论的应用范围，是分子轨道理论问世以来的重大进展。这次考察结束后，代表团回到北京进行总结，其间，唐敖庆向当时中国科学院主持日常工作的副院长李昌做了详细汇报，受到院方高度重视。通过这次考察，唐敖庆对我国和美国之间在科研教育工作方面的差距有了更多更深的了解与体会，两个月后他还在由邓小平主持的科教工作座谈会上谈了这个问题。

1977年刚进入8月，唐敖庆突然接到通知，要他迅速赶到北京参加一个科学和教育工作座谈会。他匆匆赶到北京才知道，这次座谈会全国只有33人参加，邓小平亲自主持。

原来，为了改变“文化大革命”造成的国家经济社会发展停滞状态，打开科教工作新的局面，邓小平决定召开一个由敢说话、有见解，在自然科学方面有突出表现的非行政人员参加的座谈会。按照邓小平的指示，中国科学院和教育部分别在各自系统共选了33人参会。

8月4日，会议正式召开。会上，邓小平鼓励大家畅所欲言，有什么好的意见都可以提，发言有话则长，无话则短，可随时插话，可以多次讲，讲一次两次、十次八次都行。唐敖庆心情激荡，他已经不记得，有多久没参加这样令人心情愉悦的会了，多久没有像今天这样可以把心中所想和盘托出了。

在座谈会上，唐敖庆重点谈了中国与美国的科研工作差距：

> 一是科学实验的手段，美国是20世纪70年代水平，而中国的高等学校的实验手段，比较好的也只是60年代初的水平。二是专业科研队伍的数量和业务质量，两国相差较远。美国的重点大学以很大力量放在培养研究生上。中国的重点大学也应该把更大的力量放到培养研究生上去。三是美国科研工作中，基础理论和比较远期的应用性科学研究所占比重比中国大。美国高等学校主要力量都放在这两项研究上。就全国来讲，这两项研究力量也占一半左右。因此，科学储备强，实际问题来了就解决得快。中国要赶超世界先进水平，必须加强这两方面的研究力量……①

座谈会一直开到8月8日。也就是在这次会议上，根据大家的意见，决定尽最快速度恢复高考。一种未来可期的信心在唐敖庆的心里升腾。

同年10月，大地披上了秋天的色彩，吉林大学校园里的草木枝叶，或绿，或黄，或红，或紫，或橙，虽气温渐低，天气渐冷，却另有一番别样的美丽姿态。

唐敖庆走在校园中的脚步终于变得轻快起来，他要去参加中共吉林省委负责人来校主持召开的全校干部大会。经过“文化大革命”之后，

---

① 罗平汉. 引领科教领域的拨乱反正：1977年科教工作座谈会[J]. 党史文苑，2015（1）：14-21.

停滞不前的大学将再一次整装待发。

“吉大问题甚为严重，要放手发动群众，深入揭批，认真解决。”在一份有关吉林大学“文化大革命”期间存在问题的报告上，时任中共吉林省委书记王恩茂批示道。正是为了开展揭、批、查“四人帮”运动，恢复学校的日常工作，才召开了这次全校干部大会。

会议开得严肃但令人心潮澎湃，大家一直盼望着的重回正轨的日子终于到来了。吉林省委负责人在大会上宣布了调整学校领导班子、成立“五人小组”的决定。唐敖庆与张德中、靳云汉、何礼、李培森一起，成为“五人小组”成员。在接下来的日子，他们将为这所年轻大学的拨乱反正、恢复秩序、稳步前行做更多具体的工作。

在唐敖庆等人尽职尽责的工作下，吉林大学很快就走上了发展的正轨，特别是科研工作，迅速迸发出了强劲的活力。值得庆幸的是，在此之前，以唐敖庆为代表的一批科学家从未停止过思考和实践，他们一丝机会都没有放过，所以吉林大学仍然有众多的科研成果，如今一旦给了他们新的机会，爆发力尤其惊人。

在唐敖庆的领导下，吉林大学对近年来的科研工作做了一次全面而深入的梳理。恰好，在 1978 年 3 月，国家要在北京召开全国科学大会，提倡各单位用科研成果为大会献礼。经过研究，学校派出化学家唐敖庆、蔡镏生，物理学家吴式枢、芶清泉，数学家王湘浩及物质结构研究室代表共 6 人参会，向大会献礼 33 项科研成果。

令大家感到欣慰的是，33 项科研成果中，有 23 项在大会上获奖。唐敖庆、吴式枢、芶清泉还被评为先进个人，吉林大学物质结构研究室则被评为先进集体。不仅如此，唐敖庆还受邀走上主席台，代表吉林大学做了题为《加强基础理论研究，尽快培养科技人才》的交流发言。要“使学校在科学技术现代化中起到重要方面军的作用”！唐敖庆声若洪钟，他在给大学定位，在给科研定位。坐在台下的领导和其他听众以热烈的掌声予以回应。

这个发言其实是唐敖庆多年来所思所想的结果。科研工作是国家发展的引擎，怎样让这个引擎发动起来，迅速旋转起来，找准方向、努力向前，是这个国家当下至关重要的问题。其实，此时的唐敖庆正在谋划着学校的另一件大事，他觉得那是吉林大学学术发展的关键一招。

从全国科学大会回来，北国的长春还残留着冬雪。在料峭的春寒中，唐敖庆组织召开全校教职工大会，传达会议精神，并把吉林大学在会上所获得的荣誉告诉大家。激动的人们多次用掌声打断他的讲话，人们的心像这个季节一样向暖，重建吉林大学的决心在长春解放大路两侧升腾。

配备完整校级领导班子的速度也在紧锣密鼓地进行。几天之后，中共吉林省委正式派胡绍祖来校担任党委书记。巧的是，比唐敖庆大一岁的胡绍祖也是江苏人，1914 年生于江苏淮阴。他于 1934 年夏肄业于江苏省立淮阴中学，1938 年 4 月到延安抗日军政大学学习。同年 11 月加入中国共产党。中华人民共和国成立前，他先后在延安抗日军政大学、通化联合中学、辽宁日报社做教育和宣传工作。1949 年后，他历任东北师范大学党委书记、吉林日报社党委书记、长春电影制片厂党委书记、吉林省社会科学联合会党组书记，对党的建设工作非常熟悉。

3 个月之后的 1978 年 7 月 20 日，中共教育部党组正式下文，胡绍祖任吉林大学党委书记，唐敖庆则被任命为党委副书记、校长。虽然此时的唐敖庆除了觉得身上的担子重了，并没有其他当上校长的骄傲和自豪，但是，恰恰从这一天开始，他所工作的大学的校园，因为他而发生了潜移默化的改变。校园像他曾经教书并且还将一直教下去的教室，只是这间教室更大了；校园像他曾经主持的并且还将继续主持的讨论班，只是这个讨论班更大了。他将在更大的平台上，培养更加优秀的老师，也将在这个更大的平台上，培养更加优秀的科研工作者。

仅仅在出任校长之后的 3 个月，他年初参加全国科学大会时内心中谋划的事情便得以正式实施。经过与校党委书记胡绍祖以及校常委的深入讨论，大家达成充分共识，学校恢复自然科学和哲学社会科学两个学术委员会。11 月 4 日，已是长春的初冬季节，暖气刚刚供热不久，在吉林大学的大礼堂，两个学术委员会的成立大会正式举行。会场热气腾腾，掌声经久不息。

掌声发自心底。这里面不仅有对未来吉林大学学术发展的期待，也有还知识分子以清白的畅快。早在当年 6 月，第一批“文化大革命”中的冤假错案得到平反，相关政策得到落实。大家可以开怀地大笑了，可以高声地说话了，可以抬起头走路了。他们知道，就在这两个学术委员会成立大会之后，第二批冤假错案也将得以平反。两批共174人恢复名誉，这是他们的人生得到的重新认定。不仅如此，在胡绍祖和唐敖庆等人的努力下，1979年3月，178名在1957年被错划为右派的知识分子也全部得以改正。1979年7月，有关平反落实政策的会议正式召开，对“文化大革命”中的冤假错案及历史遗留问题做出撤销、平反或改正的决定。

乌云不再笼罩头顶，阳光喷薄而出！

在给大家恢复名誉的同时，唐敖庆还在忙着恢复一所大学所应该有的教学秩序。这相当于又一次起航，唐敖庆一边推动着它的启动，一边注入着更加清晰的治学思想。1978年初，1315名本科生通过了中断多年的高考，走进了吉林大学的校园。下半年，则有110名研究生踏入位于长春市解放大路的校门。学生们格外珍惜这来之不易的学习机会，唐敖庆也带领着教职员工们做好了充分的准备，连各项制度也都制定出来了：《学生管理制度》《进修和旁听人员暂行办法》《学生成绩考核暂行办法》《学生选修、免修课程的规定》《教材管理暂行办法》……同时，学校大刀阔斧，一次晋升417名教师为讲师。在唐敖庆的推动下，1979年9月，学校又晋升了9位教授和84位副教授。而且，在1978年5—6月，学校还破天荒地选派了8名教师和学生出国留学。

想一想，那可是20世纪70年代，多年封闭的国门才刚刚打开，带领大学这艘航船拔锚起航的唐敖庆，驾驶的方向已经指向国际先进行列。

是的，如果要问，我们应该站在一个什么位置去做学术研究？唐敖庆一定会告诉你，我们要站在国际的前沿；如果要问，一所大学的地位和影响力用什么衡量？唐敖庆也一定会告诉你，用我们在国际前沿发挥的作用来衡量。

他的眼睛近视2000度，摘下眼镜，这个世界模糊一片，即便戴着眼镜，两米以外也看不清楚。但他的头脑却能远视万里，这个世界清晰璀璨。

1979年7月，5个身材高大的外国人出现在吉林大学校门前，唐敖庆走上前去，与他们热情握手，并用流利的英语欢迎来自远方的客人。然后，带着他们一起登上理化大楼前的台阶。

访问团的团长名叫爱德华·布鲁斯坦（Edward Bloustein），时任美国罗格斯大学校长。看了吉林大学的图书馆和部分实验室，看了雄伟的理化大楼，看了向北延伸的后花园式的校园，他惊异不已，无法相信这所中国的重点综合性大学，从创办到如今，才 30 多个年头。

随后，唐敖庆和布鲁斯坦分别在吉林大学、罗格斯大学建立校际学术交流协议书的中英文本上签字。因为满怀着对未来的期待，且无任何顾虑，他们的签字也潇洒自如。

这仅仅是吉林大学迈向国际的一个缩影。此后不久，在唐敖庆的主持下，美国明尼苏达大学、日本关西学院大学、日本千叶工业大学、加拿大西蒙弗雷泽大学等世界著名院校分别与吉林大学签订了备忘录或友好合作协议书，各方面的交流与合作迅速开展。

外国教授开始走上吉林大学的讲台。从 1981 年开始，两三年的时间内，至少有 7 位国外知名学者任吉林大学名誉教授，9 位学者任客座教授。

1980 年，鉴于唐敖庆及其弟子在化学研究领域取得的突出成绩，一份由国际量子分子科学院发来的访问邀请漂洋过海寄到中国。这是一次开阔视野的良好机会，唐敖庆筹划着让他的几个弟子应邀访问。3 月，春风乍起，由吉林大学的孙家钟、江元生，北京师范大学的刘若庄，四川大学的鄢国森组成的中国量子化学代表团，在北京登上前往东京的飞机。他们要从日本中转，飞赴美国的西海岸。

给美国人做中国量子化学领域研究的学术报告、听美国教授讲课以及国际著名化学家做报告、参观各类化学实验室、参加国际量子分子科学院的年会……在近两个月的参观和访问中，大家不但增长了学术见识，还对美国一流大学及研究机构的运作模式有了具体的感受和了解。最后，代表团满载而归。

也正是从那时起，吉林大学派往世界各地的学习和访问团不断增多。唐敖庆看到那么多青年教师走出了国门，开阔了视野，与国际顶尖水平接轨，在世界的科研领域驰骋纵横，内心由衷地感到高兴。

此时的唐敖庆还在思考着另一件事，他想进一步筑牢未来世界一流大学的“国际底座”，他的脑海里盘旋着三个字：图书馆。做好图书馆建设，不仅是科研的需要，而且是在寻找内生的发展动能。

唐敖庆清楚地记得，他在 20 世纪 50 年代初期第一次来到吉林大学的图书馆时，这里只有 18 万册馆藏图书，而哥伦比亚大学图书馆的图书却多达 620 万册。有限的书籍无法成为“海洋”，学子们谈何在其中遨游？从 1956 年开始，在唐敖庆的推动下，吉林大学图书馆的进书速度不断加快，每隔几天就有新书填充进来。

任校长职务之后，在唐敖庆的部署和努力下，1979 年，教育部外国教材中心图书室在吉林大学图书馆正式建立。学校图书馆遵循着站在国际前沿的理念，整理和购进了大量相关图书。几年之后，吉林大学图书馆就成为联合国教科文组织、联合国工业发展组织委托藏书馆和世界银行委托图书馆。

从 1980 年开始，唐敖庆还推动吉林大学图书馆与国外大学图书馆进行图书交换业务。到 1983 年，先后同国外 30 多个国家、120 多个单位建立了联系，收到国外赠书和交换图书 23 919 册。1981 年 3 月 10 日，唐敖庆还在校务会上专门就图书馆工作做出安排：图书馆很重要，对教学和科研起保障作用，延长开馆时间，增加一些人力，对新进来的人员要进行业务培训，经费再增加一点。①

唐敖庆的国际眼光给吉林大学的学术发展带来了机遇。经过他的积极争取，吉林大学成为世界银行大学发展项目贷款第一批受益学校之一。从 1981 年开始至 1985 年，617 万美元分期分批进入吉林大学的账户。几年间，吉林大学用这笔贷款购置先进的仪器设备 385 件，使相关学科的仪器设备达到了当时国内的先进水平。在建设学术重镇的思路指导下，学校利用贷款购进了价值 17 万美元的图书，扩大了学校图书馆的规模和馆藏，拓展了图书馆的服务层次。

也是在此期间，吉林大学图书馆有了缩微平片设备系列，包括拍摄机、冲洗机、静电复印机、阅读复印机、投影仪、缩微胶卷阅读机、速印机等。学校专门安排了一辆卡车，派出图书馆馆员张文丰到北京接收相关设备。张文丰后来回忆说：

> 唐校长批给咱馆的缩微冲洗机是我去北京接的货，我坐卡车拉回来的，据说是从香港买的，全国仅三套，咱吉大得一套，太不容易了！②

---

① 方玉环. 壮心系科学 孜孜为国昌——理论化学家唐敖庆[M]. 长春：吉林人民出版社，2011：93-94.

② 方玉环. 壮心系科学 孜孜为国昌——理论化学家唐敖庆[M]. 长春：吉林人民出版社，2011：95.

与此同时，唐敖庆安排并嘱咐相关单位、部门，利用世界银行贷款在全球范围内采购图书。

为了扩大图书馆面积，在唐敖庆的部署下，校部机关、马列主义研究所等机构纷纷搬出图书馆所在的大楼，腾出来的空间都归图书馆使用。

回首当年，在经济条件十分有限的情况下，唐敖庆对图书馆所注入的关爱，让书籍在一所大学占据的地位不断上升，凸显了大学所应该有的气质。

1991 年 8 月 18 日早上，一辆喷着“吉林大学”字样的大客车从位于长春市解放大路的校门驶出，转而向西，抵达地质宫广场后再转向南，经过新民大街后，沿着水域广大、林木茂密的南湖公园北边的延安大路向西南疾行，后又转至前进大街，一路向南，快走到尽头处，右转进入一条两侧白杨高耸的并不太宽的道路，穿过一个村庄之后，再过四五分钟，驶进一道大门，迎着楼体上写着“逸夫图书馆”的大楼，进入院内，最后在一栋崭新的六层大楼前停下，学生们从车上鱼贯而下，进入楼门。只见门楣上写着一行小字——“文苑一舍”。

这里是吉林大学的南校区，也是若干年后吉林大学的中心校区。当年的学生并不太清楚，他们能够搬到宽敞明亮的宿舍，从以前 8 人一间到如今 4 人一间，其实是 8 年前学校超前谋划的结果。而带领大家共同谋划的人就是唐敖庆。

从 1991 年 8 月 18 日开始至 23 日结束，学校用了 6 天的时间，把法学院、哲学系、哲学所及有关职能部门共 983 名学生及近 200 名教职工运到了吉林大学南校区。当年的 8 月 26 日，迁入南区的学生与北区的学生同时开课。再过一周，新生入学，刚刚从高中毕业的孩子们睁大了双眼，打量着这座当时还位于农田中的大学校园，玉米和大豆包围着他们。

吉林大学老校区也就是师生口中的北区，位于长春市解放大路与同志街的交会处。理科各系、图书馆、校部机关、大礼堂（鸣放宫）、理科学生宿舍等在解放大路的北侧，文科楼及文科宿舍则在解放大路以南，吉林大学被戏称为“马路大学”。特别是，因为位于城市比较繁华的中心地段、占地面积小，学校缺少进一步发展的空间。

在唐敖庆的心中，进一步提升吉林大学的规模，再经过 10 年左右的发展，在校生要达到万人以上。而要达到这样的规模，必须要扩展一块地方，建设新的校区。

1982 年秋的一天，唐敖庆在办公室里，眼睛几乎是贴在厚厚的一沓纸上，认真审看。这是他前一段时间布置相关部门反复研究后拿出的两个文件，一个是《吉林大学“五定”方案》，“五定”即定任务、定规模、定专业、定学制以及定编制；另一个是《吉林大学基本建设总体规划（草案）》，新校区建设被正式提上日程。

1983 年 8 月 30 日，吉林大学汇报组走进位于北京的教育部大楼，教育部相关领导全面听取了吉林大学的未来发展规划。很快，万人规模、建设新校区等想法获得了教育部的同意。

有了教育部的肯定，唐敖庆马上向吉林省委省政府主要领导汇报。1985 年 11 月 6 日，在初冬暖阳的照映下，时任吉林省委书记高狄、省长高德占一行 15 人乘车来到吉林大学理化大楼门前。唐敖庆正站在大楼台阶前迎接。

唐敖庆代表学校感谢省里领导就新校区建设现场办公，省里领导则对新校区建设做出了全力支持的表态。商谈之后，大家一致把目光投到了长春市西南近郊双德乡。

就在这次商谈之后不久，唐敖庆服从国家的调配，转任国家自然科学基金委员会主任，离开了吉林大学的领导岗位。但吉林大学的新校区建设并没有耽误，按此前唐敖庆所确定的规划稳步推进。很快，学校就在双德乡征得了 482 亩土地。

1988 年 7 月 12 日，吉林大学在长春市双德乡的一片田地之间，举行了南校区建设工程开工仪式暨逸夫图书馆奠基典礼。唐敖庆的继任者——校长伍卓群挥动铁铲，挖开了第一铲土。从此，吉林大学拉开了奠定未来发展的新校园建设序幕。

伍卓群继承唐敖庆的规划构想，广泛征求与听取全校师生员工的意见，经过学校领导班子和校务委员会、教职工代表大会的认真讨论，做出“扩大校园、开辟新区、开发北区（老区）、建设南区（新区）、学校重心整体迁入新区、南北校区合一、谋求新发展”的重大战略决策。这一决策得到国家教育委员会的正式批准，在实施过程中碰到的第一个问题就是取得国家的财政支持。

在吉林大学新校区建设过程中遇到了资金严重不足的问题。逸夫图书馆大楼的建设获得了香港邵氏电影公司创始人和香港电视广播有限公司董事局主席邵逸夫先生捐赠的 1000 万港元以及国家教育部门 480 万元人民币的资金支持。但是其他教学楼、学生宿舍、学生食堂等楼宇建设却因为资金短缺而困难重重。

关键时刻，在北京的唐敖庆听说了这一消息。他趁参加全国两会时机特意抽出时间，以全国政协常务委员的身份，会同吉林大学参加两会的人大代表和全国政协委员，就吉林大学新校区建设问题向国家计划委员会提出立项申请。老科学家的申请得到了国家计划委员会的高度重视，他们派出考察组到长春实地考察论证。最后决定把吉林大学新校区的建设列入专项计划，投资 1.8 亿元。

正因如此，吉林大学新校区建设插上了腾飞的翅膀。1991 年，经过三年建设，一期工程如期完成，第一次南迁顺利进行。同年，国家教育委员会正式批复《吉林大学基本建设总体设计调整任务书》，批准学校长远发展规划为在校生 10 050 人，同意在现有 482 亩土地的基础上，再征更大面积的土地。1992 年 7 月，学校二次征地完成，共征用土地 1169 亩。两年后的 1994 年 8 月，吉林大学开始组织第二次南迁，学生们走进窗明几净的宽敞教室，开始了他们对未来的遐思。

对于唐敖庆来说，尽管自己的家已经搬离了吉林大学，但那里永远是他的校园。他在缔造着自己内心深处的学术国度。他重视学术的性格和气度也深深地影响着这片校园，融入了数十年来吉林大学形成的优良学风之中。这种风气的核心就是一切围绕着“学术”二字，学科设置如此，课程安排如此，教师培养如此，科研投入如此，机构设置如此，国际交流如此，图书购进如此，基础建设如此……学术建构着未来。

一所大学的位置是装在头脑中的，所以他重视学术；一所大学的未来必须是从脚下升腾的，所以他崇尚实际；一所大学的眼光必须是世界的，所以他坚持开放包容。唐敖庆如此，一所大学也如此。

而所有这些，都是从他“两个中心”的治学理念中“长”出来的。

二、两个中心

自从参加了邓小平主持的科学和教育工作座谈会并见证了邓小平拍

板决定恢复高考之后，唐敖庆就一直盼望着中央下达恢复高考的正式文件。终于，1977 年 10 月 12 日，国务院批转了《关于 1977 年高等学校招生工作的意见》，恢复高考的决策自此尘埃落定。10 月 21 日，新华社、《人民日报》、中央人民广播电台等媒体都以头条新闻形式发布了恢复高考的消息，这个消息很快传遍了中国的城乡。它犹如春雷滚滚，极大地震撼了每个有志青年的心灵。知识分子的精神面貌，受这股时代春风的鼓舞，焕发出新的活力。唐敖庆捕捉着这春风，内心激荡。

又过了几天，处理完若干事项后，坐在办公室的唐敖庆翻看《人民日报》，一篇题为《教育战线的一场大论战——批判“四人帮”炮制的“两个估计”》的文章映入他的眼帘。看罢文章，唐敖庆俯首沉思：经过多年各种运动，以及运动中占据主导的思想的洗礼，现在要再来个大转弯，把教师等知识分子重新定位，走入正轨，有太多的工作需要梳理，有太多的认识需要纠正了。唐敖庆感觉到一股春潮正在磅礴涌动，而他必须站在潮流之上，让这种磅礴更加健康，更有力量，从而惠及这个时代。

他在思考，也在总结，经历了这么多风雨的中国大学，应该怎样推动其步伐向前行进，特别是，使用什么样的引擎呢？

1978 年 3 月，这种思考转化为一篇题为《加强基础理论研究，尽快培养科技人才》的发言，正式被唐敖庆在全国科学大会上提出，赢得与会者的共鸣。

同年 7 月，唐敖庆被任命为吉林大学校长。“大学治理”成为唐敖庆在理论化学研究之外的另一个重大的人生课题。

而他关于这个人生课题的“解题”是在次年 2 月 1 日向全社会公布的。这一天，《光明日报》刊发了一篇题为《要按“两个中心”的要求办好大学》的文章，署名唐敖庆。

何为“两个中心”？唐敖庆告诉大家，一为教学中心，一为科研中心。在他的心中，不教书就没有知识的广度，不搞科研就没有专业知识的深度，两者结合在一起，就既能把课深入浅出地讲好，又能把科研高水平地做好。如果每一个个体都有了这样的结合，一所大学就拥有了自己的高度与厚度。

唐敖庆“是国内最先提出这一办学思想的教育家之一……虽然匡亚

明校长来吉大后，既重视教学，也重视科研，但从理论上进一步将这样的办学思想明确地概括为‘两个中心’的则是唐校长。”“（他）不只是用这一办学思想有效地指导全校的工作，而且在自己的业务活动中带头模范地加以实践，成为全校实践这一办学思想的最佳典范。”①

其实，唐敖庆用自己的理解和实践给出了国家如何搞好大学教育的一个正确答案。

（一）稳步发展的教学

1978 年 3 月 20 日，吉林大学举行了一次特殊而又隆重的开学典礼。不同于以往，也与今后有异，开学典礼时间选择了还有着料峭春寒的 3 月。原因在于，这是 1977 年恢复高考后的第一批考试后入学的学生，对于教育的渴求，不仅这些学生不能等待，这个国家也不能等待。但没有任何人觉得冷，1315 名新生，老的老，小的小，年龄相差悬殊，他们不仅是学校的新学生，也从此改变了各自的命运。

开学典礼的地点选择在吉林大学靠近东中华路的鸣放宫。这座采用典型日本传统建筑风格建造的楼宇，早在 1940 年就竣工了，是伪满时期供日本人演练武术和祭祀神武天皇的场所，总建筑面积 5200 多平方米，高 22.04 米。中华人民共和国成立初期，该建筑被东北军区航空学校改为礼堂。1956 年上半年，东北军区航空学校迁走后，当时还未改名的东北人民大学以 50 多万元的价格从长春市政府手中买下。随后，学校对其进行了一系列的改造装修，修建了舞台、看台，并增设天幕与灯光设备。改造之后，大礼堂内可同时容纳近 2000 人。1957 年，大礼堂定名为“鸣放宫”。著名古文字学家、被吉林大学校长匡亚明“三顾茅庐”从北京请来的历史系教授于省吾先生题写了“鸣放宫”的匾额，至今还悬挂于红色大门之上。

这一天，1000 多名新生在大礼堂落座。看着这些穿着朴素、面带喜悦的新学生，唐敖庆满心欢喜，在典礼开始之前和结束之后，他不停地和大家打招呼，欢迎同学们的到来。在舞台上致辞的时候，唐敖庆没有高谈阔论，而是用非常简短的语言介绍了吉林大学的历史。然后，他告诉大家自己心中的理想和规划：吉林大学将在 2000 年跨入 21 世纪的时

---

① 伍卓群. 缅怀唐老 学习唐老[M]//刘远，董汉良. 一代宗师 风范永存：唐敖庆百年诞辰纪念集. 长春：吉林大学出版社，2015：174-175.

候建成万人大学。唐敖庆最后说道：“我希望大家努力学习，早日成才！”心潮澎湃的同学们报以热烈的掌声。

此时的他可能还不知道，有很多新学生因他而来。

1977年，20岁的邴正报名参加高考恢复后的第一次考试。报考哪所学校呢？姐姐和姐夫劝他一定要报考吉林大学。邴正问为什么，姐夫说，那里有唐敖庆。

提起唐敖庆，邴正早有印象。那还是他读中学的时候，学校在暑期组织活动，到吉林大学的理化楼阶梯教室听科学报告。邴正清晰地记得，在讲台上侃侃而谈的是一位衣着简朴、戴着高度近视眼镜的老人。尽管他的南方口音让邴正初听之时有些吃力，但其特有的形象与风度却深深地打动了他。老人做的科学报告也很有意思，题目是《化学研究与辩证法的关系》。这位老人就是唐敖庆。

邴正听从家人的劝告报考了吉林大学。只是，由于他个人的偏好，没有选择唐敖庆的研究领域——化学，而是选择了以当年唐敖庆所做报告题目后半部分的“辩证法”为研究核心的哲学。

多年以后，做过吉林省社会科学院院长、吉林日报社社长、吉林大学常务副校长的邴正回忆起那段时光时这样说道：

> 那一天（1978年3月20日），我和礼堂里上千名同学同样心潮澎湃，因为我们在这一天里又一次走近了大师！
>
> ……母校当永远铭记大师的教诲，像他那样提携后学，长起一代新的大师，使吉林大学之树常青！①

在唐敖庆的主持下，吉林大学于“文化大革命”后恢复统一招生制度的第一批本科新生的学制，除生物化学专业为五年制以外，其余专业都是四年制。在逐步完善的基础上，到1982年5月，唐敖庆领导学校有关部门，系统修订11项教学管理规章制度。为了让教学更有实效，符合每个学生的个性成长，从1983年开始，理科各专业开始试行学分制。

立足于实际需要，也立足于学校的师资力量，唐敖庆领导下的吉林大学教学不断向更多的领域延伸。固体物理、概率统计、档案管理、博

---

① 邴正. 有大师方成名校[M]//刘远，董汉良. 一代宗师 风范永存：唐敖庆百年诞辰纪念集. 长春：吉林大学出版社，2015：181-183.

物馆学、应用化学、分子生物学、企业管理、环境规划与管理、会计学、社会工作与管理等专业相继在20世纪80年代得到增设。

1978年的10月15日，对于吉林大学来说，又是一个喜气洋洋的日子。唐敖庆的身影出现在理化楼教学层的走廊里，他要走一走、看一看、听一听，因为中断了12年的研究生教育从这一天开始恢复。这一天，是时隔12年之后吉林大学研究生开学的日子。数学系、物理系、化学系、历史系、经济系等8个系（所）22个专业录取的110名研究生满怀对未来的向往坐在教室当中，翻开了课本的第一页。他们不知道，他们的校长正从身边悄然走过。

能多录取就尽量多录取一些，是唐敖庆真实的想法。在确定招生数量之前，他统计了“文化大革命”前全校研究生的招生数量。截至1966年，吉林大学一共招收13期三年制研究生，共167人。而在1978年恢复研究生考试的这一年，吉林大学一次就招收了110人。而这110人也是吉林大学首次培养的学位研究生。

在招收研究生过程中，唐敖庆还带领大家确定了十六字原则，即“自愿报名、单位推荐、文化考试、择优录取”。这样前来攻读研究生学位的学生就不仅仅是按年龄按部就班来参加考试，而极有可能因为优秀提前来攻读。无论何种情况，只要足够优秀，吉林大学一律敞开大门。而唐敖庆这位敦厚的长者，就一直站在大门前，和蔼可亲地迎候着大家。

在此过程中，唐敖庆告诫他的同事们，必须全面加强学科建设，想方设法把教学水平提升得更高。他的努力和准备“开出了花朵”，1980年，国务院学位委员会成立，吉林大学5人入选，其中唐敖庆为学位委员会委员，其他4人为学科组成员。

还是在1981年，教育部批准由美国科学院院士、著名有机化学家、哈佛大学威廉·多林（William Doering）教授倡导和联系，由复旦大学负责组织实施的中美合作化学研究生项目计划（Chemistry Graduate Program，CGP），唐敖庆参加中方CGP工作小组并担任命题组组长。连续几年，唐敖庆、徐光宪等命题组成员都参加考试的命题工作，他们一丝不苟，认真负责，确保选拔出高质量的出国留学学生。为了避嫌，他们每次出题前后都要被集体隔离一周左右。后来多林教授对徐光宪教授说，中国大学化学本科生的教学水平是世界一流的，CGP录取的学生在美国一流大学的研究生院学习，成绩都能名列前茅。从 1981 年到 1985 年实施的 CGP 考试，共录取中国 12 所重点大学的 242 名化学系应届毕业生，其中吉林大学 36 名，位居第二，仅次于复旦大学（40 名）。这些 CGP 学子进入美国和加拿大的一流大学深造，绝大多数获得了理学博士学位，至少有两位（郑兰荪、吴云东）回国后当选为中国科学院院士。该项目的实施对中国化学学科的人才培养产生了深远影响。①

实力是弯下腰干出来的。1981 年 11 月 30 日，进入冬季的长春，最低气温已经接近−20℃，但阳光却充当着令整个大学温暖和明亮的信使。就在这一天，国务院学位委员会首批批准吉林大学 12 个学科有权授予博士学位，17 位教授成为全国首批博士研究生导师。马克思主义哲学方向的高清海，政治经济学方向的关梦觉，考古学方向的于省吾，中国古代史方向的金景芳，基础数学方向的王柔怀、江泽坚、谢邦杰，计算数学方向的徐利治，理论物理方向的吴式枢，固体物理方向的余瑞璜，半导体物理与半导体器件物理方向的高鼎三，原子与分子物理方向的芶清泉，物理化学方向的蔡镏生、唐敖庆、孙家钟、江元生，计算机软件方向的王湘浩，等等，拥有了一个崭新的称号——博士生导师，而拥有这个称号的人正是中国最高学历人才的培养者和指导者。与此同时，学校 41 个学科获得了硕士学位授予权。

大学是培养大师的地方，而要培养大师，首先必须有大师。对于唐敖庆来说，令他心心念念的，是让各个学科的带头人尽快成长起来，并拥有与其相匹配的身份认证。这个冬天，唐敖庆看到了希望，它所孕育的春天的梦想，给整个大学增加了在人们心目中的分量。1981 年 12 月的一天，他找来相关部门的负责人，筹划在来年成立吉林大学学位评定委员会，以使学位的评定更加规范和权威。1982 年，以唐敖庆为主任、王湘浩和张松如为副主任、伍卓群为秘书长、高清海和郭文岩为副秘书长的吉林大学第一届学位评定委员会正式成立。这给吉林大学未来的发展注入了力量，也给大学提升整个社会知识层次增加了动力。

1984 年 1 月，又一拨喜讯传来：国务院学位委员会批准吉林大学第二批有权授予博士学位的学科专业 3 个，博士生导师 5 人。无机化学方向的徐如人，高分子化学方向的唐敖庆、沈家骢、汤心颐，自然辩证法

① 范康年. CGP 与中国化学留学生[J]. 大学化学，2009，24（4）：17-20.

方向的舒炜光进入博士生导师行列。同时，在唐敖庆等人的努力下，4个原有博士点增补了4位导师，基础数学方向的伍卓群、计算数学方向的李荣华、理论物理方向的吴成礼、计算机软件方向的管纪文，作为新鲜的面孔出现在博士生导师的队伍中，学校从而开启了培养新一代教学大师的时代。至此，从本科生培养到硕士生培养再到博士生培养，吉林大学的教学体系日益完善。

教育平台一个又一个地搭建起来了，但唐敖庆考虑得更加长远和实际。在“文化大革命”后恢复招生的第一批研究生毕业后，唐敖庆筹划着一件事。他找来研究生处的负责人，希望他们在这些硕士研究生毕业一两年之后，牵头对他们的工作情况进行跟踪摸底。研究生处按照唐敖庆提出的要求，几次对已经毕业的硕士研究生情况进行函调，结果用人单位普遍表示对吉林大学的研究生培养质量感到满意。

1984年6月，从教育部传来令人振奋的消息，在部分重点高校试办研究生院，吉林大学被列为首批试办的22所院校之一。唐敖庆早已为这一天的到来做好了准备。他立即召集相关人员，对研究生院的成立进行细致的讨论。长期从事微分方程教学和研究、吉林大学时任副校长伍卓群担任研究生院院长，副院长则由化学系的沈家骢和历史系的张忠培两位教授担任。

1984年金秋十月，吉林大学研究生院建院典礼在校大礼堂举行。典礼会场庄严喜庆，八面红旗分列在主席台两侧，吉林大学教职员工和部分学生参与并见证了这一重要的历史时刻。唐敖庆站在舞台正中间的报告台上，宣告研究生院成立。他告诉大家，这是吉林大学发展史上又一个里程碑事件，而为了增加这个里程碑的光辉，唯有确立更高的标准，更加努力地前行。

此时的唐敖庆在期待着一个时间点的到来。1984年12月21—23日，长春一年中白昼最短的几天，却是吉林大学建校以来最闪亮的日子。研究先秦史的博士研究生谢维扬，研究古文字的博士研究生汤余惠、黄锡全、吴振武4人相继坐上答辩席，接受专家们的检阅。他们用扎实的学问和逻辑严谨、观点鲜明的论文获得了评委们的认可，顺利通过博士学位论文答辩。至此，他们4人成为吉林大学研究生院第一批博士毕业生。

对于这些通过学位论文答辩的博士研究生的学术成果和学术水平，作为一校之长的唐敖庆是满意的。研究生院时任院长伍卓群告诉唐敖庆，到来年下半年，学校还会陆续有 6 名研究生参加博士学位论文答辩。他们共同商议，待这 6 名研究生通过论文答辩后，举行吉林大学首批博士学位授予大会。

1985 年 10 月 12 日是一个晴朗的日子。吉林大学鸣放宫前，树上的叶子变得或黄或红，偶有微风，几片树叶从空中优雅地飘落。偏南侧溪水尽头的池塘，清冽而澄明的水面倒映着深蓝的天空，秋日的暖阳抚摸着微波，粼粼闪动。陆陆续续有多人迈着轻快的步伐从池塘边经过，欢声笑语也仿佛融入了池水。然后，那轻快的步伐直奔鸣放宫红色的大木门。他们是来参加学校首批博士学位授予大会的。

主席台上，唐敖庆与 10 位获得吉林大学首批博士学位的同学分别握手，祝贺他们通过论文答辩和获得博士学位，也祝福他们扬帆远航、大展宏图。在并不太长的讲话里，唐敖庆告诉大家，今天的博士学位授予大会，标志着吉林大学研究生教育有了新的发展，掀开了吉林大学发展史上的新篇章。他同时勉励研究生院，这只是一个开始，还有太多的基础工作需要加强。

到了 1985 年，吉林大学已经有了不少有权授予博士学位的学科，化学系获得授权的就有物理化学、无机化学、高分子化学 3 个专业方向，但此时的唐敖庆还在筹划着一件进一步加强化学系学科建设的事情，那就是解决化学系催化专业还没有博士研究生导师的问题。唐敖庆有过在吉林电石厂搞催化剂研究的亲身经历，深知催化对于我国石油和化学工业的重要性。于是，唐敖庆就以他的影响力在全国聘请了 4 位催化方面的顶级专家担任吉林大学化学系兼职教授、博士生导师，并从国家教育委员会争取到了招收博士生的名额。这 4 位专家是石油化工科学研究院时任副院长、总工程师闵恩泽院士；中国科学院山西煤炭化学研究所时任所长彭少逸院士；中国科学院大连化学物理研究所研究员郭燮贤院士；中国科学院长春应用化学研究所研究员、后来担任中国科学院长春分院院长的吴越教授。

四大催化专家的到来，使化学系催化专业焕然一新。化学系若干中年骨干教师在先生们的指导下一跃成为博士生导师，吉林大学催化专业的教学、科研很快跻身全国高校的领先行列。先生们带领化学系教师为国家培养了一批优秀人才。例如，以闵恩泽院士名义招收、由化学系蒋大振老师具体指导的博士生矫庆泽，以彭少逸院士名义招收、由化学系吴通好老师具体指导的博士生高志明，以吴越教授名义招收、由化学系甄开吉老师具体指导的博士生张强，后来都成为北京理工大学教授、博士生导师。而郭燮贤院士招收、王国甲老师具体指导的博士生赵东元后来当选为中国科学院院士，并任复旦大学教授，且荣获 2020 年度国家自然科学奖一等奖。四大催化专家为吉林大学化学系的学科建设做出了独特贡献。

无论如何在口头上表达重视教学，最终都得表现在课堂上，归根结底要让教师走进教室，走上讲台，无论这个教师是讲师还是大师。唐敖庆身体力行地践行了这一点。无论是做副校长还是校长，无论是年轻还是年老，唐敖庆一生都没有离开过讲台，没有离开过手中的粉笔。在任校长之后，从 1978 年到 1980 年，他每天中大量的时间都是在教室里与学生共同度过的。那时候，他给量子化学研究生、教师和科研人员进修班的同学们主讲量子力学与量子化学。1985 年和 1987 年，他还分别到复旦大学和南京大学讲授微观反应动力学高级课程。即使调到国家自然科学基金委员会担任主任，他仍在 1986 年、1988 年、1989 年、1994 年回到吉林大学连续举办各类讲习班、研讨班……大师的汗水铸就了大学教室的讲台……

像唐敖庆一样，一批大师级的人物都积极地活跃在讲台上。高清海、金景芳、徐利治、吴式枢等都把他们的脚印扎实地印在大大小小的课堂上。

经过多年的教学实践，按照国家有关部门的要求，唐敖庆没有停留在从前，而是在大量课堂教学的实践基础上，同学校的领导班子成员商量，为了学校有更大的进步，要有计划、有步骤地推动教学改革。1985 年 5 月，在唐敖庆的主持下，《关于教学改革的十项措施（草案）》正式制定实施，从而在教学工作中形成了五个“推进器”。第一个“推进器”针对学生，即贯彻因材施教原则，实行优才优育，在本科生中试行选拔和培养优异生制度；第二个“推进器”针对教师，即在教师中实行评定教学质量优秀奖；第三个“推进器”针对专业，即从专业情况出发，修订教学计划，调整课程和学时，把传授知识和培养能力结合起来，培养学生扎实的理论基础、较宽的知识面和较强的实际工作能力；第四个“推进器”针对教学本身，即更新教学内容，改革教学方法；第五个“推进器”针对考试，即改革考试方法，严格考试制度。

教学改革对一所大学的未来产生了巨大的影响，五个“推进器”的点燃，令每一个走进吉林大学的年轻人，用知识绑定了青春，在更高层面、更广平台上完成了人生的大学定制。吉林大学像一枚火箭，在五个“推进器”的推动下，迅疾地飞向浩瀚的天宇。

如果说，教学改革点燃了一所大学腾飞的“推进器”，那么，众多优秀教材的出版则为学生们获取知识增强了“体魄”，增长了“个头”。1987 年，国家教育委员会组织了一次高等学校的教材评奖活动，结果，唐敖庆等人的《量子力学》、江泽坚的《实变函数论》、高清海的《马克思主义哲学基础（上册）》，以及《数据结构》《自然辩证法原理》《日本文学史》等教材均获奖。1986—1988 年，吉林大学出版的教材多达 145 种，其中理科教材 48 种，文科及外语教材 97 种。

“教学”这个“中心”在大学的校园中建立起来了，它的发力让吉林大学的学生们昂首挺胸走向祖国的大江南北，走向世界的五湖四海。与此同时，唐敖庆的身影还在另一个“中心”频繁出现。

（二）勇攀高峰的科研

对于科研工作，唐敖庆一直有着自己独到而深刻的理解。他认为，科研的选题必须瞄准学科前沿，也就是要赶上最前面的浪潮以推动学科的发展。同时，大多数科研都是接力赛，要在积累中寻求突破。想做好科研，必须要有深厚的基本功。科技成果可分为三个等级：顶层是发现和发明，这是极少的开创性贡献；中间层是新理论或新方法，这是构建新学科框架的基础；底层则是新结果，这是积累性的，多是用已有的理论方法处理不同的体系，在科技文献中是最大量的。[①]正是对科研的这些理解，牵引着唐敖庆作为一校之长，做好科研的引领工作。

早在 1963 年，就在当时高教部委托唐敖庆负责在吉林大学举办物质结构学术讨论班之际，一个名为吉林大学物质结构研究室的机构悄然成

---

① 鄢国森. 高山仰止[M]//刘远，董汉良. 一代宗师 风范永存：唐敖庆百年诞辰纪念集. 长春：吉林大学出版社，2015：191.

立。作为国家重点研究机构，这是唐敖庆向相关部门申请后正式成立的。“文化大革命”结束后，国家基础科学研究的元气开始慢慢得到恢复，唐敖庆越发觉得有更进一步扩大这一研究机构的必要性。

在向教育部提出的申请中，唐敖庆这样陈述道：物质结构专业是物理化学学科下面的三级学科，而在实际应用中，它却需要去应对无机化学、有机化学、分析化学与物理化学等所有二级学科提出的问题。恰因它所慢慢展示出来的重要性，国际一些著名高校已陆续开始单独成立理论化学系。理论化学是随着物理学科的成熟而发展起来的，主要由量子化学、统计力学和计算化学组成。对于吉林大学来说，经过配位场理论研究，已经打下了坚实的理论化学的基础，具备了成立具有更广泛意义的独立研究机构的条件。

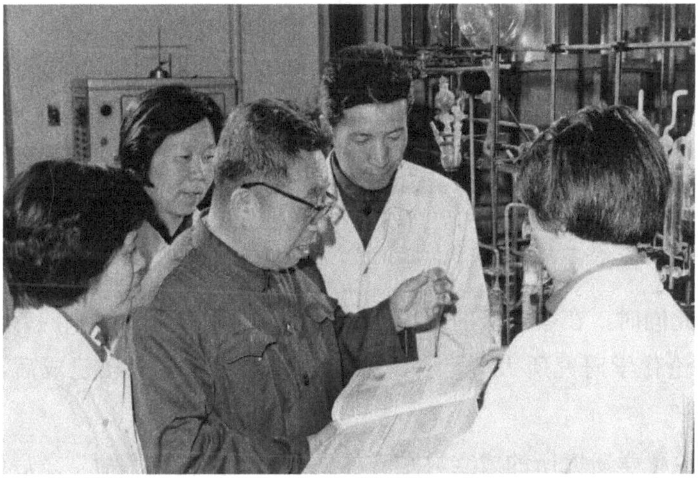

20 世纪 80 年代初期唐敖庆在指导博士研究生

不久，教育部批准了这一申请。1978 年 1 月，吉林大学理论化学研究所正式成立，学术建置上独立于化学系。作为理论化学的领军人物，唐敖庆出任首任所长。根据实际情况，唐敖庆决定在所内设量子化学与结构化学两个研究室，以及分子光谱、X 光晶体结构、核磁共振 3 个实验室。

（研究工作）涉及多个学科和专业，必须博采诸家之长，通过各种专业人员的合作，才能做出高水平的学术成果。在这种思想指导下，他（唐敖庆）在创建我校理论化学研究所的初期，吸纳了校内外许多有专长的老师和研究人员到该所工作，除原来化学系的部分教师外，还从校外调进了李伯符、陈世文等研究人员。

（在唐老师的）领导和指导下，通过各种力量的合作，创建了相关的国家重点实验室，并由他牵头，建立了物理化学和高分子化学与物理两个专业博士点，为我校化学学科的发展做出了历史性贡献。①

唐敖庆与吉林大学理论化学研究所工作人员和研究生合影（摄于20世纪80年代初期）
前排左起：佟多人、梁映秋、江元生、唐敖庆、孙家钟、裘祖文、李伯符

与此同时，在唐敖庆的组织下，吉林大学用教育部拨来的专款开始建设理论化学研究所大楼，并大量购进仪器设备。大楼建成后，取名“科技楼”。

理论化学研究所的成立只是吉林大学在“文化大革命”之后建设科研中心的起笔之作。这是不同寻常的1978年，属于吉林大学，属于唐敖庆。乘理论化学研究所成立的东风，唐敖庆在这一年抓紧校内科研机构的调整恢复和扩建、新建工作，吉林大学的科研工作向后延伸和成长。

1978年10月，吉林大学数学研究所成立，基础数学、微分方程、计算数学和概率统计4个研究室成为数学研究所的基点；1979年7月，吉林大学日本研究所成立，日本经济、日本政治、日本历史、日本文学、中日关系5个研究室共同支撑起人们对日本迅速崛起的理论探求；

① 陈欣方. 怀念恩师唐敖庆[M]//刘远，董汉良. 一代宗师 风范永存：唐敖庆百年诞辰纪念集. 长春：吉林大学出版社，2015：203-207.

1979 年 12 月，吉林大学原子与分子物理研究所成立，原子与分子理论、高温高压物理、分子光谱与红外微波等研究方向的机构分别成为下设机构；1981 年 8 月，吉林大学人口研究所成立，人口经济、人口社会、东北人口史 3 个研究组开辟出中国东北人口学研究的第一条道路；1983 年 4 月，吉林大学古籍整理研究所成立，古文字、先秦史、古文献 3 个研究室走到国内研究的前沿，于省吾、金景芳、罗继祖分别担任 3 个研究室的学科带头人，该领域的研究一时风光无限……

各类研究所如雨后春笋般成长起来，但唐敖庆和他的同事们还有更大的筹划。1983 年 9 月 25 日，学校决定，在理科 9 个重点学科中建设 8 个重点实验室。高温高压物理实验室、原子分子物理实验室、金属与合金电子结构实验室、量子化学与结构化学实验室、催化动力学实验室、大分子结构与性能实验室、半导体光电子学与集成光学实验室、人工智能实验室集中亮相，犹如八仙过海，各显其能。

文科科研的筹划，则早在 1978 年就开始了。就在唐敖庆被任命为吉林大学校长之后的第 20 天，吉林大学就在文科各系基层讨论的基础上，制定了《一九七八年至一九八五年文科科研工作的初步规划》，规定今后 8 年剑指 9 个方面的研究工作：日本问题、朝鲜问题、东北地方史、古文字学、东北亚考古、先秦史、中国古典文学、人口理论，以及编写《汉日词典》。

科研机构在不断建立和完善，科研人员在不断被委以重任，一所大学所渗透出来的热血和激情与改革开放的时代春风紧密交融在一起。春风吹生的是不断冒芽的青草，大地让春风植了根。那么，热血和激情所催生的思想成果在哪里植根，又在哪里呈现呢？

1978 年党中央在北京召开了全国科学大会，大会精神使全国科技和教育工作者受到极大的鼓舞，高等学校和科研院所的学术氛围日趋浓厚，科学研究迅速开展起来，研究成果层出不穷，亟须在科技刊物上发表交流，而当时我国公开出版的科技刊物的数量和种类都较少。鉴于此，1979 年唐敖庆利用到北京开会之机，与几位国内外著名的资深化学家一起向教育部建议，将已停刊多年、吉林大学曾于 1963—1966 年承办、学术水平和编辑水平都较高的《高等学校自然科学学报》（化学化工版）恢复出版。教育部高度重视唐敖庆等科学家的建议，鉴于当时吉林大学在化学领域已做出的卓有成效的贡献，经研究最后决定，将刊名更改为《高等学校化学学报》，继续由教育部主管，由吉林大学和南开大学主办，由吉林大学承办。

教育部从全国各重点大学中聘请了 30 位学术造诣精深的知名化学家组成阵容强大的编委会，由杨石先院士（南开大学）出任主编，唐敖庆院士（吉林大学）、高振衡院士（南开大学）、戴安邦院士（南京大学）、徐光宪院士（北京大学）、曾云鹗教授（武汉大学）等出任副主编。1985 年杨石先逝世，由唐敖庆出任主编。

1980 年，《高等学校化学学报》于矗立在长春市解放大路边上的吉林大学理化楼中正式出刊。

唐敖庆深切地知道学报在科研工作中的作用。在《高等学校化学学报》出刊前，他挤出大量时间与编委会和编辑部研究学报的定位和办刊原则。唐敖庆这样告诉大家："一所大学的水平、层次和地位也应体现在学报的建设当中，学报是高校科研工作的重要组成部分。"他给学报的未来确定了这样的目标：以国内外著名科技期刊为榜样，争取早日跻身国际先进科技期刊的行列。他给学报的审稿、选稿确定了这样的标准：刊物呈现的是科研工作的新思想、新方法、新结果（"三新"），应该遵循的逻辑顺序则是首先重视新思想，其次为新方法，最后为新结果；他给学报的审稿、选稿确定了这样的原则：依靠专家、择优录用、公正合理。他为学报确定了新（选题新、录用刊出的文章创新性强），快（编辑出版速度快），高（刊文学术水平和编辑出版质量高）的办刊特色。

在唐敖庆等人的把握和领导下，本为半年刊的《高等学校化学学报》，由于影响力与日俱增，高质量的稿件越来越多，到 1981 年改为季刊，1983 年改为双月刊，1985 年又改为月刊，并创办了英文版 *Chemical Research in Chinese Universities*。

《高等学校化学学报》编委会于 1985 年 5 月 8—11 日在苏州大学召开了第五次全体会议，会议由唐敖庆、高振衡、戴安邦、徐光宪、曾云鹗五位副主编主持。会议开始时全体人员起立，为不久前逝世的主编、我国久负盛名的教育家及化学家杨石先院士默哀一分钟，表示深切的怀念。会议听取了唐敖庆的工作报告和编辑部正、副主任的详细汇报，肯定了过去的成绩，讨论了今后的工作计划。与会编委一致选举唐敖庆为主编，何炳林、孙家钟为副主编。唐敖庆在发言中表示，要继承杨老的遗志，依靠全体编委和几位副主编，依靠全体编辑部同志，全心全意地把学报办成能真正反映我国高等学校化学学科第一流水平的刊物。

在这次会议期间，唐敖庆见到了老友周孝谦，他是苏州大学物理系教授，曾任苏州大学副校长。唐敖庆 40 多年前在西南联大时结识周孝谦，引为知己，20 多年前又请江苏师范学院（今苏州大学）教授周孝谦赴长春给吉林大学物质结构学术讨论班的学员开设原子核壳模型理论课程。如今老友重逢，格外高兴，唐敖庆邀请周孝谦和苏州大学校长陈克潜与自己以及编委会的同仁们一道合影。

一个风和日丽的早上，在一片绿意盎然的草地上，唐敖庆与四十多位编委、编辑、其他工作人员以及苏州大学的领导共同合影留念。唐敖庆身穿一套崭新而宽大的蓝色中式服装，戴着镜片厚厚的近视眼镜，下颌微抬，嘴角略带笑意。

1985 年 5 月，唐敖庆担任《高等学校化学学报》主编期间在苏州大学参加第五次编委会全体会议

前排右起：曾云鹗、何炳林、徐光宪、顾翼东、高振衡、戴安邦、唐敖庆、周孝谦，左起：赵晓君、高小霞、蔡启瑞、陈克潜（时任苏州大学校长）；中排：鄢国森（左三），左五起：苏勉曾、林尚安、刘若庄、邓从豪，右六起：杨士林、高鸿；后排：孙家钟（左四）、沈家骢（左八）

几十年过去了，《高等学校化学学报》及其英文版已被中国的各著名

科技文献数据库和文摘刊物，美国科学信息研究所（ISI）的数据库和该所出版的《科学引文索引》、《化学文摘》和《工程索引》，日本的《科学技术文献速报》，俄罗斯的《文摘杂志》等众多国际著名的文摘、数据库和索引收录。《高等学校化学学报》曾连续三次荣获国家出版界最高奖项——国家期刊奖（第一届至第三届），曾获第二届中国出版政府奖期刊奖（2010 年度）。2001 年被评为“双高”（高知名度、高学术水平）科技期刊，进入中国科技期刊方阵，2019 年入选中国科技期刊卓越行动计划。

时至今日，唐敖庆当年确定的“三新”标准仍然在影响着该刊物的面貌，它已经彻底浸入刊物本身，成为一种浓厚的文化传统。

一系列的密集安排，让吉林大学的科研工作一飞冲天。据 1978—1984 年的统计，吉林大学理科取得了 120 多项重大科研成果。唐敖庆和他的团队合作完成的“配位场理论研究”荣获国家自然科学奖一等奖。吴式枢教授的“核多体理论与格林函数方法的研究”、徐利治教授与合作者的“数值逼近与数值积分”两项成果摘得国家自然科学奖三等奖。“放射性核素低能光子源含水率——密度计”“酯化反应的固体酸催化剂”“新型远红外辐射材料及其制备”3 项成果则获得了国家发明奖。此外，还有 3 项获国家科学技术进步奖，37 项获国家各部委和省、市政府科技成果奖……在此期间，唐敖庆还因为业绩突出荣获国务院颁发的全国劳动模范证书和金质奖章。

1984 年 9 月 24 日，秋高气爽，吉林大学举办了建校以来首次社会科学研究成果展览。137 种专著，82 种大学教材，11 种工具书，29 种学术资料，163 种译文和译著，18 篇调查报告，200 多篇在国家一级刊物上发表的学术论文，等等，众多社会科学研究成果映入人们的眼帘。

1985 年，唐敖庆还开创了吉林大学科研工作的另一个起点。这一年，吉林大学上报给国家科学技术委员会博士后科研流动站管理协调委员会的报告得到了批准。学校据此建立起物理、化学、计算机科学与技术 3 个博士后科研流动站，接收优秀博士人员入站开展科研工作。

1986 年，唐敖庆离开吉林大学校长岗位，出任国家自然科学基金委员会主任。然而，他所开创的科研事业，仍然捷报频传。1987 年 12 月 19 日，吉林大学酶工程国家重点实验室，经国家计划委员会、国家教育委员会联合组织的高级专家组验收通过，正式对国内外学者开放。在此前后，吉林大学材料科学研究所、催化与合成研究所、计算机科学研究所等研究机构佳绩不断，所承担的科研项目一直位居全国前列。在此期间，又有 4 项科研成果获得了国家自然科学奖。其中，唐敖庆、江元生完成的“分子轨道图形理论及其应用”，继“配位场理论方法”之后，再次荣获国家自然科学奖一等奖，这也让吉林大学成为全国唯一连续两次获得这一级别奖项的单位。此外，唐敖庆、沈家骢等完成的“高分子缩聚、加聚和交联反应统计理论”荣获国家自然科学奖二等奖。王柔怀、伍卓群等完成的“线性与非线性偏微分方程的若干问题”，徐如人、庞文琴等完成的“分子筛的晶化理论及新型分子筛的研制”，分别获国家自然科学奖三等奖。在 1989 年第四届全国发明展览会上，吉林大学共获 7 枚奖章，其中金牌一枚。

1994 年 5 月，唐敖庆与沈家骢作为执行主席，主持召开了第一次功能超分子体系香山科学会议，这次会议对于我国特别是吉林大学的超分子化学的发展是一个里程碑事件。此后，沈家骢、张希等又组织了多次高水平的功能超分子体系国际性香山科学会议。唐敖庆于 1993 年请沈家骢担任吉林大学理论化学研究所分子光谱与分子结构教育部开放研究实验室主任，并与沈家骢商定了实验室的发展方向。沈家骢组织全室开展了具体的超分子化学研究，从超分子基础出发逐步走向应用，并取得了初步成果。该实验室于 2001 年更名为超分子结构与材料教育部重点实验室，2010 年通过有关部门验收，升级为超分子结构与材料国家重点实验室。

唐敖庆是搞基础理论研究的，但是他鼓励有意愿在应用领域探索的学生运用所学的基础理论知识从事应用和开发研究。吴忠文是唐敖庆于 1959 年招收的高分子物理化学专业的研究生，1963 年毕业后留校任教，1987 年晋升为教授。吴忠文在研究生期间和毕业后主要从事高分子统计理论方面的基础研究。20 世纪 70 年代开始转向应用和开发研究，从事刚性链高分子的结构与性能关系方面的应用研究和特种工程塑料的开发工作。他的研究成果“聚醚砜耐高温涂料及其工艺”于 1992 年获国家发明奖三等奖，“刚性链耐高温高分子材料的分子设计及结构与性能关系的研究”获 1994 年国家教育委员会科学技术进步奖一等奖，“聚醚砜树脂的合成及应用”“聚醚醚酮中试及其加工技术的研究”分别获 1993 年和

1995年国家教育委员会科学技术进步奖二等奖。在高分子新材料的开发工作中，他先后完成了聚醚砜（PES）树脂、聚醚醚酮（PEEK）树脂、聚醚醚酮酮（PEEKK）树脂三个品种的实验室研究、扩试到中试，“九五”期间经过部级鉴定验收，主要性能均达到国际先进水平。其中的PES和PEEK于“十五”期间又完成了百吨级的产业化示范工程，PEEK已实现向国外出口。唐敖庆曾多次表扬吴忠文在高分子应用领域做出的科研成果和突出贡献。

三、三江水暖

如果你问唐敖庆：一所大学的治学方向到底是什么？他会这样回答你：培养国家需要的创新型人才。

如果你问唐敖庆：怎样才能让学生快速成长？他会这样回答你：鼓励优秀的教师和学术大家从事基础教育。

如果你问唐敖庆：如何培养高精尖的科技人才？他会这样回答你：紧盯科研，开办各类研修班和讨论班。

如果你问唐敖庆：您所主张的教学和科研“两个中心”是什么关系？他会这样回答你：以科研引领教学，以教学支撑科研，实现教学和科研的有机统一。

他这一系列的教育思想的精神内核很快在吉林大学产生影响，并延展到未来。这一时期，学校的大师级人物成果频出，在国内外十分抢眼；在这些大师级人物的周围，具有大师潜质的弟子也在不断地成长并冒出尖来。

一所大学能够如此，校长至少要有两种品质，一是爱才好士的人格修养，二是海纳百川的人才理念。没有爱才好士的人格修养，他治下的人才不能成其繁；没有海纳百川的人才理念，他治下的人才不能成其广。

正因为有了这两种品质，以及有着正确的教学与科研主张，唐敖庆治下的校园，三江水暖，春意盎然。

（一）领导班子中的理科杰出代表

1979年11月28日，与唐敖庆同年出生的王湘浩被中共教育部党组任命为吉林大学副校长。两年前，他在国内第一个提出要开展人工智能研究的主张。三年前，他成为刚刚成立的吉林大学计算机科学系的负责人。

对于吉林大学来说，王湘浩是泰山北斗级的人物。1979 年，作为著名科学家，接到任命状的王湘浩内心清楚，唐敖庆年初在《光明日报》上发表的《要按“两个中心”的要求办好大学》一文中提出的观点是完全正确的，几十年来，他与唐敖庆走的是同一条路。

1937 年，22 岁的王湘浩以遥遥领先的成绩从北京大学数学系毕业。由于抗日战争全面爆发、大学南迁，王湘浩辗转追随，后成为西南联大助教，并成为江泽涵的研究生，专攻拓扑学。1941 年毕业后，任西南联大讲师。1946 年夏，王湘浩赴美国普林斯顿大学攻读硕士及博士学位。1949 年回国，被母校北京大学聘为副教授，并在一年后晋升为教授。1952 年，王湘浩远赴东北长春，肩负起创办东北人民大学数学系的重任。1955 年，他又同唐敖庆一起，当选为中国科学院学部委员（院士）。

王湘浩在数学研究方面的成就体现在他颇具传奇色彩的博士学位论文形成过程中。在美国普林斯顿大学，他选择代数学为研究方向，当代著名代数学家埃米尔·阿廷（Emil Artin）是他的导师。经过一段时间的学习之后，阿廷让王湘浩研究格伦瓦尔德定理。当时，这一定理在数学界已经提出近 20 年，而且至少有两个公开发表的证明推演了其正确性。可王湘浩却在深入学习和研究中，发现这一定理的证明存在问题。他把自己的想法写在纸上，内容并不长，只有一页半，用以说明该定理证明中的一个引理不正确。然后，他拿上这一页半的纸，到导师阿廷的办公室阐述自己的观点，并当场构造出了一个反例。这令阿廷极为吃惊，多年来，他本人也未能觉察到这一定理的证明竟然有错误。

经过一段时间的思考和论证，阿廷告诉王湘浩，他的博士学位论文已经完成了，就是那一页半的纸。

“此时，他耀眼的成绩是‘以无可辩驳的反例推翻了格伦瓦尔德定理’，动摇了有理单纯代数理论的基础，引起国际代数界的震动。”[①] 据说，这篇仅有一页半的论文也是数学界最短的一篇博士学位论文。王湘浩的研究成果被称为格伦瓦尔德-王（Grunwald-Wang）定理，成为格伦瓦尔德定理的重要补充。

---

① 鲍盛华. 先生向北[M]. 长春：长春出版社，2018：125.

没错，纠正类域论中作为重要定理的格伦瓦尔德定理的错误，是王湘浩对代数学的一个重大贡献。他给出了该定理成立的充要条件，从而重新证明了有理单纯代数理论中著名的狄克逊猜想。

心怀祖国的王湘浩于1949年回到了北京大学数学系任副教授，走上了讲台。而此时在讲台下听课的学生中有一个叫丁石孙的人，后来成为北京大学的校长。

1952年，随着全国高等院校院系大调整，王湘浩与唐敖庆等人一样，坐着北上的列车来到东北人民大学，开创另一番事业。

作为数学系的创立者，王湘浩最初面临两种办学思路的抉择：一种是由于教学上要做的事情太多了，所以必须全力抓教学，科研暂不考虑；一种是在抓好教学的同时，及时抓科研，“两手”并重。王湘浩毫不犹豫地选择了后者。

在教学上，王湘浩带领大家全员上阵，他自己主讲的是数学分析课和高等代数课，讲义全部亲自编写。而给本科生上课，几乎贯穿着王湘浩一生的教书生涯。几十年间，他一直坚持为低年级的学生上课。“几乎每年入学的一年级学生的高等代数，都由王湘浩教授主讲。”王渝生在一篇文章中这样讲道：

> 正是这样的传统，使得吉林大学数学系的学生，不仅受到严格的训练，而且学者们严谨的治学态度，德艺双馨的人格魅力，成为学子们在大学期间乃至以后人生受用不尽的精神食粮。①

学生们记得，有一次王湘浩在给大家讲课时因为聚精会神引导学生思考，结果，由于他一手拿粉笔，一手拿香烟，竟然把粉笔当香烟塞进了嘴里。

与此同时，他要求几名骨干老师在做好教学的同时，还要带着年轻教师做好科研。1955年，东北人民大学创办了《东北人民大学自然科学学报》，创刊号上共刊登了37篇文章，数学方面的文章竟然多达22篇。

建系之初，全系只有两个学科方向，即王湘浩、谢邦杰的高等代数，徐利治、江泽坚的数学分析。不久之后，江泽坚开创了一个新的学

---

① 王渝生. 异彩科坛人称奇 多值逻辑红楼探佚 数学文学两相宜 关东算苑如椽笔 高等代数人工智能 科研教学集一身[J]. 中国科技教育，2015（12）：70-71。

科方向——泛函分析。又过了一段时间，徐利治将自己的研究方向扩展到了近似方法。

为了壮大数学系的实力，王湘浩到处招揽人才。1954年，王湘浩把王柔怀从外单位“请”进了吉林大学的校门。1956年，又把中国科学院数学研究所的孙以丰“挖”了过来。他们两位则分别建立起常微分方程和拓扑学的学科方向。

而此时的王湘浩在推动教学和科研的过程中，极其敏锐地发现，开拓计算机科学研究将具有重大意义。经过深思熟虑，他放下自己擅长的代数方向，转而研究计算机科学，在吉林大学数学系创建控制论专业，推动开展计算机理论研究。正是因为王湘浩，坐落在中国东北一隅的吉林大学成为国内最早开展计算机科学研究的单位之一。

到了1958年，数学系在王湘浩的带领下，已经从建系之初的两个学科方向发展到了8个学科方向。

时间进入20世纪60年代，王湘浩持之以恒的研究再次结出硕果：多值逻辑和自动机理论两个方面的研究成果达到了国际先进水平。

1976年，继创建了吉林大学的数学系之后，在王湘浩的带领和努力之下，吉林大学又创建了计算机系，建立起了中国第一个计算数学专业。1979年底出任吉林大学副校长之时，王湘浩在人工智能研究方面倾注了更大的心血。他也是我国最早倡导人工智能研究的科学家，是公认的中国人工智能学术研究第一人。

鉴于这个领域的重要性，1980年，教育部委托王湘浩在吉林大学举办全国范围的人工智能讨论班。唐敖庆积极支持举办这个讨论班，从学校层面为讨论班提供尽可能多的便利。不久之后，由王湘浩牵头，成立了全国高校人工智能研究会。1982年，他们研究了归结方法中的取因子问题并提出了广义归结方法，正式提出了一些有用的改进策略。同时，在计算机代数的研究中，代数方程实根分离的一种较好算法也被他们发现了。一系列的工作，让王湘浩带领的吉林大学人工智能研究集体在当时处于国内领先地位。

作为校领导班子中的理科代表，王湘浩一方面做好相关行政工作，一方面带领计算机系冲在科技研究的前沿。在他的领导下，计算机系的软件专业成为国内第一批被批准的有博士学位授予权、有博士后科研流动站的专业，并作为国家重点学科被寄予厚望。

1984 年，学校领导班子调整，王湘浩不再担任副校长一职。但他仍然将精力放在科研与教学当中，为吉林大学“两个中心”建设贡献自己的力量。

在推动教学和科研的过程中，王湘浩把自己对于数学的理解写成了颇具韵律的“三字文”，取名《我的歌》：

这经文，若能背，微积分，便学会
n 次幂，算微商，乘以 n，降一方
赛因 x，作微分，结果是，柯赛因
柯赛因，求导数，得赛因，加个负
微洛格，甚容易，自变数，取其逆
指数函，更方便，微一微，它不变。

1993 年 5 月，王湘浩逝世。亲人和弟子们把《我的歌》刻在了他的墓碑上。

他是一生的科学家，也是一生的教书匠。

接替王湘浩担任副校长的是唐敖庆在高分子物理化学领域培养起来的大弟子沈家骢。沈家骢 1952 年毕业于浙江大学，被分配到东北人民大学化学系任教。他参加了 1958—1960 年由吉林大学化学系和中国科学院长春应用化学研究所联合举办的高分子物理化学学术讨论班，从此在唐敖庆的指导下开展了长达 20 多年的高分子加聚反应统计理论与微观动力学研究，用概率论方法推导基元反应的概率函数，并进一步得到分子量分布函数，方法简便且具有普遍意义，在此基础上发展出比较完整的加聚反应统计理论。沈家骢 1980—1985 年担任吉林大学化学系系主任，1983 年晋升为教授，1984—1985 年在美国犹他大学化学系任访问教授，回国后被任命为吉林大学副校长（任期至 1990 年）。

> 当我担任吉林大学副校长时，他（唐敖庆）说：“做行政工作，不能放松业务，相反，业务还要做得更好。”他的一生就是这样：严于律己，言传身教，一身兼顾学术与行政，夜以继日耕耘在教学、科研第一线……①

---

① 沈家骢. 铸就传统 创造辉煌——纪念唐敖庆老师诞辰一百周年[M]//刘远，董汉良. 一代宗师风范永存：唐敖庆百年诞辰纪念集. 长春：吉林大学出版社，2015：178-180.

沈家骢这样回顾唐敖庆对自己的教诲，也努力以老师为榜样，做到兼顾学术研究与行政工作。沈家骢在担任系主任、副校长和研究生院副院长期间，做了大量行政工作，为化学系和学校的发展做出了诸多贡献。与此同时，他还继续搞科研、培养研究生。他经常凌晨 4 点起床看书、写论文，利用晚上和节假日时间指导研究生。他协助唐敖庆编辑出版了《高分子反应统计理论》，该书所总结的他们多年累积起来的科研成果“高分子缩聚、加聚和交联反应的统计理论”于 1989 年获国家自然科学奖二等奖，沈家骢是排名在唐敖庆之后的第二完成人。1991 年，沈家骢和另外三位唐敖庆教过的化学系弟子孙家钟、江元生、徐如人一道当选为中国科学院学部委员（院士）。

从 20 世纪 80 年代后期起，沈家骢开辟了一个新的研究方向，他带领研究生张希等人与德国有关专家合作，开展超分子化学与层状组装体系的研究。他们运用分子间的弱相互作用力，如静电作用力、氢键、配位键等，构建有明确界面的层状功能膜，提出并实现了“浮萍”与“倒浮萍”聚合物膜模型，解决了层状组装的有序度与稳定性互相矛盾的难题。他们用人为设计的序列实现了生物大分子酶的静电多层组装，并发展了基于氢键和配位键的多层膜组装技术，从而把静电组装拓展至非水体系中的层状构筑和功能组装，为超分子材料的研发提供了新途径。沈家骢（第一完成人）和张希（第二完成人）的研究成果“有机、聚合物体系的层状组装与功能”于 2004 年获国家自然科学奖二等奖。像唐敖庆、沈家骢两位老师一样，张希后来也成长为一位兼顾学术研究与行政工作的“双肩挑”学者，2007 年当选为中国科学院院士，2018 年被任命为吉林大学校长。

（二）沿着“两个中心”走下去的继任者

1982 年 3 月 13 日，伍卓群出任吉林大学副校长。这位在数学领域同样做出卓越贡献的教授其实是王湘浩的学生。学生与老师同在校领导班子中任职，成为一桩美谈。伍卓群在 1986 年唐敖庆出任国家自然科学基金委员会主任后，接掌了校长一职，将唐敖庆倡导的治学理念、将老师王湘浩先生身体力行的教学与科研精神，更加广泛和深入地贯彻了下去。

1930 年，伍卓群出生于湖南湘潭。1950 年 7 月，入读东北工学院（东北大学前身）数学系。到了 1952 年，由于全国高等院校院系大调整，伍卓群所在的数学系被并入了东北人民大学，从此，伍卓群来到了长春。

一天，伍卓群和同学们一起上数学物理方程的课，在教室里，他和同学们看到，一位个子不高、戴着镜片厚厚的眼镜的中年人早早地就坐在教室的后面。伍卓群心里嘀咕着："这不是唐敖庆老师吗？"这令伍卓群十分感慨，当时的唐敖庆在化学领域已经是很有水平和身份的知名教授了，能像一名普通学生一样来听数学课，是很不平常的。

后来，伍卓群还注意到，这位唐老师还到数学系和同学们同堂听过泛函分析课。随着自己的学业的深入，伍卓群才有所体悟：作为中国理论化学的开拓者、奠基者、领军者，唐敖庆的特殊优势之一就是有很强的数学功底，而这一功底是与唐敖庆甘作学生的态度分不开的。

不仅去听数学课，唐敖庆还常去听吴式枢的核物理课，常常坐在教室最后一排。在最后一排他看不清黑板上的字，只能靠听和大脑推导来理解授课内容。

几十年之后，唐敖庆的这种学习和研究精神，仍在时时刻刻影响着这位后继者。在一篇题为《缅怀唐老，学习唐老》的文章中，伍卓群这样评价唐敖庆：

> 唐敖庆是我最景仰的一代宗师。在科技领域他是我国的化学泰斗，在教育领域他是我国的育人巨匠，他的道德与文章都堪称学界楷模。

伍卓群深情地回忆道：

> 从 1982 年起，在学校的领导岗位上，我有幸作为他的助手，辅佐他工作了四年。接着又在他的崇高思想和风范的影响下，在这个岗位上工作了十年。在这十四年中，我从唐老身上获得了许多教益……①

1993 年 9 月，怀着青春梦想的新生分别走进吉林大学北校区和南校

① 伍卓群. 缅怀唐老，学习唐老[M]//刘远，董汉良. 一代宗师 风范永存：唐敖庆百年诞辰纪念集. 长春：吉林大学出版社，2015：174-175.

区的大门。此时的学生们还不知道，从他们这一届开始，将实行绩点学分制。这也是校长伍卓群在推进大学教学改革中的一个重要决定。

用绩点数值来区分学生成绩的高低，是参照世界发达国家高校的一种学分制教学管理办法。

> 在绩点学分制的基础上，学校还制定了免修制，学生可根据自己的情况，对教学计划中的某些课程在通过免修考试后，申请免修并获得相应学分。此外，为了适应科学发展中日益出现的学科交融和渗透的新趋势，鼓励学习能力强的学生向交叉学科、边缘学科发展，培养一专多能的应用型人才，学校开始试行主辅修制度，某一学科专业的学生以本专业为主修专业，在学制年限内可以跨系选读其他专业作为辅修专业，合格者发给吉林大学辅修专业毕业证书。[①]

教学改革让学生们的选择更加个性化。与此同时，伍卓群也高度重视教材建设。1991 年 11 月，吉林大学“八五”教材规划工作领导小组成立，为加强教材建设、提高教材水平提供组织保障。让大家感到惊喜的是，在伍卓群的带领下，学校筹集到了 135 万元作为教材建设资金。在 20 世纪 90 年代初，135 万元显然是一笔巨款。很快，“八五”教材建设和出版规划便撰写完成。

大力度的建设很快便取得了成果。在第二届全国普通高等学校优秀教材评奖中，王惠岩编著的《政治学原理》、王湘浩等人编著的《离散数学》荣获全国优秀奖，而《中级物理化学实验》《微分方程数值解法（第二版）》则分别获一等奖、二等奖。

对教学的努力布局，让吉林大学有了更加丰厚的收成。1993 年，教育部评选国家普通高等学校优秀教学成果奖，由唐敖庆弟子孙家钟领衔的“物理化学学科建设与人才培养”荣获一等奖。王惠岩教授的“政治学原理课程体系的创建与发展”、刘中树教授的“突出重点，全面规划，优化结构，增强实力，建立一支又红又专的师资队伍”荣获二等奖。

伍卓群还不断为学科建设的数量及质量奔波。随着 1995 年国家教育委员会批复文件的送达，吉林大学的本科专业达到了 58 个。同一年，一种叫作“基地班”的教学模式被进一步扩展到文科领域。吉林大学哲学

---

① 吉林大学校史编委会. 吉林大学校史[M]. 长春：吉林大学出版社，2016：83-84.

学科和史学学科被国家教育委员会批准为国家文科基础学科人才培养和科学研究基地的正式基地与试办基地。在此前的1993年，物理和化学两个本科专业已经获批理科基础学科人才培养基地。

1994年5月20日，伍卓群带领校领导班子成员将由吉林省省长带队的科技工作考察团迎进吉林大学理化楼，考察团成员包括省长、副省长及各市州的政府部门领导。如此规格和层次的政府考察团专就科技工作来学校探访，在吉林大学历史上还是第一次。

吸引省里大规模、高层次考察的原因，是吉林大学的科研工作近年来一路高歌猛进。1994年，吉林大学化学系吴忠文开创和领导的特种工程塑料研究中心承担的“年产10吨规模特种工程塑料聚醚醚酮中试放大”通过部级鉴定，填补了国内空白。还是在这一年，学校共有14项科技成果获国家教育委员会科学技术进步奖一、二、三等奖，总数居委属综合大学第四位。而在此前后，冯守华、张希、丁大军、陈接胜等大批理科研究者接连获得各类重要重大奖励。

文科科研同样令人瞩目。1991年，“光明杯”优秀哲学社会科学学术著作评奖揭晓，金景芳、吕绍刚的《周易全解》，张博泉的《东北地方史稿》，王惠岩的《政治学原理》分获荣誉奖、二等奖和三等奖。1995年，国家教育委员会举办首届中国高校人文社会科学研究优秀成果奖评奖，吉林大学共有23项成果获奖，在全国高校中排名第五。

在做好行政工作的同时，伍卓群也在自己多年从事的科研领域孜孜以求。他在常微分方程定性理论、奇异摄动理论和偏微分的拟线性问题等方面进行了系统深入的研究，取得了受到国内外同行高度评价的研究成果。他与王柔怀合作编著的高等学校教学参考书《常微分方程讲义》由人民教育出版社出版，他与李勇合作编著的《常微分方程》由高等教育出版社出版。他的科研成果和教材曾获国家自然科学奖三等奖、国家教育委员会科学技术进步奖二等奖、国家教育委员会优秀教材奖一等奖。

1994年6月，唐敖庆荣获1993年度陈嘉庚化学科学奖。他刚刚回到家，就接到了伍卓群打来的电话。伍卓群代表学校邀请老校长回长春，为他举行一次庆祝大会，因为这也是吉林大学的荣誉，代表着吉林大学在国内高校科研工作中的靠前位置。很快，庆祝大会在吉林大学鸣放宫举行，省市相关领导、在吉林大学工作的中国科学院院士等到会祝贺。校长伍卓群和时任校党委书记刘中树亲自将贺幛送到唐敖庆的手中。贺幛上的二十个字表达着吉林大学全体师生的敬意："幽幽卅载功，矻矻当年苦，皓首凌绝顶，旭日照平楚。"

看着唐敖庆及各位中国科学院院士嘴角露出的微笑，听着全场一次又一次的掌声，数百名师生全身上下感受到一阵又一阵的暖流。老先生们身上的温暖与光明照亮了后辈的前程。

不久之后，伍卓群给一位在英国留学的学生的回信再一次给这股暖流注入了温度。收信人是从吉林大学化学系毕业的一名博士生，他于1990年11月到英国大不列颠皇家研究院进行博士后研究。在完成博士后研究工作后，他很想回到吉林大学工作，但对很多人才政策还不太清楚，所以写信向伍卓群校长问询。信写于1993年12月。

1994年元旦刚过的第二天，伍卓群忙碌了一天之后，端坐在书桌前，把台灯拧亮，铺开上方印有"吉林大学"字样的信纸，抽出钢笔，给远在伦敦的这位学弟回信：

> 来信收到，阅读多遍，非常高兴。真诚地欢迎你来校工作。你所要求的住房条件是肯定能满足的。职称问题，学校对回校、来校工作的留学人员，已制定特评特聘政策，并已对一些人实施；优秀的博士后多评为副教授，特别优秀的可评为教授。具体操作程序是：系主任提出，请三名同行教授提出评审（至少一人为校外来宾）意见，再由学校组成评审小组进行评审，通过后由校长聘任。
>
> 为了及早给你一个回音，我从徐如人老师那里要来了你的电话号码。但不知何故，挂了许多次一直挂不通，所以只好写信。这样一来就耽误了一些日子。
>
> 从来信知你的研究取得很多成果，十分欣慰。我相信你回校后一定能为学校的教学和科研做出贡献。学校很需要你，学校期待着你。
>
> 信中谈了很多体会，也很有道理。我特别受感动的是你洋溢在信中的强烈的爱国主义情感和民族自豪感。你回校后我将专门安排一个时间，请你详细谈谈，特别希望听听你关于如何办好吉大的建议。
>
> 元旦刚过，春节将临。衷心地祝愿你新年春节愉快，在新的一

年里事业获得更大的成功。

伍卓群

1994.1.2

一位渴望人才的大学校长的心情跃然纸上。他对这位学弟的邀请，既有对知识的尊重，更有着对一所大学未来的期许。

随后，伍卓群开始引领一项足以决定吉林大学更长久未来的事业。1995 年 6 月 21 日下午，吉林大学召开中层干部大会，伍卓群走上讲台，提出了一个二十字的口号：“振奋精神，团结一致，练好内功，做好准备，迎接预审。”伍卓群所说的“预审”是指“211 工程”部门预审。“211 工程”是指面向 21 世纪重点建设 100 所左右的高等学校和一批重点学科的建设工程，于 1995 年经国务院批准后正式启动。就在同年的 9 月 28 日，以曲钦岳院士为组长的专家组在吉林大学开启预审工作，并最终一致建议国家教育委员会通过吉林大学“211 工程”的部门预审。1998 年 5 月，国家计划委员会下发《关于吉林大学“211 工程”建设项目可行性研究报告的批复》，正式启动了吉林大学的“211 工程”建设。

1996 年 2 月 6 日，学校领导班子换届调整，伍卓群正式卸任校长一职。但他的心和唐敖庆一样，仍然在美丽的校园里跳动。1997 年，已经退休的伍卓群与唐敖庆为了吉林大学南校区建设再度联起手来。当年 3 月全国两会期间，作为全国人大代表和全国政协委员的唐敖庆、伍卓群、吴式枢、徐如人等人共同联名约见时任国家计划委员会主任陈锦华，就吉林大学南校区建设提出立项要求。正是由于这次约见，才有了后来为吉林大学南北两区合一建设提供 1.8 亿元的计划投资，也才使得今天位于长春市高新区前进大街 2699 号校园里大学生们的青春笑容更加灿烂。

（三）领导班子中的文科杰出代表

1979 年 11 月 28 日，与王湘浩同时被任命为吉林大学副校长的，还有一位著名人物，从此时起，他将作为文科代表，开启一段辅助唐敖庆治校的行程。他名叫张松如，笔名公木。

此时的张松如已经 69 岁了，比唐敖庆年长 5 岁。唐敖庆不会忘记，张松如是在1962年被时任校长匡亚明从吉林省图书馆调来的。此前，张松如被错划为右派，党籍都被开除了。可张松如的成就却熠熠生辉，他是著名的诗人、学者，被广泛传唱、影响深远的《英雄赞歌》《八路军进行曲》等歌曲的歌词都出自他手。1988年7月25日，改名为《中国人民解放军进行曲》的《八路军进行曲》被确定为中国人民解放军军歌。

来到吉林大学中文系后，张松如终于可以在知识的海洋中自如遨游了，他开始了对中国古典文学的教学和研究，培养了一批杰出的弟子，并取得了有影响力的研究成果。特别是，在1996年吉林大学建校50周年的时候，他创作了《吉林大学校歌》。“我们崛起在祖国的北疆”，张松如在歌词中这样写道。他专门用到了“崛起”一词，今天我们读来未必有切身的体会，但当年的张松如却实实在在地体会到了吉林大学在中国东北的迅猛壮大。

1982年3月13日，与伍卓群一起，另一位吉林大学文科的大师级人物进入吉林大学领导班子的行列，出任副校长。他就是出版了《论辩证唯物主义和历史唯物主义的关系》《唯物辩证法的实质与核心》《剖析唯心主义》等著作的哲学家高清海。早在1956年，他就因教学与科研两个方面业绩均极为突出，年仅26岁便被学校破格晋升为副教授，从此声名鹊起。1981年，他出任吉林大学哲学系系主任，并成为国内首批博士生导师、首届国务院学位委员会学科评议组成员。

出任副校长的高清海没有停止教学工作，仍然给本科生上课；没有停止科研工作，学术成果一个接着一个地喷薄而出。他的代表作《马克思主义哲学基础》《哲学与主体自我意识》《哲学的憧憬》等先后荣获国家级优秀教材一等奖、首届中国高校人文社会科学研究优秀成果奖一等奖等。孟宪忠、孙正聿、邴正、孙利天等一批日后影响巨大的弟子追随在他的身边，让吉林大学的哲学群星光芒四射。

无论是张松如也好，还是高清海也好，他们能够在教学与科研“海阔凭鱼跃，天高任鸟飞”一个重要的原因就是唐敖庆等人开创的大学学术氛围越来越浓，在这种氛围里，大家自由搏击，纵横驰骋。

何止唐敖庆、王湘浩、伍卓群，还有吉林大学物理学科的创始人之一，研制出中国第一支医用永久性真空X光管，并在固体与分子经验电子理论研究方面获得重要成果，曾先后担任吉林大学物理系第一届系主任、名誉系主任，早在1955年就已当选为中国科学院学部委员（院士）的余瑞璜；还有吉林大学物理学科的创始人之一，从事原子核理论特别是核多体理论方面研究与教学工作，1980年当选为中国科学院学部委员（院士）的吴式枢；还有与唐敖庆、关实之、陶慰孙共同创建吉林大学化学系，曾任化学系系主任，组建吉林大学催化动力学研究中心，承担国家重点科研项目，早在1957年就当选为中国科学院学部委员（院士）的物理化学家蔡镏生；还有中国半导体事业开拓者之一，吉林大学半导体系创建者，1984年担任吉林大学电子工程系名誉系主任，1995年当选为中国科学院学部委员（院士）的高鼎三；还有1979年在吉林大学组建我国第一个原子与分子物理研究所，为我国原子与分子物理及物理力学发展打下重要基础，物理力学家、物理学家和物理学教育家兼于一身的苟清泉……还有王柔怀、江泽坚、谢邦杰、徐利治、孙家钟、徐如人、沈家骢、汤心颐、李荣华、吴成礼、管纪文……

何止是张松如、高清海，还有中国古文字学家、训诂学家，在甲骨文、金文研究与考释和古代典籍考证方面取得卓越成就的于省吾先生；还有著名历史学家、文献学家、国学大师，被学界封为"金派"的易学大师金景芳先生；还有著有《关于社会主义扩大再生产的几个问题》《国家垄断资本主义与美国经济危机》等代表作的经济学家关梦觉先生……还有罗继祖、舒炜光、林沄、刘中树……

凉风微来，树叶微黄，蓝天微远。又一个天高云淡的季节来了，阳光携带着金秋，在东北的大地上款款而行。1986年10月5日，在金色阳光的照耀下，位于今天长春市人民大街和东中华路交会处的长春体育馆内，人头攒动，人们面带笑容，在轻快的音乐声中彼此握手、相拥。时间到了，1000多位从全国各地赶来的校友和3000多位各级党政干部、教师、学生代表在台下落座，吉林大学建校40周年庆祝大会正式开始。

当校长伍卓群手捧"功昭校史"四字匾额分别颁发给学校老领导匡亚明、唐敖庆、刘靖时，会场响起雷鸣般的掌声，庆祝大会达到了高潮。时年80岁的匡亚明、77岁的刘靖、71岁的唐敖庆分别走到舞台的中央。伍卓群与他们热情握手，千言万语均化作"功昭校史"四个字，从伍卓群的心里传递到三位先生的手中。三位曾经长期在一个领导班子里搭档、为这所大学的壮大殚精竭虑的先生，露出欣慰的笑容。他们无怨无悔，为学校奉献了全部的精力和智力，他们的血脉与学校的精神牢牢地焊接在一起。

1986 年 10 月，在参加吉林大学举办的建校 40 周年庆祝活动期间，
唐敖庆（右一）与匡亚明（右三）等摄于理化楼前

随后，又有 10 块牌匾被颁发给 10 位教授。王湘浩、江泽坚、余瑞璜、吴式枢、关实之、高鼎三、张松如、金景芳、关梦觉、杜若君走上舞台，领取属于他们的荣耀。吉林大学也同时享受他们的荣光。牌匾上书四个大字——“筚路春风”。

吉林大学原校长、中国科学院哲学社会科学学部委员（院士）吕振羽的夫人江明女士也来了。按照吕老的生前嘱托，她要把先生珍藏的 25 000 多册图书和北京的一所住宅捐赠给学校，并把先生多年的积蓄拿出来设立“吕振羽奖学金”。伍卓群手捧牌匾赠送给江明女士，表达对吕振羽的肯定与尊重，上书“硕学高风”。

这就是一所大学的 80 年代，她一飞冲天，让群星在天空闪烁。她让长春、吉林、整个东北有了文化的质感，有了教育的未来。她大踏步走向全国、走向世界。她朝气蓬勃，意气风发。

在 20 世纪 50 年代的发展是这所大学迅速壮大的第一次出发，代表人物是吕振羽、匡亚明；而自“文化大革命”之后的第二次出发，则始自唐敖庆。这次出发与第一次一样，继往开来，春风浩荡。

那是个与众不同的年代。来自祖国四面八方的学生报考这所大学，有的甚至只是为了将来的毕业证能盖上带有“唐敖庆”三个字的印章。时至今日，20 世纪 80 年代的荣光仍在照耀着这个拥有 7 万多名在校生的大学。

第五章　大师的大地

一、基金委主任的大国范儿

1983 年 9 月，考入物理学系的孙秀云兴高采烈地走进吉林大学的校园。37 年后的 2020 年，已经在政府部门担任要职的她，回忆起自己的大学时光时有些遗憾地表示，一切都是那么美好，值得回味，可惜毕业证上没能盖上“唐敖庆”三个字。

就在孙秀云本科毕业的前一年，1986 年 1 月，正在办公室里忙碌的唐敖庆接到了一个来自北京的电话。打电话的是时任国务委员、国家科学技术委员会主任方毅。在电话中，方毅告诉唐敖庆：国务院提名他出任国家自然科学基金委员会主任，希望他做好准备。

其实早在 1984 年国家有关部门在筹建国家自然科学基金委员会时，国家教育委员会的领导就多次找到过唐敖庆，请他出山负责领导工作。唐敖庆却表示，目前的他只有两个想法，一个是教书，一个是科研，不愿意从事行政工作。但在 1985 年国家科学技术委员会的一次会议上，有关领导对他表示，从各方面衡量，他都是最合适的人选，这是党和国家的需要。

一向服从党和国家需要的唐敖庆同意了这一提议。唐敖庆对着电话那头的方毅回复道：“尽管我没有经验，但只要党和国家需要，我一定尽心尽力，全身心投入。”

不久，一次有北京来的领导参加的干部任免会议在吉林大学召开，会议宣布伍卓群接掌校长一职，唐敖庆则出任国家自然科学基金委员会首任主任，但他还有一个新的称谓——“吉林大学名誉校长”。教育管理部门和一所大学用这样的方式表达对一个人的在意与不舍。

唐敖庆则用三个“不带走”回报他已经为之奋斗了 34 年的大学：人事关系不带走、组织关系不带走、工资关系不带走。吉林大学的老同事们也都知道，他承担的科研项目、指导的研究生还是在吉林大学。

受中国科学院时任院长、唐敖庆的老朋友卢嘉锡先生的委派，中国科学院的黄坚与朱光美专程赶赴长春接唐敖庆到北京上任。听说他第二天就要离开长春了，众多同事和弟子来到家中探望，与他告别，可“推门进去，只见老师满头大汗、浑身湿透，正在更换汗浸的内衣，这是刚刚下课回来。即将离校，他把仅剩的这点时间还是奉献给了自己的博士生”[①]。

这是东北一年中最冷的时候，但也离春天最近。“白雪却嫌春色晚，故穿庭树作飞花”，刚刚的一场雪让长春银装素裹，“千里冰封”正是此时北国的广阔风景。当年还没有清雪机械，凡是长春市市区内的机关、团体、部队、学校、企事业单位、个体业户和居民，均有承担清除冰雪的义务。每当雪后初晴，人们便走上单位包保的路段，挥动手中的铁锹或扫帚除雪，虽冻得“嘶嘶哈哈”，但也一片欢声笑语。

穿过这熟悉的街景，送别唐敖庆的汽车驶到长春火车站的门口。一顶翻毛的大皮帽、一件厚厚的长棉衣、一双黑色的大皮靴，这是唐敖庆多年来冬天的“标配”装扮。站在离别的站台，大家分别走上前来，紧紧握住唐敖庆的手，嘱咐他注意身体，祝愿他一切顺利。

列车缓缓离开，此时阳光正好。

几天过去了，伍卓群的耳边仍然回响着唐敖庆说的话：“北京的同志告诉我，到京后给我们家安排了一套临时住房，这样就把我在长春的住房交回来，解决学校教职工住房不足的问题。”

一位在东北的土地上奉献了几十年的先生就这样到北京赴任去了。在他登上列车之后约两个月，一辆卡车装上了他在柳条路家中的日用物

① 韩光莉. 化学王国的巨擘——记著名学者唐敖庆[J]. 北京工人，1994（11）：11-13.

品拉去了北京。不久，学校为当时在吉林大学化学系工作的唐敖庆的小女儿唐群另外安排了住房，柳条路的房子就腾出来了。伍卓群带着感动，把这套住房安排给了缺少办公场所的高等教育研究所和理科学报编辑部。

后来，学校为改善教职工的住房条件，在距离唐敖庆原住宅不远处建起了一栋崭新的大楼。和其他的院士一样，学校也给唐敖庆分了一套房子。可是当学校领导告诉唐敖庆这个消息时，他却坚决地说："国家自然科学基金委员会在北京中关村附近的黄庄已经给我安排正式住房了，你们把这套住房分给其他急需房子的教职工吧！"

1986 年 4 月 21 日，唐敖庆的身影出现在中央音乐学院招待所的大门前。原来，国家自然科学基金委员会刚刚成立不久，由于没有办公场所，唐敖庆便率领着这个国家新机构租借了中央音乐学院的招待所作为办公地点。这个地点是他和大家在周边反反复复勘查了很久之后的选择。看着由国务委员方毅题写的"国家自然科学基金委员会"牌子挂到招待所的大楼上时，唐敖庆与大家共同鼓掌，庆祝这一将对中国基础科学研究产生深远影响的机构正式开始办公。

当天中午，工作人员从中央音乐学院的学生食堂买了一些盒饭，经过校园里弯弯曲曲的小路，用车拉过来。唐敖庆和同事们一人一份，坐在一起吃盒饭。

"您觉得盒饭口味怎么样？"工作人员担心唐敖庆吃不好。

"蛮好蛮好，非常满意！"唐敖庆笑呵呵地答道。

吃完午饭，走进设在中央音乐学院招待所的国家自然科学基金委员会主任办公室的唐敖庆心里清楚，他将要面对的是一系列棘手的难题。

国家自然科学基金委员会能在 1986 年初正式成立，其实源于 5 年前 89 位院士联合起来给中央领导写的两封信。

20 世纪 40 年代后期，当全世界被战争的硝烟笼罩的日子即将结束时，在最终主导了第二次世界大战走向的美国，其科学研究发展局主任范内瓦・布什（Vannevar Bush）将一份名为《科学：无尽的前沿》（*Science：The Endless Frontier*）的科学报告放到了总统办公室的案头。他的这一举动直接推动了美国国家科学基金会的诞生，继而在全球范围形成了一系列的示范效应，不久之后，德国、瑞士、日本等国家纷纷仿效，建立起类似的科学基金组织。整个西方世界在第二次世界大战之后的科技发展，也因此迅猛而充满活力。

30 多年后的 1978 年 3 月，在北京召开了一次大规模会议，我国国家领导人在会上对未来科技发展寄予了厚望。这就是著名的全国科学大会。从那次大会开始，全国各科研院所、各大学开始了令人充满激情和想象的对科学未来的谋划及探索，大家要让各自开出的花朵装点科技的春天。

随着对科技工作的布局和各项工作的深入开展，一批科学家越来越觉得应该在国家层面开一扇更大的门，而不仅仅是各自为政，开得都是小门。在中国过去多年的科技体制内，主要是依靠行政手段按地区、单位、部门、人头层层分块分配经费，大家都在吃大锅饭，结果是谁也吃不饱、吃不好。在科研项目上实现优中选优，把有限资金用到“刀刃”上，激发科研主体的主动性和创造性才是未来的发展方向。

1981 年 5 月 11 日，中国科学院召开第四次学部委员大会。参会的科学家高兴地看到，邓小平、彭真、邓颖超等党和国家领导人出现在大会开幕式的现场，胡耀邦、万里、宋任穷、姚依林还发表了重要的讲话。① 这对科学家无疑是一个巨大的激励，大家的热情被点燃。会议期间，大家对未来中国科学的憧憬，转化为一个又一个掷地有声的建议。而国家层面的科学基金管理机构建不建立、如何建立等问题，被科学家热烈地讨论着。

大家都很清楚，由于“文化大革命”的影响，中国的科学研究特别是基础研究整体上处于停顿状态，仪器严重缺乏、经费严重短缺是科学界面临的普遍问题。实施科学基金制能够在一定程度上解决这一问题。为此，物理冶金学家、晶体学家、瑞典皇家工程科学院外籍院士、发起成立中国电子显微镜学会的郭可信学部委员（院士）提出，有了科学基金，对跨部门的重大项目可以给予支持；理论物理学家、中国科学院学部委员（院士）、中国科学院理论物理研究所研究员胡宁提出，科学基金的设立，不仅对科学管理有好处，对高校开展科研活动更是大有好处；植物生理学家、中国科学院学部委员（院士）沈允钢提出，国家也可以拨出一些经费给中国科学院的有关学部作为学部基金，探索新的管理模

① 王新，张藜，唐靖. 中国科学基金制的先行先试——中国科学院科学基金的历史考察[J]. 当代中国史研究，2018（5）：54-63.

式……

在大家热烈讨论和积极建言献策的基础上，大会开幕之后的第四天，由被誉为“中国半导体之母”的固体物理学家、教育家、社会活动家谢希德，中国现代蛋白质研究的奠基人、生物化学家曹天钦等几位科学家牵头，联合了生物学部和数学物理学部共 89 位学部委员（院士），共同给中央领导人写信，建议国家专门拨出一笔资金，设立面向全国的科学基金。

联名信共有两封，分别由生物学部和数学物理学部撰写，主题则同是一个。中国科学院时任党组书记李昌在 5 月 20 日会议闭幕式上做了说明：许多学部委员（院士）建议，为了便于发挥各学部对全国的学术领导作用，中国科学院要筹设科学基金，对应予资助的基础研究项目和应用研究中的基础工作给予支持。我们已将这一建议向党中央和国务院作了反映。

正在做说明的李昌还不知道，国务院主要领导恰好在这一天对联名信做出了批示：“同意，从明年开始，每年数字由计委、财政部研究。”第二天（即 5 月 21 日），联名信及国务院领导的批示意见被送到胡耀邦的手中。胡耀邦立即做出批示：“请小平同志阅后转科学院。”很快，邓小平阅后表示同意。[①] 从联名信递交到中央领导再到获得批示，仅仅用了三天！

在中国科学院的这次大会上，还有一个重大的决定，即由唐敖庆的老伙伴、老朋友卢嘉锡出任中国科学院院长。经过认真筹备，1981 年底，中国科学院科学基金委员会宣告成立，卢嘉锡任主任。从 1982 年 1 月 1 日起，在国家的支持下，委员会开始受理科学基金的申请。同年 3 月 2 日，正式召开了中国科学院基金委员会成立大会。也就是在这一年，国家拨的 3000 万元专款汇入中国科学院的账户，开始面向全国资助基础研究和应用研究。随后几年，这一数额又有适当的增长。

中国的科学发展事业在中国科学院科学基金的推动下，迅速得到恢复。到 1985 年底，全国 4426 个科研项目得到资助，500 多家单位的 3 万多名科学工作者从中获益，资助金额达 1.727 亿元。

---

① 王新，张藜，唐靖. 中国科学基金制的先行先试——中国科学院科学基金的历史考察[J]. 当代中国史研究，2018（5）：54-63.

在中国科学院科学基金先行先试的基础上，随着全国科研工作的深入发展，科学技术体制改革被提上了中共中央的工作日程。1985 年 3 月 13 日，《中共中央关于科学技术体制改革的决定》印发，鲜明提出设立国家自然科学基金会。差不多一年之后的 2 月 14 日，国务院发布《关于成立国家自然科学基金委员会的通知》，其中明确任命唐敖庆为首任主任。

唐敖庆就是在这一发展历程和背景下来到北京的。和他一同走进中央音乐学院招待所的，还有原中国科学院科学基金委员会的工作人员。随着国家自然科学基金委员会的牌子挂到楼门前，中国科学院科学基金委员会正式完成了自己的历史使命。

其实，这块牌子虽然仅仅是挂在一个临时的办公场所门前，但也并不是那么容易的。在前一年，设立国家自然科学基金委员会的方案两次上了国务院常务会议，却均未能获得通过。原因有三：一是国家正在精简机构，设立新机构显然是逆风而动；二是当时的国家财政十分紧张，经费有限；三是设立国家科学基金的意见仍未完全统一，一部分人对基金委员会的前途还有疑虑和担心。一直到 1985 年 7 月，这个“结”才被解开。彼时，李政道来到首都北京，邓小平接见了他。在谈到中国未来的科学技术发展时，邓小平提到了国家自然科学基金委员会，并明确了自己支持的态度，才使这一工作一锤定音。

值得一提的是，热心支持祖国基础科学研究事业的李政道对国家自然科学基金委员会的成立起到了一定的推动作用。他在回顾这段历史时这样写道：

> 在 1985 年 7 月 3 日和 7 月 12 日两次给小平先生的信中，我都提出了成立国家自然科学基金委员会的意见。1985 年 7 月 16 日小平先生接见我时，我又向他面陈建立自然科学基金制度的重要性……我建议尽快建立国家自然科学基金委员会，基金应该完全用在自然科学的基础科学研究和应用基础研究上，委员会必须要有浓厚的学术意识，必须有独立性，不能属于现有的任何国务院的行政机构。委员会负责人必须是第一流的科学家，对基础科学，应用基础科学有个人经验和全面了解。必须把权交给科学家，不是上面还有个行政机构来管，不然很难行使公正的评价。重视和加强基础研究和应

> 用基础研究是一个长期的想法，方针不能老改变，要稳定下来。小平先生和其他在场的中央领导都明确表示，赞成成立这样的国家自然科学基金委员会。小平先生说，这是个新生事物，先干起来再说。此后不久，国务院便正式设立了管理国家自然科学基金的机构——国家自然科学基金委员会。①

李政道在向国家领导人建言国家自然科学基金委员会负责人的标准时或许没有想到，半年后出任国家自然科学基金委员会首任主任的就是39年前和他同时被选拔赴美学习原子能技术、回国后从事理论化学研究的唐敖庆。而受命承担此重任的唐敖庆面对的首要问题就是：如何让这样一个从中央到地方万众瞩目的机构科学地运转起来，并充分发挥作用，真正有效地促进国家自然科学基础研究和应用基础研究的发展。在从长春进京的火车上，看着外面的茫茫雪原，看着一棵棵、一排排将枯枝顽强伸向天空的白杨树，看着一座座安静、美丽的北方村屯，唐敖庆一直在思考。他的思绪从国内飞到国外，又从国外飞回国内，飞到他前几天在图书馆查找的资料上。可供参考的资料不多，更多的工作需要从头开始。

对于唐敖庆来说，各种随之而来的困难，也许并不是什么困难，因为他几十年来从来都是在困难中开辟道路前行的，尽管这一次的困难更具有挑战性，因为它不是一域，而是全国。建立全国性的科技管理新体制，为将来实现科技大国奠定体制基础，是唐敖庆的目标。

但实实在在摆在他面前的困难却多达五个方面：一是当年财政拨款仅有8000万元，与正在孕育蓬勃发展春天的科技需求相去甚远；二是作为独立运转的国家机构，编制只有80人，人员奇缺；三是没有办公地点；四是科学基金制没有纳入法治化轨道，“由于缺少法律依据，基金委曾一度面临着机构性质、任务、归属情况不明朗的困境”②；五是推动成立国家自然科学基金委员会的部门和科学家内部还有分歧。国家自然科学基金委员会的成立由三大部门负责：国家科学技术委员会、国家教育

---

① 李政道. 祝贺与期望——纪念国家自然科学基金委员会成立20周年[J]. 中国科学基金，2006，20（3）：134-136.

② 王新，张藜，唐靖. 追求卓越三十年——国家自然科学基金委员会发展历程回顾[J]. 中国科学基金，2016，30（5）：386-394.

委员会、中国科学院。三个部门在国家自然科学基金委员会的归口管理、经费来源及经费划转等问题上，均有不同意见。而在科学家内部，对国家自然科学基金委员会的设立方式、运行机制等也各持己见。

当国家自然科学基金委员会挂牌的时候，唐敖庆只解决了其中一个难题：办公地点。

之后的实践证明，唐敖庆用自己的品德、智慧及能力，把这些难题都慢慢消解了。

首先，鉴于经费紧张，国家自然科学基金委员会成立大会，即国家自然科学基金委员会第一次全体委员会议低调举办，是在原对外经济贸易部的一个招待所召开的。该招待所位于北京北三环马甸桥东南角，很不起眼。但是，出席会议的来宾规格却很高，时任国务委员方毅、时任全国政协副主席周培源、时任全国人大常务委员会副委员长严济慈、时任中国科学院院长卢嘉锡等均出席大会。当时，有些人不解，如此重要的高规格会议为什么不在宾馆开？就连会场外维持秩序的交警也向在国家自然科学基金委员会为唐敖庆开车的司机马杰发问。马杰在一次接受采访时这样说："我当时还不明白，无言以对。随着时间的推移，我渐渐地多少明白一点儿了，这就是唐老一贯倡导的务实、不讲排场的作风——我们的工作就是解决问题，不是给人看的。"

1986 年 5 月，在充分准备的基础上，唐敖庆主持召开了国家自然科学基金委员会第一次委务扩大会。他想通过这次会，把国家自然科学基金委员会的性质正式确定下来，这样它的地位、任务、作用才能顺理成章得到解决。当按照会议日程，副主任师昌绪代表委务会把"首先是学术机构，其次为管理机构"的定义抛出时，立即吸引了所有参会者的注意。最终，会议明确了国家自然科学基金委员会的这一核心性质。

在一个事物发展的源头，确定如此性质显然是至关重要的。守住机构的本质，才能防止这条路走下去发生偏离。这其实也是唐敖庆的人格本质，他从来没有为自己的岗位赋予"权力"的内涵。从唐敖庆在国家自然科学基金委员会建立起来的最高决策机构更能清晰地看到这一点。

来自科学、教育、工业、医药卫生、国防等部门的 25 位科学家和管理专家被请来担任国家自然科学基金委员会全体委员会的委员，国家自然科学基金委员会重大问题的决策权就掌握在他们的手里。同时规定，委员会每年召开一两次全体会议。特别是，为避免既当“运动员”又当“教练员”，内部不设科学研究实体。主要内部机构由6个科学学部组成：数学物理科学部、化学科学部、生命科学部、地球科学部、工程与材料科学部、信息科学部，一律聘请科研一线有影响力、有声望、有成果的学术带头人担任6个学部的主任，一般情况下由院士担任。类似于“教授治校”，唐敖庆搭建起了一个“委员治委”的体制。

其实，没有“权力”意识的唐敖庆是想通过一系列的努力树立起两个“权威”：一个是在学术上具有权威性，另一个是在管理上具有权威性。这与“首先是学术机构，其次为管理机构”的定性是一致的。也就是在国家自然科学基金委员会第一次全体会议上，唐敖庆开宗明义地讲道：“科学基金制，实质上是以科学家、专家民主管理为原则的面向全国的学术管理体制，因而必须充分发挥基金委内外广大专家的作用。”①

国家自然科学基金委员会化学部1986年科学基金评审会议参会人员合影
前排左起：郭燮贤、施亚钧、王积涛、闵恩泽、陈家镛、陈鉴远、杨士林、强连庆、彭少逸、钱保功、吴征铠、唐敖庆、徐光宪、林克、何炳林、高鸿、梁晓天、嵇汝运、张存浩、林尚安、苏勉曾

在这一思想的统领下，唐敖庆着手建立起一个与众不同的专家评议、评审系统，每年都由他们对提交上来的项目进行评议与评审。这支队伍不断壮大，截至1990年底，国家自然科学基金委员会已经形成了包括2万人的同行评议专家、56个学科组的632位评审专家和内部100多

① 王新，张藜，唐靖. 追求卓越三十年——国家自然科学基金委员会发展历程回顾[J]. 中国科学基金，2016，30（5）：386-394.

位学术管理人员组成的科学基金专家系统。

唐敖庆在第一次全体会上的讲话内容并不是自己拍脑门想出来的，更非空穴来风。一方面，这种理念源于自己在数十年科研经历中形成的对科学研究规律的认识和把握；另一方面，则是他上任后向大量国内外专家以及外籍华裔知名学者广泛调研、征求意见的结果。他还把这一理念精练为十六字的评审方针，以此指导国家自然科学基金委员会这艘中国科技的新航船平稳前行，甚至直到三十多年后的今天仍然被遵照和执行。这十六字方针就是：“依靠专家，发扬民主，择优支持，公正合理。”

此外，这次会议还确定了“支持基础研究，坚持自由探索，发挥导向作用”的基金资助战略定位，还制定了“尊重科学，发扬民主，提倡竞争，促进合作，激励创新，引领未来”的基金资助工作方针。

最初阶段，唐敖庆还在思考另一个问题：国家自然科学基金委员会的核心是支持科研项目，可是，科研项目并非都完全一样，有的规模大些，有的规模小些，有的需要迅速突破，有的则要求长期推动，不能笼统地放在一个筐里，那么怎么才能更科学地运行呢？

唐敖庆带领大家经过一系列分析和研讨后，把项目分为三种，一是面上项目，二是重点项目，三是重大项目。这样一来，项目就有了层次感。国家自然科学基金委员会在扶持这些项目的过程中，建立起不一样的倾斜力度，确定了不同的标准，让项目支持清清楚楚。这一决定集中体现在国家自然科学基金委员会第一届第二次全体委员会上唐敖庆所做的工作报告里，开会的那一天是 1987 年 8 月 12 日。

面上项目主要指自由申请项目，也包括地区科学基金、青年科学基金、高技术探索基金项目等。设立地区科学基金项目主要是为了促进少数民族地区或科技落后地区科技人才的成长，设立青年科学基金、高技术探索基金项目则是为了充分调动广大科技人员自由探索的积极性。

重点项目主要指从已经获批的面上项目中选出的，要么是在学术上可能取得突破的项目，要么是可能在经济建设中有更大应用前景的项目。对于这类项目，国家自然科学基金委员会会适当提高资助强度，加强追踪管理，确保其进度和质量。

重大项目主要指国家自然科学基金委员会有计划、有步骤地组织若干科学意义重大、目标明确、基础条件好、可望在近期取得重大突破的项目。这些项目的指向是对国民经济有重大作用的，能代表国家级水平的，体现跨部门、跨单位以及多学科交叉的，科学、技术、应用相互渗透的研究方向。

然而，这艘在中国初入市场经济时期的潮水之上航行的科研之轮，却遭遇了一系列的不理解，甚至还有反对者。有的说，面上项目太分散了，很难有显示度，应该集中批大项目；有的说，基金委把权力都交给科学家了，还要基金委这些人干什么呢；有的则说，基金委的人也是一级领导干部，却一点权力没有，到下面去很没面子……①

此时的唐敖庆却极为坚定。除了不厌其烦地利用一切机会阐述自己的主张之外，他知道国家自然科学基金委员会的综合计划局是内外矛盾交叉最突出的部门，于是便把自己的党组织关系转到了综合计划局党支部，以更方便在工作层面与大家交流，在精神层面与大家交心。

唐敖庆的做法，让时任党支部书记的李克建感慨良多："建委初期，内外环境困难较多，人员来自不同部门，理念不同，矛盾也较多。综合计划局的工作关系到全委的基本运作，似乎成了内外矛盾的交叉点，压力较大。担任委主任和党组书记的唐敖庆先生非常关心计划局工作，经常找我们去讨论问题……"经过经常性的讨论，综合计划局的工作人员充分而透彻地理解了国家自然科学基金委员会的运行体制和机制，反过来，他们又用自己的理解去影响来找他们的人员及身边的人员，以此统一大家的思想。"……在这段时间内我和唐老接触较多，深感唐老待人诚恳、谦虚，作风民主、谨慎，处事公正、无私……"②在此过程中，唐敖庆告诉大家，科学基金面向全国体现的是广泛性，资助项目优胜劣汰体现的是竞争性，项目评审实现同行评议和学科评审相结合的"二审制"，体现的是民主性和公平性。

随同唐敖庆一起到北京、在北京理工大学任教、在国家自然科学基金委员会兼任唐敖庆学术秘书的李前树回忆说：

> 不管是任吉林大学校长，还是任国家自然科学基金委员会主

① 李克建. 回忆国家自然科学基金委员会成立初期的唐敖庆主任[J]. 中国科学基金，2008，22（5）：264-265.

② 李克建. 回忆国家自然科学基金委员会成立初期的唐敖庆主任[J]. 中国科学基金，2008，22（5）：264-265.

任，每做一个决策，唐敖庆一定坚持开会集体讨论，民主决策。一旦在会上做出决定，他个人决不会再作更改，而是严格执行。①

在执行十六字方针上唐敖庆就是这样做的。

由于申报的项目太多，最终只有大约20%的项目能够得到资助，难处理的事情很快就出现了。有的上级领导批转了某个项目，电话打到办公室、打到家里，写的条子则转到唐敖庆的手上；有的好友也会推荐某个项目，或者为了自己的项目找他，希望得到关照。原则的话可以讲，但具体操作起来，他难免要面对来自上面的权力和来自身边的人情的压力。唐敖庆把复杂的问题简单化，告诉大家，无论是谁的批条，也无论是谁的推荐或自荐，均要公开透明，所涉及的相关项目必须经过专家评审来决定是否资助。

“必须按‘十六字方针’办！”唐敖庆告诉大家。他还特别嘱咐自己的秘书路宁：“不管谁，都不能特殊！”一次唐敖庆外出开会时，恰好一位老友给他写了一封希望在项目审查时给予照顾的信。路宁看到信后，按照唐敖庆处理类似事件的惯例，没有等他回来，就把信转交给了相关部门，并强调说，按“十六字方针”办就可以了。相关部门的负责人有些为难，问道：“要是唐老有其他想法，回来责怪我们怎么办？”“不会的。”路宁斩钉截铁地回答。

几天后，唐敖庆开会回来，路宁就此事向他做了汇报。“你做得对！”唐敖庆肯定地说，“公正是科学基金制的生命线啊，我们要小心翼翼，如履薄冰。”正是在唐敖庆的鼓励和肯定之下，久而久之，他身边的工作人员也都成了抵御各种不正常关系的盾牌。

观念的理顺与经费的缓慢增长也有关系。国家自然科学基金委员会成立初期，唐敖庆亲自跑政府的各有关部门，不厌其烦地做着解释说明的工作。只要一有开会或领导接见的机会，他就会向中央领导汇报，争取经费的增长。后来的实际情况反映出唐敖庆所做的这些工作的成效，尽管当时经费增长幅度还不是太大，但大家心里都清楚，20世纪80年代后期的那几年，“不利消息接二连三，诸如南方水灾、北方干旱、重大工程开工、扶贫、普及义务教育等都可以成为削减科学基金经费的理

---

① 李爱华. 弟子追忆大师之“严”——悼中国量子化学的开拓者唐敖庆先生[N]. 科学时报，2009-07-10：4.

由”[①]，争取国家拨款困难重重。

在见缝插针给中央领导的汇报中，唐敖庆举了很多实例。比如，因为经费的限制，少量优秀科学家的优质申请项目无法被批准，甚至只差了1票，与被批准的项目一样，都是重要的也是需要迅速完成的，非常可惜。这些如实的描述常常令中央领导人动容。到1989年，国家自然科学基金从1986年的每年8000万元增加到了每年1.36亿元。

一系列为科学家着想的务实做法取得了实效。我国高温超导研究项目就是在国家自然科学基金的支持下一路发展起来的。1982年，高温超导研究还处于低潮时期，但当时设在中国科学院的科学基金就给予了支持。1987年底至1988年初，高温超导研究取得了重大突破，有了在国际上一争高低的可能，国家自然科学基金给予了20万元应急资助，助于其取得了重要成果。非线性晶体材料、“秦油二号”菜籽、光敏核不育水稻等科研项目都是在国家自然科学基金的资助下成长起来的。

1986—1990年的5年时间，共有1万多个基础研究项目得到了国家自然科学基金的资助。其中，国际合作方面的项目有984项。近10万名科技工作者从中受益，接受的资助经费共计5亿元左右。[②]

务实、民主、令人信服的一系列卓有成效的工作，让大家对唐敖庆深感敬佩。在他出任国家自然科学基金委员会主任一年后，出于对国家自然科学基金委员会工作的肯定，也出于对唐敖庆的信任，国家科学技术委员会拟将国家自然科学奖的评选工作放到国家自然科学基金委员会。经初步考虑，决定由地质学家、信息学家、国家科学技术委员会副主任武衡院士任国家自然科学奖励委员会主任，由唐敖庆任第一副主任，师昌绪为秘书长，李克建为办公室主任。然而，听说了此消息的唐敖庆却有些犹豫：国家自然科学奖的评选涉及的都是国家顶尖级的科学家，极易产生矛盾，而一旦卷入矛盾之中，国家自然科学基金委员会的形象势必会受到影响。因此，他一度不想接这项工作。

但是，国家科学技术委员会的意见十分明确，国家自然科学基金委员会必须把这项工作担起来。唐敖庆服从安排，并且积极投入其中，冲

① 李克建. 回忆国家自然科学基金委员会成立初期的唐敖庆主任[J]. 中国科学基金，2008，22（5）：264-265.

② 陈览，辛文. 科学基金制在我国走上成功之路——访国家自然科学基金委员会主任唐敖庆[J]. 中外管理导报，1990（1）：41-42.

到前面，而不是担心矛盾不好处理，躲在暗处。他又一次行动起来，逐字逐句地推敲与审定相关章程、评审程序以及各种方案。在这一段时间，已经 72 岁的唐敖庆频繁出现在中南海、国家科学技术委员会、国家教育委员会、中国科学院，征求中央领导和各部委的意见，他要让国家自然科学奖的评审平稳有序，不出纰漏。

唐敖庆担任了四年的国家自然科学奖励委员会副主任，又担任了四年的主任。在向国家自然科学基金委员会各科学部布置评审工作时，唐敖庆要求“慎之又慎”，对有争议的项目要多花时间调查，不可仓促定案；评审程序要严格，不能粗心大意；评审结果要使科技界满意、申报人心悦诚服，尽可能不留争议问题。国家自然科学奖从 1987 年起在国家自然科学基金委员会完成了四次评审，全委上下兢兢业业，一丝不苟，完成得十分出色，受到科技界的好评。1991 年换届时他被任命为国家自然科学奖励委员会主任，显示了国家科学技术委员会对他前一届工作的充分肯定。

不仅国家自然科学奖的相关工作放到了国家自然科学基金委员会，由于科学基金制在实施过程中扎扎实实建立起来的专家评审系统保证了民主和公正，得到了国家有关部门的高度信赖，国家自然科学基金委员会还先后承担起国家计划委员会、国家科学技术委员会和其他部门委托的世界银行贷款国家重点实验室建设项目的论证及国家部门的重点、开放实验室的评估等工作。

1990 年是唐敖庆担任国家自然科学基金委员会主任的最后一整年。和往年一样，他参加了当年 3 月的全国政协会议。在全国政协七届三次会议上，唐敖庆当选为全国政协常务委员。作为一个有成就的知识分子，他多次被选为国家重要政治会议的代表或委员：20 世纪 50 年代和 60 年代当选第二届和第三届全国人民代表大会代表；70 年代和 80 年代当选中国共产党第十次、第十一次、第十二次全国代表大会代表；80 年代和 90 年代担任第六届、第七届、第八届全国政协委员，从 1990 年起，唐敖庆还担任第七届、第八届全国政协常务委员。

1991 年 1 月 23 日是阴历的腊月初八。民俗有云，“腊七腊八，冻掉下巴”，这是一年中最冷的时候。就在这一天，国家自然科学基金委员会第六次全体委员会在北京隆重召开，时任国务委员、国家科学技术委员会主任宋健到会并发表重要讲话。唐敖庆则代表第一届国家自然科学基金委员会做五年工作总结报告。大家对国家自然科学基金委员会五年来取得的显著业绩给予充分肯定。会上，国家自然科学基金委员会顺利换届，比唐敖庆小 13 岁的物理化学家、激光化学家张存浩院士接过接力棒，出任第二届国家自然科学基金委员会主任一职，唐敖庆转任名誉主任，正式退居二线。同年 6 月，他出任新一届的国家自然科学奖励委员会主任。

就是在 1991 年 1 月的那次会上，宋健这样评价唐敖庆所做的工作：

> 国家自然科学基金委员会，已经为发展我国科学事业、提高科技水平、培养科技人才，开辟了一条新的广阔的道路，做出了历史性的贡献。①

1992 年 9 月，唐敖庆在接受科学网记者采访时，总结了国家自然科学基金委员会成立 6 年来在培养年轻学术带头人方面所采取的措施和取得的成绩。唐敖庆说：

> 基金会就是要把培养年轻的学术带头人放在重要的位置，青年科学基金这几年大幅度的增长就说明了这一点。我们寄希望于青年人。
>
> 据统计，基金会每年资助约 10 000 个项目，资助的人数有 80 000 人，其中研究生就有 20 000 人，占去了 1/4。基金会主要通过两种方式对培养高级专门人才起作用。一是研究生导师通过申请基金获得经费，以弥补研究生培养费用的不足，改善研究生的培养条件，确保研究生培养质量。目前，我们博士生、硕士生每年的培养经费分别为 1500 元和 1200 元，而研究生培养过程中做实验、加工材料、出差调研、参加学术会议、复印论文等，都要花费很多钱，现有的培养经费远远不够。基金在这方面的作用是不可忽视的。

唐敖庆接着说：

> 另一方面，基金会还设立了青年科学基金，专门用于资助 35 岁以下获博士学位或已经具有中级职称的青年学术骨干。这项基金是 1987 年设立的，在所有项目的基金里，它的增长速度最快。

---

① 林梦海，等. 高山仰止——唐敖庆和他的弟子们[M]. 厦门：厦门大学出版社，2015：154.

唐敖庆很快给记者拿出了这方面的数据：青年科学基金在起步的当年，资助了97个项目，资助额342.52万元；1988年资助170项，资助额533.91万元；1989年资助290项，资助额861.50万元；1990年资助410项，资助额1200万元；1991年资助1472项，资助额1548.76万元；1992年的工作还未全面展开，预计资助总额将达2200万元，占全部基金总额的十分之一。①

1991年9月，唐敖庆参加国家自然科学基金委员会化学科学部重大课题启动会
第一排左三起：徐光宪、张存浩、唐敖庆、彭少逸、田昭武，右一为刘若庄；
第二排：左五为鄢国森，左六为张乾二；第三排左三为孙家钟

国家自然科学基金委员会的工作不仅得到了国内科学界的普遍肯定，也得到了国际科学基金管理专家的钦佩和赞扬。1992年10月26—31日，由国家自然科学基金委员会主办、世界银行资助、多国科研资助机构共同参加的科学基金制完善与发展国际讨论会在北京成功举办。这次国际讨论会由时任国务委员、国家科学技术委员会主任宋健担任大会名誉主席，时任国家自然科学基金委员会主任张存浩担任大会主席，加拿大自然科学和工程研究理事会主席彼得·莫兰德（Peter Morand）博士担任大会合作主席。宋健因在外地陪同外宾访问，由时任国家科学技术

① 陆叔云，苏青. 我们应该而且有能力自己培养高级专门人才——访国家自然科学基金委员会名誉主任唐敖庆教授[J]. 学位与研究生教育，1992（5）：3-5.

委员会副主任朱丽兰在开幕式上代为致辞。她在致辞中说，讨论会依靠同行专家们的集体智慧产生的远见卓识，将使各国科学基金工作者得到益处，并将产生积极而深远的影响。张存浩在开幕式上向与会者介绍了中国国家自然科学基金委员会成立 6 年来的工作情况。已退居二线的国家自然科学基金委员会名誉主任唐敖庆、国家自然科学基金委员会特邀顾问师昌绪也参加了讨论会。

出席会议的代表共计 114 人，包括外方代表 43 人。在 43 名外方代表中，不仅有诺贝尔奖获得者，还有 20 位是相关国家科学基金组织的领导，如加拿大自然科学和工程研究理事会主席，芬兰科学院院长，俄罗斯科学院院长，英国皇家学会前副会长，瑞典工程科学院前院长，奥地利、匈牙利、葡萄牙、西班牙、德国、荷兰、巴基斯坦等国家或地区的国家科学基金会主席、副主席等。会议紧密结合科学基金制和基础性研究的发展进行了交流，议题包括：基础性研究在一个国家经济、社会、科技发展中的地位和作用；科学基金制在资助基础性研究中的作用；对基础性研究的资助渠道和方法；基础性研究的学科发展战略；基础性研究的国际化和国际合作。各国代表一致认为，这些议题是重要的，对于各国科学基金组织今后的工作很有帮助。莫兰德博士在会议结束时说到，本次会议开得很好，内容充实，大家情绪高昂。他建议，这样有益的会议以后应该成为一种定期举行的国际性会议。会议结束后，当时任国务院总理李鹏会见出席会议的外国科学家时，莫兰德博士代表参加会见的客人发言，对中国利用有限资金支持了众多高水平研究课题的创举表示钦佩。①

二、化学大师的国际范儿

他科学研究的“根”在中国，但科学研究的“根据”却是世界。他从来都是站在国际的最前沿，利用一切学术交流的机会，加强国际合作。这就是唐敖庆，内心装着“天下”的唐敖庆。

1982 年 6 月，一架飞机从北京起飞，直奔北欧瑞典的斯德哥尔摩。

① 中国科学基金编辑部. 中国科学基金进一步走向世界的国际盛会[J]. 中国科学基金，1993，1：1-3.

飞机上乘坐着由唐敖庆带队的中国量子化学代表团，孙家钟、张乾二、刘若庄等几位弟子围绕在唐敖庆的左右。他们是应国际量子分子科学院的邀请，前往乌普萨拉大学参加第四届国际量子化学大会的。

1477 年，乌普萨拉大学在瑞典古都乌普萨拉市正式创立，成为全北欧历史最为悠久的大学。如今，它已经成为国际顶尖的研究型大学之一，世界大学学术排行位列百强。诺贝尔奖创立者阿尔弗雷德·诺贝尔（Alfred Nobel）等众多世界知名人物曾在此任教或求学。

一年前提名唐敖庆成为国际量子分子科学院院士的瑞典籍著名科学家洛夫丁教授是本次大会的主席。在此前的 1979 年，唐敖庆曾作为东道主，在吉林长春以吉林大学校长的身份接待了洛夫丁的来访。对彼此都留有深刻印象的两位科学家这次在瑞典再度重逢。

应大会的邀请，中国代表团向大会提交了三个报告。其中一个报告是唐敖庆登上讲台为大会做的，题为《特征算符与厄米算符分解的酉不变性》。其他两个报告则分别是孙家钟的《混合组态自旋群链与自旋拉卡群链不可约基之间变换系数》和张乾二的《对称性轨道与群重叠》。

来自中国的量子化学家所提出的观点和理论撞响了国际理论化学界交流的巨钟，世界为之眼前一亮。而国际上在化学前沿的研究进展，也让中国代表团耳目一新。

三年之后的 1985 年夏天，国际量子分子科学院又“转战”北美，把第五届国际量子化学大会安排在加拿大的蒙特利尔大学召开。鉴于唐敖庆及其团队日益扩大的国际影响，会议主席继续邀请他们参加。

选择在蒙特利尔大学召开这次学术会议，原因在于这是一所研究型大学，其研究规模是加拿大大学中最大的。与此同时，这也是一所世界上最大的用法语授课的学校，会议的召开有利于量子化学研究在法语世界更好地传播。

这一次，按大会的安排，唐敖庆担任了“分子间相互作用和分子动力学”专题会议主席，并再次走上讲台，做《硼原子簇与杂硼原子簇多面体的结构规则》报告。显然，以唐敖庆为代表的中国量子化学研究已经在国际上占有了重要的地位。与唐敖庆同行的几位弟子还专门为大会提交了有关研究报告。张乾二提交了《双陪集与对称性轨道》，鄢国森提交了《应用定域分子轨道酉变换的大分子计算方法》，江元生提交了《休

1985 年 8 月，唐敖庆率中国量子化学代表团赴加拿大出席第五届国际量子化学大会
左起：孙家钟、潘道恺、郭鸿、唐敖庆、江元生、鄢国森、汤定华、刘春万

克尔矩阵特征多项式的图形估值》。

这一年，已经是唐敖庆出任吉林大学校长的第七年，为了给在中国东北的吉林大学争取更多的国际交流机会，利用这次大会，他又带领大家应邀访问了加拿大的温莎大学，以及美国的康奈尔大学和罗格斯大学。

唐敖庆在担任国家自然科学基金委员会主任期间，曾率领国家自然科学基金委员会代表团先后访问过三个国家：1987 年 9 月访问联邦德国，1988 年 4 月访问奥地利，1990 年 4 月访问苏联。这些访问促进了我国与受访国在科学基金管理方面的学术交流。其中访问苏联的代表团成员包括国家自然科学基金委员会国际合作局时任副局长刘才铨、国际合作局处长刘玺书、化学科学部副主任朱光美、地球科学部副主任沈文雄、办公室主任谭仁泰等委内工作人员。朱光美在回顾这次访问时写道：

> 在苏联解体前，我和沈文雄、刘才铨、刘玺书等同志，陪同唐老访问苏联科学院。年事已高的唐老为节省费用和我们一样坐经济舱，住一般套间。当时的苏联已经衰弱，日常生活用品稀缺，市场上看不见水果。我驻苏大使馆给唐老送来的水果，唐老舍不得吃都分给了我们。在访问期间，唐老非常注意发挥大家的作用，鼓励大

家积极发言。跟唐老在一起，尽管日程很紧，但心情非常愉快。①

时间进入1990年，唐敖庆开启了他作为国家自然科学基金委员会主任的最后一个整年。在这一年里，已经75岁高龄的他，却变得异常忙碌。除了日常的诸多工作外，还有两件国际交流的大事萦绕在他的心头。一件是德国国家科学基金委员会发来邀请，希望我国派一个化学代表团到德国的高校进行学术交流。唐敖庆责成时任国家自然科学基金委员会化学科学部学科主任韩万书为领队，并组织好这次活动。他自己则将精力更多地放在另一件事上——参加中日双边理论化学学术讨论会。

韩万书经过慎重考虑、认真筛选，组织时任厦门大学化学系系主任兼中国科学院福建物质结构研究所所长的张乾二、时任四川大学校长的鄢国森、时任吉林大学理论化学研究所所长的孙家钟赴德国。在这一年的6月，清凉的微风吹拂着他们，从北京启程，经俄罗斯莫斯科飞往德国。他们先后访问了柏林大学、锡根大学、波恩大学和慕尼黑大学，与世界顶级化学科学家相遇并进行深入交流，再一次宣传了我国的研究成果，再一次触摸了国际化学研究的脉搏。

20世纪80年代，中国的近邻日本在化学研究领域同样取得了长足的进步。1981年，由于提出了直观化的前线轨道理论，量子化学家、京都大学教授福井谦一获得了诺贝尔化学奖，这使他成为亚洲第一位诺贝尔化学奖得主。隔海相望的两位老者，一位是中国量子化学的泰斗，一位是日本化学界最闪亮的星，很长时间以来一直有一个共同的愿望：希望中日学术界可以更多更频繁地交流，甚至希望以某种形式将这种交流固定下来。

他们的愿望终于在1990年的夏天得以实现。在唐敖庆的积极推动下，国家教育委员会、国家自然科学基金委员会专门拨出款项，支持创办中日双边理论化学学术讨论会。在北京师范大学的刘若庄、吉林大学的孙家钟、四川大学的鄢国森、西北大学的文振翼及京都大学学者的组织下，第一次讨论会在北京和西安举办。日本东京大学、大阪大学、名古屋大学、京都工艺纤维大学等各校的知名学者飞越海峡，参加讨论会，交流心得，切磋技艺。唐敖庆与福井谦一分别任中方大会主席和日

① 朱光美. 他是我国科学基金制的一面旗帜[M]//刘远，董汉良. 一代宗师 风范永存——唐敖庆百年诞辰纪念集. 长春：吉林大学出版社，2015：231-232.

方大会主席。

整个讨论会分为上、下两段，上段在北京举办，下段在西安举办。在前期的精心准备下，讨论会围绕六大方面进行，分别是：固体及高分子的超导性、导电性及磁性理论，化学反应（包括高分子化学反应）的微观理论，理论化学的某些基础课题，稀土多核络合物的化学键，振动光谱理论，图形酉群理论的改进及程序化。

确定这6个方面交流课题的原因在于：它们的学术价值与应用前景并存，中日两国的理论化学最新研究成果并在。

会议期间，唐敖庆、徐光宪、福井谦一、山边时雄四位中日化学家在清凉的树荫下，拍下了一张合影。4位先生身穿西装，系着领带，极富绅士风度。定格在照片上的唐敖庆已经75岁了，满头白发映着白色衬衣与灰白的西服，脸上则是执着的表情，仿佛在看向世界的深处。

1990年，唐敖庆出席第一次中日双边理论化学学术讨论会
右起：徐光宪、唐敖庆、福井谦一、山边时雄

全部会议日程结束后，很多参会的学者久久不能平静。科学家都有各自的祖国，但科学研究没有国界，这种开阔的视野让人们看得更宽了、想得更深了。他们中的一些年轻人把自己的体会向唐敖庆做了汇报。唐敖庆欣慰地笑了，这是他最想看到的一幕。

按照当时一些国际学术会议的惯例，唐敖庆和福井谦一商定，中日双边理论化学学术讨论会两年一届，在两国轮流举办。

1992 年 9 月，位于日本京都的京都大学基础化学研究所迎来了第二次中日双边理论化学学术讨论会。由唐敖庆等 7 位中国科学院院士带队的 24 位中国代表前来参加，他们分别来自国家自然科学基金委员会、11 所重点大学、中国科学院的两个研究所。确定这 24 个人参加讨论会的一个重要原因，是他们多数正在参加“八五”期间国家自然科学基金委员会的一项重大项目——“量子化学与非平衡统计理论及其在化学中的应用”。唐敖庆认为，双边讨论会有所指向，有利于大家正在承担的项目取得更加令人满意的成果。与会中方学者中，还有几位是在量子化学研究领域较有成就的中青年科学工作者，选择让他们参加，当然是希望中国量子化学研究后继有人。

双方代表团的阵容都十分强大，包括许多知名科学家。中方代表团团长为唐敖庆，副团长为徐光宪和张存浩，代表团成员包括孙家钟、邓从豪、张乾二、刘若庄、鄢国森、戴树珊、赵成大、黎乐民、陈凯先、朱清时等。日方代表团团长为福井谦一，代表团成员由来自日本重要大学和研究所的 47 位学者组成，包括米泽贞次郎、西本吉助、细矢治夫、山边时雄等。

日方在组织此次会议的过程中，精心安排了一系列活动。他们希望能与中国的化学家有更深入、更广阔的交流，因此邀请唐敖庆等人提前几天赴日本，先参加他们为期一天半的日本全国分子结构会议。唐敖庆欣然应允。

日本全国分子结构会议对来自中国的学者给予了热烈的欢迎，相关代表热情地向唐敖庆等人介绍了日本最新的科学研究情况。唐敖庆给予积极回应，并结交了一些新朋友。

在日本全国分子结构会议结束之后，双方都带着浓浓的诚意参加了第二次中日双边理论化学学术讨论会，与会代表在大会上做了颇有水平的学术报告，会下大家进行了热烈的讨论。

唐敖庆与福井谦一的友谊更深了，他们带领中日两国化学科研团队加强合作与交流的信心也更足了。两位老友年龄相当（福井谦一小唐敖庆 3 岁），在会议的间隙，两人在建校已近百年的京都大学校园中散步，畅谈心得，畅叙友情。

日本各大学和研究机构不想放过唐敖庆等人前来日本参加学术会议的机会，在双边会议结束之后，热情地邀请他们前去访问。由于发出邀请的机构太多，唐敖庆将代表团成员分成几路同时前往。唐敖庆、徐光宪、张存浩等人前往访问的是日本冈崎分子科学研究所、文部科学省、日本学术振兴会和日本化学会。学术演讲是必须要做的，一路上，唐敖庆等人连续做了多场报告。开放而迅猛发展的中国自然科学基础研究需要向世界进行介绍，需要在国际上寻找和确定科学研究的合作领域及方向，并讨论合作方式。孙家钟、赵成大则代表中方参观访问了大阪大学。曹阳访问了位于筑波的纤维与高分子材料研究所等科研院所。刘若庄、傅孝愿访问了东京大学、东京御茶水女子大学、埼玉大学。他们或是参观有关的化学实验室，或是进行学术座谈，或是做学术报告，均取得了良好的交流效果，收获满满。

在双边会议上尝到交流甜头的中日学者会后回到各自的工作岗位，更加深入地推动各自的科研探索。同时，也期待着下一次双边会议的到来。1994 年 10 月 8 日，美丽的中国海滨之城厦门迎来了从日本和国内各地赶来的化学界精英，为期三天的第三次中日双边理论化学学术讨论会将在 10 月 9 日举行。中日双方确定张乾二和米泽贞次郎为大会主席。已近 80 岁高龄的唐敖庆从北京专程赶来，并做学术报告。

唐敖庆的报告是《具有 I_h 对称性的碳原子簇的休克尔方法处理》，按分子所属的点群性质，把分子结构分割成最小等效代表区的结构单元，在此基础上提出不可约表示矩阵投影算符新方法，计算了从 C_{60} 到 C_{6000} 等具有 I_h（即正二十面体或正十二面体）对称性碳原子簇的电子结构，预言了这些碳原子簇可以稳定存在。该方法为碳烯的合成提供了理论指导，获得了与会代表的高度评价。唐敖庆带领黄富强等在 1995 年进一步将该方法推进到碳原子簇 C_{37500}（含 37 500 个碳原子）的计算，得到同样的预言，而同期国际有关科学家的工作只计算到 1500 个原子组成的高碳原子簇。

会议除安排重量级的化学家做学术报告外，一个重大的变化是把上台交流的机会更多地留给了年轻学者，让他们在大家面前亮相，让世界了解他们。一些著名化学家的研究成果则以墙报的形式在会议期间展出。

第三次中日双边理论化学学术讨论会结束之后，日本方面借鉴三次会议的经验，进一步完善和深化会议召开模式，以及学术交流的广度与深度。在筹备第四次双边会议的过程中，组织者将论文征集确定为基础研究和应用研究两个方面。到 1996 年 8 月双边会议正式召开前，共收到 63 篇相关论文。

由于京都基础化学研究所和冈崎分子科学研究所是日本最有影响的两个理论化学教育机构，为使中日双方学术交流更深入、参观考察更方便，日方将第四次中日双边理论化学学术讨论会确定在京都和冈崎两地召开。

从这一次学术报告中可以看出，自上次双边会议以来，中方在“置换群在价键结构中的计算应用”“计算中等大小分子的价键方法”“铁磁体中自旋相互作用研究”等方面，日方在“光谱和反应动力学问题”“多参考态微扰方法”“富勒烯异构体的拓扑特性”等方面，均取得了新的进展，收获了新的研究成果。

吉林大学校长、国家自然科学基金委员会主任这两个不同的职务，却让唐敖庆带着中国化学研究及成果走向同一个去处——国际化。其实，几乎与此同时，唐敖庆还有第三个重要的身份——中国化学会理事长。这个身份，同样让他带领中国化学界在国际上的影响力不断扩大。

1982 年，唐敖庆当选中国化学会第二十一届理事会理事长。1986 年，他又在中国化学会第五次全国会员代表大会上当选第二十二届理事会常务理事。无论是担任理事长还是常务理事，唐敖庆始终在国际交流方面孜孜以求。在他的推动下，1986 年，中国化学会晶体化学委员会承办了国际晶体学联合会（International Union of Crystallography，IUCr）小分子结构国际会议，一下令中国化学会在国际晶体化学界中的地位得到了提高。此后，中国晶体化学发展持续引起国际关注。1993 年，国际晶体学联合会国际晶体学大会专门安排在中国举行，这是国际晶体学联合会首次在发展中国家举行的一次大会。

1991 年，第四届亚洲化学大会和亚洲化学学会联合会（The Federation of Asian Chemical Societies，FACS）第六次大会在北京举行，已经 76 岁高龄的唐敖庆代表中国化学会走上发言席，欢迎国内外化学领域的研究者齐聚中国首都北京。此时唐敖庆的内心如此充盈，中国的化学之舰正在大海上乘风破浪，奋勇前行。

三、科学大家的真诚范儿

大约在进入20世纪90年代之后，中国的很多医院有了一项新技术——透明晶体置换手术，即将眼内原有晶状体摘除，替换为人工晶状体的一种手术，尤其是针对那些白内障严重等的患者，术后效果往往不错。

1996年7月，81岁的唐敖庆做了一个决定：到青岛接受眼睛的激光手术，治疗白内障和高度近视。手术医生是唐敖庆在北京参加全国政协会议时认识的。这位医生的医术高超，据说是国内最早采用透明晶体置换技术治疗白内障和近视的，而他所在的医院在这方面的技术也是当时国内最先进、最稳定的。

但身边的人担心有风险，建议他不要去做。可老先生心意已决，于是，唐敖庆的夫人史光夏陪同他前往青岛做手术。在住院期间，时任吉林大学党委副书记刘慧智和唐敖庆在吉林大学时的兼职秘书刘永新受学校领导委托，专程赴青岛探望，使唐敖庆深受鼓舞。手术做得很成功，效果显著，唐敖庆从此摘下戴了几十年的又厚又重的近视眼镜。

一段时间之后，唐敖庆出现在了国家自然科学基金委员会的楼道里，迎面走过来一位中年人。"李克建！"唐敖庆心里说道。

辨认出他，并不是因为这次看清楚了他的脸，而是通过他走路的形态和脚步声。当时在重要岗位任职的李克建走上前来问候，他知道唐敖庆刚刚做了眼部手术，特意问："看清我了吗？"唐敖庆高兴地大声说："现在看清了！"两人会心地笑了。李克建在后来的回忆文章中写道："我想这是唐老第一次知道我的模样。"[①] 而事实上，他们已经在一起工作了10年。

李克建有此一说，是因为在手术前，唐敖庆的眼睛近视2000多度，即使戴着瓶底那么厚的眼镜，也仅仅只能看清人的轮廓，两米之外就连

---

① 李克建. 回忆国家自然科学基金委员会成立初期的唐敖庆主任[J]. 中国科学基金，2008，22（5）：264-265.

人的轮廓也看不清了。然而，他却能无误地认出周围的人，靠的是他的听力和记忆。

> 对基金委许多人，包括我，唐老大概并不知道长相，因为一般难有机会让唐老面对面近距离细细观察，唐老认人是靠听说话，甚至听走路声音来辨别。有次我去唐老办公室请示工作，见房门开着，室内有人和唐老说话，我怕打搅就站在门口等着，没有说话，但唐老已从脚步声听出我来了，立即回头说："是李克建同志吧？"大家都笑了。①

虽然近视 2000 多度，可在 80 岁手术之前，眼睛却从来没有成为唐敖庆认识并探索这个世界的障碍。此前，很多人都很奇怪，为什么戴上眼镜也看不清人轮廓的他，在上下楼梯时不需要人搀扶，却仍能走得平稳有力。李克建从唐敖庆秘书那里得到了答案：上下楼梯时，最好不要与先生说话，因为他在数楼梯的台阶数！

唐敖庆对第一次去的地方，都会认真地数一数共有几层楼，每层楼的楼梯台阶有多少级，然后牢牢地记住，再次走的时候，数好楼梯数就可以了。所以，无论是过去在吉林大学的理化楼，还是国家自然科学基金委员会，或是他常去的国家教育委员会、国家科学技术委员会、中国科学院，每层楼有几级楼梯，他都清清楚楚，这使他走起路来能够顺畅平稳，从未失足。

一次，时任中国科学技术大学校长、中国科学院院士朱清时和唐敖庆共同参加一个学术会议，会议结束后，两人一边说话一边往楼下走，高度近视的唐敖庆不用人扶却走得很稳当。朱清时感到奇怪，正在阐述学术问题的唐敖庆突然提醒他："还有一个台阶。"原来唐敖庆在会前上楼梯时就默记下了台阶的级数，下楼时不但不用麻烦其他人帮忙，还会提醒同行的人。多年后接受记者采访的朱清时谈到此事时感慨道："唐先生的研究全是在大脑中进行的。他的大脑那么准确，比计算机还高级。"这种准确度还体现在唐敖庆的学术报告和国家自然科学基金委员会的年度工作报告中。

---

① 李克建. 回忆国家自然科学基金委员会成立初期的唐敖庆主任[J]. 中国科学基金，2008，22（5）：264-265.

朱清时说：

> 唐先生的报告完全是大师风范——在报告中找不到一句废话，一个字不多，一个字不少。很多人都说，听唐先生的课是一种享受。听别人的课可能会开小差，但是唐先生的课，每句话都想听。[①]

这种准确度更是体现在唐敖庆对国家自然科学基金委员会各类数据的全盘掌握之中。

作为国家自然科学基金委员会主任，唐敖庆在工作中难免要和各种数据打交道，可就连在具体工作岗位上的人对掌握数据的精确程度可能也无法与唐敖庆相比。因为认真，他把各种数据深深刻印在大脑之中。在一次国家自然科学基金委员会召开的情况汇报会上，一位工作人员一项一项地罗列了各学科资助重大基金和自由申请基金项目的数据，说了长长的一串，但最后没有合计出总数。一位副主任说："你合一合资助的总数。"这位工作人员刚要拿笔算，唐敖庆便脱口而出一个数字。当最后工作人员用笔合出来总数后，大家发现，与唐敖庆说的数字一模一样，众人惊得目瞪口呆。

在各类会议上，唐敖庆对国家自然科学基金委员会的各种项目数据等如数家珍，有时候更是精确到小数点后几位。头一天各处室汇总后交给唐敖庆的数据，在以后用到的时候，他必定背诵如流。一天上午，唐敖庆早早地来到国家自然科学基金委员会办公室，一位委属局级领导来向唐敖庆汇报相关工作。听了一会儿，唐敖庆问："你这回汇报的数据为什么和三天前你们局发的通报不一样？""那不会！"这位局领导脱口而出。然而当他回去把通报找来一查，果真发现有几个数据在个位数上有差别。他赶紧向唐敖庆道歉，并为自己的疏忽大意而感到内疚。

1986 年底到了，这一年对唐敖庆来说异常忙碌，他要把刚刚成立的国家自然科学基金委员会带入正轨，为资金申请、人员安排、项目申报操劳，还要带领学生和科研团队进行重大课题攻关。年底那几天他一直惦记着给远在吉林大学的孙家钟等人写信，告诉他们自己的思考。可就是时间不允许，白天的事情太多了，晚上还要做大量的思考和相关工作

① 原春琳，谢洋. 近视两千度 门下八院士——中国量子化学之父唐敖庆仙逝[N]. 中国青年报，2008-07-22.

准备。他想把几封信在元旦假期集中写完。

1986 年 12 月 30 日，唐敖庆终于有时间铺开信纸，由于眼睛看不清，他几近趴在桌面上写下每一个字，但字迹工工整整："……1987 年元旦，祝您、老江和理化所全体同志，新年快乐，身体健康，在新的一年里，取得更大成就！"信中，他主要就自己对他们正在承担的科研项目——"高分子固化理论与标度研究"做了相关的提示和嘱咐。

唐敖庆与他的"高分子固化理论与标度研究"课题组主要成员（摄于 20 世纪 80 年代）
左起：唐敖庆、孙家钟、李泽生

"高分子固化理论与标度研究"是我国"七五"时期国家确定的重大课题，是"量子化学及其应用"的子课题。可是，当把这封信寄出后仅仅一天，唐敖庆就又有了新的思考和发现，于是在 1987 年元旦当天，他又给孙家钟写了这个元旦假期的第二封信。就在第二封信被塞进邮筒的第二天，唐敖庆再次把前一天晚上的思考整理好，给孙家钟、汤心颐、李泽生寄出了第三封信。

即便到了春节，唐敖庆仍然没有停止对此科研课题的思考。这次信是写给孙家钟和李泽生两人的。信中写道："今天是年初二，窗外不时传来爆竹声……这几天我常想 A_a 和 B_b、C_c 以及 B_bC_c 分布函数，得到一些结果。写给你们供参考。"在信中，他附了 5 页共 7 个公式推导的全过程。孙家钟和李泽生读信时应该想到，先生正是伴着春节的爆竹声在窗前落笔的，先生从事科研的快乐感与过年的欢乐气氛交织在一起，伴随着他笔下的数学公式，通过信件从北京传到了长春，感染着读信的学生们。

这种“快乐”的记录却十分艰难，是唐敖庆眼睛贴着纸面，摸索着进行的。而谁又能想到，在攻克这一课题的5年左右时间里，类似这样的信，唐敖庆竟然摸索着写了104封，共600多页，最长的一封长达16页！

如果把104封信一封挨着一封地摆在那里，一封接一封地看下去，你会发现，这些信就是课题研究过程的完整记录，从头至尾正如一部规范厚重的“书”。

“书”中说到了“高分子固化理论与标度研究”的重大意义。在比较早的给孙家钟的一封信中，唐敖庆这样写道：“高分子化学在70年代以来有很大发展，主要是用理论物理中的一些成就来研究高分子的物理和化学性质。”他告诉孙家钟等人：“不含和包含内环化的溶胶—凝胶理论，是我们进入这个领域的突破口。”他鼓励研究团队的成员们：“我们要奋起直追，做出中国学者应有的贡献。”①

“书”中记录着搞好这项科研课题的方法：“一个好的理论，不在于它的复杂程度，在于抓住主要矛盾，抓住本质。”“不能宏观和微观统计并用。概率要建立在每个官能团上，这是真正的从微观考虑作基础。”“书”中也记录着唐敖庆在长期科学研究中所贯彻的“联系的观点”：“很可喜的是这项研究工作，把化学学科的三个博士点都联系起来了。这项研究对理论和应用都有意义，是高分子化学、无机化学和理论化学的交叉点，搞上几年，一定会取得显著成绩。”在另一封信中他又写道：“我想到量子化学这个重大项目，把国内主要力量都联合起来了，如何选择重大课题，能相互配合起来，而不是互无联系，各搞各的。各搞各效率不会高，显不出中国的特色。”

“书”中表述了唐敖庆组建团队的考虑。在给孙家钟的信中，唐敖庆委托他找一位研究生做标度理论工作：“如果上一个问题解决，所有高分子凝胶点附近的问题也就解决了，标度理论应用于高分子凝胶化也就一目了然。请您找到一位研究生解决这个问题，我想是一篇很有意义的博

---

① 滕家春，王淑琴. 百封信件寄情怀——记著名理论化学家唐敖庆教授[J]. 中国科学基金，1992（4）：28-33.

士学位论文。”当孙家钟推荐了正在读博士的李泽生之后，唐敖庆马上回信：“从李泽生同志的业务基础，搞标度理论本身更合适。”随即，他给李泽生布置了任务：“de Gennes（德热纳）的那本书中，后三章介绍计算方法，介绍得较简单。是否可以查一查自那本书出版以来的发展情况，希望他能写个详细评论。”

“书”中有严谨的治学态度。唐敖庆不允许有一分一毫的错误和疏漏发生。在给孙家钟、李泽生的一封信中，唐敖庆这样写道：“今天寄上一封信，回想起来，可能有笔误，再把公式复述如下……”

“书”中有对自己错误的更正。关于课题研究中“内环化交链”的问题，孙家钟等人发现唐先生之前的推导公式中有一处稍有不妥，便写信给他指出这一问题。唐敖庆随后回信：“……接读你们的来信，问题更明确了。我重新推导公式，附在后面，请泽生同志做些具体计算，加以验证，看是否正确。”

“书”中有对别人的提携和帮助。由于担任过吉林大学校长，学校里的人员在申报国家自然科学基金项目时，内心当然是希望他能给予照顾的。但在评审的层面，唐敖庆一贯大公无私，从来不打电话、递条子干扰评审工作。但他又会从科研工作本身对项目申报者给予帮助。在给孙家钟的信中，唐敖庆写道：“这次评审，某同志未得到资助。不知他经费有无困难，如有，我请他带一名硕士生，题目和我商量后确定。目前的量子化学计算，关键在于选题和计算方法。如照原样，明年他也可能得不到资助。”作为一位大科学家，唐敖庆对科研领域的风吹草动都会有自己的领悟和体会，而往往他头脑中的灵光一闪，就可能是个很重大的课题。每当有了这样的感觉，唐敖庆常会推荐别人去做，给大家机会。在给孙家钟的信中，唐敖庆说：“最近我读了些重整化群用于高分子的文章，对如何计算初步掌握了。如有人要在这方面工作我可以告诉他题目和参考文献。计算几个题目，就对这个领域熟悉了。”怕大家看得有歧义，他还在这句话后面专门打了个括号，括号里写道：“这里说计算，实际是推导，不是指计算机。”

“书”中更有多处体现着唐敖庆的大师风范。对于科研课题的攻关，一个科研团队发表的众多学术文章中，如何署名其实是个大问题，往往体现着这个团队是否和谐，是否劲儿往一处使，是否有强劲的持续力量。对于署名问题，唐敖庆有自己的原则："是我的主要思想，并付出了劳动，我的名字可以署在前面；在我指导下完成的，我的名字要署在后面；我只对论文提了些意见，则不能署我的名字。"[①]这些原则，在他写给孙家钟等人的信中，都有点点滴滴的体现。例如，"关于内环化文章，我读了，很好，请心颐同志修改后，可寄出。建议把李、巴的名字放在最前面（注：李是李泽生，巴是巴信武），我的名字放在最后面，因为计算都是他们做的，理论工作早已发表了，千万不要再做变动。"又如，"三封信和泽生同志的三篇底稿都已收到。我想这个问题已经解决，可以写成一篇论文。建议分三个部分：1. 机率处理；2. 分布函数；3. 多极矩和标度律……文章的署名把李泽生同志写在最前面，我放在最后面。并征求汤心颐同志的意见，是否要把他的研究生名字放上？在下一篇文章'含内环化的 A_a 和 B_b 缩聚反应'，肯定要把他放上。"

"书"中有结论。进入项目研究的后期，唐敖庆在信中写道："科研如攀登高山，在崎岖的道路上前进，无平坦道路可走，确实是如此，但只要锲而不舍，最后终能解决问题。"1990 年 12 月下旬，项目结项了，唐敖庆亲自向项目验收的专家汇报课题的完成情况，专家组成员给予高度肯定。

"书"中还有对未来的谋划。项目虽然结项了，并取得了重大的成果，但对于唐敖庆来说，相关研究远未完成。1991 年 9 月 5 日，唐敖庆又一次坐在书桌前，铺好信纸，给李泽生写了一封信：

> 我们在"八五"计划期间，准备在"高分子固化理论与标度理论"的总标题下，完成下列四方面工作：一、含内环化加聚反应的固化理论和标度理论；二、高分子反应中的相转变的统一规律……三、高分子固化过程的黏弹性能表征；四、高分子溶液的标度理论前人做过很多工作，我们要系统总结，并在此基础上做到独创性工作……

他在信中这样憧憬未来：

> 我国的量子化学已经走向世界，然而今后如何发展，确实是一个大问题。我想除原有的工作方向外，必须在材料科学、生命科学

① 林梦海，等. 高山仰止——唐敖庆和他的弟子们[M]. 厦门：厦门大学出版社，2015：155.

和催化科学中有所建树，做出卓越成绩才能在国外站住足。①

20 世纪 80 年代唐敖庆在从事科学研究

104 封信，饱含着唐敖庆对化学的热爱，对科学的热爱，对祖国的热爱，以及对科研合作者、学生的热爱。一张又一张信笺从首都北京飞往北国长春，穿越了风霜雨雪，穿越了春夏秋冬。无论如何你都无法想象，这一封封字迹工整、逻辑自洽的信出自一位几近失明的老人之手。

这是一部用心血写成的科研手册，是他的专业著作之外的另一部厚重的大书。

经过四年的努力，他和他的科研团队高质量地提前完成这一课题，发表了多篇高水平学术论文，仅《中国科学》1989 年就载有 3 篇。他们的研究进一步发展了唐敖庆等人 20 多年来建立的高分子凝胶化理论，使其应用范围从原来特定类型的 A_aB_b 缩聚反应扩大到一般类型的 A_aB_b 缩聚反应，使描述凝胶化条件参数的计算范围从凝胶点前扩展到固化的全过程，把国际上近些年发展起来的高分子标度理论中的核心概念“标度律”扩展为“广义标度律”，给出了具有高度概括性的数学公式，用以标志固化相转变过程的普遍规律，从而形成了一套完整的高分子固化理论。他们的理论可应用于有机和无机高分子材料的合成研究，如涂料与

① 滕家春，王淑琴. 百封信件寄情怀——记著名理论化学家唐敖庆教授[J]. 中国科学基金，1992（4）：28-33.

固体推进剂的配方设计，负责题目验收的专家组成员对他们的工作给予高度评价。“非线性高分子聚合反应统计理论及其应用”于 1998 年获吉林省科学技术进步奖一等奖。

这就是 104 封信的力量！

唐敖庆在进行重大课题攻关的同时，还继续为国家培养高端人才。从 20 世纪 80 年代后期到 90 年代中期，他还在北京指导了三位博士研究生：北京师范大学的陈光巨、黄富强和吉林大学的李松。陈光巨和李松于 1992 年获得博士学位，黄富强于 1996 年获得博士学位。陈光巨是唐敖庆和傅孝愿（北京师范大学教授，刘若庄夫人）合招的博士研究生，由唐敖庆指导论文，课题是有关分子振转理论的研究。陈光巨获博士学位后在北京师范大学化学系从事教学和科研工作，讲授过多门研究生和本科生课程，主要进行化学反应机理、分子振转理论等方面的研究；曾任北京师范大学副校长、北京师范大学珠海分校校长，现为北京师范大学教授；曾获国家级教学成果奖二等奖、国家教育委员会科学技术进步奖三等奖。

唐敖庆在指导李松做原子簇结构方面的研究过程中，把具体的研究任务布置给李前树，由李前树直接与在吉林大学的李松联系，指导他用量子化学的经典计算方法计算多个原子簇化合物的电子结构，然后把计算结果带给唐敖庆讨论，再把唐敖庆的意见转给李松。李松在做研究过程中表现出的优秀计算能力和独立工作能力得到唐敖庆的赞赏。李松获博士学位后在军事医学科学院毒物药物研究所工作，长期从事药物分子设计和合成研究，率先开展计算机辅助药物大规模筛选新技术新方法的研究；曾任军事医学科学院毒物药物研究所所长，研究员；获国家科学技术进步奖一等奖 2 项、国家技术发明奖二等奖 1 项、省部级科学技术进步奖 6 项；获国家新药证书 10 项、军队特需新药证书 4 项；以第一发明人获得中国、美国、日本等国家以及欧盟的发明专利授权 110 项；于 2015 年当选为中国工程院院士。

黄富强是唐敖庆亲自指导的最后一位博士研究生，他于 1993—1996 年在唐敖庆身边做博士学位论文，也是进行原子簇结构方面的研究。由于黄富强是宜兴同乡，年纪又小，所以唐敖庆和夫人史光夏对他格外照顾。黄富强多年后回忆起和老师相处的日子时说：“我经常陪他一起开会，一周至少见两次面。或是在花园路的基金委，或是在海淀黄庄的家里。唐老师常常会留我吃饭，品尝史老师烹制的美食，史老师也会与小老乡聊聊天。”“每次告别时，唐老师总是亲自送我到门口，握手告别，温暖而软软的大手，令人记忆犹新。”黄富强在唐敖庆指导下，三年时间里在《化学物理快报》（*Chemical Physics Letters*）、《物理评论》（*Physical Review*）、《国际量子化学杂志》等英文期刊上发表了 14 篇论文（其中有 2 篇黄富强为第一作者），这在当时是罕见的。论文中提出并实现了高碳原子簇电子结构的新计算方法，这是唐敖庆晚年科学研究的重要组成部分，也是于 2000 年获国家自然科学奖二等奖的科研成果“原子簇的结构、化学键和结构规则”的一个重要组成部分。黄富强于 1996 年获博士学位后，经唐敖庆推荐、霍夫曼介绍，去美国密歇根大学化学系教授 Stephen Lee（李中汉，李政道的儿子）的研究组做博士后。1997 年春节期间，当黄富强打电话给老师拜年时，唐敖庆高兴地说：“李政道教授告诉我，你的学生黄富强在我（指李政道）儿子的组里是新化合物合成方面的 genius（天才）……”

1996 年 11 月黄富强在做博士后期间去康奈尔大学霍夫曼的研究组短期工作了约两周时间，学习用 DFT 方法计算能带结构。黄富强后来在一次接受采访时回忆：“霍夫曼和我在他的办公室交谈了两次（初到和辞行）：第一次见面时他高度赞扬了唐老师的学术造诣和科学贡献；第二次辞行时他鼓励我要向唐老师学习，回到中国去培养中国的 youth（年轻人），他还送我一本当场签名的专著 *Solids and Surfaces*（《固体与表面》）。”黄富强在美国工作了 7 年后回国效力，现在是北京大学博雅特聘教授、中国科学院上海硅酸盐研究所首席研究员，长期从事无机固体化学与新能源材料及器件的应用研究；2017 年获国家自然科学奖二等奖（第一完成人），2016 年和 2019 年获上海市自然科学奖一等奖各 1 项（第一完成人），获授权发明专利 122 项（国外 12 项），部分成果实现产业化。

无论是通过写信方式指导他的科研团队进行科研攻关，还是亲自指导博士研究生，唐敖庆始终都没有忘记寻找机会去吉林大学的讲台上教书育人。1989 年 7 月在吉林大学举办暑期全国高分子标度理论讲习班时，他已是 74 岁高龄，但他顶着酷暑，每周为学员开课长达 24 学时。

两次讲习班（包括一年前唐敖庆举办的长春地区高分子标度理论讲习班）的授课，内容包括了他 104 封信的科研成果，大大推动了我国高分子固化和标度理论的研究，并培养了一批高级专门人才；参加讲习班的吉林大学化学系研究生张希和安立佳对唐敖庆的授课水平感触极深、获益匪浅，两人多年后都当选为中国科学院院士。

1994 年 7 月，79 岁的唐敖庆在经历腰腿疼痛数月未愈的情况下，又去吉林大学举办全国分子光谱学讲习班和谱学理论与技术高级研讨班。讲课之前，唐敖庆花数月时间亲自收集英文书籍、文献资料，请博士生黄富强复印放大后，摘了眼镜，用高度近视的双眼从左到右逐行认真阅读，制作每一页幻灯片的手稿，再由黄富强输入电脑、编辑成讲稿并做好幻灯片。陪同唐敖庆在吉林大学讲学的黄富强看着忍着腰腿疼痛爬 4 层楼梯、每上几步就要暂停但却有着坚毅面孔的唐老师，既心疼又佩服。"大家让唐老师坐着讲课，然而课堂就是他的战场，他坚持站着完成整个上午的讲课，中间只有一次课间休息。吉大拍摄录像资料的师傅看到唐老师偶尔无法大幅度挪动腰腿，也不禁泪目。"这就是黄富强记忆中的场面，就是在这样的坚持中，唐敖庆讲了一周多的课，与比他年轻 15 岁的鄢国森教授和比他年轻 31 岁的朱清时教授共同完成了基础理论部分的讲授。看到此时的唐敖庆，黄富强不禁想起古人的诗句："老骥伏枥，志在千里；烈士暮年，壮心不已。"

唐敖庆没有忘记吉林大学，吉林大学的同事们、弟子们也从未忘记过唐敖庆。作为 104 封信件主要接收者之一的孙家钟，每每走在校园里的路上，脑海中常常会浮现出唐敖庆当年在吉林大学时的身影。

出任校长之后，唐敖庆不同意学校给自己配专车。夏天的早上，他总是把一个白色的小收音机拿在手上，边走边听新闻；冬天则穿着厚厚的棉衣棉鞋，小心翼翼前行。视力那么不好，但那段上下班的路，他早已经铭刻在心里了，哪里有个土坑，哪里有个土包，他都清清楚楚。

最令孙家钟由衷敬重的，是那 104 封信所用的信纸和信封没有一张是用国家自然科学基金委员会的，都是唐敖庆自己买来的，邮票也是如此。曾担任他秘书的刘永新记得，当有人提及此事时，唐敖庆淡淡一笑说道："基金委的信封和信纸是处理基金委的事用的。"

视力不好，但唐敖庆心里却总装着别人，而非自己。1979 年，已经

54 岁的机关干部于永辉被安排给出任吉林大学校长不久的唐敖庆当秘书。一天，于永辉陪唐敖庆到医院检查身体，检查完毕之后，于永辉把唐敖庆带到电梯旁，可是，唐敖庆却执意不肯乘电梯，非要走下楼去。没办法，于永辉挽着唐敖庆一步步走了下去。在返回学校的路上，大惑不解的于永辉实在憋不住，问唐敖庆："校长，您为什么不乘电梯，偏要走下楼来呢？"唐敖庆听了说："哦，我听说你有高血压，担心坐电梯出危险啊！"这一句回答，让于永辉热泪盈眶。

没有专车，但校长到市内开会或讲学，是要派车送的。有一次唐敖庆外出开会，派的车没有按时赶来。当时正是冬天，天空中飘着雪花，担心时间来不及，唐敖庆便冒雪步行前往会场。走了一会儿，于永辉从后面气喘吁吁地追了上来。唐敖庆反复嘱咐他："千万别让办公室知道这件事，也许司机家里有事耽搁了，不要为难他……"[①]

1985 年，唐敖庆进入古稀之年，此时担任他秘书的是刘永新。考虑到唐敖庆年岁大了，担心他出行有闪失，刘永新想找校办公室安排唐敖庆乘车上下班。可是唐敖庆知道了，却坚决不同意。

1991 年，唐敖庆 76 岁。就在这一年的国家自然科学基金委员会第六次全体委员会议上，他做了长达两个小时的报告，没有拿讲稿，但从他口中说出的数百个数据没有一个错误，有的数据还精确到小数点后两位。

1993 年 1 月 4—18 日，唐敖庆在李前树的陪同下，以香港中文大学伟伦特聘访问教授的身份应邀访问香港中文大学。唐敖庆首先会晤了校长高锟（"光纤之父"，2009 年度诺贝尔物理学奖获得者）等行政领导，之后做了一场题为《中国的基础科学研究——国家自然基金的作用》的报告，香港各高校的部分老师和科技界人士，甚至香港中文大学的兼职教授杨振宁先生都来听报告。唐敖庆没有讲稿，不看幻灯片，在一个多小时的报告中，数十个数据脱口而出，与幻灯片显示的数据完全吻合，没有一点错误，大家对此十分惊奇。报告结束之后，香港中文大学化学系时任系主任麦松威教授问唐敖庆那么多的数据是如何记住的，是否自小具备过目不忘的天分。唐敖庆诚挚地回答："并非如此，我每次做报告

① 张玉来，于桂芬. 唐敖庆[M]. 成都：四川少年儿童出版社，1989：137.

前，必在心中来回默念多遍，直至熟练无误方休。”[①]唐敖庆还谦虚地告诉他，由于自己的眼睛严重近视，无论看书还是写字都十分不便，因此更多的时候都是用脑子记，这是自己多年养成的习惯了，只要认真，努力锻炼，大家都会这样。[②]

唐敖庆与杨振宁（摄于 20 世纪 90 年代）

眼睛！眼睛！对于任何一个人来说，眼睛都是至关重要的。无法想象，如果我们的眼睛近视 2000 多度，该怎样生活和工作。唐敖庆即使戴着眼镜也看不清两米之外的东西，可是，他向远却能“看到”浩渺星空，向小却能“看到”原子、分子。

1996 年的眼睛激光手术，对于一位科学家来说，来得还是太晚了。但唐敖庆已经足够欢喜。

① 麦松威. 唐敖庆先生与香港中文大学交往纪事[M]//刘远，董汉良. 一代宗师 风范永存：唐敖庆百年诞辰纪念集. 长春：吉林大学出版社，2015：211-212.

② 李前树. 永远的记忆[M]//刘远，董汉良. 一代宗师 风范永存：唐敖庆百年诞辰纪念集. 长春：吉林大学出版社，2015：208-210.

终章　功绩半归君

1997年11月18日早上，79岁的史光夏起床比平常要早一些。冬天的气息透到了屋里，厨房略有些凉。史光夏走了进来，拿出两个鸡蛋和一小把油菜，再端出前一天已经备好的一碗鸡汤，然后点火，准备做一碗长寿面。她还准备了不少江南的菜品，糖醋排骨、肉馅灌蛋等，晚上打算要让自己的先生大吃一顿，与家人共庆一番。

这天是唐敖庆82周岁的生日。自从1943年史光夏千里寻夫到昆明找他，54年来，只要是他们在一起，每到这一天，史光夏都是如此。这是属于自己家里的特大节日。

坐在餐桌前吃早餐的唐敖庆像往常一样安静，史光夏把鸡蛋给他剥好，然后递过来，他接住，送到嘴边……没有说更多的话，唐敖庆只是告诉史光夏，过几天还要回一次长春，参加一个会。

其实，早在前一天，史光夏就筹划好了晚上的菜谱。在北京居住的大女儿唐敏、大儿子唐昆上午分别打来电话，嘱咐她千万别着急做，等他们下午回家亲自做。史光夏嘴上应答着，心里却在盘算自己开始做菜的时间。

还有点儿空，史光夏把唐敖庆前一天刚刚换下来的衣服放到洗衣机里清洗。几十年来，她从不允许家人的衣服上有一点点污渍。洗好之后，她端着盆，把衣服晾在阳台上。一转身，却见唐敖庆不知什么时候站在了阳台的边上，脸上红扑扑的，手里拿着一张纸笺和一支笔。

“我做了一首诗歌，可否由你写下来？”唐敖庆说。

“哦，好啊！”史光夏跟着唐敖庆来到书房。

“赠光夏，”待史光夏坐到书桌前，唐敖庆一字一顿地说，“年少逢君滆湖滨，正是江南好风景。日寇侵华，烽火漫天。千里相寻，来昆明结伴，备尝艰辛。祖国解放，人民欢腾。别离三载，海外归来，北京相聚，无比欢欣。定居不足三年，又北上长春。组建新校，教学科研行政集一身。无暇家顾，教育子女，家务操劳，费尽君心。重返京华，屈指卅四载，回忆平生事业，功绩半归君。”

其实，听到“赠光夏”三个字，史光夏就心头一震，但随之全身充满了暖意。看来不善表达的丈夫要把存放在心中几十年的真情在这样一个特殊的日子说给自己听。其实，他们的爱早已经融入生活中的每一个细节，小到喝一口水，吃一口饭，穿一件衣，铺一床被。

可是，在笔录全文的过程中，史光夏还是有几次泪眼婆娑。

几十年来，他们经历的太多了，那是中国最动荡的年代，又是从羸弱迈向富强的年代。她和自己的丈夫总是在奔波，东西跨越了大半个中国，然后又一路向北。她没有想到自己的先生会成为科学的逐浪者，又会掀起中国化学发展的波涛。她只是一路陪着，和自己爱的人经营着自己的家。

最后，唐敖庆让夫人把落款也写上，即“唐敖庆”，下面注上时间“一九九七年十一月”。

写完那一刻，夫妻两人对视了一下，都微微地笑了。唐敖庆对自己的感激，史光夏收到了，尽管她并不觉得那是什么付出，而只是自己作为妻子的本分。

随后，唐敖庆拨通了秘书的电话，嘱咐他到家里来，帮他把这首诗的手抄稿复印几份。

下午，唐敏和唐昆回来了。唐敖庆拿出史光夏笔录的诗歌复印件，分别交给两人一份，让两人留作纪念，也以此表达自己对妻子的情义。

是的，作为一个妻子的坚守，作为一位母亲的不易，史光夏几十年来的追随与陪伴，那份无悔无怨，只有唐敖庆才深深懂得。自 1943 年他们结为夫妇，仅仅在昆明过了 3 年虽然很艰苦但还算安稳的生活，唐敖

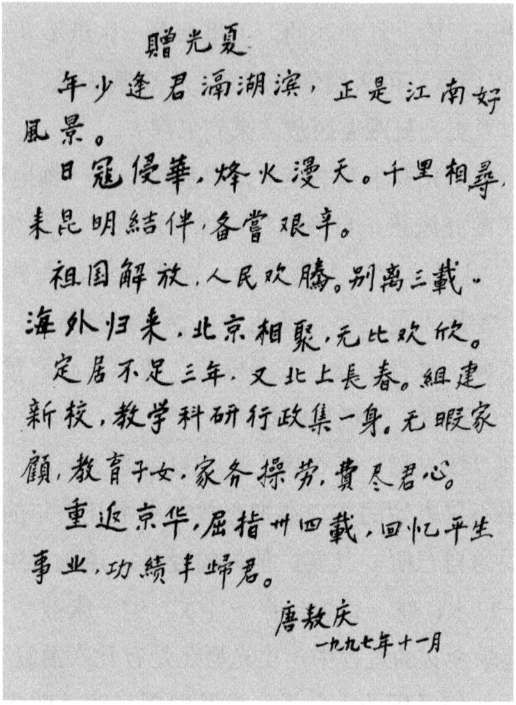

赠光夏

年少逢君滆湖滨，正是江南好風景。

日寇侵華，烽火漫天。千里相尋，来昆明結伴，备嘗艰辛。

祖国解放，人民欢騰。别离三載。海外归来，北京相聚，无比欢欣。

定居不足三年，又北上長春。組建新校，教学科研行政集一身。无暇家顧，教育子女，家务操劳，費尽君心。

重返京华，屈指卅四載，回忆平生事业，功績半歸君。

唐敖庆

一九九七年十一月

唐敖庆为夫人史光夏所作的《赠光夏》诗稿（史光夏于 1997 年 11 月笔录）

庆便远涉重洋，去美国留学。史光夏记得，那是 1946 年初，唐敖庆带着她和他们的两个孩子，上了一辆卡车，一路颠簸、辗转，回到老家江苏。然而在当年 8 月，唐敖庆便随着曾昭抡等人去了美国，一走就是三年半，直到 1950 年初才回到祖国。三年半里，她一个人拉扯着孩子，在经济极为拮据的情况下，艰难地生活。后随唐敖庆到北京定居的史光夏，没超过 3 年，又到东北长春安家，一住就是 34 年。

史光夏与唐敖庆共养育了 6 个子女，三儿三女。3 个儿子分别是唐昆、唐东、唐宪，3 个女儿分别是唐敏、唐梅、唐群。在史光夏的精心培养下，几个孩子健康成长，个个出类拔萃。6 个孩子中，老大唐敏和老二唐昆在北京工作、生活，老三唐梅住在深圳，老四唐东、老五唐宪、老六唐群定居美国。

过完 82 岁的生日，唐敖庆又忙碌起来了，他要为 12 月下旬在北京理工大学召开的理论化学计算国家重点实验室第二届学术委员会第一次全体会议准备一个讲话，他想把这些年的化学研究理一理，并为未来做些规划。

1997 年 12 月 23 日，理论化学计算国家重点实验室学术委员会的专家们聚集在北京理工大学，聆听唐敖庆给大家做关于回顾和展望理论化学发展的重要报告：

> 化学学科总的发展是两个世纪以来，主要是从 19 世纪发展起来的。现在正是由 20 世纪迈向 21 世纪之际，回顾一下化学学科的发展，对我们今后怎么做工作是会有帮助的。

依然是熟悉的无锡口音，依然是高昂的声调，依然是严密的逻辑，依然是国际的视野，依然是深刻的思考。坐在会议室里的唐敖庆神采奕奕，把自己内心中的化学世界描绘给他的同仁和弟子们听。

唐敖庆回顾了化学学科在 19 世纪的 3 个里程碑：经典原子分子学说、化学元素周期表、质量作用定律和过渡态理论；提到了 20 世纪的三大成就：化学热力学、量子力学、分子反应动态学；关键是，他展望了 21 世纪理论化学的发展方向：分子动态学向更高更深层次发展、结合分子生物学来发展理论化学、量子化学计算的进一步发展，以及分子药物学、分子材料学的发展。

他给出了吉林大学理论化学的发展方向：

> 理论化学的研究属于基础理论研究，具有探索性、长期性、持续性与系统性等特点。我们是唯一从事理论化学基础研究的国家重点实验室，在完成近期研究目标的同时，应该放眼于理论化学的未来发展：①将实验室建设成为国际水平的理论化学研究基地；②领先国际前沿，建立自己独特的理论化学研究体系；③完成实验室学术带头人的新老交替；④为中国的相关科学技术发展提供理论支撑。[①]

这一年的 12 月，唐敖庆还有一件开心的事情：儿子唐东于 12 月下旬借到我国台湾参加一个国际学术会议的机会，从美国回来，顺道回到北京探亲。喜悦的气氛在家中蔓延。然而相聚总是短暂的，唐东要在 1998 年元旦过后返回美国。

“我为你妈妈写了一份东西，由你妈妈用毛笔抄写在纸上，送你们每人一份影印件保存。”临行之际，唐敖庆从卧室里走出来，手里捧着几份

---

① 林梦海，等. 高山仰止——唐敖庆和他的弟子们[M]. 厦门：厦门大学出版社，2015：201.

史光夏手抄诗的复印稿，交到唐东手中。他嘱咐唐东把另外两份带回美国交给弟弟妹妹。

快过年了，夫妻两人各忙各的事，史光夏为生活操劳，唐敖庆则在思考前一段时间国家交给他的一个重大的研究项目，因为项目特殊，还处于保密阶段。看着丈夫每天在书房中想着事、看着书、写着字，史光夏并不问他在忙碌什么，她知道他在凝心聚力地做研究，从不会打扰他，只会悄悄地做好服务工作，几十年来都是如此。

家里的电话铃经常会响起，有一些是对唐敖庆的问候，更多的则是后辈学人向他请教。他总是言简意赅，几句话就把解决问题的关键点出来。就在 1998 年春节前夕，后来成为中国科学院院士的无机化学家、厦门大学教授郑兰荪拨通了唐敖庆家里的电话。旨在解决国家战略需求中重大科学问题的国家重点基础研究发展计划（973 计划）启动后，郑兰荪一直想把原子团簇与相关的碳纳米管等方面的研究组合成一个 973 计划项目，但是否可行有些拿不准。郑兰荪向唐敖庆征求意见，结果得到了唐敖庆的肯定与鼓励，电话中唐敖庆洪亮和浓厚的无锡口音，给郑兰荪留下了深刻的印象。

1998 年的春节在鞭炮声中到来了。唐敖庆一家聚在一起，史光夏专门做了唐敖庆爱吃的糖醋排骨。除唐敏和唐昆外，唐梅还专程从深圳赶回来探亲。几个子女也下厨做了拿手好菜，年夜饭吃得很开心。然后，孩子们拥着史光夏坐在电视机前看春节联欢晚会，《相约一九九八》的歌曲旋律回荡在房间里。那一边，唐敖庆却坐在书房中，沉迷于科研课题研究的快乐当中。

自然地，回来探亲的唐梅也从父亲手里拿到了母亲手抄诗的复印件。

春节期间，跟随唐敖庆搞科研的李前树带着几个博士研究生来看望他。高兴之余，唐敖庆嘱咐他们，不能自顾自地在那里搞科研，要全面提升研究能力，就必须加强交流。为此，他希望大家能自己组织开个学术交流会，提高学术交流能力。博士研究生们请他放心，回去后立即筹备。

几天之后，春节假期就要过去了。唐梅于正月初十返回了深圳。就在这几天，史光夏发现，唐敖庆平时服用的降压药用完了，她提醒唐敖庆赶紧到医院再开一些药回来。可唐敖庆却说："这几天春节放假，基金委的保健医生好不容易能休息几天，等上班了再去开吧！"平时，唐敖庆是十分注意自己的身体的，几乎每天早上他都会在院子周围走半个小时，而且步履从来平稳有力。

正月十二一早，唐敖庆突然觉得头有些痛。儿子唐昆迅速赶来，同国家自然科学基金委员会的保健医生黄医生一起把唐敖庆送到北京医院。由于值班医生经验不足，没有判断出这是脑梗死的前兆，认为他只是感冒了。开了一些治疗感冒的药之后，唐敖庆就回家休息了。当天晚上，唐敖庆的病情开始加重，黄医生感到情况不好，紧急联系国家自然科学基金委员会生命科学部的负责人，联系了北京医院的相关人员，于21时左右把唐敖庆送到医院，并立即收留住院。

陪唐敖庆到医院的，还有女儿唐敏和儿子唐昆。他们搀着父亲，感觉他手脚还有力量，能走路，头脑清醒，可以说话。医生根据这样的情况，没有采用有风险的溶栓方法治疗，而是用了保守疗法。可是谁也没有想到，第二天凌晨，唐敖庆就陷入了昏迷。

时任国务委员兼国家科学技术委员会主任的宋健听说了唐敖庆的情况，连夜赶到医院看望，并要求医院立即成立医疗小组，每天向上级汇报唐敖庆的病情和治疗情况。

惦念着唐敖庆的老朋友卢嘉锡来了。“能为他做点什么？”卢嘉锡来之前在心里想。他心中一动，拿出万年历，认真查找起来，然后在一张纸条上写下了一串数字。来到医院的卢嘉锡把这张纸条塞给了唐敖庆的大女儿唐敏。唐敏打开纸条一看，只见上面写着“1915 年 11 月 24 日”。原来，唐敖庆年轻时只知道自己的阴历生日是十月十八，并不知道精确的阳历日期，但填写履历表时需要的是阳历生日，他就在阴历生日的基础上加了一个月，变成了 11 月 18 日。与老友卢嘉锡在一起聊天时，曾经说到此事，卢嘉锡借用物理学中的一个概念开玩笑说“你这是测不准原理”。现在，唐敖庆突然深陷昏迷，卢嘉锡牵挂着这件事，专门查出了准确的日期，让唐敖庆的家人知晓。

不久，卢嘉锡再一次前来探望。这一次一起来的还有徐光宪和吴征铠。几位先生围坐在处于昏睡状态的唐敖庆身边，互相交谈着，仿佛唐敖庆根本就没有昏迷，而是在静静地听着三个人讲话。

“我们四个人是四大金刚啊！”回首几十年开展化学研究的来路，卢嘉锡感慨道。

“他的脑子特别好使……”吴征铠指着唐敖庆说。

老友们聊起了从前的众多往事。彼此之间长达半个世纪的友谊在这间病房里蔓延、回荡。

唐敖庆的儿子唐东当时见证了几位先生的重聚。若干年后，他回忆说：“那次四人在病房中的重聚，是他们人生中的最后一次了。”

抢救还在继续，但仍不见唐敖庆醒来。

没人能够预料，这场昏迷竟然持续了10年！

也许，唐敖庆的大脑还在进行着公式的推理，国家交给他的那个处于国际前沿的重大项目刚有眉目，却还远没有完成；也许，他的意识，还在中国、美国、日本、德国等国与国之间穿梭，还在北京、长春等城与城之间走动，他已经走遍了两个世界，一个是现实中的我们都可以随时看到和感知的世界，一个是微观的世界，我们看不见，他却在里面遨游，他还在其中继续寻找、发现；也许，他的情感还在为爱人史光夏保留温度，忙碌一生了，他还没有专门静下心来好好感受爱人给予他的每一个生活的细节……

史光夏在等待，等待她的先生醒来。当年，她可以跋山涉水，徒步数千里找寻他，可现在，纵有当年的勇气，她却不知该到哪里去触摸那个鲜活的生命。她唯有等待。由于唐敖庆的特殊身份，国家有关部门高度重视，专门为他成立了医疗和护理团队，家人不必亲自照看。子女们出于对史光夏身体的考虑，也尽量不让她亲往医院探视。

照顾了几十年的人忽然不在身边，再不需要去照顾人的史光夏起身、走路等行动却突然变得迟缓了，好像真的老了。就在等待的这十年间，她还不小心摔倒过几次，身体更是每况愈下。但无论如何，她总是抱着希望，希望突然有一天，唐敖庆就睁开了眼睛，亲切地唤她的名字。她总是想起从前，想起他们刚刚在西南联大安家，照看出生不久的孩子，她负责后半夜，唐敖庆负责前半夜。闪烁的灯光下，唐敖庆边看书边拍孩子的影像总是浮现在她的脑海中。在美国留学期间，唐敖庆总会在寄回来的信中夹入一张面额为5美元的钞票贴补家用。后来到长春，记不清那是哪一年了，唐敖庆出差到南方，虽然只是半个月的时间，却给她寄回来一封信，信中竟然有一颗红豆，信纸上则是唐敖庆抄录的诗：“红豆生南国，春来发几枝。劝君多采撷，此物最相思。”她更记得，在 1997 年元旦自己摔伤之后，唐敖庆每天都给她搓脚，帮助她活络筋骨，疏通血脉。

有这些惦念，追随了唐敖庆一生的史光夏是无憾的。无论是当年的千里寻夫，艰难度日，还是后来从江苏来到北京做一名小学教员，以及到长春后做吉林大学化学系资料室的一名普通管理员，她都觉得幸福，因为她与自己的爱人在一起。在等待的日子里，她常常打开收音机，听唐敖庆爱听的评书，听能让他摇头晃脑的京剧。

2008 年 7 月中旬，大女儿唐敏提出，让史光夏到位于北京昌平的家里住几天，理由是换个地方，换种心情，孩子们照顾她也方便。听从子女们的安排，史光夏去了那里。但她的心里也在不断嘀咕，唐敖庆怎么样了，会不会有什么不测？子女们告诉她说，父亲在医院还是老样子，没有什么问题。不敢确信这个消息的史光夏连问了几次，子女们都这样跟她讲。

大约过了一小段时间，史光夏向子女们提出，还是在老房子住得习惯，想搬回去住。孩子们同意了，她正式从昌平搬回来。她又问唐敖庆的情况，孩子们还是告诉她“老样子”。

直到当年的 9 月，史光夏再问孩子们唐敖庆现在情况如何时，孩子们感觉到她已在心理上有所准备，便向她说了实情：2008 年 7 月 15 日 11 时 15 分，父亲医治无效与世长辞。时任中共中央总书记、国家主席、中央军事委员会主席胡锦涛以及其他党和国家领导人在父亲病重期间及逝世后以不同方式表示慰问和哀悼。7 月 21 日，在北京八宝山举行了遗体告别仪式。国家自然科学基金委员会、吉林大学和有关部门的领导，中国科学院多位院士，科学教育界人士，学生、同事和亲友等数百人前来与父亲告别。新华网的报道称父亲为中国现代理论化学的开拓者和奠基人。父亲逝世时，因为担心她会因悲伤而影响身体，所以才迟迟没有告诉她。

听到了实话的史光夏十分平静，她知道这一天迟早会来，已经早有心理准备。坐在那里，史光夏脑海中浮现出早些时候她在北京医院北楼 805 病房中看到唐敖庆最后一面的场景，他安静地睡着，整个人都瘦得厉害。她也在努力地回想 2008 年 7 月 15 日 11 时 15 分自己在干什么，好像那时正骄阳似火。

这样也好，除了孩子们，她在世间再无牵挂。

她知道，自己的身体在慢慢变弱；她也知道，自己与另一个世界的唐敖庆越来越靠近了，有时，她甚至会一阵一阵欢喜，就像当年青春的她与昆明的距离越来越近的心情一样。

仅仅过了4个多月，2009年2月，史光夏在北京逝世，随她的先生去了。在天堂的她，又可以时刻陪伴那个朴素、执着、智慧的人了。

就在这前后，吉林大学的理论化学研究所更名为唐敖庆研究所，当年唐敖庆参与选定的吉林大学新校区——中心校区的新理化楼命名为“唐敖庆楼”，楼前树立起唐敖庆塑像。

2009年7月，吉林大学举行唐敖庆楼及唐敖庆塑像揭幕仪式

2009年7月13日，接受各单位及个人捐赠达到900万元的唐敖庆教育基金会在吉林大学隆重成立。徐光宪院士、姚建年院士、江元生院士、陈凯先院士、汪尔康院士、吴云东院士、孙家钟院士、沈家骢院士等，怀着一颗颗火热的心来到吉林大学南校区的新校园，与唐敖庆的大女儿唐敏一起，见证唐敖庆精神与情怀的延续。在唐敖庆教育基金会的宗旨一栏这样写道：“弘扬唐敖庆先生的崇高品德和严谨的治学精神，奖励优秀本科生、研究生，资助教师的科技创新，支持学科建设和人才培养。”唐敖庆教育基金会成立当年，就有5人获得资助。后来，唐敖庆教育基金会的资助范围更延展到全国几十所重点高校和科研院所，力所能及地资助那些有理想、有抱负、有能力的研究者。

为了培养具有国际一流水平的基础学科领域大师级后备人才，促进我国基础科学研究水平的提升，吉林大学设置唐敖庆班，突出化学、数学、物理、生物科学、计算机科学等专业方向，通过高考从全国各地的高中毕业生中选拔成绩优异的学生作为该班的学员。唐敖庆逝世后的第二年（2009 年），唐敖庆班就被纳入了国家“基础学科拔尖学生培养试验计划”（简称“珠峰计划”）。

足以告慰史光夏的是，后世对她的夫君的纪念绵延至今。

2011 年，中国化学会理论化学专业委员会设立中国化学会唐敖庆理论化学青年奖，纪念唐敖庆先生一生为我国理论化学事业做出的贡献。从 2016 年起，吉林大学唐敖庆教育基金会赞助该奖，名额增至每年两名。

2015 年，为了纪念中国量子化学奠基人唐敖庆 100 周年诞辰，国际量子分子科学院把第十五届国际量子化学大会的开会地点选在了中国的北京。在 6 月 8 日至 13 日的会议期间，专门安排半天的纪念报告活动。6 月 9 日上午，来自中国、美国和日本的著名学者分别做了关于唐敖庆的纪念报告。来自全球 41 个国家和地区的 1000 多位理论化学研究人员，包括 2 位诺贝尔奖获得者和 50 位国际量子分子科学院院士坐在台下，聆听唐敖庆的生平，聆听他 20 世纪 50 年代的化学键、分子内旋转研究，50 年代后期至 80 年代初期的高分子反应统计理论研究，60 年代的配位场理论方法研究，70 年代的分子轨道图形理论研究，80 年代后期的高分子固化理论研究，以及 80 年代到 90 年代的原子簇的结构化学键和结构规则研究……学者们甚至用一张中国地图说明唐敖庆带出来的第二代、第三代量子化学家的分布，充分展示他对化学研究所做的贡献。

2015 年 9 月，为纪念唐敖庆 100 周年诞辰，吉林大学设立唐敖庆纪念室，以照片、影像和实物形式全面地展现唐敖庆一生的业绩。唐敖庆子女到场参观并捐赠唐敖庆生前使用过的物品。

2015 年 11 月，吉林大学出版社出版《一代宗师　风范永存：唐敖庆百年诞辰纪念集》，纪念集以大量的图片展现了唐敖庆的一生，还包括 29 篇纪念文章，作者中有 14 位中国科学院院士。厦门大学出版社出版了记录唐敖庆和他的重要弟子们生平的传记《高山仰止——唐敖庆和他的弟子们》。

2015 年 11 月 10 日，《高等学校化学学报》出版纪念特刊，纪念唐敖庆先生100周年诞辰。在唐敖庆百年诞辰的当天，吉林大学和国家自然科学基金委员会联合在吉林大学举办了一系列纪念唐敖庆百年诞辰的活动，包括举行唐敖庆先生塑像祭扫仪式，举行《一代宗师 风范永存：唐敖庆百年诞辰纪念集》的首发仪式，召开纪念唐敖庆先生百年诞辰座谈会，举办纪念唐敖庆先生百年诞辰学术报告会，举办纪念唐敖庆先生百年诞辰专题图片展，并决定排演话剧《唐敖庆》。

2020年，一颗被命名为“唐敖庆星”的小行星划过天际，这是人类为表彰唐敖庆的杰出贡献而推出的特别纪念。早在2007年5月19日，这颗小行星就被中国科学院紫金山天文台发现，随后将其国际编号确定为218914号。2019年5月，何梁何利基金评选委员会推荐把这颗小行星命名为“唐敖庆星”。那还是在1995年10月，唐敖庆获得了何梁何利基金科学与技术成就奖，他的成绩给何梁何利基金评选委员会留下了深刻的印象。

2020年1月9日，这一推荐得到了国际小行星命名委员会的批准。当年11月18日是唐敖庆105周年诞辰纪念日，在首都北京，何梁何利基金信托委员会主席朱丽兰，中国科学院院士、国家自然科学基金委员会主任李静海，中国科学院院士、吉林大学校长张希，唐敖庆长女唐敏共同为“唐敖庆星”铜匾揭幕。

2020年11月18日，“唐敖庆星”命名仪式在北京举行。何梁何利基金信托委员会主席朱丽兰（左二），中国科学院院士、国家自然科学基金委员会主任李静海（左三），中国科学院院士、吉林大学校长张希（左四），唐敖庆先生女儿唐敏（左一）共同为“唐敖庆星”铜匾揭幕

随后，唐敏代表家人从中国科学院紫金山天文台台长常进的手里接过“唐敖庆星”国际命名公报、命名证书、星照片和轨道光盘。

中国科学院院士、吉林大学校长张希在“唐敖庆星”命名仪式上讲话，这位曾经听过唐敖庆授课的学生动情地说道：“‘唐敖庆星’已成为浩瀚星河中熠熠生辉的一颗，它将时刻提醒我们不忘教书育人的初心，指引我们勇敢地拓展人类认知的边界，科教兴国，惠泽世界。”

2021 年 7 月 31 日上午，“唐敖庆星纪念石”揭幕仪式在吉林大学中心校区唐敖庆楼广场举行。中国科学院院士、吉林大学校长张希，中国科学院院士徐如人、沈家骢等参加揭幕仪式。张希代表学校向捐赠“唐敖庆星纪念石”的化学学院 1997 级校友致谢。他表示，校友们在毕业 20 周年之际，为母校捐赠“唐敖庆星纪念石”，既体现了对先贤的敬意、对母校的情意，更将对吉林大学精神的传承产生深远意义。张希指出，唐敖庆先生是杰出的教育家、科学家和科技界的组织领导者，希望大家秉承唐敖庆先生的治学理念和爱国情怀，奉献新时代，开创新未来。

从理论化学的“唐敖庆研究所”到“唐敖庆楼”，从人才培养的“唐敖庆班”到“唐敖庆学者”，从人文纪念的“唐敖庆雕塑”到“唐敖庆话剧”，再到“唐敖庆星”，如今，在吉林大学的校园里，唐敖庆就像春风一样轻抚着每一个角落。而他，则在用头脑而不仅仅是眼睛，带着一代又一代学子“看”向宇宙的深处和世界的未来。

时空仿佛因此而恒定，史光夏仍然在光阴的映衬下，给唐敖庆织着毛衣、洗着衣裳。正是：

纤纤情切，楼台读晚，山河无歇。
大梦滋养思绪，一念到处，东方勃发。
粉笔跳上眉眼，宜站书咏嗟。
桃李艳，理性逐波，长夜燃我天光阔。

求实求是无分别，共携手，校风拔新节。
学子学人共进，三江暖，波涌摇月。
心生寰宇，恰如分子原子安设。
积千载士人真情，万语向君说。

附录一　唐敖庆年谱

1915 年 11 月 24 日

生于江苏省宜兴县和桥镇。父亲唐林根，以经营杂货店为生。

1921 年秋—1926 年秋

在江苏省宜兴县和桥镇养初小学读书。深受两位最尊敬的老师潘汉年（语文老师）和史本直（地理老师、校长）的影响。

1926 年秋—1928 年秋

在江苏省宜兴县和桥镇鹅山小学读书。在校长、数学老师杨逸群的课堂上，解出 5 道“转弯”思考题，获奖励六角钱，此后又做完杨逸群老师借给他的习题集。

1928 年秋—1931 年秋

在江苏省宜兴县和桥镇彭城中学读书，学业优秀。临毕业时，听说唐父安排唐敖庆毕业后回店铺帮忙打点生意，徐槐青老师（教授数学）和储老师（教授语文）到唐家劝说唐父让儿子中学毕业后继续深造，建议读免费的师范学校，说服了唐父。

1931 年 8 月—1934 年 7 月

在江苏省立无锡师范学校读书。化学老师张汝训生动的讲课和奇妙的实验引起他对化学的兴趣。“九一八”事变后，参加无锡市学联组织的赴南京抗日请愿团，树立“科学救国”信念。

1934年8月—1936年1月

在江苏省宜兴县官林镇凌霞小学任教，筹集上大学的费用。教授五年级的语文、历史、地理、自然和数学等多门课程，同时自修在师范学校时未学到的英语。通过学生家访结识史光夏，1936年高考前后通过书信与史光夏订终身。

1936年2—7月

在江苏省立扬州中学大学补习班学习，补习英语和数学。同时报考三所大学：北京大学、北平大学、同济大学，最后三所学校均录取唐敖庆。曾昭抡先生时任北京大学化学系系主任，唐敖庆在江苏省立无锡师范学校读书时，即读过曾先生在《大公报》上连续发表的颇有见地、思想深邃的访日观感，十分仰慕，故选择到北京大学化学系就读。

1936年8月

入北京大学化学系学习。入学后曾昭抡与每位新生面谈，问唐敖庆为何报考北京大学，唐敖庆回答说"慕名而来"。从读大学开始，由于眼睛高度近视，上课看不清黑板上的字，唐敖庆主要靠听来理解老师的授课内容，课后凭记忆再扼要地做笔记，逐步练就了惊人的记忆力。

1937年7月

"七七事变"爆发，接父亲电报，回到家乡。11月初，北京大学、清华大学、南开大学从平津南下，合并后成立国立长沙临时大学。唐敖庆接到国立长沙临时大学的信，通知他可到长沙继续完成学业，随即告别父母和未婚妻史光夏，启程奔赴长沙，在国立长沙临时大学继续学习。

1938年2—4月

参加国立长沙临时大学组织的"湘黔滇旅行团"。和280余名学生以及曾昭抡、闻一多等11位教授、讲师、助教一道，长途跋涉68天到达昆明，进入西南联大学习。

1938年4月—1940年7月

在西南联大化学系学习，先主修有机化学，后改为物理化学。听过杨石先、曾昭抡、钱思亮、朱汝华教授的四门不同内容的高等有机化学课程，黄子卿教授的物理化学课程，还选修了物理系王竹溪教授开的热力学课程，博采众长，收获巨大。黄子卿的课把他的兴趣引向理论化学，而他的学业优秀也给授课老师留下了深刻印象，多年后，黄子卿先生仍然夸赞唐敖庆是他教过的最好的学生。

1940 年 7 月

从西南联大毕业并留校任助教。任助教的五年多期间，继续研读数学、物理高级课程，同当时的研究生杨振宁、黄昆等一道，听了多门由陈省身、华罗庚、吴大猷、王竹溪等教授主讲的讨论班课程，并潜心钻研问世不久的、由量子力学奠基人之一的保罗·狄拉克所著的经典名著《量子力学原理》，奠定了深厚的数理基础。

1943 年 5 月

未婚妻史光夏与几位女伴同行，从家乡江苏宜兴启程，步行 3000 余里，历时 3 个月，抵达昆明，与唐敖庆成婚。战乱时期，生活艰苦，一个助教的工资不足以维持一家人的生活，经化学系系主任杨石先介绍，唐敖庆到昆明郊区的一所中学兼职授课。在西南联大期间，唐敖庆与物理系毕业的周孝谦和数学系毕业的汪志华成为好友。

1945 年 11 月

抗日战争结束后，国民政府军政部次长兼兵工署署长俞大维向军政部部长陈诚建议，为发展中国的原子弹，派人去美国学习考察，得到陈诚的支持并上报蒋介石，获得批准和首批经费。唐敖庆被选为考察学习人员，准备赴美考察。

1946 年春

唐敖庆偕妻子及两个年幼的孩子与汪志华等一起，搭乘敞篷卡车从昆明出发，一路辗转颠簸，回到江苏老家。

1946 年 8 月

随曾昭抡、吴大猷、华罗庚三位导师，与他们选拔的助手一道赴美国进行科学考察。尔后经曾昭抡推荐入美国哥伦比亚大学化学系，在著名理论化学家哈尔福德教授指导下攻读博士学位，为期三年多。同时修化学系和数学系的研究生课程，以优异成绩获得哥伦比亚大学最高荣誉的大学奖学金，化学系 200 多名研究生仅他一人获此殊荣。在攻读学位期间，继续与曾昭抡保持联系，受到曾先生进步思想的影响。

1948 年冬

在《美洲华侨时报》社长、总编辑、中共党员唐明照的支持下，发起成立哥伦比亚大学中国同学会，当选为第一届理事会主席，随后开展多种进步活动。

1949 年 11 月

完成博士学位论文《相互独立粒子的统计理论》并顺利通过论文答辩，获得博士学位和一把象征可以打开科学大门的金钥匙。后婉言谢绝导师的挽留，准备启程返回新中国。

1950 年初

乘船离美回到祖国，经北京大学教务长兼化学系系主任曾昭抡推荐，被聘为北京大学化学系副教授，半年后升为教授。

1950 年 5 月

受聘任《中国科学》《科学通报》《化学学报》杂志编委。

曾昭抡等人随教育部副部长兼党组书记钱俊瑞赴东北考察高等教育，到长春时他建议建一所综合性大学（即后来的东北人民大学），并提到：把唐敖庆从北京大学调来，化学方面就有人了。同年 12 月曾昭抡被任命为教育部副部长兼高教司司长，其关于东北高校，包括化学学科的布局设想，一年多之后也实现了，从而对唐敖庆的学术生涯产生了第二次重大影响（第一次是 1946 年推荐唐敖庆赴美留学）。

1951 年初

将在美留学时期的好友徐光宪、高小霞推荐给曾昭抡。受曾昭抡邀请，二人于 1951 年 5 月回国，到北京大学化学系任教［1980 年，徐光宪、高小霞同时当选为中国科学院学部委员（院士）］。

1951 年 11 月

加入中国民主同盟。

1952 年 9 月

全国高等院校院系调整，经本人申请，上级批准，调到位于长春的东北人民大学（吉林大学前身）任教授，与物理化学家蔡镏生等人创建化学系。为本科生编写教材并主讲无机化学、物理化学、物质结构等多门课程，同时培养年轻主讲教师。

1953 年 7 月

为培养国家急需的大学师资，受高教部委托，与卢嘉锡教授一起在青岛举办暑期物质结构进修班，并主讲量子化学基础，卢嘉锡主讲结晶化学，教学效果极好，因而高教部第二年在北京又举办了一次。山东大学的邓从豪是进修班学员之一，结业后不久，又赴东北人民大学跟随唐敖庆进修了半年的理论化学基础，从此开始了量子化学的研究。

1953年8月

招收首批研究生五人：江元生、戴树珊、蒋栋成、薛志元、殷继祖。为研究生班讲授化学热力学、统计力学、物质结构、化学动力学、量子化学等课程。旁听的有本校和中国科学院长春应用化学研究所等单位来进修的几十位教师与科研人员，包括孙家钟、程镕时、裘祖文等。经过两年的教学，研究生班成员的理论化学水平迅速提高。

1954年1月

从事分子结构中的杂化轨道、分子内旋转和分子间相互作用等基本理论研究。发表论文《分子内旋转问题》，提出一个可用于计算复杂分子内旋转能量变化的势能函数公式，该公式可用来推测一系列有机化合物的性质，为从结构上改变物质的性能提供了比较可靠的依据。该成果发表后，美国著名量子化学家、哈佛大学教授威尔逊给予高度评价，国内外教科书和学术专著广为引用，论文成为两年后中国科学院授予自然科学奖三等奖的成果的重要组成部分。

1954年7月

受高教部委托，再次与卢嘉锡、吴征铠、徐光宪教授一起在北京举办暑期物质结构进修班，分成两个班，四人分别讲授量子化学、结构化学、分子光谱等理论化学课程。四位学者后来在中国化学界被称为“四大金刚”。

1955年6月

当选中国科学院数理化学部学部委员（院士）。

1955年7月

应邀访问民主德国科学院，并参加民主德国化学年会，会后应邀参加匈牙利化学年会。

1956年3月

出任东北人民大学副校长，协助匡亚明校长主管科研工作，与匡亚明共同对教学科研方向做出决策，包括创办新学科系、新专业，组织科研队伍和机构，跟踪国际科研动向进行选题等。

1956年5月

参加周恩来总理主持召开的、由600多位科学家参与的编制全国科学技术发展远景的《十二年规划》会议。他与卢嘉锡建议把微观与宏观结合、理论与实验结合、静态与动态结合、结构与性能结合的“四结合”指导思想写入《十二年规划》的化学部分，还建议将“物质结构与性能关系”作为化学学科基础研究课题，均被与会专家接受，纳入规划，这对我国化学研究的发展和大学化学本科的教学有着重要意义。

1956年9月

接受中国科学院长春应用化学研究所钱保功教授的建议，为解决国家急需的高分子材料合成与改性问题，开始从事长达30余年的高分子反应统计理论的研究。在早期阶段，他与江元生合作推导出普适的交联高分子溶胶-凝胶分配公式，在国内高分子学界产生了较广泛的影响。在对加聚反应的研究中，他创造性地提出了一种用概率论方法解微观动力学方程组的方法，发展成为反应机理与分子量分布关系的理论，并由此推导出共聚物链段分布与分子量分布的函数，形成了加聚反应的统计理论，沈家骢参与了这项研究工作。

1957年1月

研究成果“分子结构理论”获首次国家级自然科学奖——中国科学院1956年颁发的自然科学奖三等奖。

1958年6月

加入中国共产党。

1958年7月

与中国科学院应用化学研究所联合主办为期两年的高分子物理化学学术讨论班，在国内率先开出了高分子物理化学方面的系列课程，中国科学院化学研究所的钱人元、应用化学研究所的钱保功等也主讲有关课程。学术讨论班的主要成员沈家骢、汤心颐以及唐敖庆在60年代初招收的研究生陈欣方、颜德岳等，形成了唐敖庆在高分子物理化学领域研究集体的核心。他们在20多年的时间里，对高分子的主要反应过程缩聚、加聚、交联、裂解等进行了深入研究，发展出自己的高分子反应统计理论，为设计和合成预定结构的高分子材料、确定反应条件与生产工艺及配方提供了理论依据。主要研究成果“高分子缩聚、加聚和交联反应的统计理论”获 1989 年国家自然科学奖二等奖。

1959 年 2 月

当选第一届长春市科学技术协会主席。

1959 年 4 月

当选第二届全国人民代表大会代表。

1961 年

为中国科学院长春应用化学研究所光谱班学员开设量子力学课程，裘祖文辅导。来自中国科学院大连化学物理研究所的徐元植（后任浙江大学教授）是听课学员之一，他做了详细的笔记。

1962 年 2 月

参加在广州召开的全国科学技术会议。会议确定了编制《1963—1972 年科学技术发展规划纲要》的指导思想，其中基础科学和技术科学部分由中国科学院与高教部负责，先后组织了 900 多位科学家参加，历时 5 个多月。唐敖庆和卢嘉锡也再次参加规划的编制。

1963 年

国家科学技术委员会在吉林大学建立国家重点研究机构——物质结构研究室，唐敖庆任室主任并将科研重心再次转向量子化学。研究分子结构有三大理论方法：价键理论、分子轨道理论和配位场理论。唐敖庆在北京大学的好友徐光宪曾经从事原子能化学的教学与研究，他在核燃料的配位化学的实验研究中，感到配位场理论的重要性，但缺少数学模型，他深知自己研究配位场理论的数学基础远不如唐敖庆，便和唐敖庆谈起这件事，引起唐敖庆的关注。唐敖庆后来经过文献查阅，发现配位场理论是理论物理学家在 1930 年前后建立的，国内外都没有化学家参与研究，许多问题都没有解决，于是决定开展配位场理论的研究。

1963 年 8 月

出席中国科学院数理化学部在长春举办的全国第一次物质结构学术报告会并做学术报告。吴学周、卢嘉锡、唐有祺、蒋明谦、何炳林、钱人元、徐光宪、陈茹玉、邓从豪、刘若庄、孙家钟、江元生、戴树珊、赵成大等参加会议。

1963 年 9 月

当选第二届长春市科学技术协会主席。

受高教部委托，在吉林大学举办为期两年的物质结构学术讨论班并同时开展配位场理论的研究。唐敖庆连续讲授了4个学期的群论及其在物质结构中的应用等课程。在教学过程中，唐敖庆带领讨论班成员同时开展了对配位场理论方法的研究，成功定义了三维旋转群到分子点群的不可约张量方法，并构建出二者之间的耦合系数，从而统一了配位场理论的各种方案，创造性地发展和完善了配位场理论，为发展配位化学、稀土化学、工业催化剂的研究和激光材料的设计提供了新的理论依据，攻克了30余年一直没有进展的科学难题。该项研究成果于1982年获国家自然科学奖一等奖，讨论班正式成员中有5位、旁听学员中有2位后来当选为中国科学院学部委员（院士），讨论班取得了科研成就和人才培养的双丰收。

1964年12月

当选第三届全国人民代表大会代表。

1966年7月23—31日

出席北京科学讨论会1966年暑期物理讨论会，向大会报告配位场理论研究的科研成果，被大会评为十项优秀成果之一。会议结束时，毛泽东等党和国家领导人接见了出席会议的中外科学家。

1968年下半年

因“特务嫌疑”被进驻学校的工人毛泽东思想宣传队（简称工宣队）、解放军毛泽东思想宣传队（简称军宣队）隔离审查约半年。

1969年春

与吉林大学化学系部分教师一起去吉林电石厂为工人、技术员试办训练班，到各车间找课题。半年后，为解决汞污染环境、危害工人和技术人员身体健康的问题，唐敖庆带领小分队开展“非汞触媒乙炔水合制乙醛”的研究。经过反复研究和论证，提出用铜来取代汞，并做出铜催化剂的基础模型。经历了两年多时间的小试、中试，新催化剂铜的触媒活性程度已达到汞的触媒活性标准，非汞触媒的研究获初步成果。

1972年初

从吉林电石厂回到吉林大学从事科研和教学。参加中国科学院生物学部组织的“化学模拟生物固氮”研究项目，并向学校工宣队、军宣队建议调回在农村“接受再教育”的孙家钟和江元生。

1972 年 7 月

周恩来总理在北京大学周培源关于加强基础理论教学和科学研究的建议上作了关于认真实施的批示，受总理批示的影响，有关部门重新重视基础理论研究。唐敖庆在吉林电石厂期间曾到吉林化工研究院图书馆调研国际理论化学的发展动态，他在文献中看到了美国科学家罗伯特·伍德沃德和罗尔德·霍夫曼于 1965 年提出的分子轨道对称守恒原理，立即感到这一理论对有机化学和量子化学的发展有着极其重要的意义（该成果后来获 1981 年度诺贝尔化学奖），开始从事这方面的研究。

1973 年 3 月

当选中国共产党第十次全国代表大会代表。

1975 年初

时隔近 10 年后，首次在《中国科学》上发表他在量子化学领域的最新研究成果《分子轨道对称守恒原理的新发展——兼评国际上三个学派的理论》，进一步发展了分子轨道对称守恒原理。

请四川大学的鄢国森和云南大学的戴树珊到长春，与孙家钟一起，将 10 年前物质结构讨论班的科研成果整理成《配位场理论方法》。之后，孙家钟又用了两年时间将该书翻译成英文版，与中文版同时出版。

开始从事“分子轨道图形理论”的研究。中国科学院上海有机化学研究所所长汪猷邀请唐敖庆去该所举办量子化学短训班，对象是所内研究人员。唐敖庆约江元生一起备课，在备课过程中，为简化数学推导，力求通俗易懂，他们用图论的方法表达分子轨道运算，提出了本征多项式的计算、分子轨道系数计算和对称性约化等三条定理，概括性高，含义直观，便于应用，深化了对化学拓扑规律的认识。经后续发展，形成两篇关于分子轨道图形理论的原创论文（分别由唐敖庆和江元生执笔），先后发表在《中国科学》1976 年和 1977 年的中、英文版上，三条定理被国际同行誉为“唐-江定理”，这个研究集体被称为“中国化学的图论学派”。该成果于 1987 年获国家自然科学奖一等奖。

1975 年 5—6 月

应邀在中国科学院上海有机化学研究所举办为期两个月的量子化学短训班。短训班由唐敖庆主讲，江元生辅导，所内外听课学员高达 200 余人。授课内容涵盖量子化学基础及其在有机化学中的应用，还包括他们的分子轨道图形理论新成果，受到听课者的热烈欢迎。

1975 年 9 月

当《配位场理论方法》中文版收稿后，唐敖庆又安排鄢国森、戴树珊二人参加分子轨道图形理论的后续研究，包括三条定理的严格数学证明和推广应用工作，最后将成果整理成专著《分子轨道图形理论》。

1975 年 10—11 月

参加以黄辛白为团长的中国高等教育代表团，访问加拿大、英国和法国。

1977 年 4—5 月

应邀到北京组建中国科学院化学家代表团，准备赴美国考察。该代表团是“文化大革命”结束后访美的第一个中国学术代表团，主要成员为中国科学院长春应用化学研究所和大连化学物理研究所的中青年科研人员，包括汪尔康、吴越等十余人。4 月底至 5 月底，唐敖庆率中国科学院化学家代表团赴美国访问了加利福尼亚大学、斯坦福大学、哥伦比亚大学等著名大学和相关实验室，了解国际化学领域的最新发展，并受到美国化学学会的热情接待。

1977 年 8 月 4—8 日

在人民大会堂参加由邓小平主持召开的科学和教育工作座谈会。中国科学院和教育部系统有 33 位专家学者受邀参加座谈会。邓小平亲自主持座谈会，鼓励大家放下包袱，畅所欲言，为振兴科学教育建言献策。唐敖庆在这次大会上做了发言。

1977 年 8 月

当选中国共产党第十一次全国代表大会代表。

1977 年 12 月

在上海参加第一届全国量子化学会议，做题为《本征值的图形理论》的学术报告。

1978 年 1 月

经教育部和国家科学技术委员会联合批准，吉林大学理论化学研究所成立，唐敖庆任所长。

1978 年 3 月

出席全国科学大会，并在大会上做了题为《加强基础理论研究，尽快培养人才》的发言。他和他的科研集体取得的“配位场理论方法”“高分子反应统计理论”“分子轨道图形理论”三项成果均获重大科技成果奖，他本人也被评为先进个人。

1978 年 5 月

美国加利福尼亚大学教授、诺贝尔化学奖获得者、美国原子能委员会前主席格伦·西博格率美国纯化学和应用化学代表团访问吉林大学，唐敖庆与吉林大学物理系系主任吴式枢、副主任芶清泉等接待西博格一行并进行了友好的会谈。

1978 年 7 月

任吉林大学校长、党委副书记。在任 7 年半的时间里，他与学校其他领导一起，先后提出了一系列具有特色的办学治校方针，为吉林大学的发展开创了一个新的辉煌时期。特别是，他关于重点高等学校“既是教育中心，又是科研中心”的办学思想得到贯彻落实后，学校在教学质量和科研水平提高上取得了若干重大进展。多个理科、文科的研究所和研究室相继成立，教师既搞教学又搞科研，教学质量和科研水平不断提高。在任期间，他还推动了学校图书馆的建设和制订了新校区开发的计划。在他治校期间，吉林大学作为全国重点综合性大学，知名度和综合排名不断提升，迅速跻身全国名校前列。

1978 年 9 月

当选中国化学会第 20 届理事会副理事长、常务理事。

开展“密度矩阵”方面的科学研究。

1978 年 10 月

经教育部批准在吉林大学举办量子化学研究生、教师和科研人员进修班。在一年半的时间里，唐敖庆讲授基础课量子力学和量子化学。唐敖庆在研修班讲授的两门课，后来分别被讲课时的助手和学员根据讲稿与课堂笔记整理成专著出版：《量子化学》（1982 年出版）由杨忠志和李前树整理，《量子力学讲义》（2018 年出版）由郭纯孝整理。

1979 年 1 月

中国自然辩证法研究会（筹委会）化学哲学专业组成立，唐敖庆任组长，徐光宪、胡亚东、龚育之、乔世德任副组长。该专业组实际上就是第一届中国自然辩证法研究会化学化工哲学专业委员会，由此在全国开展系统的化学哲学研究。

1979 年 2 月 1 日

在《光明日报》发表《要按“两个中心”的要求办好大学》的文章，全面论述了把重点大学建设成为教育与科研“两个中心”对于国家建设事业及办好学校的重要意义。

1979 年春季

国际量子分子科学院院长、瑞典籍著名量子化学家洛夫丁教授访问吉林大学并做学术报告，听众包括量子化学研修班学员和化学系师生等 500 余人，他称唐敖庆为“中国量子化学之父”。

1979 年 5 月

受教育部委托，主办《高等学校化学学报》，任副主编（1985 年 5 月任主编）。与他的“高分子反应统计理论”研究集体继续开展因“文化大革命”中断的研究。撰写专著《高分子反应统计理论》的工作也重新开始。

1979 年 6 月

荣获“长春市特等劳动模范”称号。

1979 年 7 月

荣获“吉林省特等劳动模范”称号。

1979 年 8 月

开始“微观反应动力学”方面的科学研究。

1979 年 9 月

专著《配位场理论方法》中、英文版（与孙家钟、江元生、邓从豪、刘若庄、张乾二、鄢国森、古正、戴树珊合著）由科学出版社同时出版发行。同年 11 月，孙家钟和江元生等带着该书的英文版到日本参加第三届国际量子化学大会，许多国际知名学者不敢相信这项富有创造性的工作是 14 年以前完成的，带到会上的《配位场理论方法》一书很快被索要一空。

1979 年 12 月

荣获“全国劳动模范”称号，获国务院颁发的证书和金质奖章。

1980 年 5 月

被聘任国家自然科学奖励委员会委员。

1980年6月

专著《分子轨道图形理论》（与江元生、鄢国森、戴树珊合著）中文版由科学出版社出版。

1980年8月

当选第三届长春市科学技术协会主席。

1980年9月

开展“原子簇化合物结构规则”的科学研究。

1980年10月

当选第二届吉林省科学技术协会副主席。

1980年12月

任国务院学位委员会委员兼学科评议组化学组召集人。

1981年4月

应聘任《数学物理学报》副主编。

1981年5月

当选中国科学院主席团成员。

1981年6月

应聘任清华大学兼职教授。

当选国际量子分子科学院院士，应聘担任该院主办的《国际量子化学杂志》顾问编委。

教育部批准由美国科学院院士、著名有机化学家、哈佛大学多林教授倡导的、由复旦大学负责组织实施的CGP计划，并任命唐敖庆为CGP的命题组组长。

1982年2月

专著《配位场理论方法》获中国出版工作者协会颁发的1977—1981年全国优秀科技图书奖。

1982年6月

应国际量子分子科学院院长洛夫丁邀请，率中国量子化学代表团赴瑞典出席第四届国际量子化学大会并做学术报告。

1982年7月

研究成果“配位场理论研究”获1982年国家自然科学奖一等奖。完成人为唐敖庆（吉林大学）及其研究集体：孙家钟（吉林大学）、邓从豪

（山东大学）、张乾二（厦门大学）、江元生（吉林大学）、鄢国森（四川大学）、戴树珊（云南大学）、刘若庄（北京师范大学）、赵景愚（中国科学院长春光学与精密机械研究所）、古正（四川大学）、李伯符（吉林大学）。

霍夫曼访问吉林大学和理论化学研究所，从此与唐敖庆的科研团队开展学术交流。按照双方达成的协议，唐敖庆安排江元生于 1983 年赴美国康奈尔大学与霍夫曼教授的研究组工作一年，开展“大分子与固体的化学键理论”的合作研究，同时继续化学图论研究。江元生用图论方法对有机共轭分子的芳香性进行了推理分析，提出用一个全新的 5 参数公式代替传统的 8 参数公式，不仅使计算简化、意义更为确切，而且与实验结果符合，受到了国际同行的重视，称其为“JTH 方案”。该方案被同行专家多次引述和推广，并被收入有关学术专著中。

1982 年 9 月

当选中国共产党第十二次全国代表大会代表。

在中国化学会第四次全国会员代表大会上当选第 21 届理事会理事长。唐敖庆、卢嘉锡、严东生、钱人元四位当选理事长联合倡议，执行理事长每人担任一年，不得连任，为学会工作开创了一个良好的先例。

专著《量子化学》（杨忠志、李前树整理）由科学出版社出版发行。东北师范大学的赵成大教授同年去日本京都大学访问时将此书送给诺贝尔化学奖获得者福井谦一教授，他阅读之后多次表示受益，并说“这是他所看过的书中很有特色的一部好书”，还推荐给他的学生们阅读。

1982 年 12 月

教育部在广州举办全国高等学校高分子化学与物理教学讨论班，180 位代表参加讨论班，唐敖庆应邀做题为《高分子化学反应统计理论》的专题演讲。

1983 年 1 月

荣获“长春市劳动模范”称号。

1983 年 3 月

荣获“吉林省先进科技工作者”称号。

1983 年 6 月

当选第六届全国政协委员。

1983年7月

第二届化学化工哲学研讨会在长春、吉林两市举行，讨论化学哲学面向实际、开展化学技术哲学研究、促进化工生产发展的问题，产生了以唐敖庆为主任，卢嘉锡、徐光宪、杨光启等7人为副主任的第二届委员会，委员26人。会后组织出版了由唐敖庆、卢嘉锡和徐光宪三院士主编的《化学哲学基础》。

1983年8月

作为中国化学会理事长，唐敖庆在长春主持召开第二届全国量子化学会议并致开幕词，出席会议的学者报告了150多篇学术论文，数量和质量比6年前的第一届会议有了较大提高，徐光宪教授做了大会总结发言。

被复旦大学聘为兼职教授。

1983年12月

任吉林省科学技术协会代主席。

1984年5月

任吉林大学理论化学研究所名誉所长，弟子孙家钟任所长。

1985年4月

在复旦大学举办微观反应动力学讲习班，讲授他近几年在这一国内尚属空白的新领域调研国际文献的研究结果，旨在培养人才和推动国内在这一领域的科研活动。两年后，又在南京大学举办第二次同样题目的讲习班。他的讲课内容由李前树收集整理到《分子反应动态学》一书中，于1989年由吉林大学出版社出版。

1985年5月

访问华东工学院，为师生们做关于量子化学及其应用的学术报告，校长冯缵刚表达了热烈的欢迎和敬意，并聘请唐敖庆为该校名誉教授。在访问期间，唐敖庆和肖鹤鸣深入讨论了被他称为“量子炸药化学”的研究方向，唐敖庆高度肯定了肖鹤鸣的工作，并长期关注、指导和支持他的科研工作。

任南京大学兼职教授。

出席在苏州大学召开的《高等学校化学学报》第一届编委会第五次全体会议，被选举为《高等学校化学学报》主编。其间，会晤了西南联大时期的好友、苏州大学教授周孝谦。

1985年7月

荣获长春市培养人才特别奖。

被《科学》杂志聘为名誉编委。

1985年8月

专著《高分子反应统计理论》（与沈家骢、汤心颐、陈欣方、颜德岳合著）由科学出版社出版。

率中国量子化学代表团赴加拿大出席第五届国际量子化学大会并任“分子间相互作用和分子动力学”专题会议主席。会后应邀访问加拿大温莎大学、美国康奈尔大学和罗格斯大学，被温莎大学授予名誉法学博士，被罗格斯大学授予名誉教授。

弟子沈家骢被任命为吉林大学副校长，教授过的弟子徐如人担任化学系系主任。当沈家骢任副校长时，唐敖庆对他说：“做行政工作，不能放松业务，相反，业务还要做得更好。”

1985年11月

出席纪念玻尔100周年诞辰纪念大会并做题为《分子轨道理论》的学术报告。

被上海交通大学授予名誉教授。

为加强吉林大学化学系面向实际应用的催化专业的学科建设，唐敖庆在全国聘请了4位催化方面的顶级专家担任化学系兼职教授、博士生导师：石油化工科学研究院副院长、总工程师闵恩泽院士；中国科学院山西煤炭化学研究所所长彭少逸院士；中国科学院大连化学物理研究所研究员郭燮贤院士；中国科学院长春应用化学研究所研究员，后来担任中国科学院长春分院院长的吴越教授。4位专家带领吉林大学催化专业的中年骨干教师为国家培养了一批优秀人才，包括后来荣获2020年度国家自然科学奖一等奖的赵东元院士和多位博士生导师，并使该专业的教学、科研很快跻身于全国高校的先进行列。

1986年2月

出任国家自然科学基金委员会首届主任，任吉林大学名誉校长。唐敖庆同国家自然科学基金委员会其他领导成员经过反复酝酿、协商后，制定了“依靠专家，发扬民主，择优支持，公正合理”的十六字评审原则，建立起一个鼓励创新、科学民主、平等竞争的良好机制，得到科学界的广泛赞誉，并经受起了长期的实践检验，成为中国特色科学基金制度的奠基石。

1986 年 4 月

在中国化学会第五次全国会员代表大会上当选第 22 届理事会常务理事。

1986 年 5 月

研究成果“分子轨道图论方法及应用”“高分子固化理论”均获 1985 年国家教育委员会科学技术进步奖二等奖。

专著《分子轨道图形理论》（与江元生、鄢国森、戴树珊合著）英文版由科学出版社出版。

中国国际人才交流协会成立，张劲夫任主席，唐敖庆等任副主席。

1986 年 6 月

当选第三届中国科学技术协会副主席。

当选中国发明协会全国委员会委员。

1986 年 7 月

受国家教育委员会委托，和徐光宪等在吉林大学举办量子化学教学研究班。

1986 年 8 月

任南开大学兼职教授。

1986 年 10 月

参加吉林大学建校 40 周年校庆，匡亚明、唐敖庆、刘靖被授予“功昭校史”横匾。

任第三届吉林省科学技术协会名誉主席。

从 10 月起，承担研究课题“高分子固化理论与标度研究”。在此之后的 5 年时间里，他给吉林大学参加这个项目的合作者孙家钟、李泽生、汤心颐和巴信武一共写了长达 600 多页的 104 封亲笔信，信中包括他对项目的具体指导和大量的公式推导。经过努力，他和科研团队提前完成这一课题，发表了多篇高水平学术论文。该成果于 1998 年获吉林省科学技术进步奖一等奖。

1986 年 12 月

唐敖庆、卢嘉锡和徐光宪主编的《化学哲学基础》由科学出版社出版，该书集中反映了20世纪80年代初中国化学哲学的研究成果。三位主编为该书写了序言，并且与几十位学者一道，撰写了全书不同的章节。

全国高等学校高分子化学与物理学术讨论会在位于广州的中山大学举行，125名代表参加会议，唐敖庆应邀做大会发言，讨论科研方向和人才培养问题。

1987年1月

应国际量子分子科学院院长聘请任“量子化学进展”丛书编委。

1987年1月16日

在北京主持中国自然辩证法研究会化学化工哲学委员会会议，研究深入开展学术活动的方针及安排。会议决定增补专业委员会成员，由26人增至36人，成立了第三届中国自然辩证法研究会化学化工哲学专业委员会，唐敖庆继续任主任委员。此后委员会又组织了多次学术讨论会，议题包括化学化工发展战略和对策、化学化工与社会发展等方面的问题。

1987年2月

研究成果“加聚反应的图形分析理论”获1986年国家教育委员会科学技术进步奖二等奖。

1987年5月

在成都主持召开第三届全国量子化学会议，与会代表370余人，交流学术论文260余篇。唐敖庆做题为《多层夹心化合物的电子结构》的学术报告。

当选中国民主同盟中央科技委员会委员。

1987年6月

经国家科学技术委员会原副主任武衡提议，国家科学技术委员会批准，国家自然科学奖评选工作由国家自然科学基金委员会负责。新组成的第二届国家自然科学奖励委员会由武衡任主任，唐敖庆任第一副主任，负责日常工作。

1987年9月

率国家自然科学基金委员会代表团访问联邦德国。

被新疆大学授予名誉教授。

1987年10月

在南京大学举办微观反应动力学讲习班。讲学期间，为化学系物化专业200多师生做专题报告《物理化学进展和学习方法》，会晤了南京大学校长曲钦岳院士、名誉校长匡亚明和吉林大学前党委书记宫维桢等。

1987年11月

应邀任《科学家传记大词典》总编委会编委。

1987年12月

专著《应用量子化学》（与李前树合著）由知识出版社出版。

1988年1月

任北京师范大学兼职教授。

1988年2月

研究成果“量子化学计算方法研究及其应用”获1987年国家教育委员会科学技术进步奖二等奖。

1988年3月

当选第七届全国政协委员。

研究成果“分子轨道图形理论方法及其应用”获1987年国家自然科学奖一等奖，完成人：唐敖庆、江元生（吉林大学）。

1988年4月

率国家自然科学基金委员会代表团访问奥地利。

1988年7月

在吉林大学举办长春地区高分子标度理论讲习班。

率国家自然科学基金委员会代表团访问保加利亚。

1988年8月

专著《配位场理论方法补编：三维旋转群—点群的偶合系数》（与孙家钟、李学奎、赵景愚合著）中文版由科学出版社出版。

1989年1月

应聘任《国际量子化学杂志》顾问编委。

1989年2月

研究成果“交联与接枝高分子的表征”获1988年国家教育委员会科学技术进步奖二等奖，完成人：陈欣方、唐敖庆。

1989年7月

受国家教育委员会委托在吉林大学举办暑期全国高分子标度理论讲习班。面对来自全国数理基础不同的听众，唐敖庆遇到学员的物理难点为大家补物理，遇到学员的数学难点为大家补数学，使听课者对这门难度极高的课程的接受和理解程度最大化。当时已是 74 岁高龄的唐敖庆顶着酷暑，每周为学员开课高达 24 学时。两次讲习班（包括一年前的长春本地班）大大推动了我国高分子固化和标度理论的研究，并培养了一批高级专门人才，参加讲习班的吉林大学研究生张希和安立佳对唐敖庆的授课感触极深、获益匪浅，两人多年后都当选为中国科学院院士。

专著《约化密度矩阵引论》（与曾宗浩、孙家钟合著）由吉林科学技术出版社出版。

1989 年 9 月

被国家教育委员会、劳动人事部、中国教育总工会联合授予“全国优秀教师”称号。

1989 年 11 月

在成都参加 1989 年全国高分子学术论文报告会，做题为《高分子固化理论和标度研究》的学术报告。

1989 年 12 月

专著《分子反应动态学》（与李前树合著）由吉林大学出版社出版。

1990 年 3 月

研究成果“高分子缩聚、加聚和交联反应的统计理论”获 1989 年国家自然科学奖二等奖，完成人：唐敖庆、沈家骢、汤心颐、陈欣方（吉林大学）、颜德岳（上海交通大学）。

在全国政协七届三次会议上当选为全国政协常务委员。

1990 年 4 月

专著《配位场理论方法补编：三维旋转群—点群的偶合系数》（与孙家钟、李学奎、赵景愚合著）英文版由科学出版社出版。

率国家自然科学基金委员会代表团访问苏联。

1990 年 5 月 30 日

出席中国博士后科学基金会成立大会并讲话，李政道为名誉理事长。

1990 年 6 月 21 日

由中国化学会、吉林省科学技术协会、吉林大学联合主办的唐敖庆教授执教 50 年庆祝大会在吉林大学隆重举行，来自全国的专家学者、兄弟高等院校、中国科学院有关研究所和吉林大学师生代表 400 余人出席大会。吉林大学校长伍卓群致贺词，钱学森委托科协负责人专程到场祝贺，吉林省委副书记谷长春以及卢嘉锡、徐光宪、王大珩院士等出席并讲话。吉林大学赠送唐敖庆横匾“风雨耕耘”，并在贺幛中引用唐代诗人的诗句“拼却老红一万点，换将新绿百千重”，颂扬了唐敖庆从教50年的业绩和甘为人梯的献身精神。《高等学校化学学报》编辑部组稿并编辑了《庆祝唐敖庆教授执教五十年学术论文专集》，由吉林大学出版社出版，徐光宪院士为专集撰写了序言。

1990年7月

在国家教育委员会和国家自然科学基金委员会的赞助下，第一次中日双边理论化学讨论会在北京、西安分阶段举行。会议由中方大会主席唐敖庆和日方大会主席、诺贝尔化学奖获得者福井谦一共同主持，围绕理论化学的6个专题进行了学术交流。讨论会由唐敖庆和福井谦一倡导举办，从1990年开始，每两年一次，目前共举办了四届。

1990年10月

第四届全国量子化学会议在济南召开，会议庆贺唐敖庆执教50周年：中国化学会执行理事长徐光宪致开幕词，代表中国化学会向唐敖庆表示祝贺；邓从豪介绍了唐敖庆对中国量子化学事业（包括科研成果和培养人才）的重要贡献。唐敖庆在会上介绍了他近年来在原子簇化合物结构规则与化学键性质方面的研究工作。

1990年11月

当选第23届中国化学会理事长。

开展高碳原子簇的结构规则和化学键的研究。从20世纪80年代开始，他就带领弟子李前树等人深入研究了原子簇化合物的结构规则，揭示了其多面体几何结构和原子簇化学键性质之间的内在规律，建立了新的一般性的结构规则，并被大量的实验数据所证实，该规则比著名的韦德规则的适用范围更为广泛。从20世纪90年代起，他们把对原子簇的研究拓展到高碳原子簇，提出了碳原子簇和硼原子簇几何共轭新概念，深刻揭示了这两类原子簇结构和化学键之间的内在联系。基于这种新的结构规则，他们把分子结构分割成最小等效代表区的结构单元，提出不可约表示矩阵投影算符新方法，解决了计算高碳原子簇的稳定性、反应活性等关键问题，在该研究领域实现了重要突破。这项研究成果为原子簇化合物的分子设计和合成提供了理论依据，包含了新概念和新方法，于 2000 年获国家自然科学奖二等奖。

卢嘉锡创建的中国科学院福建物质结构研究所建所 30 周年，唐敖庆为卢嘉锡写诗一首："建所育人为中华，三十年间成大家。结成固氮网兜体，开出结晶宝石花。类芳香性构思巧，功能材料设计佳。庆贺更祝鹏飞远，遨游长空乐无涯。"在中国科学院物质结构研究所建所 30 周年庆贺大会上，唐敖庆亲自到场，朗诵了这首诗。

1991 年 2 月

任国家自然科学基金委员会名誉主任。

1991 年 6 月

任第三届国家自然科学奖励委员会主任。

1991 年 11 月

唐敖庆在吉林大学教授的首批弟子孙家钟、江元生、徐如人、沈家骢当选为中国科学院学部委员（院士）。

1991 年 12 月

荣获"全国高等学校先进科技工作者"称号。

1992 年 8 月

在长春参加 1992 年全国高分子学术论文报告会，做题为《含内环化的固化理论和标度研究——A_a 型交联反应》学术报告。

1992 年 9 月

作为中方团长，率领中国理论化学代表团赴日本参加第二次中日双边理论化学学术讨论会，京都大学的福井谦一教授任日方代表团团长。双方代表团的学术阵容都很强大，包括许多国际知名的科学家。中方的副团长是徐光宪和张存浩，主要成员包括孙家钟、邓从豪、张乾二、刘若庄、鄢国森、戴树珊、赵成大、黎乐民、陈凯先、朱清时等。讨论会结束后，中方代表团分组访问了日本的一些知名大学和研究机构，一路上，唐敖庆等人连续做了多场学术报告。

1993 年 1 月

4—18 日，唐敖庆以香港中文大学伟伦特聘访问教授的身份应邀访问香港中文大学。在会晤了校长高锟等人之后，他做了一场题为《中国的基础科学研究——国家自然科学基金的作用》的报告，香港部分高校老师和科技界人士，甚至杨振宁先生都来听了这个报告。

1993 年 3 月

当选第八届全国政协委员、常务委员。

1993 年 12 月

第五届全国量子化学会议在厦门召开，张乾二任大会主席，唐敖庆、徐光宪任名誉主席。会议交流了 221 篇论文，李前树在会上报告了他和李松、唐敖庆合写的论文《硼笼烯和硼笼烷的量子化学计算》。会议期间，听闻蔡启瑞院士八十诞辰，唐敖庆作诗一首表示祝贺："学如流水行云，德比松劲柏青。攀登跨越高岭，育才灿烂群星。"唐敖庆请鄢国森写成大幅题词，送给蔡启瑞。

1994 年 5 月

唐敖庆与沈家骢作为执行主席，主持召开了第一次功能超分子体系香山科学会议，这次会议对于我国，特别是吉林大学的超分子化学的发展是一个里程碑事件。此后，沈家骢、张希等又组织了多次高水平的功能超分子体系国际性香山科学会议。唐敖庆于 1993 年请沈家骢担任理论化学研究所分子光谱与分子结构教育部开放研究实验室主任，并与沈家骢商定了实验室的发展方向。沈家骢组织全室开展了具体的超分子化学研究，从超分子基础出发逐步走向应用，并取得了初步成果。该实验室于 2001 年更名为超分子结构与材料教育部重点实验室，2010 年通过有关部门验收，升级为超分子结构与材料国家重点实验室。

1994 年 6 月

获 1993 年度陈嘉庚化学科学奖。

1994 年 7 月

受国家教育委员会委托在吉林大学举办全国分子光谱学讲习班和谱学理论与技术高级研讨班。已经 79 岁的唐敖庆带着病痛主讲基础理论部分的"分子对称性与分子光谱"，四川大学的鄢国森和中国科学技术大学的朱清时讲授了基础理论的其余部分。

1994 年 10 月

第三次中日双边理论化学学术讨论会在厦门举行，中方的张乾二和日方的米泽贞次郎为大会主席，唐敖庆参加会议并做学术报告。唐敖庆的报告题目是《具有 I_h 对称性的碳原子簇的休克尔方法处理》，按分子所属的点群性质，把分子结构分割成最小等效代表区的结构单元，在此基础上提出不可约表示矩阵投影算符新方法，计算了从 C_{60} 到 C_{6000} 等具有 I_h（即正二十面体或正十二面体）对称性碳原子簇的电子结构，预言了这些碳原子簇可以稳定存在。该方法为碳烯的合成提供了理论指导，获得了与会代表的高度评价。唐敖庆带领黄富强等在 1995 年进一步把该方法推进到碳原子簇 C_{37500}（含 37 500 个碳原子）的计算，得到同样的预言，而同期国际有关科学家的工作只计算到 1500 个原子组成的高碳原子簇。

1994 年 11 月

被香港中文大学授予名誉博士学位。

1995 年 10 月

荣获何梁何利基金科学与技术成就奖。

1995 年 11 月 18 日

八十华诞，国家教育委员会发贺信，国家科学技术委员会主任宋健题写贺词，国家自然科学基金委员会派代表到家送花篮，吉林大学赠送贺匾“功荫世人 业彪青史”，好友卢嘉锡、徐光宪、高小霞以及匡亚明、张松如等写贺词，表示祝贺。

1996 年 5 月 11 日

亲自指导的最后一位研究生黄富强通过博士学位论文答辩。黄富强在接受唐敖庆指导的三年时间里，在《化学物理快报》《物理评论》《国际量子化学杂志》等英文期刊上与唐敖庆共同发表了 14 篇有关原子簇结构方面的论文（其中有 2 篇黄富强为第一作者），提出并实现了高碳原子簇电子结构的新计算方法，是唐敖庆晚年科学研究的重要组成部分，也是于 2000 年获国家自然科学奖二等奖的科研成果“原子簇的结构、化学键和结构规则”的一个重要组成部分。

1996 年 7 月

由夫人史光夏和司机马杰陪同到位于青岛的山东省眼科研究所，接受院长谢立信（全国人大代表，后来当选为中国工程院院士）采用眼内透明晶体置换技术为他治疗近视和白内障，手术非常成功，从此摘掉了又厚又重的近视眼镜。

1996 年 8 月

为庆祝唐敖庆教授八十华诞和吉林大学建校 50 周年，吉林大学出版社出版《唐敖庆科学论文选集》。卢嘉锡院士为该书题写书名，徐光宪院士撰写前言，江福康和刘永新代表该书编委会撰写“唐敖庆与中国理论化学”（生平介绍）部分。全书包括34篇论文，由6个部分组成：分子内旋转与化学键理论、配位场理论方法、分子轨道图论方法及其应用、高分子反应动力学统计理论、原子簇化合物结构规则、高碳原子簇化学。这些论文反映了唐敖庆一生的主要科研成果。

1996年9月

第四次中日双边理论化学学术讨论会在日本京都和冈崎两地举行，中方24位、日方28位代表出席，福井谦一担任大会主席。已近81岁高龄的唐敖庆再次赴日本参加会议，与福井谦一最后一次相聚，体现了两位老科学家之间的友谊。

1997年11月

口述并由夫人史光夏笔录《赠光夏》诗一首，后赠送他的六个子女每人一份复印件，以示他对妻子一生辛勤陪伴和操劳的感激之情。

1997年12月

参加理论化学计算国家重点实验室第二届学术委员会第一次全体会议，发表生前最后一次公开讲话。回顾了化学学科在19世纪的三个里程碑，展望了新世纪的理论化学发展方向。唐敖庆在回顾1956年和1962年制定科学规划期间由他与卢嘉锡起草的规划化学部分序言中所写的“从宏观到微观，从静态到动态，从平衡到不平衡”一段话时说：“现在回想起来，五六十年代写的确实就是后来的发展，21世纪将向更高更深层次发展。”

1998年2月8日

因病重住进北京医院。

1998年12月

专著《原子簇的结构规则和化学键》（与李前树合著）由山东科学技术出版社出版。

研究成果“原子簇的结构规则和化学键”获教育部科学技术进步奖一等奖，完成人：唐敖庆、李前树。

研究成果“非线性高分子聚合反应统计理论及其应用”获吉林省科学技术进步奖一等奖，完成人：唐敖庆、李泽生、汤心颐、孙家钟。

1999 年 5 月

吴征铠、唐敖庆主编的专著《分子光谱学专论》由山东科学技术出版社出版。其中第一篇《分子对称性与分子光谱》是唐敖庆于他在全国分子光谱学讲习班（1994 年 7 月在吉林大学举办）的讲稿基础上撰写的。

2000 年 1 月

专著《大分子体系的量子化学》（与杨忠志、叶元杰合著）由吉林大学出版社出版。

2000 年 11 月

研究成果“原子簇的结构、化学键和结构规则”获国家自然科学奖二等奖，完成人：唐敖庆、李前树。

2003 年 9 月

专著《理论化学中的群论方法》（李伯符、郭纯孝整理）由吉林大学出版社出版。

2003 年 12 月

专著《化学热力学》由吉林科学技术出版社出版。

2008 年 7 月 15 日

因病医治无效，在北京医院逝世。唐敖庆同志治丧委员会成立，主任：陈宜瑜；副主任：赵沁平、李静海、陈德文、周其凤、王杰；委员（以姓氏笔画为序）：伍卓群、孙家钟、师昌绪、朱光亚、朱道本、齐让、何鸣鸿、张存浩、李政道、杨振宁、陈佳洱、陈晓光、姚建年、洪雅、徐光宪、曹健林。

2008 年 7 月 21 日

唐敖庆遗体告别仪式在北京八宝山革命公墓举行，中共中央政治局委员王刚，国家自然科学基金委员会、吉林大学和有关部门的领导，中国科学院多位院士，科学教育界人士，学生、同事和亲友等数百人前来与唐敖庆告别。

胡锦涛主席以及其他党和国家领导人在唐敖庆病重期间及逝世后以不同方式表示慰问和哀悼，新华社的报道称唐敖庆为“中国现代理论化学的开拓者和奠基人”。

2008 年 8 月 10 日

《高等学校化学学报》刊登编辑部文章《深切悼念名誉主编唐敖庆

教授》。

2008年8月15日

《吉林大学报》刊登中共吉林大学委员会发表的纪念文章《功绩卓越光照千秋——追思卓越的教育家、科学家、吉林大学名誉校长唐敖庆教授》，还刊登了吉林大学原校长伍卓群教授和刘中树教授、吉林大学孙家钟院士和沈家骢院士、上海交通大学颜德岳院士、吉林省社会科学院院长邴正教授以及吉林大学师生员工的缅怀文章20余篇。

2008年9月

《中国科学基金》第5期刊登国家自然科学基金委员会的纪念文章《倾心科教 高谊可风——追思唐敖庆同志》，还刊登了国家自然科学基金委员会原主任张存浩院士、副主任师昌绪院士等人的缅怀文章。

2008年12月10日

《高等学校化学学报》以“继承唐敖庆先生遗志，展现当代中国化学风采”为主题，出版纪念专辑，徐光宪院士撰写序言。

2009年2月14日

吉林大学将理论化学研究所更名为唐敖庆研究所。

2009年7月13日

在唐敖庆逝世一周年之际，吉林大学将中心校区新理化楼命名为“唐敖庆楼”，并在楼前树立了唐敖庆塑像。

吉林大学成立唐敖庆教育基金会。该基金会以弘扬唐敖庆先生的崇高品德和严谨的治学精神、鼓励基础理论研究和科技创新、支持学科建设和人才培养为宗旨，面向国内各高校、科研院所以及有关学会开展奖学、奖教和其他与此相关的专项资助。基金会成立以后，得到了各界的支持，多次接受单位和个人的捐赠，并不断拓宽筹资渠道，募集资金总量平稳增长。截至2021年12月，唐敖庆教育基金会已经向全国数十所高校和科研院所的500多名优秀学生、学者发放了约1000万元奖励。

吉林大学设置唐敖庆班，突出数学、物理、化学、生物、计算机科学等专业方向，旨在培养具有国际一流水平的基础学科领域大师级后备人才，促进我国基础科学研究水平的提升。截至2020年7月，唐敖庆班陆续培养了8届共计501名毕业生，其中486人进入研究生阶段深造学习。继续深造的学生中，303人进入世界排名前100的高校或学科，59

人进入世界排名前20的高校或学科。

2011年4月

授课笔记《唐敖庆之量子力学》（徐元植整理）由浙江大学出版社出版。

2011年10月

中国化学会理论化学专业委员会设立中国化学会唐敖庆理论化学青年奖，纪念唐敖庆先生一生为我国理论化学事业做出的贡献。从2016年起，吉林大学唐敖庆教育基金会赞助该奖，名额增至每年两名。

2014年9月

高等教育出版社出版《大师风范（自然科学与技术科学卷）》，其中包括吉林大学唐敖庆教育基金会的文章《一代宗师 风范永存——卓越的科学家和教育家唐敖庆》。

2015年6月8—13日

第15届国际量子化学大会在清华大学召开，1000多位来自世界各地的学者参加了会议。正值唐敖庆100周年诞辰之际，会议期间举办了纪念唐敖庆的专场学术报告会。诺贝尔奖获得者、美国康奈尔大学教授霍夫曼做了第一个主题报告，他回顾了唐敖庆的一系列研究成果，展示了大量的照片，极高地评价了唐敖庆的科学贡献和学者风范。日本京都大学福井研究所所长诸熊奎治和吉林大学兼职教授高加力也在专场会上做了报告，分别回顾唐敖庆在20世纪90年代与诺贝尔奖获得者、日本京都大学福井谦一教授共同组织中日双边理论化学学术研讨会的往事，介绍唐敖庆在科学研究、培养人才、科研管理方面的杰出成就。

2015年9月

为纪念唐敖庆100周年诞辰，吉林大学设立唐敖庆纪念室，以照片、影像和实物形式全面地展现唐敖庆一生的业绩。唐敖庆子女到场参观并捐赠唐敖庆生前使用过的物品。

2015年11月

吉林大学出版社出版《一代宗师 风范永存：唐敖庆百年诞辰纪念集》，纪念集以大量的图片展现唐敖庆的一生，还包括29篇纪念文章，作者中有14位中国科学院院士。

厦门大学出版社出版由林梦海等编著的、记录唐敖庆和他的重要弟子们生平的传记《高山仰止——唐敖庆和他的弟子们》。

2015年11月10日

《高等学校化学学报》出版“纪念唐敖庆先生诞辰100周年特刊”，主编周其凤院士撰写序言。

2015年11月18日

吉林大学党委书记杨振斌、校长李元元在《光明日报》上发表署名纪念文章《厚德泽人 功昭校史——纪念著名化学家和教育家唐敖庆先生诞辰100周年》。

吉林大学和国家自然科学基金委员会联合在吉林大学举办一系列纪念唐敖庆百年诞辰的活动：举行唐敖庆先生塑像祭扫仪式和《一代宗师风范永存：唐敖庆百年诞辰纪念集》的首发仪式；召开纪念唐敖庆先生百年诞辰座谈会，吉林大学校长李元元院士、国家自然科学基金委员会副主任姚建年院士、吉林大学原校长伍卓群教授、唐敖庆之子唐东等发表讲话，沈家骢院士、徐如人院士、黎乐民院士、颜德岳院士、陈凯先院士、方维海院士、帅志刚教授、吴通好教授和唐敖庆女儿唐敏也先后发言，吉林大学党委书记杨振斌做总结讲话；举办纪念唐敖庆先生百年诞辰学术报告会和纪念唐敖庆先生百年诞辰专题图片展；吉林大学决定编排原创话剧《唐敖庆》。

2016年9月10日

吉林大学原创大型话剧《唐敖庆》正式首演。该话剧聚焦唐敖庆立志求学、赴美留学、归国报效、扎根东北、伏案科研等情节，穿插讲述唐敖庆与妻子史光夏相识相爱、相濡以沫的爱情故事，较为真实地还原了唐敖庆在特定历史环境下的学习、生活和教学等场景。中国科学技术协会、吉林省委宣传部、吉林省教育厅、吉林省科学技术协会、长春市委宣传部等有关领导，唐敖庆的亲属，中国科学院院士沈家骢、于吉红，吉林大学校领导杨振斌、李元元、陈岗、邴正、韩晓峰、张向东、郑伟涛、孙友宏、冯正玉、王利锋和师生代表观看演出。演出获得巨大成功。

2017年6月7日

吉林大学原创大型话剧《唐敖庆》作为中国科学技术协会“共和国的脊梁——科学大师名校宣传工程”支持项目，赴重庆参与全国巡演。在当晚的演出中，吉林大学的“演员们”全身心投入，把现场观众带入唐敖庆所生活的世界，再现唐敖庆对祖国的无私奉献、对科学的不懈追求精神。剧情牵动着全场观众的心，演出结束后，掌声经久不息。三场演出后，好评如潮。

2018 年 1 月

专著《量子力学讲义》（郭纯孝整理）由科学出版社出版。

2019 年 9 月 21 日

为弘扬唐敖庆先生的教育思想，发扬其献身、创新、求实、协作的科学精神，传承吉林大学的优良传统和作风，唐敖庆教育思想研讨会在吉林大学召开，来自全国和学校相关部门、学院的代表参加研讨会。吉林大学副校长边铁，唐敖庆教育基金会理事长张向东，化学学院院长孙俊奇、沈家骢院士、颜德岳院士、方维海院士、李松院士以及来自清华大学、南京大学、上海交通大学、北京师范大学等多所高校的代表围绕唐敖庆教育思想分别在会上发言。

2020 年 3 月

无锡电视台播出该台制作的专题电视片《化学巨擘唐敖庆·求索之路》《化学巨擘唐敖庆·桃李芳菲》。

2020 年 11 月 18 日

经何梁何利基金评选委员会推荐，为表彰唐敖庆在教育和科学研究领域所做出的杰出贡献，国际小行星命名委员会于 2020 年 1 月 9 日批准将国际编号为 218914 号的小行星正式命名为“唐敖庆星”。2020 年 11 月 18 日，“唐敖庆星”命名仪式在北京举行，何梁何利基金信托委员会主席朱丽兰，中国科学院院士、国家自然科学基金委员会主任李静海，中国科学院院士、吉林大学校长张希，唐敖庆长女唐敏共同为“唐敖庆星”铜匾揭幕。随后，唐敏代表家人从中国科学院紫金山天文台台长常进院士的手里接过“唐敖庆星”国际命名公报、命名证书、星照片和轨道光盘。朱丽兰、李静海、张希、唐敏等在仪式上讲话，缅怀唐敖庆的爱国情怀、奋斗精神、杰出成就和历史性的贡献。

2021 年 4 月

长春电视台推出《发现长春》系列纪录片《高山仰止之中国量子化学奠基人唐敖庆》第一集至第三集。

2021年5月30日

央视网在报道习近平总书记“科学无国界，科学家有祖国”这句话是如何体现在中国科学家身上时讲述了唐敖庆的故事：1950年，中华人民共和国成立伊始，在美国一位化学泰斗家中，一场师生间的长谈正在展开——导师哈尔福德说：“我对贵国目前的落后情况确信不疑。你若回到那里，继续从事科学研究是相当困难的。”“虽然我的祖国满目疮痍，但一个爱国者是不会嫌弃祖国的。”学生答道。回到祖国，这位学生成为现代理论化学研究的奠基人，培养了一批化学名家。他就是中国科学院院士、“中国量子化学之父”唐敖庆。

2021年6月30日

吉林卫视《百年红星耀吉林》系列片在第七集《气象万千》中介绍了唐敖庆在吉林大学的事迹。

2021年7月31日

“唐敖庆星纪念石”揭幕仪式在吉林大学中心校区唐敖庆楼广场举行。中国科学院院士、吉林大学校长张希，中国科学院院士徐如人、沈家骢等参加揭幕仪式。张希代表学校向捐赠“唐敖庆星纪念石”的化学学院1997级校友致谢。他指出，唐敖庆先生是杰出的教育家、科学家和科技领导人，希望大家秉承唐敖庆先生的治学理念和爱国情怀，奉献新时代，开创新未来。

2021年9月25日

吉林卫视《党建新视线》栏目播出电视短片《吉林大学唐敖庆：赤子情怀彪炳史册 严谨治学启迪后人》。

2021年9月29日

在庆祝建校75周年之际，话剧《唐敖庆》在吉林大学中心校区鼎新大讲堂重新上演。校长张希、党委副书记韩喜平与师生代表观看演出。每当“只有努力学习，才能摆脱贫瘠”等一句句铿锵有力、掷地有声的话语响起时，唐敖庆先生的精神和家国情怀便引起师生的共鸣，现场爆发出雷鸣般的掌声。“书本”是该剧舞台上最大的道具，着力突出唐敖庆的名言“人，要站在书本上读书”，并以此作为贯穿全剧的台词而制作，蕴含攀登知识高峰、突破科学难题的寓意。

附录二　唐敖庆主要著述目录

（按发表先后顺序排列）

（一）学术专著

唐敖庆，孙家钟，江元生，邓从豪，刘若庄，张乾二，鄢国森，古正，戴树珊. 1979. 配位场理论方法. 北京：科学出版社.

Tang A C，Sun C C，Kiang Y S，Deng Z H，Liu J C，Chang C E，Yan G S，Goo Z，Tai S S. 1979. Theoretical Method of the Ligand Field Theory. Beijing：Science Press.

唐敖庆，江元生，鄢国森，戴树珊. 1980. 分子轨道图形理论. 北京：科学出版社.

唐敖庆，杨忠志，李前树. 1982. 量子化学. 北京：科学出版社.

唐敖庆，沈家骢，汤心颐，陈欣方，颜德岳. 1985. 高分子反应统计理论. 北京：科学出版社.

中国自然辩证法研究会化学化工专业组《化学哲学基础》编委会（唐敖庆，卢嘉锡，徐光宪主编）. 1986. 化学哲学基础. 北京：科学出版社.

Tang A C，Kiang Y S，Yan G S，Tai S S. 1986. Graph Theoretical Molecular Orbitals. Beijing：Science Press.

唐敖庆. 李前树. 1987. 应用量子化学. 上海：知识出版社.

唐敖庆，孙家钟，李学奎，赵景恩. 1988. 配位场理论方法补编：三维旋转群一点群的偶合系数. 北京：科学出版社.

唐敖庆，李前树. 1989. 分子反应动态学. 长春：吉林大学出版社.

唐敖庆，曾宗浩，孙家钟. 1989. 约化密度矩阵引论. 长春：吉林科学技术出版社.

Tang A C，Sun C C，Li X K，Zhao J Y. 1990. Supplement of Theoretical Method of

Ligand Field Theory：The V-Coupling Coefficients from SO(3) to the Point Group. Beijing：Science Press.
唐敖庆，李前树. 1998. 原子簇的结构规则和化学键. 济南：山东科学技术出版社.
吴征铠，唐敖庆. 1999. 分子光谱学专论. 济南：山东科学技术出版社.
唐敖庆，杨忠志，叶元杰. 2000. 大分子体系的量子化学. 长春：吉林大学出版社.
唐敖庆. 2003. 化学热力学. 长春：吉林科学技术出版社.
唐敖庆著，李伯符、郭纯孝整理. 2003. 理论化学中的群论方法. 长春：吉林大学出版社.
唐敖庆著，徐元植编. 2011. 唐敖庆之量子力学. 杭州：浙江大学出版社.
唐敖庆编著，郭纯孝整理. 2018. 量子力学讲义. 北京：科学出版社.

（二）学术论文

Tang A C，Lu H K. 1950. A general method for the construction of bond functions. Journal of Chinese Chemistry Society，17：252.
Tang A C. 1951. General method for the construction of bond functions (Ⅱ). Journal of Chinese Chemistry Society，18：15.
Tang A C. 1951. On average square lengths and radii of unbranched long-chain molecules. Journal of Chinese Chemistry Society，18：103.
Tang A C. 1951. Theory of hindered rotations about single bonds. Journal of Chinese Chemistry Society，18：1.
Tang A C，Liu J C. 1951. Hexacovalent bond orbitals. Journal of Chinese Chemistry Society，18：53.
Tang A C，Liu J C. 1951. Statistical lengths of rubber-like molecules. Journal of Chinese Chemistry Society，18：110.
唐敖庆. 1952. 八极矩和分子的内旋转. 化学学报，18（1）：33-49.
唐敖庆. 1954. 分子内旋转问题. 化学学报，20（1）：46-67.
唐敖庆. 1954. 化学键相互间的作用能. 化学学报，20（2）：128-139.
Tang A C. 1954. The problem of internal rotations of molecules. Scientia Sinica，3（3）：279-299.
唐敖庆. 1955. 分子内旋转的研究. 科学通报，(9)：36-40，62.
唐敖庆，江元生. 1955. $1/r_{12}$的双中心椭圆坐标展开公式. 东北人民大学自然科学学报，(1)：284-290.

唐敖庆，曾成. 1955. 量子力学中的三中心和四中心积分的计算. 化学学报，21（3）：213-226.

唐敖庆，戴树珊. 1956. 化学键函数问题Ⅰ. 杂化轨道理论. 东北人民大学自然科学学报，（2）：215-244.

唐敖庆，江元生. 1956. 缩聚-裂解反应动力学的理论分析. 化学学报，22（4）：271-287.

唐敖庆，孙家钟. 1957. 范德华引力问题（Ⅰ）——对称陀螺分子的范德华引力. 科学记录，新辑 1（4）：219.

唐敖庆，薛志元. 1957. 乙烷和丙烷分子的内旋转. 东北人民大学自然科学学报，（2）：69-80.

唐敖庆，岳国粹，林德厚，李玉玮，李时伟. 1957. 二元酸与二元醇的聚酯反应动力学的研究（Ⅰ）——酯化反应的氢离子催化机构. 科学记录，新辑 1（4）：47.

唐敖庆，郑绳安. 1957. 自由基型加聚反应动力学的理论分析.东北人民大学自然科学学报，（1）：153-164.

Tang A C，Sun C C. 1957. The problem of van der Waal's forces for symmetric-top molecules. Science Record（Eng.Ed.），New Ser.1（4）：43.

唐敖庆，江元生. 1958. 三向缩聚反应中的凝胶化问题. 科学记录，新辑 2（3）：100-105.

唐敖庆，孙家钟. 1958. 范德华引力问题（Ⅱ）——三分子间的范德华引力. 科学记录，新辑 2（5）：135.

Tang A C，Sun C C. 1958. The problem of van der Waal's forces (Ⅱ)—van der Waal's forces for a system of three molecules. Science Record（Eng.Ed.），New Ser. 2（5）：154.

唐敖庆. 1959. 辐射交链高分子化合物的分子量分布和溶解度. 吉林大学自然科学学报，（1）：107-108.

唐敖庆. 1959. 共缩聚反应的凝胶化理论. 科学记录，新辑 3（10）：387.

唐敖庆. 1959. 交链高分子化合物的分子量分布和物理性能（Ⅰ）——辐射交链高分子化合物的分子量分布和溶解度. 科学记录，新辑 3（8）：294.

唐敖庆，李耀先. 1959. 交链高分子化合物的分子量分布和物理性能（Ⅱ）——辐射交链高分子化合物的分子量分布和溶解度. 科学记录，新辑 3（9）：341.

唐敖庆，江元生. 1959. 交链高分子化合物的分子量分布和物理性能（Ⅲ）——高分子辐射交链的统计理论. 科学记录，新辑 3（11）：448.

唐敖庆，江元生，王霞瑜. 1959. 高分子辐射交链的研究. 吉林大学自然科学学报，

（2）：99-109.

唐敖庆，岳国粹. 1959. 聚酯反应动力学的研究. 高分子通讯，3（5）：195-209.

唐敖庆，岳国粹. 1959. 酯化反应的氢离子催化机构Ⅱ. 二元酸与二元醇的聚酯反应动力学. 化学学报，25（1）：10-17，30-31.

唐敖庆，岳国粹，丁开爽，郎佩珍，赵成大. 1959. 酯化反应的氢离子催化机构Ⅰ. 单元酸与单元醇的酯化反应动力学. 化学学报，25（1）：1-9，27-30.

唐敖庆，岳国粹，刘金波，许川壁. 1959. 二元酸与二元醇的聚酯反应动力学的研究（Ⅱ）——论反应速度常数与二元酸和二元醇的分子结构的关系. 科学记录，新辑3（1）：12.

唐敖庆，岳国粹，金春山，曲宝成，刘金香. 1959. 酯化反应的氢离子催化机构 Ⅲ. 二元酸与多元醇的三向聚酯反应动力学. 化学学报，25（1）：17-27，31-32.

唐敖庆，岳国粹，郑仁坤，金荣达. 1959. 酯化反应的氢离子催化机构Ⅳ. 癸二酸与正辛醇以及癸二酸与异辛醇的酯化反应动力学的研究. 科学记录，新辑 3（1）：1.

Tang A C. 1959. Theory of gelation of co-polycondensation reactions. Science Record（Eng. Ed.），New Ser. 3（10）：477.

Tang A C，Kiang Y S. 1959. Physical properties and molecular size distribution of cross-linked long-chain polymer (Ⅲ)—a statistical theory of irradiated cross-linked long-chain polymers. Science Record（Eng. Ed.），New Ser. 3（11）：557.

Tang A C，Li Y S. 1959. Physical properties and molecular size distribution of cross-linked long-chain polymers. Science Record（Eng. Ed.），New Ser.3（9）：419.

Tang A C，Yau K S. 1959. Mechanism of hydrogen ion catalysis in esterification (Ⅱ)—studies on the kinetics of polyesterification reactions between dibasic acids and glycols. Journal of Polymer Science，35（128）：219-233.

金春山，张金兰，岳国粹，唐敖庆. 1960. 酯化反应的氢离子催化机构Ⅶ. 多元酸与多元醇的三向聚酯反应动力学. 吉林大学自然科学学报，（1）：51-55.

岳国粹，刘学恕，孙玉金，唐敖庆. 1960. 酯化反应的氢离子催化机构Ⅵ. 1-羟基十五碳酸的聚酯反应动力学. 吉林大学自然科学学报，（1）：45-49.

宋名实，唐敖庆. 1961. 环氧树脂与有机胺反应动力学的研究//中国科学院高分子学术会议会刊. 北京：科学出版社：173-189.

唐敖庆.加聚反应动力学的统计理论. 1961//中国科学院高分子学术会议会刊. 北京：科学出版社：3-24.

唐敖庆，沈家骢. 1961. 活性高聚物的分子量分布与动力学问题//中国科学院高分子学术会议会刊. 北京：科学出版社：163-172.

钱保功，姜炳政，江元生，唐敖庆. 1962. 高聚体系固态反应Ⅱ. 一般的反应动力学//中国科学院高分子学术会议会刊. 北京：科学出版社：27-34.

唐敖庆. 1962. 高分子裂解反应的统计理论//中国科学院高分子学术会议会刊. 北京：科学出版社：1-14.

唐敖庆. 1962. 加聚反应动力学的统计理论Ⅰ. 分子量分布函数和宏观动力学方程.吉林大学自然科学学报，(2)：59-69.

唐敖庆，陈世元. 1962. 分子内旋转的阻碍势函数. 物理学报，18（3）：143-158.

Tang A C. 1962. Statistical theory of chemical kinetics of addition polymerization. Scientia Sinica，11（5）：605-628.

Tang A C，Chen S Y. 1962. Potential functions of restricted internal rotation in molecules. Scientia Sinica，11（11）：1491-1512.

唐敖庆，卢嘉锡，唐有祺. 1963. 物质结构//中国科学院编译出版委员会. 十年来的中国科学——化学（1949—1959）. 北京：科学出版社：75-179.

唐敖庆，江元生，王铭钧. 1963. 高分子凝胶化理论. 高分子通讯，5（1）：35-47.

Tang A C，Kiang Y S. 1963. On the problem of the sol-gel distribution of the cross-linked long-chain polymers. Scientia Sinica，12（7）：997-1010.

唐敖庆，江元生. 1964. 交联高分子的溶胶凝胶分配问题. 高分子通讯，6（1）：13-24.

物质结构学术讨论班（唐敖庆，孙家钟，江元生，邓从豪，刘若庄，张乾二，鄢国森，古正，戴树珊等）. 1964. 配位势场理论的研究Ⅰ. 正八面体场中 d^n 组态的理论分析. 吉林大学自然科学学报，(3)：79-127.

物质结构学术讨论班（唐敖庆，孙家钟，江元生，邓从豪，刘若庄，张乾二，鄢国森，古正，戴树珊等）. 1965. 配位势场理论的研究Ⅱ. 强场与弱场波函数的变换关系及其应用. 吉林大学自然科学学报，(1)：59-79.

物质结构学术讨论班（唐敖庆，孙家钟，江元生，邓从豪，刘若庄，张乾二，鄢国森，古正，戴树珊等）. 1965. 配位势场理论的研究Ⅲ. d^4，d^6 组态正八面体络合物能谱全分析. 吉林大学自然科学学报，(4)：71-82.

物质结构学术讨论班（唐敖庆，孙家钟，江元生，邓从豪，刘若庄，张乾二，鄢国森，古正，戴树珊等）. 1966. 配位势场理论的研究Ⅲ. d^4，d^6 组态正八面体络合物能谱全分析. 高等学校自然科学学报（化学化工版），(1)：45.

物质结构学术讨论班（唐敖庆，孙家钟，江元生，邓从豪，刘若庄，张乾二，鄢国森，古正，戴树珊等）. 1966. 配位势场理论的研究. 北京科学讨论会 1966 年暑期物理讨论会论文.

Chien P K，Tang A C. 1966. The solid state reaction in high polymeric systems (Ⅰ)—a geometric kinetic model and its statistical treatment. Scientia Sinica，15（2）：178.

Research Group on Structure of Matter（Tang Auchin，Sun Chiachung，Kiang Yuansun，Deng Zunghau，Liu Jozhuang，Chang Chianer，Yan Guosun，Goo Zien，Tai Shushan et al.）. 1966. Studies on the ligand field theory Ⅰ. An improved weak field scheme. Scientia Sinica，15（4）：610-644.

吉林大学化学系固氮小组（唐敖庆，江元生等）. 1973. 分子氮络合物的化学键理论. 吉林大学自然科学学报，（1）：77-91.

吉林大学化学系固氮小组（唐敖庆，江元生，等）. 1974. 分子氮络合物的化学键理论. 中国科学，4（1）：28-39.

Nitrogen Fixation Group of Chemistry Department，Jilin University（Tang Auchin，Kiang Yuansun et al.）. 1974. On the theory of chemical bond in dinitrogen complexes. Scientia Sinica，17（2）：193-208.

吉林大学化学系量子化学组（唐敖庆，孙家钟，江元生，邓从豪，刘若庄，鄢国森，古正，张乾二，戴树珊等）. 1975. 配位势场理论的研究Ⅰ. 吉林大学自然科学学报，（3）：57-69.

吉林大学化学系量子化学组（唐敖庆，孙家钟，江元生，邓从豪，刘若庄，鄢国森，古正，张乾二，戴树珊等）.1975. 配位势场理论的研究Ⅰ（续）. 吉林大学自然科学学报，1975（4）：73-87.

唐敖庆. 1975. 分子轨道对称守恒原理的新发展——兼评国际上三个学派的理论. 吉林大学自然科学学报，（Z1）：58-74.

唐敖庆. 1975. 分子轨道对称守恒原理的新发展——兼评国际上三个学派的理论. 中国科学，5（2）：213-228.

Tang A C. 1975. A new development of the conservation of molecular orbital symmetry—with a review of the theories of its three current schools. Scientia Sinica，18（3）：342-365.

唐敖庆，江元生. 1976. 分子轨道的图形理论. 中国科学，6（1）：49-64.

Tang A C，Kiang Y S. 1976. Graph theory of molecular orbitals. Scientia Sinica，19（2）：207-226.

陈欣方，刘克静，唐敖庆. 1977. 聚乙烯的辐射交联. 吉林大学自然科学学报，（4）：39-55，61.

吉林大学化学系量子化学组（唐敖庆，江元生等）. 1977. 分子轨道的图形理论. 吉林大学自然科学学报，（1）：45-64.

吉林大学化学系量子化学组（唐敖庆，江元生等）. 1977. 分子轨道的图形理论. 化学通报，(1)：29-38.

吉林大学化学系量子化学组（唐敖庆，江元生等）. 1977. 分子轨道对称守恒原理的新发展. 化学通报，(4)：232-241.

吉林大学化学系量子化学组（唐敖庆，江元生执笔）. 1977. 分子轨道对称守恒原理的新发展——4n+2 和 4n 规则的一般证明. 吉林大学自然科学学报，(3)：49-59.

唐敖庆，江元生. 1977. 本征值问题的图形理论. 科学通报，22（11）：494-497.

唐敖庆，江元生. 1977. 分子轨道的图形理论——分子轨道的对称性和系数问题. 中国科学，7（3）：218-231.

王逢利，马荣堂，汤心颐，唐敖庆. 1977. 化学交联中的溶胶凝胶分配问题Ⅰ. A_a-B_b 型缩聚反应. 吉林大学自然科学学报，(4)：32-38.

Tang A C，Kiang Y S. 1977. Graph theory of molecular orbitals Ⅱ. Symmetrical analysis and calculation of MO coefficients. Scientia Sinica，20（5）：595-612.

唐敖庆，江元生. 1978. 本征值问题的图形理论. 吉林大学自然科学学报，(2)：43-50.

唐敖庆，江元生. 1978. 量子化学的现状和展望. 化学通报，(1)：9-10.

王霞瑜，唐敖庆. 1978. 共聚反应的统计分析. 吉林大学自然科学学报，(3)：44-52.

吴忠文，沈家骢，唐敖庆. 1978. 苯乙烯阴离子聚合反应动力学与分子量分布. 吉林大学自然科学学报，(3)：32-43.

唐敖庆，孙家钟. 1979. 关于分子轨道对称性守恒原理. 科学通报，24（16）：736-741.

唐敖庆，杨忠志. 1979. X_α 方法及其应用. 吉林大学自然科学学报，(1)：109-126.

Tang A C，Tang X Y，Li Y W，Zhao D H，Qian B G. 1979. The curing theory of A_a-B_b，C_c type copolycondensation//Proceedings of China-US Bilateral Symposium on Polymer Chemistry and Physics. Beijing：Science Press，1981：335.

陈欣方，唐敖庆. 1980. 交联长链高分子交联结构的表征与评价. 吉林大学自然科学学报，(2)：73-85.

唐敖庆，汤心颐，李玉玮，赵东辉，钱保功. 1980. A_a-B_b，C_c 共缩聚型固化理论.高等学校化学学报，1（1)：91-96.

颜德岳，沈家骢，唐敖庆. 1980. 烯类高聚物的构型序列分布. 高等学校化学学报，1（2)：86-98.

颜德岳，吴邦瑗，裘祖文，唐敖庆. 1980. 甲基丙烯酸甲酯的阴离子型聚合反应（Ⅰ）产物的核磁共振波谱. 同济大学学报，(4)：34-43.

Tang A C，Chao C Y，Sun C C. 1980. V-coupling coefficients from SO(3)to the octahedral group. International Journal of Quantum Chemistry，18（2）：557-573.

Tang A C，Sun C C. 1980. Conservation of intrinsic dual and single symmetries of molecular orbitals. International Journal of Quantum Chemistry，18（1）：57-63.

Tang A C，Sun C C，Li B F. 1980. Application of lie algebra to ligand field theory. International Journal of Quantum Chemistry，18（2）：545-555.

Tang A C，Sun C C，Li B F. 1980. Lie-algebra and molecular shell model Ⅰ. International Journal of Quantum Chemistry，18（S14）：521-540.

陈欣方，唐敖庆. 1981. 星型聚合物结构的统计分析——不等反应活性效应和星型嵌段.科学通报，26（17）：1088.

陈欣方，唐敖庆，颜德岳. 1981. 星型聚合物结构的统计分析. 中国科学，11（6）：687-696.

冯星洪，杨忠志，唐敖庆. 1981. 具有重复单元的共轭分子的能谱问题. 科学通报，26（24）：1495-1500.

唐敖庆. 1981. 量子化学的新进展//中国化学会 1978 年年会学术报告集. 北京：科学出版社：61-78.

唐敖庆，杨忠志，江元生. 1981. 具有重复单元的共轭分子的能谱问题. 化学学报，39（2）：97-111.

杨忠志，王志忠，唐敖庆. 1981. 红宝石能谱的全分析. 高等学校化学学报，2（3）：358-364.

杨忠志，朱玉奎，江元生，唐敖庆. 1981. 共轭高分子化学热稳定性的量子理论. 科学通报，26（15）：916-920.

颜德岳，沈家骢，唐敖庆. 1981. 关于烯类聚合物中构型序列形成过程的判别. 科学通报，26（16）：979-981.

Chen X F，Tang A C，Yan D Y. 1981. Statistical analysis for star-shaped polymers. Scientia Sinica，24（10）：1379-1390.

Sun C C，Li B F，Tang A C. 1981. Lie algebra and molecular shell model Ⅱ. International Journal of Quantum Chemistry，20（S15）：305-320.

陈欣方，唐敖庆. 1982. 数学期望与高聚物的重均分子量. 吉林大学自然科学学报，（2）：127-137.

冯星洪，唐敖庆. 1982. *f* 夹心化合物的配位场理论. 化学学报，40（6）：499-514.

唐敖庆. 1982. 量子化学的现状和展望. 化学通报，1982（9）：30-31.

唐敖庆，李前树. 1982. 具有重复单元的共轭分子的量子化学计算及其应用. 高等学校化学学报，3（专刊）：125-135.

唐敖庆，汤心颐，栗宜明. 1982. 化学交联中的溶胶凝胶分配问题（Ⅱ）——A_a-B_b(B')$_b$型缩聚反应. 吉林大学自然科学学报，(4)：97-106.

唐敖庆，杨忠志，冯星洪. 1982. 五元环和六元环夹心化合物的电子构型. 科学通报，27（2）：83-86.

王晓川，唐敖庆. 1982. 约化哈密顿轨道方法的原理、数学模型及其应用. 中南民族学院学报，1（1）：1-17.

Feng X H，Yang Z Z，Tang A C. 1982. Problem on spectra of conjugate molecules having repeated units. Science Bulletin，27（7）：735-742.

Yan D Y，Shen C C，Tang A U. 1982. On the characterization of Bernoullian process forming configurational sequence in vinyl polymerization. Science Bulletin，27（2）：168-171.

唐敖庆，李前树. 1983. 金属原子簇化合物结构规律的探讨. 科学通报，28（1）：25-27.

王志中，丁德增，唐敖庆. 1983. 过渡金属化合物的 CNDO 计算（Ⅱ）——α-Fe 吸附分子氮的活性中心模型. 高等学校化学学报，4（2）：223-229.

吴国是，廖沐真，刘洪霖，王晓川，唐敖庆. 1983. 分子体系的约化哈密顿轨道（RHO）法通用计算机程序 MQJRHO. 清华大学学报（自然科学版本），23（2）：1-10.

徐吉庆，徐丽娟，刘喜生，张致贵，牛淑云，李淑琴，樊玉国，王凤山，吕品喆，唐敖庆. 1983. 固氮酶活性中心的化学模拟——Mo-Fe-S 原子簇化合物的合成、结构和性质研究. 分子科学学报，(4)：1-12.

Hong G，Tang A C. 1983. Approach to N representability. International Journal of Quantum Chemistry，23（2）：399-404.

Tang A C，Guo H. 1983. Characteristic operators and unitarily invariant decomposition of hermitian operators. International Journal of Quantum Chemistry，23（1）：217-226.

Tang A C，Li Q S.1983.Quantum chemistry calculations of conjugated molecules containing repeated units and their applications. International Journal of Molecular Sciences（Eng. Ed.），(1)：15.

Xu J Q，Xu L J，Liu X S，Zhang Z G，Niu S Y，Li S Q，Fan Y G，Wang F S，Lu P Z，Tang A C. 1983. Modeling the active center of nitrogenase chemically—investigation on syntheses，structures and properties of the Mo-Fe-S Clusters. International Journal of Molecular Sciences，1（2）：13.

Yang Z Z，Zhu Y K，Jiang Y S，Tang A Q. 1983. Quantum theory on chemical thermal stability of conjugated polymers. Science Bulletin，28（Special Issue）：130.

陈欣方，唐敖庆. 1984. 用母函数法推导接枝聚合物的分子参数. 科学通报，29（2）：94-97.

丁德增，张明瑜，于微舟，江元生，唐敖庆. 1984. 四面体烷、四甲基四面体烷和四特丁基四面体烷电离能与光子能谱的 X_α 研究. 分子科学与化学研究，（2）：155-160.

郭纯孝，王志中，唐敖庆. 1984. 固氮酶 Fe-Mo 辅基模拟物含氧 Fe-Mo-S 原子簇的电子结构的研究. 科学通报，29（8）：470-472.

李学奎，孙家钟，唐敖庆. 1984. 玻色子厄米算符的酉分解. 科学通报，29（16）：987-989.

唐敖庆. 1984. 具有重复单元的共轭分子的量子化学计算及其应用（上）. 有机化学，4（1）：45-55，32.

唐敖庆. 1984. 具有重复单元的共轭分子的量子化学计算及其应用（下）. 有机化学，4（2）：129-134.

唐敖庆. 1984. 原子簇化合物结构规则. 有机化学，4（3）：227-238.

唐敖庆. 1984. 量子化学现状和展望（上）. 有机化学，4（6）：460-468.

唐敖庆，李前树. 1984. 硼烷与杂硼烷的结构规则. 化学通报，1984（4）：12-19.

唐敖庆，李前树，郭纯孝. 1984. 多面体碳烷的结构规则. 科学通报，29（17）：1052-1055.

唐敖庆，李前树，吾榕之. 1984. 硼烷的结构规则.化学学报，42（5）：427-433.

王志中，沈尔忠，樊玉国，唐敖庆. 1984. 硼烷电子结构的量子化学计算（Ⅰ）——B_5H_9、$B_6H_6^{2-}$、B_6H_{10} 和 B_4H_{10} 及其骨架的电子结构. 吉林大学自然科学学报，（2）：115-124.

王志中，沈尔忠，唐敖庆. 1984. 硼烷电子结构的量子化学计算（Ⅱ）——骨架 B_n 及 $B_nH_n^{2-}$ 电子结构的 CNDO 计算. 吉林大学自然科学学报，（3）：100-106.

杨梅林，沈家骢，唐敖庆. 1984. 二元共聚物的分子量与链段分布（Ⅰ）——活性共聚体系.高等学校化学学报，5（3）：427-431.

张明瑜，于微舟，江元生，唐敖庆. 1984. BH_4^-，CH_4，NH_4^+，AlH_4^-，SiH_4，PH_4^+，GeH_4 的 SCF-X_α 计算方法研究. 中国科学（B 辑），14（3）：202-208.

郑元庆，唐敖庆. 1984. 过渡金属络合物催化活性顺序的量子化学研究Ⅰ. 对烯烃的活化. 结构化学，3（3）：181-191.

Chen X F，Tang A C. 1984. Statistical theory for grafting reaction of polymers. Science

Bulletin，29（6）：768-772.

Ding D Z，Zhang M Y，Yu W Z，Kiang Y S，Tang A C. 1984. The ionization energies and photoelectron spectra of tetrahedrane，tetramethly-tetrahedrane and tetra-tert-butyl tetrahedrane as studied by the SCF-X_α method. International Journal of Molecular Sciences（Eng. Ed.），2（1）：1.

Jiang Y S，Tang A Q，Roald H. 1984. Evaluation of moments and their application in Hückel molecular orbital theory. Theoretica Chimica Acta（Berl.），66：183-192.

Sun C C，Li X K，Tang A C. 1984. Lie algebra and unitarily invariant decomposition of hermitian operators. International Journal of Quantum Chemistry，25（4）：653-666.

Sun C C，Li X K，Tang A C. 1984. On the unitarily invariant decomposition of hermitian operators. International Journal of Quantum Chemistry，25（6）：1045-1054.

Wang G S，Yan D Y，Tang A C. 1984. Regulation and control of equilibrium polymerization. Science Bulletin，29（5）：621-627.

Zhang M Y，Yu W Z，Jiang Y S，Tang A C. 1984. An SCF-XαSW study of BH_4^-，CH_4，NH_4^+，AlH_4^-，SiH_4，PH_4^+ and GeH_4. Scientia Sinica（Ser.B），27（8）：769-777.

陈欣方，唐敖庆，张以群，张自成. 1985. 聚合物的强化辐射交联（Ⅰ）——理论. 辐射研究与辐射工艺学报，3（3）：1-7.

郭跃进，唐敖庆. 1985. 荷电铂活化 CO 的原子簇研究. 科学通报，30（9）：670-672.

唐敖庆. 1985. 量子化学现状和展望（下）. 有机化学，5（2）：156-162.

唐敖庆，李前树. 1985. 钼铁硫原子簇化合物的结构和磁性. 高等学校化学学报，6（2）：161-162.

王泽新，唐敖庆. 1985. 稀土化合物配位场理论的研究——SO（3）-D_n群的变换.高等学校化学学报，6（6）：527-533.

吴天雄，江元生，唐敖庆. 1985. 考虑次相邻作用的 Hückel 矩阵本征值问题. 物理化学学报，1（6）：556-565.

杨忠志，叶元杰，唐敖庆. 1985. 直链共轭高分子的分子轨道理论（Ⅰ）——应用局部对称性使本征方程分解的两大类型. 高等学校化学学报，6（7）：647-648.

Chen X F，Tang A C.1985. Enhanced radiation crosslinking of polymers(Ⅰ)—theory. Proceedings of the 2nd Japan-China Bilateral Symposium on Radiation Chemistry，Osaka，1985：527.

Guo C X，Li Q S，Tang A C. 1985. A Study on electronic structure of polyhedron carbone. International Journal of Molecular Sciences（Eng. Ed.），3（1）：67.

Jiang Y S，Tang A C，Roald H，Huang J L，Lu J X. 1985. Trinuclear clusters of early transition metals：Jahn-Teller distortions and electronic structure. Organometallics，4（1）：27-34.

Tang A C，Sun J Z，Li Q S. 1985. On the quantum chemistry calculation of conjugated molecules with repeated units//Tang Y Q. Advances in Science of China Chemistry. Beijing：Science Press：209.

Tang A C，Sun C C，Li B F. 1985. Theoretical method of ligand field theory and its application//Xu G X，Xiao J M. New Frontiers in Rare Earth Science and Applications. London：Academic Press：241-249.

陈欣方，唐敖庆，关士林. 1986. 星形聚合物结构的统计分析——不等反应活性和取代效应. 中国科学（B 辑），16（1）：9-19.

李志儒，李前树，唐敖庆. 1986. 过渡金属杂硼烷结构规则的量子化学的计算. 高等学校化学学报，7（12）：1122-1126.

任彤，张明瑜，于微舟，江元生，唐敖庆. 1986. 硼烷结构规则的 X_a 方法研究. 化学学报，44（12）：1211-1216.

唐敖庆，李前树，孙家钟. 1986. 钼铁硫原子簇化合物的结构规则. 化学学报，（12）：1217-1223.

唐敖庆，李前树，王宗睦. 1986. 以多环烃为重复单元的环多共轭烃的稳定性. 科学通报，31（10）：740-743.

唐敖庆，杨忠志. 1986. 分子轨道理论. 物理，15（4）：240-247.

杨忠志，叶元杰，唐敖庆. 1986. 直链共轭高分子的分子轨道理论（Ⅱ）——共轭体系的同系线性规律. 高等学校化学学报，7（6）：535-542.

杨忠志，叶元杰，唐敖庆. 1986. 直链共轭高分子的分子轨道理论——Ⅰ. 应用局部对称性使本征方程分解的两大类型. 中国科学（B 辑），16（8）：785-794.

叶元杰，杨忠志，唐敖庆. 1986. 单元轨道线性组合近似理论——理论和数值计算方法. 科学通报，31（1）：24-27.

Kiang Y S，Tang A C. 1986. A graphical evaluation of characteristic polynomials of Hückel trees. International Journal of Quantum Chemistry，29（2）：229-240.

Li Q S，Yu H T，Tang A C. 1986. Electronic structure of multi-decker transition metal sandwich complexes. Theoretica Chimica Acta，70（5）：379-389.

Tang A C，Li Q S. 1986. A structural rule of polyhedral boranes and heteroboranes. International Journal of Quantum Chemistry，29（4）：579-587.

Ye Y J，Yang Z Z，Tang A C. 1986. Linear combination of unit orbital approximation—theory and numerical calculation method. Science Bulletin，（20）：1390-1394.

陈欣方，吴永康，张春山，唐敖庆. 1987. 二元多嵌段共聚物分子链结构的表征. 科学通报，32（3）：184-187.

程寒松，唐敖庆. 1987. CH_2=N=N→N=N（CH_2）反应的过渡态及其反应途径的理论研究. 中国科学（B 辑），17（7）：677-684.

李泽生，汤心颐，孙家钟，唐敖庆. 1987. 高分子固化理论中的几个问题——A_a交联反应. 高等学校化学学报，8（8）：746-751.

唐敖庆，李前树. 1987. 原子簇化合物的结构规则. 金属有机化学进展，122.

徐文国，李前树，唐敖庆. 1987. 共用铍原子稠合杂硼烷结构规则的探讨. 吉林大学自然科学学报，（2）：73-78.

杨忠志，叶元杰，唐敖庆. 1987. 直链共轭高分子的分子轨道理论（Ⅲ）——二维共轭体系本征方程的分解问题. 中国科学（B 辑），17（9）：927-932.

Tang A C，Li Q S，Sun C C. 1987. The structural rule of Mo-Fe-S cluster compounds. Chinese Journal of Chemistry，5（1）：48-55.

Tang A C，Li Q S，Wang Z M. 1987. Stability of cyclic polymeric conjugated hydrocarbons with polycyclic hydrocarbon as a repeating unit. Science Bulletin，（2）：97-102.

Yang Z Z，Ye Y J，Tang A C. 1987. Molecular orbital theory on Chain conjugate polymers. Two types of factorized eigenequation using local symmetry for chain conjugate polymers. Scientia Sinica（Ser. B），30（3）：234-245.

唐敖庆，李前树. 1988. 过渡金属羰基化合物的结构规则. 中国科学（B 辑），18（1）：1-7.

李加波，杨忠志，唐敖庆. 1988. 共轭高分子体系的分子轨道理论（Ⅴ）——二维重复单胞体系本征方程的因子分解方法. 吉林大学自然科学学报，（4）：38.

李前树，唐敖庆. 1988. 四层过渡金属夹心化合物的电子构型. 化学学报，46（10）：978-983.

杨玉良，于同隐，唐敖庆. 1988. AB 分批投入的 AB，B 型缩聚产物的分子量分布. 中国科学（B 辑），18（4）：371-377.

叶元杰，于恒泰，唐敖庆. 1988. 单元轨道线性组合近似理论（Ⅱ）——非周期性边界条件下聚合物的量子化学计算方法. 中国科学（B 辑），18（7）：691-699.

Cheng H S，Tang A C. 1988. The theoretical study of the transition state of the reaction CH_2=N=N→N=N(CH_2) and its reaction path. Scientia Sinica（Ser. B），31（4）：385-392.

Chen X F，Wu Y K，Zhang C S，Tang A C. 1988. Chain structure characterization of $(A\text{-}B)_n$ multiblock copolymers. Science Bulletin，（12）：984-987.

Li B F，Liu H X，Bai Y B，Sun C C，Tang A C. 1988. Irreducible tensor method and its application. Pure and Applied Chemistry，60（8）：1163-1166.

Tang A C，Li Z S，Sun C C，Tang X Y. 1988. Curing theory and scaling study：crosslinking reaction of A_a type. Journal of Macromolecular Sciences：Chemistry，25（1）：41-54.

Tang A C，Li Z S，Sun C C，Tang X Y. 1988. On the curing theory and scaling study—polycondensation reaction of A_a-B_b type. Chemistry Journal of Chinese Universities（Eng. Ed. ），4（3）：70-79.

Tang A C，Li Z S，Sun C C，Tang X Y. 1988. On the curing theory and scaling study of the polycondensation reaction of $A_{a_1}\ldots A_{a_s}$-$B_{b_1}\ldots B_{b_t}$ type. Macromolecules，21（3）：797-804.

Tang A Q，Li Q S. 1988. Structural rules of transition-metal carbonyl compounds. Scientia Sinica（Ser. B），31（8）：918-925.

Xie D Q，Tang A C. 1988. A theoretical study of barriers for the reaction O（$^1D_2$）+ H_2→OH（$^2\Pi$）+H. Chemical Physics Letters，146（1-2）：151-154.

Yang Z Z，Ye Y J，Tang A Q. 1988. Molecular orbital theory on chain conjugate polymers (Ⅲ)—the factorization of eigenequation of two-dimensional conjugated systems. Scientia Sinica（Ser. B），31（5）：523-530.

Zhang C S，Chen X F，Tang A C，Li B Y. 1988. Radiation curing of polysulfone-polysiloxane multiblock copolymers. Proceedings of Conference on Radiation Curing ASIA，Tokyo：420-425.

方建云，唐敖庆. 1989. 量子混沌. 化学通报，（12）：9-13.

李加波，杨忠志，叶元杰，唐敖庆. 1989. 直链共轭高分子体系的分子轨道理论（Ⅳ）——一维重复单元体系本征方程单频约化条件的边界点. 高等学校化学学报，10（6）：642-643.

李加波，杨忠志，叶元杰，唐敖庆. 1989. 直链共轭高分子体系的分子轨道理论（Ⅳ）——一维重复单胞体系本征方程单频约化条件. 中国科学（B 辑），19（7）：692-698.

李加波，叶元杰，唐敖庆. 1989. 超大单胞体系电子结构计算的负因子计数方法——定理及数值方法. 科学通报，34（12）：907-910.

李前树，唐敖庆. 1989. 过渡金属夹心化合物的电子结构规则. 中国科学（B 辑），19（1）：1-7.

李前树，唐敖庆. 1989. 硼烷结构规则的量子化学计算. 高等学校化学学报，10

（2）：176-181.

李民，张春山，陈欣方，唐敖庆. 1989. 三元多嵌段共聚物分子链结构的统计表征. 高等学校化学学报，10（10）：1036-1041.

孙家钟，李泽生，汤心颐，唐敖庆. 1989. A_a-B_b，C_c，D_d缩聚反应的固化理论. 高等学校化学学报，10（11）：1124-1128.

唐敖庆. 1989. 高分子固化理论和标度研究//高分子学术论文报告会预印集（第一册）. 成都：中国化学会高分子委员会：26-29.

唐敖庆，李前树. 1989. 多面体原子簇化合物的结构规则. 结构化学，8（5）：340-348.

唐敖庆，李泽生，孙家钟，汤心颐. 1989. 一般的 A_aB_b 缩聚反应的固化理论——Ⅰ. 溶胶分散和凝胶化条件. 中国科学（B 辑），19（5）：449-452.

唐敖庆，李泽生，孙家钟，汤心颐. 1989. 一般的 A_aB_b 缩聚反应的固化理论——Ⅱ. 高分子矩问题. 中国科学（B 辑），19（5）：453-459.

唐敖庆，李泽生，孙家钟，汤心颐. 1989. 一般的 A_aB_b 缩聚反应的固化理论——Ⅲ. 标度研究. 中国科学（B 辑），19（5）：460-466.

唐敖庆，江元生. 1989. 分子轨道图形理论方法及应用. 物理，18（8）：475-476.

Li J B，Ye Y J，Tang A C. 1989. The negative factor counting method for super lattice systems：theorem and numerical method. Science Bulletin，（22）：1882-1886.

Li Q S，Tang A C. 1989. Electronic configuration of transition metal sandwich complexes. Science in China（Ser. B），32（8）：897-906.

Tang A C，Li Z S，Sun C C，Tang X Y. 1989. Crosslinking reaction of A_a type involving intramolecular cyclization. Journal of Macromolecular Science-Chemistry，26（4）：693-714.

Tang A C，Li Z S，Sun C C，Tang X Y. 1989. Polycondensation reaction of R_{A_a}+R_{B_b} type involving intramolecular cyclization. Macromolecules，22（8）：3424-3428.

Tang A C，Li Z S，Sun C C，Tang X Y. 1989. On the polycondensation reaction with monomer of A_aB_b Type (Ⅰ)—Sol fraction and gelation condition. Science in China（Ser. B），32（9）：1044-1047.

Tang A C，Li Z S，Sun C C，Tang X Y. 1989. On the polycondensation reaction with monomer of A_aB_b type (Ⅱ)—The polymer moments. Science in China（Ser. B），32（9）：1048-1054.

Tang A C，Li Z S，Sun C C，Tang X Y. 1989. On the polycondensation reaction with monomer of A_aB_b Type (Ⅲ)—the scaling study. Science in China（Ser. B），32（9）：

1055-1062.

Ye Y J，Yu H T，Tang A C. 1989. Linear combination of unit orbital approximation（Ⅱ）— a quantum chemistry method for the polymers with non-periodic boundary conditions. Scientia Sinica（Ser. B），32（3）：257-267.

陈欣方，唐敖庆. 1990. 高分子反应的母函数方法//高等学校化学学报编辑部. 庆祝唐敖庆教授执教 50 年学术论文专集. 长春：吉林大学出版社：240-244.

李加波，唐敖庆. 1990. 磁性高分子的非限制性从头算晶体轨道法研究. 科学通报，35（1）：42-45.

李加波，杨忠志，唐敖庆. 1990. 共轭高分子体系的分子轨道理论Ⅴ. 二维重复单胞体系本征方程的因子分解方法. 化学学报，48（11）：1057-1063.

李泽生，巴信武，孙家钟，唐敖庆. 1990. $A_{a1}A_{a2}$-$B_{b1}B_{b2}$ 缩聚反应的固化理论. 高等学校化学学报，11（12）：1427-1430.

谢代前，唐敖庆. 1990. 求解非弹性散射中耦合孔道方程组的一种混合方法. 高等学校化学学报，11（12）：1415-1418.

张韫宏，刘举正，于恒泰，王志忠，唐敖庆. 1990. 开环夹心化合物Ⅸ. STO-3G 从头计算法研究戊二烯负离子及其甲基取代衍生物的构象. 化学学报，48（9）：835-840.

Li J B，Yang Z Z，Ye Y J，Tang A C. 1990. Molecular orbital theory on chain conjugate polymers（Ⅳ）—the condition of single frequency reduction of eigenequation of one-dimensional systems formed by repeated units. Science in China（Ser. B），33（1）：9-17.

Li Q S，Xu W G，Tang A C. 1990. Electronic configuration of double-decker transition metal sandwich complexes. Journal of Molecular Science，6（1）：1.

Li Z S，Sun J Z，Ba X W，Tang A Q. 1990. Polymer radii and moments in the polycondensation reaction of A_a type. Chemistry Journal of Chinese Universities（Ser. B），6（4）：370-372.

方建云，唐敖庆. 1991. 基元反应势能剖面的拓扑性质研究. 中国科学（B 辑），21（10）：1009-1016.

李加波，杨忠志，唐敖庆. 1991. 重复单胞体系的边界效应及尺寸效应. 高等学校化学学报，12（10）：1369-1372.

李前树，唐敖庆. 1991. 碳硼烷结构规则的量子化学计算. 高等学校化学学报，12（1）：69-71.

李泽生，巴信武，孙家钟，汤心颐，唐敖庆. 1991. 含内环化的 A_a-B_b 型缩聚反应的理论分析. 中国科学（B 辑），21（2）：118-122.

李泽生，巴信武，孙家钟，汤心颐，唐敖庆. 1991. 己二酸–三羟甲基丙烷缩聚反应的理论分析. 高等学校化学学报，12（1）：124-126.

唐敖庆，李前树. 1991. 原子簇化合物的结构规则与化学键性质. 中国科学（B 辑），21（7）：673-679.

王一飞，梁映秋，唐敖庆. 1991. XH 伸缩泛频与其键长、键角的关系. 中国科学（B 辑），21（3）：225-232.

谢代前，卞新峰，唐敖庆. 1991. He-N_2 转动非弹性碰撞的理论研究. 高等学校化学学报，12（1）：98-100.

杨玉良，陆建明，骆德苹，孙猛，唐敖庆. 1991. AB 分批投入的 A_r，AB 型缩聚产物的分子量分布. 中国科学（B 辑），21（1）：10-17.

叶元杰，唐敖庆. 1991. 单元轨道线性组合近似理论——端基官能团对聚乙炔体系电子结构的影响. 高等学校化学学报，12（5）：640-643.

Li S，Li Q S，Tang A C. 1991. Quantum chemistry studies on structure and chemical bonding for monomeric and dimeric hexacoordinated species $TiCl_6^{2-}$. Journal of Molecular Science，7（1）：26.

Li Z S，Ba X W，Sun C C，Tang A C. 1991. Polymer radii and moments in the polycondensation reaction of A_a-B_b type. Science Bulletin，（22）：1882-1884.

Li Z S，Ba X W，Sun C C，Tang X Y，Tang A C. 1991. A_a-B_b-Type stockmayer distribution and scaling study. Macromolecules，24（2）：3696-3699.

Li Z S，Tang X Y，Sun C C，Tang A C. 1991. On the polycondensation reaction of A_a-B_bC_c Type. Chinese Journal of Polymer Science，9（2）：160.

Tang A C，Li Z S，Sun C C，Tang X Y. 1991. On the polycondensation reaction of A_a-B_bC_c type. Chinese Journal of Polymer Bulletin，25（2）：225-229.

Sun C C，Li Z S，Ba X W，Tang A C. 1991. Flory-Stockmayer distribution and scaling study. Macromolecule Reports，A28（Suppl. 2）：137-141.

曹泽星，梁国明，田安民，鄢国森，唐敖庆，李前树. 1992. 线性碳元素簇化合物 C_n^e（n<15，|e<2）的结构及其稳定性. 化学物理学报，5（6）：491-498.

陈光巨，傅孝愿，唐敖庆. 1992. 硫杂环丁烷热解机理的理论研究. 高等学校化学学报，13（4）：513-516.

李前树，李松，唐敖庆. 1992. 双核 V 配合物中金属–金属键的 INDO 定域化方法研究. 化学学报，50（9）：863-867.

李前树，唐敖庆. 1992. 确定硼烷和杂硼烷价成键轨道对称性的拓扑方法. 化学学报，50（2）：105-110.

唐敖庆，李前树. 1992. 硼原子簇和碳原子簇. 中国科学（B 辑），22（1）：14-19.

唐敖庆，李松，李前树. 1992. 三核线性 Mo-Fe-S 原子簇化合物的定域分子轨道. 吉林大学自然科学学报，1992 化学特刊：200.

王一飞，俞柏恒，梁映秋，唐敖庆. 1992. CH_2Br_2 分子中 Fermi 共振的研究. 化学学报，50（11）：1056-1062.

周志平，颜德岳，唐敖庆. 1992. 关于聚乙烯分子链均方回转半径的进一步讨论. 化学学报，50（4）：313-319.

Li Q S，Li S，Tang A C. 1992. Localized studies on electronic structure and chemical bond for $[NCCuS_2MoS_2]^{2-}$ cluster. Chinese Chemical Letters，3（7）：561-562.

Li Z S，Ba X W，Huang X R，Sun C C，Pan S F，Tang A C. 1992. On the relation between polymer radii and moments for the A_aB_b type of polycondensation reactions. International Journal of Molecular Sciences，8（1）：67.

Li Z S，Ba X W，Sun C C，Tang A C. 1992. The *k*th radius of gyration for a polycondensation reaction with identical structural units A_aB_b. Macromolecular Theory and Simulations，1（2）：91-97.

Tang A C，Li Z S，Sun C C. 1992. On the intramolecular cyclization of A_a type crosslinking reaction. Macromolecular Reports，A29（Suppl. 3）：277-282.

Tang A Q，Xu J Q. 1992. A chemical bond theory of transition-metal-dinitrogen complexes. In：Hong G F. The Nitrogen Fixation and Its Research in China. Berlin：Springer-verlag：31-62.

Xu J Q，Zhang Z G，Niu S Y，Tang A Q. 1992. Study on the chemistry of molybdenum-iron-sulfur and iron-sulfur clusters. In：The Nitrogen Fixation and Its Research in China. Hong G F（ed.）. Berlin：Springer-verlag：63-86.

安永林，李守贵，徐如人，唐敖庆. 1993. 研究硅酸聚合反应的新途径. 高等学校化学学报，14（11）：1498-1501.

巴信武，李泽生，潘守甫，孙家钟，唐敖庆. 1993. $A_{a1}B_{b1}$-$A_{a2}B_{b2}$ 型缩聚反应的分布函数和高分子矩. 中国科学（B 辑），23（4）：337-341.

巴信武，李泽生，唐敖庆. 1993. $A_{a1}B_{b1}$-$A_{a2}B_{b2}$ 缩聚反应相转变的标度研究. 科学通报，38（24）：2243-2245.

曹泽星，梁国明，田安民，鄢国森，唐敖庆，李前树. 1993. 线性碳元素簇合物的成键性质. 物理化学学报，9（6）：770-775.

李泽生，肖兴才，孙家钟，唐敖庆. 1993. 高分子固化分布函数的内禀对称性. 中国科学（B辑），23（9）：897-904.

唐敖庆，李前树. 1993. 碳和硼的笼状原子簇及其关系. 高等学校化学学报，14（6）：855-856.

唐敖庆，李前树，黄小钟. 1993. 碳管笼烯的稳定性问题. 高等学校化学学报，14（12）：1729-1730.

张以群，陈欣方，唐敖庆. 1993. 交联高分子的分子量分布. 高等学校化学学报，14（1）：127-129.

张以群，金丹良，陈欣方，唐敖庆. 1993. 聚合物辐射交联与裂解反应动力学. 高等学校化学学报，14（3）：421-423.

Li Z S，Ba X W，Sun C C，Tang A C. 1993. On the sol fraction of $A_{a1}B_{b1}$-$A_{a2}B_{b2}$ copolymerisations. Macromolecular Theory and Simulations，2（3）：371-375.

Li Z S，Huang X R，Zheng F A，Tang A C. 1993. A_aB_b type polycondensation reaction involving cyclization. Macromolecular Reports，A30（Suppls. 1&2）：159-166.

Tang A C，Li Q S. 1993. Eigenvalues and eigenfunctions of Hückel hamiltonian for carbon species with D_p or D_{ph} symmetry. Chemical Physics Letters，212（3-4）：391-397.

Tang A C，Li Q S，Liu C W，Li J. 1993. Symmetrical clusters of carbon and boron. Chemical Physics Letters，201（5-6）：465-469.

Tang A C，Xu R R，Li S G，An Y L. 1993. Characterisation of polymeric reaction in silicic acid solution：intramolecular cyclization. Journal of Materials Chemistry，3（8）：893-896.

Yang J，Yan G S，Tian A M，Tang A C，Li Q S. 1993. A SCF-SOCI study on the low-lying states of H_3^+. Chinese Chemical Letters，（1）：93-94.

李前树，李松，唐敖庆. 1994. 硼笼烯和硼笼烷的量子化学计算. 科学通报，39（5）：428-430.

李前树，李松，唐敖庆. 1994. 平面型$[Cu_2Cl_6]^{2-}$离子的定域分子轨道研究. 科学通报，39（8）：707-709.

李前树，李松，唐敖庆. 1994. 双核锰化合物的定域分子轨道研究. 高等学校化学学报，15（10）：1518-1520.

杨捷，梁国明，田安民，顾建德，鄢国森，唐敖庆，李前树. 1994. H_a^+的精确量子化学计算. 化学学报，52（6）：562-566.

Hu X G，Li Q S，Tang A C. 1994. Inelastic atom-diatom scattering in quantum phase space representation. Chemical Physics Letters，230（3）：217-222.

Li Q S，Gu F L，Tang A C. 1994. Quantum chemistry study on B_{14}，B_{14}^{2-} and $B_{14}H_{14}^{2-}$.

International Journal of Quantum Chemistry，50（3）：173-179.

Tang A C，Huang F Q，Li Q S，Liu R Z. 1994. Huckel treatment of carbon species with icosahedral symmetry. Chemical Physics Letters，227（6）：579-587.

Xiao X C，Li Z S，Sun C C，Tang A C. 1994. Intrinsic symmetry of the A_aB_b-type distribution. Macromolecular Theory and Simulations，3（3）：601-606.

顾凤龙，李前树. 1995. 具有 O_h 对称性的 C_{32} 和 $C_{32}H_{32}$ 结构和稳定性研究. 化学学报，53（10）：942-946.

李前树，李松，唐敖庆. 1995. 碳笼烯 C_{32} 和碳笼烷 $C_{32}H_{32}$ 的量子化学研究. 高等学校化学学报，16（1）：116-118.

李强，贺子如，宋名实，唐敖庆. 1995. 玻璃态高聚物损伤断裂的非平衡统计理论. 中国科学（A 辑），25（10）：1082-1090.

李强，宋名实. 1995. 玻璃态高聚物微观损伤断裂统计力学. 力学进展，25（4）：451-470.

李慎敏，杨忠志，唐敖庆. 1995. 准经典轨迹法对 CH_4，SiH_4，GeH_4 分子振动激发态局域模振动的研究. 中国科学（B 辑），25（3）：234-239.

李守贵，毛雅春，徐如人，唐敖庆. 1995. 单态铝酸根离子与单态硅酸根离子反应的研究. 高等学校化学学报，16（1）：22-25.

李守贵，毛雅春，徐如人，唐敖庆. 1995. 高聚硅酸根离子与单态铝酸根离子聚合反应及其水热晶化行为的研究. 高等学校化学学报，16（10）：1491-1494.

Hu X G，Li Q S，Tang A C. 1995. Exact Treatment of reactive scattering in the torres-vega-frederick quantum phase-space representation. Physical Review A，52（5）：3780-3789.

Li Z S，Zheng F A，Sun C C，Tang A C. 1995. Curing theory involving cyclization. Journal of Macromolecular Science：Part A，32（sup3）：309-318.

Tang A C，Huang F Q. 1995. Electronic structures of giant fullerenes with I_h symmetry. Physical Review B：Condensed Matter，51（19）：13830-13832.

Tang A C，Huang F Q. 1995. Group theoretical applications to icosahedral fullerenes. Chemical Physics Letters，245（6）：561-565.

Tang A C，Huang F Q. 1995. Stability rules of icosahedral (I_h or I) fullerenes. Chemical Physics Letters，247（4-6）：494-501.

Tang A C，Huang F Q. 1995. Theoretical studies on carbon tubules. Chemical Physics Letters，243（5-6）：387-392.

Tang A C，Huang F Q. 1995. Theoretical studies of multishell fullerenes. Physical Review B：Condensed Matter，52（24）：17435-17438.

Xiao X C，Huang X R，Li Z S，Sun C C，Tang A C. 1995. The sol fraction and conversions in A_aB_b type polymerisation. Macromolecular Theory and Simulations，4（6）：1055-1061.

Xiao X C，Li Z S，Sun C C，Tang A C. 1995. Invariant property of the distribution of A_{a_1}，…，A_{a_s}-B_{b_1}，…，B_{b_t}-type ideal polymerization. Macromolecules，28（8）：2738-2744.

郝策，吴师，顾影梅，申立新，甘尉棠，赵学庄，唐敖庆. 1996. 减压液相柱层析法分离提纯 C_{60}/C_{70}. 科学通报，41（13）：1196-1197.

黄旭日，肖兴才，李泽生，孙家钟，唐敖庆. 1996. A_{a_1}，A_{a_2}-B_bC_c 型缩聚反应的同转半径研究. 科学通报，41（5）：426-429.

黄旭日，肖兴才，李泽生，孙家钟，唐敖庆. 1996. 含引发机制 A_2+A_a 型缩聚反应的溶胶–凝胶分配理论. 中国科学（B 辑），26（3）：243-248.

李强，宋名实，唐敖庆. 1996. 玻璃态高聚物的损伤和断裂非平衡统计理论（2）：玻璃态高聚物细观损伤统计本构方程. 北京化工大学学报（自然科学版），23（3）：14-22.

Hu X G，Li Q S，Tang A C. 1996. A new formulation of the potential scattering in quantum phase space. Physica Scripta，54（2）：129-136.

Huang F Q，Tang A C. 1996. Hückel treatment of B_{32} and B_{92}. Journal of Molecular Structure：THEOCHEM，336（3）：241-248.

Huang F Q，Tang A C. 1996. Symmetries of closed-shell icosahedral fullerenes. Chemical Physics Letters，248（5-6）：361-365.

Li Q，He Z R，Song M S，Tang A Q. 1996. Nonequilibrium statistical theory of damage and fracture for glassy polymers (Ⅰ)—the statistical distribution and evolution of micro-cracks in glassy polymers. Macromolecular Theory and Simulations，5（2）：183-197.

Tang A C，Huang F Q. 1996. Electronic structures and stability rules of tetrahedral fullerenes. Chemical Physics Letters，258（5-6）：562-573.

Tang A C，Huang F Q. 1996. Electronic structures of dihedral（D_{5h}，D_{5d}，D_{6h}，D_{6d}）fullerenes. Chemical Physics Letters，250（5-6）：528-536.

Tang A C，Huang F Q. 1996. Electronic structures of octahedral fullerenes. Chemical Physics Letters，263（6）：733-741.

Tang A C，Huang F Q，Liu R Z. 1996. Electronic structures of fullerenes C_n with I_h symmetry and $n=20k^2$. Physical Review B：Condensed Matter，53（11）：7442-7450.

郝策，滕启文，吴师，赵学庄，唐敖庆，封继康. 1997. $C_{64}H_6$ 的结构和光谱的理论研究. 化学学报，55（10）：948-951.

郝策，吴师，滕启文，赵学庄，李文兰，唐敖庆，封继康. 1997. $C_{60}O$ 异构体的研究. 化学学报，55（6）：622-624.

尚振锋，滕启文，潘荫明，赵学庄，唐敖庆，封继康. 1997. C_{60} 的一些氨基酸衍生物结构、光谱的理论研究. 化学学报，55（5）：417-422.

唐敖庆. 1997. 高碳原子簇电子结构的计算方法及其应用. 科学通报，42（6）：567-574.

唐敖庆. 1997. 柏拉图多面体与高碳原子簇. 高等学校化学学报，18（7）：1180-1184.

滕启文，吴师，郝策，赵学庄，唐敖庆，封继康. 1997. $C_{70}X_2$（X=H，F，Cl）的稳定性和电子光谱. 化学学报，55（11）：1072-1076.

滕启文，吴师，赵学庄，唐敖庆，封继康. 1997. 几种 C_{70}^n 离子的 Jahn-Teller 畸变和单态的电子光谱. 化学学报，55（10）：943-947.

滕启文，吴师，赵学庄，唐敖庆，封继康. 1997. $C_{70}O$ 的结构和 UV-Vis 光谱的理论研究. 中国科学（B 辑），27（1）：51-56.

Huang F Q，Tang A C. 1997. Dihedral fullerenes：open，closed，and pseudoclosed shell. International Journal of Quantum Chemistry，62（4）：437-446.

Tang A C，Huang F Q. 1997. Electronic structure of icosahedral fullerenes. International Journal of Quantum Chemistry，63（2）：367-371.

Tang A C，Li A Y，Cheng W，Li Q S. 1997. Frontier electronic energy levels of icosahedral fullerenes. Chemical Physics Letters，281（1-3）：123-129.

尚振锋，潘荫明，王海翔，赵学庄，唐敖庆. 1998. $C_{60}NH5/6$，6/6 异构体的理论研究. 化学学报，56（2）：124-128.

王长生，杨忠志，唐敖庆. 1998. 密度泛函理论下的分子电负性——Ⅵ. 原子键电负性均衡模型. 中国科学（B 辑），28（3）：223-228.

王海军，吕中元，黄旭日，李泽生，唐敖庆. 1998. A_f-A_g 型自由基加聚反应的固化理论——Ⅰ. 分布函数及其不变性. 中国科学（B 辑），28（6）：481-487.

肖兴才，黄旭日，王海军，李泽生，唐敖庆. 1998. 非线性缩聚反应的树状胶和环状胶的反应程度. 中国科学（B 辑），28（2）：97-107.

郑祥娥，王志中，唐敖庆. 1998. 含氧超锂化合物 OLi_n 的结构和稳定性从头计算研究. 中国科学（B 辑），28（6）：488-494.

Gu F L，Yang X M，Tang A C，Jiao H J，Schleyer Paul von R. 1998. Structure and stability of B^+_{13} clusters. Journal of Computational Chemistry，19（2）：203-214.

Tang A C，Li A Y. 1998. Application of symmetry-adapted wave functions to systematic treatment of electronic structure of fullerenes. Journal of the Chemical Society Faraday Transactions，94（17）：2505-2508.

Tang A C，Li A Y. 1998. Properties，vibration and NMR spectra of Dihedral fullerenes. International Journal of Quantum Chemistry，68（3）：211-217.

Tang A C，Li Q S，Cheng W. 1998. Vibrational spectra of icosahedral (I_h and I) fullerenes. International Journal of Quantum Chemistry，66（2）：113-117 .

陈中方，郝策，吴师，赵鸿喜，潘荫明，黄承义，张法义，李文兰，赵学庄，唐敖庆. 1999. 一些高碳富勒烯的光谱及 HPLC 特征. 化学学报，57（1）：53-58.

陈中方，马克勤，尚贞锋，潘荫明，赵学庄，唐敖庆. 1999. 异质富勒烯 $C_{59}Si$ 与 $C_{69}Si$ 的理论研究. 化学学报，57（7）：712-717.

王海军，吕中元，黄旭日，李泽生，唐敖庆. 1999. A_f-A_g 型自由基加聚反应的固化理论——Ⅱ. 网络结构参数的表征. 中国科学（B 辑），2（1）：23-28.

夏树伟，陈兰，尚贞锋，潘荫明，赵学庄，唐敖庆. 2000. C_{60} 与二氯卡宾环加成反应机理的理论研究. 化学学报，58（10）：1202-1210.

夏树伟，梁玉华，陈兰，潘荫明，赵学庄，唐敖庆. 2003. C_{70} 与臭氧反应机理的理论研究. 化学学报，61（6）：824-834.

徐吉庆，储德清，于杰辉，王铁钢，唐敖庆. 2003. 有机多羧酸为桥连配体的过渡金属配位聚合物化学——$[Fe(\mu_4\text{-bta})_{0.5}(phen)(OH)]_n$ 的合成与结构表征. 中国科学（B 辑），33（5）：434-440.

杨光辉，张红星，唐敖庆. 2001. NH_2（X^2B_1）与 C^2H^4 反应机理的从头算研究. 化学学报，59（4）：486-491.